Moritz Lindemann

Die arktische Fischerei der deutschen Seestädte 1620-1868

Moritz Lindemann

Die arktische Fischerei der deutschen Seestädte 1620-1868

ISBN/EAN: 9783954270798
Erscheinungsjahr: 2012
Erscheinungsort: Bremen, Deutschland

www.maritimepress.de | office@maritimepress.de

Bei diesem Titel handelt es sich um den Nachdruck eines historischen, lange vergriffenen Buches. Da elektronische Druckvorlagen für diese Titel nicht existieren, musste auf alte Vorlagen zurückgegriffen werden. Hieraus zwangsläufig resultierende Qualitätsverluste bitten wir zu entschuldigen.

DIE

ARKTISCHE FISCHEREI

DER

DEUTSCHEN SEESTÄDTE

1620—1868.

IN VERGLEICHENDER DARSTELLUNG

VON

MORITZ LINDEMAN.

MIT ZWEI KARTEN VON A. PETERMANN.

(ERGÄNZUNGSHEFT No. 26 ZU PETERMANN'S „GEOGRAPHISCHEN MITTHEILUNGEN".)

GOTHA: JUSTUS PERTHES.
1869.

Vorwort.

—

Die Eismeere unserer Erde bildeten seit Jahrhunderten eine reiche Quelle des Erwerbes durch den Fang der sie bewohnenden Seethiere, besonders des Walfisches und der Robbe; geographische Entdeckungen selbst unscheinbarer beschränkter Lokalitäten, wie z. B. Spitzbergen, schufen von Zeit zu Zeit neue wichtige maritime Goldländer, aus denen viele Millionen Thaler baaren Gewinnes gewonnen wurden.

Wie aber das gelbe Metall an manchen seiner Fundorte erschöpft, wie manches werthvolle Objekt der Jagd auf dem Festlande, z. B. der Elephant, der Zobel &c., seltener und mit vollständiger Ausrottung bedroht wird, so sind auch diese reichen Schätze des Meeres in Folge der schonungslosen Art ihrer Zerstörung durch den Menschen an ihren bisherigen Fangplätzen mehr und mehr verringert worden. In wie weit die noch unentdeckten weiten Central-Regionen der beiden Pole neue reiche Fundorte jener kostbaren Seethiere bergen, bleibt weiteren Entdeckungsreisen darzuthun übrig. Gewiss ist, dass namhafte neue geographische Entdeckungen innerhalb der Eismeere wiederholt die kostbarsten neuen Fischgründe nachgewiesen haben, selbst in unserer Zeit, so die Fischereien in der Ponds-Bai durch die neueren Englischen arktischen Entdeckungs-Expeditionen, die von den Amerikanern entdeckten Fischereien nördlich der Bering-Strasse, die anfänglich, d. h. vor 20 Jahren, in bloss zwei Jahren den enormen Ertrag von 8.442.453 Dollars gewährten [1]).

Trotzdem die bisher ausgebeuteten Grossfischereien der Eismeere allmählich abgenommen haben, umfasst die Walfischfänger-Flotte der Nordamerikaner am 1. Januar 1869 immer noch die bedeutende Zahl von 336 Schiffen, und der Walfischfang zählt bei dieser unternehmenden und seetüchtigen Nation noch immer zu den allereinträglichsten Gewerben, die es giebt, trotz Californischer Goldfelder und Mexikanischer Silbergruben.

Aber der direkte Ertrag und die wirthschaftliche Bedeutung der Eismeer-Fischereien ist vielleicht noch ihre weniger wichtige Seite. Ihr Einfluss auf die Ausbildung und Hebung der Schifffahrt und der Seetüchtigkeit ist bei den seefahrenden und seemächtigen Nationen von der allergrössten Wichtigkeit gewesen.

„Wer", so sagt ein geistreicher Schriftsteller [2]), „hat für die Menschen die grossen Wasserstrassen aufgethan, wer mit Einem Wort den Erdball erkundet? Der Walfisch und der Walfischfänger. Und das Alles lange vor Columbus und den berüchtigten Goldsuchern, die unter grossem Geschrei wieder fanden, was die Fischer lange vorher schon gefunden hatten. Die Fahrt über den Ocean, die man im 15. Jahrhundert so hoch feierte, war über die Meerenge zwischen Island und Grönland schon oft zurückgelegt worden, ja man hatte die ganze Breite durchmessen, denn Basken kamen bis Neu-Fundland. Es waren Walfischfänger, die bis zum Ende der Welt drangen, bis in die Nordmeere. Wer das wagte, den liessen die gewöhnlichen Gefahren des Meeres ziemlich kalt. Edler Krieg, herrliche Schule des Muthes! Der Walfischfang war damals nicht eine leichte Metzelei mit aus der Ferne wirkenden Maschinen. Man rückte dem Feind auf den Leib, setzte Leben gegen Leben. Man tödtete nicht viele Walfische, aber man gewann unendlich an Seetüchtigkeit, Geduld, Schlauheit,

[1]) S. Geogr. Mitth. 1869, S. 37.
[2]) Michelet, Das Meer, Deutsch von F. Spielhagen. Leipzig, Weber 1861, S. 209.

Unerschrockenheit. Man brachte weniger Thran, aber desto mehr Ruhm zurück. Man verdankt daher den Walfischen sehr viel; ohne sie hätten sich die Fischer stets an der Küste gehalten, denn beinahe alle Fische sind Küstenbewohner. Der Walfisch emancipirte den Fischer, führte ihn überall hin."

Es gab bisher noch keine gründliche und erschöpfende Geschichte der Eismeer-Fischereien von ihren Anfängen bis auf die Gegenwart. Angesichts des neu angeregten Interesses für den nordpolaren Theil unserer Erde hat mein Freund Moritz Lindeman mit grossem Fleiss zahllose publicirte und unpublicirte Dokumente studirt, ganze Archive in unseren Seestädten durchsucht, mit heutigen Walfischfahrern correspondirt und verkehrt, und Alles aufgeboten, um eine werthvolle Arbeit wie die vorliegende zu liefern, die in Bezug auf den Deutschen Antheil an diesen Unternehmungen zum ersten Male eine ausführliche und genaue Darstellung giebt und auch von dem Theile berichtet, den andere Nationen daran haben. Es führt uns diese Arbeit gleichzeitig über die ganze Entwickelungsperiode der Seefahrt und Seemacht aller Kulturvölker der Erde, und wenn die jetzige Generation zu neuer Thatkraft in dieser maritimen Richtung erwacht, bietet uns die vorliegende Schrift ein willkommenes Hülfsmittel, um einen Rückblick zu werfen auf alles das, was unsere Vorväter gethan haben.

Seien wir Deutsche stolz darauf, dass endlich auch wieder, nach Jahrhunderte langer Pause, Deutschland ernsthafte Anstrengungen zu machen bereit ist, um wieder in die so lange verlorene Stellung zur See in der Reihe anderer viel weniger mächtigen und wohlhabenden Kulturstaaten einzutreten. Wie Entdeckungsreisen und ihre Ergebnisse stets die wichtigsten Pioniere der Kultur, Macht und Weltstellung der Nationen gewesen sind, so ist zu hoffen, dass die Deutschen Nordpolar-Expeditionen dazu beitragen werden, Deutschland die ihm gebührende Stellung zur See wieder zu erringen.

Dazu brauchen wir vor Allem richtig geschulte, kühne, durchwetterte Seeleute, wie sie die Engländer, Nordamerikaner, Holländer u. a. aus ihren Grossfischereien und Forschungs-Expeditionen im Eise gewannen. Panzerschiffe und Kanonen allein thun es nicht, und Eisenherzen hinter hölzernen Wällen sind besser als Hasenherzen hinter eisernen Wällen.

Gotha, 24 Mai 1869.

A. Petermann.

INHALT.

Karten.

Einleitung.

Allgemeine wirthschaftliche und politische Bedeutung der grossen Fischerei. — Von je her ist das Gewerbe des Seefischfangs, besonders die sogenannte grosse Fischerei, nächst ihrer wirthschaftlichen Bedeutung, als ein wirksamer Hebel der Seemacht eines Volkes betrachtet worden. Die Rechte auf Fischreviere wurden deshalb von den Regierungen und Völkern immer hoch gehalten, sie waren zuweilen Gegenstand ernster Zerwürfnisse. In älterer Zeit hielt es z. B. die Hansa der Opfer werth, wegen ihres Anspruchs auf die Fischerei an der Jütischen Westküste einen Krieg zu führen, und die Streitigkeiten wegen der Fischerei auf den Bänken von New Foundland in der neueren Zeit sind bekannt genug. Die Ausübung der Seefischerei ist ja, wie oft betont, ein treffliches Mittel, ein Volk auf der See heimisch zu machen. Dieses Gewerbe ist denn auch zu diesem Zwecke bei den Seenationen auf vielfache Weise von Staats wegen begünstigt worden. Die Unterstützung der Fischerei durch Prämien, die in irgend welcher Form jedem dabei betheiligten Fahrzeug aus der Staatskasse bewilligt werden, muss, vom wirthschaftlichen Standpunkt aus betrachtet, verwerflich erscheinen. Frankreichs Kabeljaufischerei auf den Bänken und in den Baien von New Foundland z. B. besteht nur noch durch die Prämien, welche die Regierung den dabei beschäftigten Schiffen gewährt, und ist in so fern ein wirthschaftlich ungesunder, ein künstlich aufrecht erhaltener Betrieb. Diese im Betrage von ¹/₂ Million Thaler jährlich gezahlten Prämien sichern aber der Regierung für den Fall eines Seekrieges etwa 10.000 seegewohnte Matrosen. Im Blick auf nationale Seewehrfähigkeit erscheinen also solche, auch von England bezüglich der arktischen Fischerei in grossem Maassstabe ergriffenen und lange Zeit fortgesetzten Maassregeln in einem ganz anderen Lichte.

Ursachen des Zurückbleibens unserer grossen Fischerei hinter derjenigen anderer Völker. — Uns Deutschen war bei unserer nationalen Zerrissenheit von vorn herein eine derartige Unterstützung der grossen Fischerei verwehrt. Der von Friedrich dem Grossen der Emder Häringsfischerei am 31. Juli 1769 gewährte Octroi ist ein vereinzeltes Beispiel von einem Versuche ähnlicher Art für Preussen, ein an unrechter Stelle und auf verkehrte Weise angewandtes Kraftmittel, das sein Ziel verfehlte. Den Hansestädten lag es fast

allein ob, den wichtigen Erwerbszweig der Grossfischerei von Deutschen Küsten aus zu pflegen. Sie haben es Jahrhunderte lang gethan und es gab Zeiten, wo der Walfischfang von Hamburg allein bedeutender war als der von England und Schottland zusammengenommen. Auf den unermesslich ergiebigen Fischgründen New Foundlands vermochten freilich Deutsche Schiffe keine Rechte zu erlangen. Von Islands fischreichen Küsten wurden sie durch Machtspruch des Königs von Dänemark schon frühe vertrieben. Die Kraft der Hansa war dahin, als die Fischgründe New Foundlands durch Frankreich und England ausgebeutet wurden. Deutschland hatte keine Kriegsflotten, keine Kolonien, auf welche sich die Fischereien jener Nationen stützten. Das Material freilich für den Seefischereibetrieb war auch an den Deutschen Küsten, vornehmlich in der seegewohnten Bevölkerung Ostfrieslands und der Inseln an der Deutschen Nordseeküste bis Schleswig hin, gegeben, wenn auch spärlicher wie an der Normannischen Felsenküste, der Bai von Biscaya und den Britischen Inseln. Die Holländer, Briten und Dänen nützten dieses Deutsche Material in ihrem Dienste weidlich aus.

In der Zersplitterung und Ohnmacht des Deutschen Staatswesens, welche, in frühen Zeiten vorbereitet, zuletzt in dem ehemaligen Deutschen Bunde gesetzliche Sanktion genoss, lag also eine der Ursachen, weshalb überhaupt unsere Küsten-, unsere Marine-Interessen nicht die Würdigung und Geltung erlangten, welche ihnen gebührt. Andere Motive des Zurückbleibens Deutschlands in seiner maritimen Entwickelung waren z. B. die einem leichten Seeverkehr vielfach ungünstige Beschaffenheit des Litorals, die geringen Vortheile, welche gerade an der Nordsee die zwischen dem Küstensaum und den inneren Landestheilen sich erstreckenden Haiden, Sand- und Moorstrecken für Besiedelung durch grössere Volksmengen und einen städtisch-industriellen Verkehr boten. Die spärliche Bevölkerung, welche sich auf dem fruchtbaren, aber niedrigen Schwemmboden des Strandes und der Flussmündungen des Deutschen Meeres anbaute, musste Habe und Leben vor dem Meere als ihrem Feinde hinter hohen Wällen schützen und von selbst erzeugte sich in ihr ein kontinental-agrarischer Sinn, während der Ansiedler der unwirthlichen Kalk- und Kreidefelsen, welche die Küsten Englands besäumen, von Haus aus auf „die grüne Weide der See" angewiesen war und auf den Salzwogen gleichsam heimisch wurde.

Jenes politische Hemmniss ist jetzt glücklich beseitigt, noch aber fehlt viel dazu, dass Küste und Binnenland in ihrer gegenseitigen Wechselwirkung sich verstehen, dass der grosse Beruf, welchen die Seestädte für die Nation nach dem völkerverbindenden Meere hin zu erfüllen haben, erkannt und als ein gemeinsam von allen Gliedern des Vaterlandes zu fördernder aufgefasst werde.

Das erheischt noch eine längere Arbeit, zu welcher vielleicht ein kleiner Beitrag geliefert werden mag, wenn die Geschichte einer von Deutschen Nordseestädten und vorzugsweise von den Hansestädten erfassten und durch Jahrhunderte mit zäher Energie fortgesetzten Marine-Unternehmung erzählt, ihr Zusammenhang mit dem Handels- und selbst dem politischen Leben früherer Zeit beleuchtet und auf diese Weise, wenigstens von Einer Seite her, ein Blick in den Werdeprozess Nord-Deutscher Seehandels-Emporien eröffnet wird.

Energische und ausdauernde Leistungen der Hansestädte. — Über dem Eingang des heutigen, um die Mitte des 17. Jahrhunderts erbauten „Hauses Seefahrt" in Bremen lesen wir die merkwürdigen Worte: *„Navigare necesse est, vivere non est necesse".* Dieser Spruch, den zuerst der Römer Pompejus gebraucht haben soll, als es sich darum handelte, dem hungernden Rom von Afrika Getreide zuzuführen und die Schiffer bei drohendem Seesturme zögerten abzusegeln, lässt eine doppelte Auslegung zu.

Navigare necesse est, die Schifffahrt ist nothwendig, wenn auch Stürme und Sturzsee'n, Riffe und Klippen Leib und Leben des kühnen Seglers bedrohen, sie ist nothwendig trotz der Schutzlosigkeit unserer Seeschiffe gegenüber der Gefahr, welche ihnen durch die kriegerische Willkür der seemächtigen Nationen Europa's drohte, und, fügen wir hinzu, trotz der Vortheile und Begünstigungen, welche die Flaggen anderer Nationen durch ihre staatlichen Organe genossen und wodurch eben unsere Schiffe im friedlichen Wettkampfe des Erwerbes durch die Seefahrt zurückgesetzt oder gar davon ausgeschlossen wurden.

Mit aller der List und Kraft, welche bei Concentration auf Einem Punkt dem Kleinen und Schwachen Flügel und stählerne Muskeln verleihen, haben die Hansestädte jenes Wort aus einer glanzvollen Jugend durch Jahrhunderte nationaler Ohnmacht bis auf die Gegenwart in ihrem Leben und Streben verwirklicht. Eine andere bessere Zeit ist jetzt für das Deutsche Seewesen angebrochen: die Abzeichen der einzelnen Staaten und Städte sind von der Gaffel unserer Kauffahrer verschwunden, die schwarz-weiss-rothe Flagge zeigt Deutschland zur See.

Die nachfolgenden Blätter werden durch vergleichende Darstellung auch zeigen, mit welcher Thatkraft und unverwüstlichen Ausdauer ein stammverwandtes Volk, die Holländer, gerade kurz nach seiner schwer erkämpften nationalen Einigung in schwierigen Marine-Unternehmungen auftreten konnte. Möge diess Vorbild in uns, die wir in einer ähnlichen Entwickelungsperiode stehen, Nacheiferung erwecken.

I. Die Anfänge der Fischerei in den nördlichen Meeren vor der Entdeckung Spitzbergens.

Allgemeiner Überblick. — Das Thema dieser Betrachtung, die arktischen Fischerfahrten der Deutschen in den letzten Jahrhunderten, knüpft zugleich an ein unmittelbares Tagesinteresse an. In Folge der zur Ausführung gebrachten ersten Deutschen Nordpolar-Expedition und während der Vorbereitung der zweiten grösseren hat sich das öffentliche Interesse wiederum in erhöhtem Maasse auf die Europäischen Polarländer gelenkt, auf jene einsame erhabene Welt der Gletscher- und Eisregionen, welche die Natur fast unnahbar machte. In der vorgeschichtlichen Zeit erscheint jener geheimnissvolle Strich unseres Erdballs, umhüllt von dem Schleier der Nacht und des Nebels, als der Sitz gewaltiger Götter, über deren Thun uns die Mythe phantasiereicher nordischer Völker in einem reich sprudelnden poetischen Schatze eine Fülle bedeutsamer Bilder vorführt. Allmählich wird der Schleier gelüftet, der kühne Normanne, der Pionier der Seefahrt, bricht sich auch im hohen Norden durch Stürme und Eis mit seinem gebrechlichen Fahrzeuge Bahnen; ihm folgt der verwegene Baske.

Inzwischen hat sich durch Erfindungen und Entdeckungen der maritime Unternehmungsgeist der Nationen gewaltig gehoben. Die Holländer und Engländer lenken zuerst unter den modernen seefahrenden Nationen den Kiel ihrer unbehülflich gebauten Schiffe nördlich hinaus über die ultima Thule, Island. Küsten, Inseln werden entdeckt, es verbreitet sich die Kunde von dem fabelhaften Fischreichthumo der neu entdeckten Gewässer, und nun folgt bald den Spuren der Pfadfinder eine Flotte von Fischerfahrzeugen, begierig nach der Beute, welche der Fischreichthum der Baien um Spitzbergen ihnen bietet. Jene öden Gestade wurden, kaum 25 Jahre nach ihrer Entdeckung durch die nach einer Nordostdurchfahrt forschenden Holländischen Seefahrer Bareuts, Jan Corneliszoon de Rijp und Jakob van Heemskerk, zu einem maritimen Goldlande und schauten ein reges Menschenleben. Kolonien wurden gegründet und längere Zeit hindurch, wenn auch immer nur auf wenige Sommermonate, bewohnt. Zahllose Fahrzeuge durchkreuzen die Baien und Küstengewässer auf der Jagd nach dem Walfisch und in stolzen Flotten wird die reiche Beute alljährlich nach den heimischen Ufern geführt.

Bald aber weicht der Fischer von der Küste, er muss, um seine Beute aufzusuchen, in gefahrvoller Fahrt sich mitten in die schwimmenden Eisfelder hinein wagen. Endlich lohnen auch diese schwierigen und an Opfern reichen Unternehmungen den rechnenden Kaufleuten Englands und Hollands kaum mehr. Nur die Wissenschaft entsendet noch von Zeit zu Zeit hingebungsvolle Jünger, die den Gefahren der stürmischen See und des Klima's trotzen um des edleren Zweckes willen, geistige Schätze heimzubringen, oder Neugier, nach pikantem Unterhaltungs- und Schilderungsstoff verlangend, wagt sich bis in die hohen Breiten von Spitzbergen hinauf. So viele Geheimnisse aber auch der Natur entrissen werden, neue Räthsel tauchen immer wieder auf und das ersehnte Ziel, der Nordpol, ist noch unerreicht.

Die Geschichte der grossen Fischerei in Europa, insbesondere derjenigen in den nordischen Gewässern, ist bis jetzt noch nicht genügend erforscht und namentlich ist der Antheil, welchen Deutsche Häfen daran genommen haben, nicht in dem Maasse, wie er es werth ist, bekannt. Gerade jetzt scheint, wie bemerkt, der Zeitpunkt günstig, hierauf näher einzugehen. Eine journalistische Arbeit führte mich zu weiteren Studien darüber, wobei ich von mehreren Seiten auf das Freundlichste unterstützt und aufgemuntert wurde. Die Resultate dieser Studien habe ich im Nachfolgenden niedergelegt. Die Arbeit wird noch in manchem Stücke unvollständig erscheinen, indessen wollte ich sie aus verschiedenen Gründen jetzt in die Öffentlichkeit treten lassen. Vielleicht mag sie später fortgeführt und auf verwandte Gebiete ausgedehnt werden.

Hervorragender Antheil der Deutschen Häfen an der arktischen Fischerei. — Für Hamburg und Bremen hat der Gegenstand ein besonderes Interesse. Sind doch gerade die Gestade Grönlands und der zahlreichen Felseilande des Nordmeeres ein Schauplatz ihres maritimen Unternehmungsgeistes, die Scene ihres seemännischen Wagens gewesen. Schon im 13. und 14. Jahrhundert führte, wie angedeutet, die Hansa mit Dänemark siegreiche Kriege wegen der Aufrechterhaltung ihrer Fischerei am Lijmfjord und überhaupt an den Jütischen Küsten. Es sind die Hansestädte Hamburg und bald darauf Bremen, welche im Norden den beiden ersten seefahrenden Nationen des 17. Jahrhunderts, den Engländern und Holländern, fast auf dem Fusse folgen. Zwar werden sie nicht durch die Macht einer Regierung beschützt, welche die Ein-

fuhr von Fischerei-Erzeugnissen anderer Länder verbietet oder erschwert, welche ihren Unterthanen verwehrt, auf anderen als den nationalen Fischerfahrzeugen zu dienen, während Deutsche Matrosen und Fischerleute des reichlichen Verdienstes wegen in grosser Zahl in den Fischereien anderer Nationen thätig sind, welche endlich Gesellschaften mit Privilegien begabt und bereit ist, den Betrieb nöthigenfalls mit Waffengewalt ungestört zu erhalten. Auch werden ihnen nicht in gleichem Maasse, direkt oder indirekt, durch Zollnachlässe und Prämien, in Ausehung der Schiffsausrüstungen und der Einfuhr ihrer Fischereierzeugnisse werthvolle Erleichterungen gewährt, vermöge deren sie die bei der grossen Fischerei von Zeit zu Zeit eintretenden unergiebigen Jahre und Verluste mit geringeren Schwierigkeiten überwinden könnten, aber sie bleiben doch, der eigenen schwachen Kraft vertrauend, nicht zurück.

Beispielsweise finden wir unter den Pionieren der Davis-Strasse im Anfang der zwanziger Jahre des vorigen Jahrhunderts neben Holländern Hamburger und Bremer Schiffe. Als die Theilung der Fischgründe bei Spitzbergen erfolgt, kurz nach dem Jahre 1617, nehmen auch die Hamburger eine Bai als ihre Fischerstation in Anspruch und sie wird nach ihnen „die Hamburger Bai" benannt. Im Jahre 1721 wird in London ein Verzeichniss der im Walfischfang bei Grönland und der Davis-Strasse beschäftigten Schiffe anderer Nationen veröffentlicht, und zwar, wie Scoresby vermuthet, in der Absicht, „den Britischen Unternehmungsgeist durch Vorhaltung der Leistungen anderer Nationen anzuspornen". In dieser Liste figuriren die Hansestädte mit 84 Schiffen. Ein Bremer Kaufmann, Heinrich Elking, ist es, der aus der Fülle seiner Erfahrungen in einer Denkschrift, welche er im Januar 1721 dem Sub-governor der Südsee-Compagnie in London, Sir John Eyles, einreichte, nachweist, aus welchen Ursachen die Bestrebungen der Engländer, den Walfischfang wieder in dem früheren Umfange zu betreiben, erfolglos waren. Bremen endlich ist derjenige Platz, welcher den grossen Fischfang in den nordischen Gewässern etwa von der Mitte des 17. Jahrhunderts an bis auf den heutigen Tag, wenn auch zuletzt nur mit wenigen Schiffen, fortgesetzt hat, während andere, ehedem in diesem Betriebe bedeutende Plätze die Fahrt längst aufgegeben und die jetzt im arktischen Fischfang bedeutenden Schottischen Häfen weit später begonnen haben.

Vorgeschichte des Walfischfanges; südlicheres Vorkommen der Walthiere in früheren Zeiten. — Die Walfischjagd wird zuerst im Anfang des 17. Jahrhunderts in grossartigem Maassstabe von den Engländern und Holländern unternommen. Die Entdeckungen Holländischer und Englischer Meerfahrer, eines Hudson, Davis, Frobisher, Barents, de Rijp, Willoughby, richten die Aufmerksamkeit der Küstenbevölkerungen des Atlantischen und des Deutschen Meeres nach dem Norden. Die gesuchte Nordost-Durchfahrt konnte freilich trotz der heldenmüthigsten Anstrengungen nicht erreicht werden. Anstatt des geträumten Weges nach den Gold- und Edelsteinschätzen Indiens fand man aber andere Reichthümer. Die verschiedenen Berichte stimmten darin überein, dass gerade die neu entdeckten Gewässer und die Baien der arktischen Inseln und Küsten von einer Menge von Fischen der grössten Art belebt waren, Fischen, deren Fang einen bedeutenden Handelsgewinn liefern müsse. Zunächst war es das Fett der grossen Meerungeheuer, welches eins der werthvollsten und gesuchtesten Handelserzeugnisse jener Zeit, den Thran, in ungeahnten Mengen abgab. Der Robbenthran, Zelsmond[1]), wurde bereits im Mittelalter als Beleuchtungsstoff, vorzüglich aber zur Lederbereitung massenhaft gebraucht.

Der Fang grösserer Fische als die an den Europäischen Küsten bekannten wurde wahrscheinlich schon vor dem 10. Jahrhundert von Norwegen aus betrieben. Die Edda erwähnt den Walfischfang. Um das Jahr 890 unternahm Other von Drontheim aus eine Nordfahrt bis zum Weissen Meere; er berichtet darüber an König Alfred von England und dieser Bericht ist in der Übersetzung eines Spanischen Christen, des Orosius, wiedergegeben. Other erzählt von seiner Fahrt in die unbekannten Gefilde des Nordens und berichtet dabei unter Anderem, dass er nur drei Tage gebraucht habe, um den Punkt zu erreichen, „bis wohin die Walfischjäger zu gehen pflegten"[2]). Wenn nach Scoresby diese Stelle auf die Walross- und Seehundsjäger zu beziehen ist, so finden sich doch andere, freilich aus verschieden ausgelegte Stellen, welche geradezu vom Walfischfang sprechen. Danach wären von Other Walfische „von 48 bis 50 Ellen Länge" getödtet worden, und zwar „ihrer 60 in zwei Tagen". Mit vielem Recht vermuthet Scoresby, dass hierunter vielleicht eine Gattung Delphine, wie sie noch heute in Massen an den Küsten von Island, der Orkney- und Shetland-Inseln gefangen und getödtet werden, gemeint sei. Auf den Faröern fängt man noch jetzt jährlich in Schaaren die sogenannten Grindwhale oder Rundköpfe (Delphinus globiceps *Cuv.*), eine Art grosser, 16 bis 18 Fuss langer Delphine, nahe an der Küste, zu welcher man sie in Schaaren antreibt, indem man ihnen zugleich den Rückweg abzuschneiden sucht. Oder es mögen Finnwale gewesen sein, welche, freilich von ansehnlicher Länge (50 bis 60 Fuss), gelegentlich auf ähnliche Weise in schma-

len Fjorden Norwegens gefangen werden, denn die auf langjährige Erforschung und Erfahrung gegründete Ansicht Scoresby's, dass der Grönländische Walfisch (Balaena mysticetus) nicht über die Grenze der Polar-Regionen aus dem Norden herabgehe, ist bis jetzt nicht widerlegt, vielmehr durch Maury's und Anderer Untersuchungen im Allgemeinen bestätigt worden. Hierher gehören auch die Erzählungen von grossen Meerungeheuern, welche zu verschiedenen Zeiten einzeln oder in mehreren Exemplaren an Mittel-Europäischen Küsten antrieben und getödtet wurden. Auf der obern Halle des Bremer Rathhauses hängt das Bild eines Walfisches, der „uffm Sande im Lesumer Strohm nahendt dem Lessmer Brüche" am 8. Mai 1669 erschossen wurde und welcher „vom Maul bis zum Auge 5 Fuss, vom Maul bis zum Schwanz 29 Fuss lang, dessen Flossfedern 3 Fuss und dessen Schwanz 9 Fuss breit" war, während der Umfang 12 Fuss betrug[1]). Eben so prangte im vorigen Jahrhundert an der Wand des Stadthaussaales zu Brouwershaven in Süd-Holland das Bild eines Walfisches, der im Jahre 1606 auf der Springer-Plaat gefangen worden war. Dieser Fisch war angeblich 72 Fuss lang, 8 Fuss dick und hatte einen Rachen von 11 Fuss Weite, darinnen 40 grosse Zähne, deren Schwanz war 17 Fuss lang. (S. Tegenwoordige Staat der Vereenigde Nederlanden, X, p. 370.)

Von anderen Gegenden liegen aus verschiedenen Zeiten ähnliche Berichte vor. So lesen wir in Hoffmann, Wangeroogischer Ehrenpreiss, gedruckt und verfasst 1665, S. 7: „Äusserlich ist die Insel reich an den köstlichsten Seefischen — — — wie auch Meerwundern: Saalhunden, Seewölfen, Seekatzen, Springers, einer Art Walfische, wie denn vor 20 Jahren" also — „1645 also — „ist ein grosser Wallfisch von der See an dieses Land ausgeworfen, dessen Kopf 16 Holzfuss lang gewesen, von dessen Graten oder Rippen die Einwohner noch auf diese Zeit Zaunpfale um

---

[1]) In Post's Bremischer Chronik (Bremer Dombibliothek) wird das Ereigniss wie folgt näher beschrieben: „Demnach im Lesumer Strom von den einwohnenden Landleuten im Lessmer Bruch ein Geräusch im Wasserstrom und folgends ein grosser Fisch, so den Schwanz herausgestrecket, befunden, hat ein Bauerknecht darauf mit Hagel Feuer gegeben, darüber der Fisch sich heftig geregt und bei abfallendem Wasser auf ein Sand hinter Hemeling's Erben Vorwerk im Lesumer Bruch gerathen, davon er zwar gesucht sich abzuwälzen, ist aber von einem Bauer aus einem Feuerrohr mit vier Kugeln durchschossen, darauf er, nach dem Berichte der Landleute, so hoch als die in der Nähe am Ufer St. Magni [Name des Orts] stehenden Bäume das Wasser in die Luft gespritzet, darauf er gestorben. Wie dieser Fisch nach Vegesack auf des Herrn Gohgräfen Arend Havemann Befehl gebracht worden, ist er daselbst von vielen Personen besichtiget und hat man befunden, dass er in die Länge 29 Werk-Fuss, in die Dicke am Leibe 12 Fuss, die Breite des Schwanzes aber 9 Fuss gewesen ist. Am 9. Mai ist derselbe nach Bremen geführt und in Prahmen von verschiedenen beschaut. Am 10. Mai aber ist er ans Land geschleppt, auf der Schweineweide zerschnitten und daselbst zu Thran verbrannt. Es war derselbe eine Art der Wallfische und zwar weiblichen Geschlechts. Der Maler und Contrefaiteur Franz Wulffhagen hat ihn auf Geheiss des Rathes zum immerwährenden Andenken abbilden müssen. Das Skelet befindet sich noch jetzt im Bremer Museum."

---

[1]) Auch Selsmont, Zel-smeer, Sal-smeer, Zel (Hüllmann, Städtewesen des Mittelalters, I, S. 48). Zel heisst auch im heutigen Dänisch „Seehund", Englisch seal.
[2]) S. B. J. Noel, Tableau historique de la pêche de la baleine, Paris, an VIII, p. 7, und Scoresby, Account of the Arctic Regions, p. 7.

ihre Garten haben uud zu Hau- und Hackblocken gebrauchen."

In Bruintjes - Kreek bei Bruinesse in Holland wurde, wie im Tegenwoordige Staat der Vereenigde Nederlanden erzählt wird, im Jahre 1682 durch einen Muschelfischer von St. Anna-Land ein grosser Fisch, wie man meint, ein Walfisch, dessen Länge 50 Fuss gewesen, gefangen. Der Fisch hatte die Länge und Breite einer Treckschuite. Auch aus dem Anfang des vorigen Jahrhunderts liegen ähnliche Berichte vor, namentlich aus dem Jahre 1723 von der Elbmündung und aus dem Jahre 1738 von St. Peter im Eyderstedtischen. Wir fügen die Berichte darüber in der Anmerkung bei [1]).

Neben oder eben vor den Norwegern treten die Bewohner der Biscayischen Bucht als des grossen Fischfanges kundig auf. Es muss jene kleinere Art gewesen sein, welche die Biscayer auf kurzen Meerfahrten von ihren Küsten aus mit Speeren und sonstigen Hand-Wurfgeschossen verfolgten und tödteten. Der Fischfang wurde regelmässig und in grossem Umfange betrieben. Im Jahre 1261 finden wir nach den Angaben Noel's, dass von allen in Walfische zugekehrt, auch bis an die Insel, das neue Werk genannt, eingeführten „Walfischzungen" ein Zoll erhoben wird. Walfische (baleines) wurden auf den Märkten von Biarritz und Cherbourg gesalzen und frisch verkauft und als Fastenspeise gegessen. Noel erzählt noch Mehreres über diesen sogenannten Walfischfang der Biscayer oder Basken. Ein Mönchsbericht erwähnt endlich den Walfischfang an der Französischen Küste in dem 12. Jahrhundert. Aus all dem ergiebt sich, dass in jener Zeit in den Mittel - Europäischen Meeren Walfische — deren Art uns freilich unbekannt bleibt — nichts Seltenes waren. Im Laufe der Zeit erst wurden sie an der Küste spärlicher und zogen sich

immer mehr nach Norden zurück. Die Biscayer als kühne Seefahrer folgten ihnen und betrieben später in den nordischen Gewässern, wie berichtet wird, mit 50 bis 60 Fahrzeugen gemeinschaftlich mit den Isländern den Walfischfang.

Im Anfange des 17. Jahrhunderts tritt die Walfischjagd zuerst in grösserem Umfange und als ein regelmässig im Europäischen Eismeere betriebenes Gewerbe auf. Man wähnte, unter dem Pole hin eine Fahrt gen Osten nach China und Indien zu finden, und entdeckte bei dieser Gelegenheit, im Jahre 1596, die Insel Spitzbergen, jenes vielfach ausgebuchtete, mit ewigem Eis bedeckte Eiland, dessen ersten Anblick die Nordfahrer alter und neuer Zeit mit dem einer weissen, sonnenbeglänzten Wolke vergleichen.

Spitzbergen wurde die vornehmste Station der Walfischjäger und blieb es fast zwei Jahrhunderte lang.

Die Islandsfahrten der Hanseaten. — Schon früh sehen wir die Hanseaten mit den Holländern und Engländern allsommerlich auf der grossen Fischerei in den nordischen Meeren. Wir wollen aber, unserem Thema getreu, auf die Nordfahrten der Deutschen in älterer Zeit nicht zurückgehen, sondern nur erwähnen, dass wir im 16. Jahrhundert eine regelmässige Schifffahrt der Hanseaten nach Island sehen, ja zu Anfang des 16. Jahrhunderts finden wir in Hamburg eine Islandsfahrer-Brüderschaft. „Bei Eysland", lesen wir in den Erläuterungen zu Bläu's Atlas 1641, „ist das mitternächtische Meer von Fischen dermaassen reich, dass es nicht allein derselbigen Insel [Eysland] Inwohner, sondern auch viele andere an Nahrung erhält und mit aller Nothwendigkeit versorgt." Dort fanden sie in grossen Mengen des Narwal, der Englische Walfisch, der Roider, Seeochse, ja es werden die gewöhnlichen Längen dieser Fische angegeben.

Aus einer Reihe von Schriftstücken, welche im Bremer Staatsarchiv sich vorfinden, erhellt, dass im Anfang des 16. Jahrhunderts die Bürger von Bremen „die Unterthanen der Königlich Dänischen Majestät in Island seit undenklichen Zeiten jährlich besuchten und denselben ihre Waaren, als Mehl, Bier und allerhand andern Bedarf an Proviant, zuführten, dagegen Fische, Thran, Butter u. dergl. Waaren, so ein Jeder gehabt hat, in Bezahlung angenommen haben". Die Bremer waren für verschiedene Häfen (,,Hauens") vom König von Dänemark „begnadigt und mit Concession versehen". Der Hafen Bodenstede in „Schneuel's Sussell" war bereits im Jahre 1526 von einem Bremer Bürger, Wylken Hudemann, „sammt seinen Mitverwandten" gefunden und aufgesegelt. Ein anderer Hafen, Kummerwage, wurde, wie es in einer Urkunde von 1564 heisst, vor 30, 40 oder 50 Jahren aufgesegelt „mit grosser Gefahr von Leib und Gut und alljährlich von dem Schiffer Johann Munstermann [1]) und sei-

[1]) In Post's Chronik, Bd. 5, S. 165, wird also berichtet: „Im Anfang des Decembers 1723 hat bei einem Sturmwind eine unerhörte Sache sich begeben, dass nämlich unterschiedliche der grössten Art Wallfische, eigentlich Cajelot-Fische genannt, sich zwischen der Elbe und Weser hat sehen lassen, in der Zahl 18, welche Ungeheuer die Einwohner des Strandes Anfangs in Schrecken gesetzt, und sind gegen die Elbe zugeschwommen, auch bis an die Insel, das neue Werk genannt, gekommen, da aber die Fluth weggegangen, sind 13 derselben seewärts wieder gekehrt, 5 aber haben von den Sandbänken nicht kommen können, welche ein entsetzlich Brüllen und Geheul gemacht und sich unter einander schrecklich geworfen und geschlagen. Wie die Fluth kommen, sind noch 3 derselben halb todt in See getrieben, an die beiden übrigen haben sich die am Strande und auf dem Lande Herumwohnenden gewagt, der grösste dieser beiden ist 95 Schuh lang gewesen und soll dem Berichte nach die Speck davon 36,400 Pfund gewogen haben. Von dem Gehirn oder sogenannten Wallrath sind unterschiedliche Fässer vollgefüllt, und hat ein Kaufmann zu Bremen allein für 4000 Thaler davon bekommen." — Im Jahre 1738 am 24. Januar strandete unweit St. Peter in Eyderstedt ein Cachelot, der in dem umfassenden Holländischen Werke über den Walfischfang: De Walvischvangst, Amsterdam 1784, ausführlich beschrieben und auch abgebildet ist. Er war 48 Fuss lang, 12 F. hoch und mass 36 F. im Umfang." — Eschricht zählt in seinem Werke über die Walthiere eine Reihe von Beispielen auf, wo, vom 17. Jahrhundert bis 1860, Walfische an Mittel-Europäischen Küsten strandeten.

[1]) In zwei anderen Urkunden, 1578, erklärt Claus Möninckhusen, von Carsten Meier erhalten zu haben: ein Mal 12 gute gangbare Thaler,

nen Vorfahren, Schiffsfreunden und Rhedern besucht. Marten Lösekau war auf den Hafen von Ostford in Ostford-Sussell begnadigt und nach einer Eingabe des Rathes von Bremen an den König von Dänemark war auch dieser Hafen seit undenklichen Jahren von Bremer Bürgern besegelt worden. Karsten Baker befuhr den Hafen des Eilandes Flattöj bei Island und Johann Schröder den Hafen Wattlose. Die Bremer Bürger hätten, so heisst es am 18. Januar 1588, den Unterthanen des Königs von Dänemark ihre Waaren in theueren und wohlfeilen Jahren beschafft und solche ihnen nicht nach ihrem eigenen Vortheil und Gutdünken, sondern nach des Vogtes oder Königlichen Befehlshabers in Island angesetztem Werth und Anschlag zukommen lassen. Der Vogt empfing das ihm Gebührende an Bier, Mehl (je 2 Last), Brod (je 1 Last), Salz (je 1 Tonne), Eisen, besonders auch Hufeisen für 50 Pferde. Es waren im Ganzen an acht Häfen, welche auf diese Weise von Bremer Schiffen jährlich besucht wurden. So begab es sich — in welchen Jahren, erhellt nicht —, dass etliche von den Bremer Kaufleuten, die mit Königlich Dänischer Concession auf Häfen belehnt waren, auf der Rückreise von Island mit ihrem Leib und Gütern „zur See blieben". Es trat eine Unterbrechung der Fahrt ein und diess benutzten, so heisst es, andere Schiffer, um die Bremer zu verdrängen. Namentlich wird diess von Hamburger Schiffen behauptet. Anschaulich schildert uns Zorgdrager, der Holländische Commandeur, S. 50 seines Werkes: „Bloeijende Opkomst der Aloude en Hedendaagsche Groenlandsche Visscherij", diesen früheren Tauschhandel der Isländer:

„Die Isländer pflegen Waaren weder zu kaufen noch zu verkaufen, weil unter ihnen kein geprägtes Geld im Schwange geht. Man bringt ihnen Mehl, Bier, Wein, Branntwein, Eisen, Tuch und Leinwand, wogegen sie ihre Waaren vertauschen, bestehend in Stockfisch, Butter, Wachs, grobem Tuch, Schwefel, Fellen von Füchsen, Bären und Luchsen. Diejenigen, welche tiefer im Lande wohnen, nähren sich von dem Vieh, als da sind Schafe, Rindvieh und Pferde. Sie halten gemeiniglich nicht mehr als zwei oder drei Kühe, aber eine grosse Anzahl Schafe. Diejenigen, welche am Strande und nahe bei dem Meere wohnen, treiben meistens die Kabeljau-Fischerei. Am Strande wird der gefangene Kabeljau

auf Tafeln zerschnitten und in Tonnen eingesalzen, so dass das Schiff eine Zeit lang auf Ladung warten muss. Auch in anderen Häfen liegen Schiffe bereit, von Kaufleuten ausgerüstet, deren ein jeder vom Könige in Dänemark seinen eigenen Hafen gemiethet oder gepachtet hat, weswegen öfter nicht mehr als Ein Schiff, um Handlung zu treiben, in einem Hafen anlangt. Blefkenius sagt, dass die Deutschen, welche nach Island handelten, nahe bei dem Hafen, wo sie gelandet, Zelte aufschlugen und daselbst ihre Waaren zum Verkauf auslegten, bestehend in Mänteln, Schuhen, Spiegeln, Messern und anderen Kleinigkeiten, welche sie mit den Isländern gegen ihre Waaren umsetzten. Sobald die Isländer von den Fremden Wein oder Bier eingekauft oder vielmehr eingetauscht hatten, so luden sie ihre Freunde, Verwandte und Nachbarn dazu ein und gingen nicht eher zu einander, bis sie alle wohl bezecht waren. Bei diesen Saufgelagen sangen sie die Heldenthaten ihrer Feldherren, aber mit einem unförmlichen Ton und sonder einige Kunst."

Verbot der Deutschen Islandsfahrten. — Doch ein Machtgebot des Königs von Dänemark schnitt diesen direkten Verkehr Deutscher Häfen mit Island ab. Im Jahre 1601 thut der König von Dänemark Christian IV. dem Rath zu Bremen zu wissen:

„Dass Wir Etlichen Unserer Stadt Kopenhagen, auch anderer Unserer eigenen umliegenden Städte Unterthanen und lieben Getreuen alle und jede Hafens unter Unserem Lande Island aus sonderbaren bewegenden Ursachen verpacht Und verschrieben haben, also dass dieselben solche allein Und kein fremder neben Ihnen mit ihren Schiffen forthan besegeln, den Einwohnern des Landes Zufuhr thun Und mit ihnen ihre Handel und Wandel treiben sollen."

Zugleich wird bemerkt, dass der Rath denjenigen Bürgern, welche Königliche Begnadigung und Passbriefe auf Häfen in Island hätten, diese Verordnung vorhalten und ihnen befehlen möge, sobald die Zeit ihrer Begnadigungsbriefe um sei, ihre Segelation nach jenen Häfen gänzlich einzustellen. Um diese dem Bremischen Seehandel drohende Maassregel abzuwenden, sandte der Rath von Bremen seinen Hauptmann und Diener Johann von Uffeln nach Kopenhagen, um wegen der zu Bremen wohnenden Islandsfahrer zu werben und zu bitten. Trotz der wiederholten schriftlichen und mündlichen Vorstellungen thut der König von Dänemark schliesslich im Jahre 1603 dem Rath zu Bremen zu wissen, dass nur noch in diesem Jahre zur Eintreibung der Schulden der Bremer die Fahrt nach Island zu gestatten sei. Gleiches Verbot wurde gegen Hamburg erlassen, die durch die „Islandsfahrer" noch 1611 von Neuem hervorgerufenen Remonstrationen des Rathes blieben ebenfalls erfolglos und die „Islandsfahrer-Brüderschaft"

---

das andere Mal 15 Mark, „up dat everfur van der se und saut zu Islant up Johann Munsterman's ship zu Islant". — Wenn Gott giebt, dass das gute Schiff von Island wieder kommt, so gelobt Monninckhusen dem Meier oder seinen Erben (in der zweiten Schrift auch dem Inhaber der Urkunde) ein Mal 15 gute Thaler oder 1 Tonne Thran, so fern diese nicht weniger werth ist als 15 Thaler, das andere Mal 500 Pfund guder isländer vische fri up de wage tho leveren, wenn diese weniger werth wären als 15 Mark, den Rest in Gold. — Beide Verträge sind rechtsgeschichtlich von Interesse. Offenbar erhält Meier Nichts, wenn das Schiff nicht von Island zurückkommt. — In einer Bremer Zollrolle von 1657 erscheint „Hitleuder und Islender Fisch" unter der Rubrik Stockfisch.

löste sich auf. Damit hörte vorläufig der Handel Bremen's und Hamburg's mit Island auf. Über die Hitlandfahrer (die Fahrt nach den Shetland-Inseln), ferner die Fahrt nach den Färöern habe ich keine näheren Nachrichten auffinden können, und doch ist aus mehreren Gründen zu vermuthen, dass die Bremer hier nicht sowohl Handel als Fischerei trieben.

Diese Islandfahrten der Hanseaten in früheren Zeiten konnten hier als die Vorläufer der späteren Nordfahrten zur Grönlandsfischerei nur berührt werden.

II. Die Spitzberger und Grönlands-Fischerei im 17. Jahrhundert.

Erste Englische und Holländische Fischer-Expeditionen nach Spitzbergen. — Wir wenden uns nun zunächst näher zu den ersten Ausrüstungen von Schiffen auf den Walfischfang. Wie bereits angedeutet, war auf Seiten der Engländer der Wunsch, einen Wasserweg bis ins Innere von Russland behufs Erweiterung ihres Handels zu gewinnen, und auf Seiten der Holländer der Gedanke vorherrschend, die nordöstliche Durchfahrt nach China und Indien zu finden, als sie zuerst jene Gegenden befuhren. Von allen Englischen Häfen war es Hull, eine schon in damaliger Zeit sehr unternehmende Seehandelsstadt, welche die ersten Schiffe von England aus auf den Walfischfang ausrüstete, und zwar geschah diess vom Jahre 1598 an[1]), nach den Küsten von Island und in die Gegenden um das Nordkap. Die in London im Jahre 1553 gegründete „Company for the Discovery of unknown countries", auch Muscovy Company oder the Russia Company genannt, entsendete im Jahre 1610 Captain Jonas Poole auf eine Entdeckungsreise. Poole konnte nicht viel weiter über Spitzbergen hinaus vordringen und beschäftigte sich zu dem Zwecke, die Ausrüstungskosten seines Schiffes zu decken, mit dem Tödten von Wallrossen. Nach dem, was in dem Werke „de Walvischvangst", Amsterdam 1784 (nächst Zorgdrager die werthvollste Quelle für die Geschichte des grossen Fischfanges der Niederländer), zu lesen ist, wären die ersten Englischen Walfischfänger schon 1608 — vier Jahre vor den ersten Holländischen Schiffen — nach Spitzbergen gesegelt.

Der Bericht des Captain Poole über das Vorhandensein reicher Walfischgründe bei Spitzbergen veranlasste die Compagnie, im nächsten Jahre, 1611, zwei Schiffe, die „Mary Margaret" von 160 Tons, Captain Thomas Edge, und die „Elisabeth" von 60 Tons, Captain Jonas Poole, auf den Walfischfang auszurüsten. An Bord der „Elisabeth" waren sechs im grossen Fischfang geübte Biscayer. Am 12. Juni wurde ein kleiner Walfisch getödtet und der Thran — 12 Tons — ausgesotten. Die „Mary Margaret" wurde bei Foul Sound durch Eise zertrümmert, die Mannschaft nahm ihre Zuflucht zu den Booten und wurde zum Theil von einem Huller Schiff, zum Theil von der „Elisabeth", wel-

ches Schiff sich von ihnen getrennt hatte und wieder gefunden wurde, aufgenommen. Aber auch die „Elisabeth" ging beim Bergen des im Foul Sound zurückgelassenen Fisches und Thranes verloren und das Huller Schiff führte schliesslich Mannschaften und Fang nach London zurück. Im Jahre 1612 erschienen die ersten Holländischen Schiffe bei Spitzbergen, ein Schiff von Amsterdam und ein anderes von Sardam, neben ihnen zwei Englische und ein Spanisches.

Streitigkeiten zwischen den Englischen und den Holländischen Fischern bei Spitzbergen. — Sofort entstand Streit zwischen den Holländischen und den Englischen Seeleuten. Die Englischen beanspruchten das ausschliessliche Recht der Fischerei an den Spitzbergen'schen Küsten, während die Holländer mit Bezug auf die Entdeckung des Eilandes durch ihre Landsleute im Jahre 1596 das gleiche Recht der Fischerei zu besitzen behaupteten. In der That gelang es den Engländern, die Holländer zu vertreiben, und die ersteren kehrten mit einem Fange von 17 Walfischen nach der Themse zurück.

Bildung von Fischerei-Compagnien in England und Holland. — Im folgenden Jahre (1613) wiederholte sich diese Scene in grösserem Maassstabe; die Russische Compagnie hatte sich von der Englischen Regierung eine Charter zu Gunsten des Fischfanges bei Spitzbergen durch ihre Schiffe ausschliesslich erwirkt, sie sandte sieben Schiffe aus, welche zum Theil armirt waren. Von Amsterdam erschienen zwei Schiffe und zwei von anderen Holländischen Häfen, sie führten Biscayische Harpuniere, welche „boven schipper boven al bevelen gaven". Ferner fanden sich ein: ein Schiff von Dunkerque, eins von Bordeaux, eins von La Rochelle, eins von St.-Jean de Luz und einige Schiffe von St. Sebastian[1]). Diese sämmtlichen Schiffe — bis auf einige Französische, welche sich zu einem Tribute verstanden — wurden vertrieben und ihres Fanges beraubt. Der Verlust der Holländer belief sich auf ungefähr 130.000 Gulden. Dennoch machte die Englische Compagnie in diesem Jahre ein schlechtes Geschäft, denn über der Verfolgung der Concurrenten hatte man den Fang selbst versäumt und die Compagnie erlitt einen Schaden von L 3- bis 4000.

---

[1]) S. Elking's View of the Greenland Trade and Whale-fishery, p. 41.

[1]) Scoresby, II, p. 26.

*Energisches Vorgehen Holländischer Seestädte in der Aus-
beutung der neuen Fischerei.* — Die Holländer, damals ein
Volk, das gerade in der Fülle der Kraft und des Strebens
stand, dessen schöpferischer Geist sich mit gewaltiger Energie nach den verschiedensten Richtungen hin bethätigte,
waren die Letzten, welche sich durch solches Auftreten der
von ihnen zur See kaum für ebenbürtig angesehenen Engländer hätten einschüchtern lassen. Gleich im folgenden Jahre
rüsteten die unternehmenden Kaufleute der Stadt Hoorn, wo
schon 1416 die grosse Fischerei der Holländer[1], die Häringsfischerei, durch Anwendung grosser Netze einen bedeutenden
Fortschritt gemacht und deren Kauffahrer, die Hoorn'schen
Katten, schon längere Zeit den Handel mit Süd-Frankreich
und Norwegen vermittelten, ein Schiff aus. Auch war bereits in den grösseren Städten Hollands die Bildung einer
grossen Handelsgesellschaft zum Zweck einer umfassenden
Ausbeutung des Spitzbergen'schen Fischreichthums in Anre-
gung gekommen. Neben Amsterdam und Hoorn regt sich in
Middelburg, in Schiedam das Interesse, eben so in Enkhuizen,
dem vornehmsten Ort der Häringsfischerei, welcher schon
zu Ende des 15. Jahrhunderts 40 Grootschippers (Eigenthümer von Schiffen bis zu 120 Last) unter seinen Einwohnern zählte, dessen Rath mit Königen correspondirte und
dessen Bürger bereits 1594 zwei Schiffe unter Cornelis Nai
zur Auffindung der vermeintlichen Nordost-Durchfahrt ausgesandt hatten.

Errichtung der Noordschen Maatschappy. — Das von
Hoorn ausgesandte Schiff kehrte mit einem guten Fange
heim und noch in demselben Jahre wurde in Amsterdam
nach dem Vorbilde der Indischen Maatschappy die Noord-
sche Compagnie gegründet und von der Regierung vorerst
auf drei Jahre mit Octroi versehen. Die Gesellschaft erhielt das ausschliessliche Recht, Ausrüstungen auf Fischerei
und Handel nach der Davis-Strasse, Grönland, Spitzbergen,
Bären-Eiland und anderen Inseln, „die etwa in diesen Gegenden noch möchten entdecket werden," zu machen. Es
heisst in dem Octroi unter Anderem, „dass die Suppli kanten
die Allerersten waren, welche angefangen hätten, aus

diesen Landen so weit nach Norden zu fahren oder zu
segeln unter Ausrüstung einer Anzahl Schiffe nach Gegenden, wo niemals ein Christenmensch gewesen, ja dass sie
83 Grad passirt hätten, wie diess aus einer gewissen Karte
und Beweis, welche in den Händen der Supplikanten, her-
vorgehe; dass die Schiffe derselben dort, in jenen Gegenden, eine offene See ohne Eis, flaches Weideland mit gras-
fressenden Thieren gefunden und ferner an der Seeküste
oder in der Nähe derselben viele Walfische, Walrosse und
andere Fische gefangen hätten".

Das Unternehmen wurde in Folge dieses Octroi mit
all der Energie und den Mitteln angefasst, welche zu
jener Zeit die Holländer auf alle ihre grossen Handels-
unternehmungen verwenden konnten. Man ging dabei von
dem Gesichtspunkt aus, dass Alles auf eine längere Dauer
angelegt müsse. Schiffe wurden in grösserer Zahl
gebaut. Bei dem Fischreichthum der Baien Spitzbergens
wurde der Fang einfach von Booten aus betrieben und es
wurden die nöthigen Einrichtungen dazu getroffen, dass der
Speck sogleich an Ort und Stelle, an der Küste von Spitzbergen, in Thran umgewandelt werden könnte. Man führte
Baumaterialien in ansehnlichen Mengen nach Spitzbergen,
um Packhäuser, Thrankochereien, Böttcherwerkstätten und
dergleichen zum Betriebe sonst noch erforderliche Einrichtungen herzustellen. Spuren dieser Bauten haben neuere
und neueste Forschungs-Expeditionen auf Spitzbergen und
seinen Nachbar-Inseln gefunden. Auch in Amsterdam, an
der bekannten Kaizersgracht, einer der Hauptstrassen der
damals sich in neu angelegten Stadttheilen noch immer weiter ausdehnenden Handels-Metropole, erhoben sich Gebäude
für den Betrieb der neu gegründeten Handels-Gesellschaft,
die sogenannten „Grönländischen Packhäuser".

Im Jahre 1614 sandte die Compagnie bereits 14 Schiffe
nach Spitzbergen, und vier Kriegsschiffe, jedes mit 30 Kanonen, begleiteten diese stattliche Flottille. Die Engländer,
an Zahl geringer, wagten nicht, die Feindseligkeiten fortzusetzen. Im Jahre 1617 kam es noch einmal zu einem
blutigen Conflikte zwischen den Englischen und Niederländischen Fischern, wobei die ersteren die Kürzeren
zogen. Allein die Niederländische Regierung war weise genug, sich über die Parteien zu stellen. Sie gab das ge-
nommene Englische Schiff wieder heraus und beschenkte
überdiess den Kapitän, — ein Akt der Grossmuth, welcher
den Engländern Hochachtung abzwang.

Die Dänen erscheinen bei Spitzbergen. — Im Jahre 1615
erscheinen zuerst zwei Kriegsfahrzeuge der Dänen in den
Gewässern von Spitzbergen. Ihre Commandeure traten mit
dem sonderbaren Anspruch auf, einen Tribut von den
Fischerfahrzeugen aller anderen Nationen zu erheben, „weil
sie West-Grönland entdeckt hätten und Spitzbergen zu

---

[1] Unter „groote vischerij" verstanden die Holländer nicht den
Walfischfang, der ja erst später aufkam, sondern die Häringsfischerei
(haringsvaart), und zwar im Gegensatze sowohl zu der Doggervaart, dem
Kabeljaufang (Dogge = Kabeljau), als zu der kleinen, der Küstenfischerei. Es ergiebt sich diess aus verschiedenen Plakaten der älteren
Zeit. Die Doggervaart oder Doggervaart ging nach der Doggerzand,
der noch heute so fischreichen Bank zwischen Jütland und England,
deren Name sich auf diese Weise erklärt. Die kleine Fischerei betrieben die „Schuiten die om verschen Visch uitvaaren". S. Teg. Staat.
d. Ver. Neederl. 1, p. 584. Dass übrigens der Name „grosse Fischerei"
für die Häringsfischerei auch gegenüber dem Walfischfange wohl berech-
tigt war, ergiebt die Thatsache, dass in der Periode von 1669 bis 1778
der durchschnittliche jährliche Reinertrag des Walfischfanges 442.928 Guld.
betrug, während der jährliche Reinertrag aus der Holländischen Häringsfischerei in dieser Zeit im Mjuimum, also in den ungünstigsten Jahren,
noch auf 1.120.000 Gulden angegeben wird.

Grönland gehöre". Ihnen stellten die Engländer entgegen, dass diese Insel bereits 1553 von Sir Hugh Willoughby entdeckt worden sei, was freilich nicht wahr war. Inzwischen kam es doch bald zu einem Vergleiche unter den verschiedenen Nationen, deren Fahrzeuge sich bisher bei dem Walfischfang betheiligt hatten.

Vertheilung Spitzberger Häfen an die verschiedenen Nationen. — Bei dieser Übereinkunft, beziehungsweise Zuweisung der einzelnen Baien traten als Betheiligte die Engländer, die Niederländer, die Dänen, welche nun auch, im Jahre 1620, eine Grönländische Compagnie gegründet hatten, ferner die Hamburger und endlich die Biscayer und Franzosen auf. Auch die Regierungen scheinen dabei mitgewirkt zu haben. Die besten Baien, diejenigen, welche am frühesten vom Eise befreit waren, nämlich die südlichen, wurden von den Engländern gewählt. Es waren diess Bel-Sund, Safe-Hafen (Holländisch: Behoudehaven) im Eis-Fjord und Horizon-Bai, es kam hinzu eine kleine Bai an der Nordostseite des Foreland-Fjords, die sogenannte Englische Bai, ferner weiter nördlich die Magdalena-Bai. Die Holländer gingen noch weiter nördlich und wählten die Amsterdam-Insel mit zwei schönen Baien — die eine im Süden, die andere im Norden — und die Holländer-Bai zwischen der Insel Amsterdam und der Haupt-Insel Spitzbergen. Die Dänen errichteten ihre Station zwischen denen der Engländer und der Niederländer. Nach ihnen ist die Danes-Insel und das Danes-Gat benannt. Endlich die Hamburger segelten eine kleine Bai nördlich von Foreland und nahe bei den Sieben Eisbergen auf und wählten sie, weil sie ziemlich eisfrei war, unter dem Namen „Hamburger Bai" zu ihrer Fischerstation. Den Spaniern und Franzosen blieb nur noch ein Platz an dem nördlichen Theile von Spitzbergen, bei Redbay und Biscayer Hoek. Sie spielen überhaupt keine grosse Rolle in der Geschichte dieser Fischerei.

Smeerenburg, die Holländische Fischerkolonie. — Eine Reihe von Jahren hindurch, so lange die Baien fischreich blieben, war Spitzbergen in den Sommermonaten das Ziel zahlreicher Schiffe. Es entstand auf der seewärts hoch gelegenen und nach Spitzbergen zu sich in breiter Fläche abdachenden Insel Amsterdam die bekannte Holländische Faktorei Smeerenburg oder Smeerenberg (unter 79° 15' N. Br.), ferner in der Nähe die Harling'sche Kokery, eine Thranbrennerei. Diese Einrichtung, wenn auch für den Anfang kostspielig, empfahl sich deshalb, weil man dann, wie eine Holländische Quelle sagt „een grooter voordeel in kleiner omtrek t'huis brengen" konnte.

Ergiebigkeit der Fischerei in der ersten Zeit. — Der Fang war, wie gesagt, leicht. Der Verfasser von „de Walvischvangst" erzählt, dass mitunter die Leute in den Schaluppen nach solchen Fischen mit den Rudern schlugen, die

zufällig ihnen in den Weg kommend sie hinderten, die harpunirten zu verfolgen. Die getödteten bugsirte man ans Ufer, löste die Speckhaut ab (flensste sie) und kochte gleich den Thran aus; daher führte man auch damals doppelte Besatzung, nämlich 60 bis 80 Mann für jedes Schiff. Die Menge des ausgebrannten Thranes war so gross, dass nicht allein die Expeditionsschiffe voll beladen zurückkehrten, sondern es wurden von Holland Schiffe nachgesendet, bloss um Thran von Smeerenburg zu holen (die sogenannten „Nascheppen", Nachschiffe). In neuerer Zeit war man zufrieden, wenn das Schiff zu zwei Dritteln mit Speck gefüllt wurde. Ein lebhaftes Gewühl herrschte während der Fischerei in dieser Faktorei, wo mehrere tausend Arbeiter und Matrosen zusammenkamen. Die „Kommandeurs" (Name der Führer solcher Expeditionen) wohnten am Lande; des Morgens, wenn das frisch gebackene Brod aus dem Ofen kam, wurde diess durch Blasen auf dem Horn bekannt gemacht; es gab Schänken, die Seeleute belustigten sich wie zu Hause und feierten ihre „Kermis".

Die Ausbeute der Fischerei in jener ersten Zeit war ganz ausserordentlich und der von einem Niederländischen Fischerei-Statistiker gebrauchte Ausdruck „de goudmyn van het Noorden" mag wenigstens für jene Zeit zutreffend sein, obwohl genauere Daten über die finanziellen Ergebnisse fehlen. Zorgdrager erzählt S. 215, Willem Ys, der Schwiegervater seines gewesenen Steuermannes Thunis Baltisz, habe zwei Reisen (tochten) im Jahre nach Jan Mayen gethan und habe öfter bei 1000 Quardeelen Thran [1]) geladen, also 2000 im Jahre heimgebracht.

Der Octroi der Nordischen Compagnie wurde im Jahre 1617 auf vier Jahre verlängert und im Jahre 1622 erhielten die „Kleine" (inzwischen gebildete) und die „Grosse Nordische Compagnie" sowie eine neue, die Zeeländer Compagnie, Octroi auf 12 Jahre. In dem Octroi von 1622 wird noch besonders des Eilandes „Mauritius" (Jan Mayen) erwähnt und zugleich die Strafe für ein Schiff, welches die verliehenen Privilegien verletzt, auf 6000 Gulden festgesetzt; spätere Octrois führen noch Staaten-Land. Wybe Jau's Water, de Zwarte Hoek namentlich auf.

Älteste Spuren von Grönlandsfahrten der Bremer. — Gehen wir nun auf die Zeit zurück, in welcher Deutsche Seeplätze zuerst an dem für damalige Zeit so grossartigen Betriebe Theil nahmen, so giebt uns eine auf der Trese [2]) des Bremer Archives aufbewahrte Urkunde bezüglich Bremen's die erste Auskunft, welche freilich mehr negativer Art ist. Es ist ein Schreiben des Königs Christian IV. von Dänemark vom

---

[1]) Die altholländische Quardeel = 12 Stechkannen, die spätere Quardeel ist gleich 3 Bremer Tonnen à 216 Pfund.

[2]) Ein feuerfester Raum in der Liebfrauenkirche, wo in alten Schränken die werthvollsten Urkunden des Bremer Staatsarchives aufbewahrt werden.

10. Januar 1622 an den Rath von Bremen.   Wir theilen daraus folgende Stellen mit:

Kön. Maj. zur Dannemarken, Norwegen &c. Unser gnedigster König Undt Herr Hatt eines Erbarn Rhats der guten Stadt Brehmen ahnbringen und begehren auss ihres abgesandten so woll mündlichen Vortrag, alss auch in schrifften Übergebenen proposition der lenge nach Umbstendtlich Und wohl vernommen, Und darauf dem Gesandten folgenden Bescheid zu ertheilen gnedigst befohlen . . . . . .
Isslandt und Feroe betreffendt, weil dieselbe trafficque Undt commercien bei I. Maj. gewissen Personen schon vor diesem verschrieben kunnen I. Maj. denen zum präjudicio nichtes Verhengen, doch wollen I. Maj. bei der Compagnie alhier die gnedigste Verordnung thun das sie jährlichs etwan ein oder zwei mit den Wahren so daselbst fallen beladene Schiffe auff die Stadt Brehmen, dafern solche wahren bei ihnen gebührlich verhandelt werden können schicken sollen, damit also der Stadt derselben Commercien gleichwol in etwas weill ein weiteres ohne abbruch J. Maj. ausgegebenen Verschreibungen nicht geschehen kann sich zu erfrewen haben möge . . . . . .
Weil auch I. Maj. mit dem Könige auss Gross-Britannien gewisse pacta wegen Grönlandt und des Walfischfangs unter demselben Lande aufgerichtet, in welchen Unter andern dieses Versehen, das I. I. Mtt beiderseits keinen andern alss ihre eigene Underthanen in communionem et commercium istius piscationis admittiren oder zulassen sollen, Versehen sich I. Maj. ess werde der Erbar Rhatt dieselbe nicht begehren das sie davon etwas abweichen können. Damit Sie aber gleichwol erspüren können das I. Maj. ihrer Stadt und Bürgerschaft aufnahme so viel nöglich zu befördern begirig, auch desswegen bequeme Mittel auch vor sich selbsten gnedigst gerne ausssinnen, wollen I. Maj. ihnen sonsten den Walfischfang unter Norlandt und Norwegen, da es doch allen anderen Nationen verboten, vor ihre eingesessenen Burger gnedigst hiemit gegen Erlegung der gewonlichen Gerechtigkeit Vergonnen und zulassen, Verhoffen auch, der Rhatt gebührliche Auffsicht haben werde, das kein Unterschleiff hierbei verlauffen möge, wie denn I. Maj. auch ferner und zur mehrerer Bezeugung zur gemeiner Stadt tragender gnedigst Gewogenheit ihnen die erlegung der itzo extraordinarie auffgelegten Dreissigsten und Zwanzigsten Pfennings zur Bergen, ob sie woll in particulari darumb nicht angehalten, hiemit erlassen haben auch ahn den Ambtmann daselbsten Befehlschreiben abgehen lassen wollen, das er ihre Bürgerschaft und guter ins künftige mit exaction desselben verschone . . . . . .
Gegeben auf dem Königl. Schlosse zu Copenhagen den 10. January anno 1622.   Christian.

Die „Islandica" bezeichneten Akten des Hamburger Staatsarchives geben über jene pacta zwischen dem König Christian IV. von Dänemark und dem König Jakob I. von England die Auskunft, dass sie im Jahre 1621 abgeschlossen wurden und dass in diesen ältesten Traktaten an Fremde (Nicht-Dänen und Nicht-Briten) verboten sei, „Island, Feröe und andere umliegende Inseln sowohl als die ganze nordische Seite von Norwegen und vicina maria zu besegeln und dort zu fischen".

Es ist erklärlich, dass sich der Rath von Bremen damals gerade an Dänemark wandte, um unter seinem Schutze an der eben in diesem Jahre aufblühenden Grönlands-Fischerei Theil zu nehmen. Neben Gross-Britannien und den Niederlanden war es Dänemark, welches mehrere Pionier-Expeditionen nach dem Norden ausgerüstet hatte. Vermöge der politischen Verhältnisse in Deutschland, vermöge des Handels mit Bergen war Bremen vorzugsweise auf Dänemark angewiesen. Andererseits lag dem König Christian daran, den Rath zu Bremen bei der bevorstehenden Wahl eines Erzbischofs von Bremen für sich zu gewinnen.

Der König wollte seinen Sohn zum Erzbischof erkoren sehen und der Rath war klug genug, diese Gelegenheit zu benutzen, um einige im Interesse des Bremer Seehandels wünschenswerthe Punkte zu erreichen.

Gesandtschaft Bremens nach Kopenhagen. — Den Doktor Preisswerk, welcher zu diesem Zweck als Gesandter des Rathes von Bremen nach Kopenhagen ging, instruirte er also unter Anderem dahin:

Instructio
wonach sich bei der Kön. Maj. zu Dennemarck, Norwegen unser Abgesandter Syndicus, der Ehrnveste und Hochgelahrte Herr Johann Preisswerk, der Rechten Doctor, in unseren Particular Sachen richten soll.
Es soll gemelter unser Abgesandter, wan er nach Copenhagen, oder wo sich sonst I. Kön. Maj. etwa aufhalten möchten, ankommen, benebn der gemeinen auch um eine souderbahre Audientz anhalten, und wan er darzu verstattet, nach behörlicher Danksagung, und anderen gewöhnlichen Complementen und Curialien, zuförderst I. Kön. Maj. gebührlich gratuliren, das die ein Zeithero vorgewesene Tractaten, durch sonderbahre schickung des Allerhöchsten, Juugst die entschafft erreichet, dass i. Kön. Maj. Herr Sohn zu einem Coadjutorn und künfftigen Successoren dieses löblichen Uhralten Ertz-Stiffts designiret, erwehlett und proclamiret währe. — — — — —
Endlich würden sich I. Kön. Maj. auch gnädigst erinnern, was massen Sie sich miltköniglich erbotten, dieser unserer guten Stadt Commercia in königlichen gnaden zu befordern und zu vermehren, Das auch im verflossenen Augusto etzliche Puncten, an deren gnedigsten Bewilligung unserer Stadt ein Königlich favor geschehe, von uns unterthänigst übergeben, hetten auch Jungst von offt wolermelten Abgesandten die gute vertröstung bekommen, dass I. Kön. Maj. uns zwar in einen und anderen gnedigst zu gratificiren geneigt, Allein das Sie in solcher eill, und abwesenheit des Herrn Reichs-Cantzlers, mit dero Reichs-Räthen Darauss nit communiciren noch reden lassen können — — — — — —
Bremen, d. 8. Decembris 1621.

Die „Kurtze punctatio der Articule, worüber die particular diese gute Statt betreffende assecuration zu begeren", lautete:

Weill auch I. Kön. Maj. sich zu verschiedenen mahln souders gnedigst erbotten, dass Sie dieser guten Statt commercia und nahrung, Ihrem kön. wollvermögen nach, milt Königlich verbessern und befordern wolten, So thue man unterthenigst bitten, dass I. Kön. Maj. gnedigst geruhen wolle, den Bremischen Bürgern die sonderbare Königliche gnade und freiheit zu indulgiren, dass (nebenst den privilegien und Freiheiten, so das Cunthor zu Bergen vor I. Kön. Maj. und dero hochlöblichsten Vorfahren habe) ihnen auch in allen anderen I. Maj. zugehörigen Königreichen, Insulen und Ländern, insonderheit aber auf Grönlandt, Isslandt, Gotlandt, Febro und auff Jenseits der North Cape frei zu traficquieren, zu fahren und zu handlen erlaubt, Ihnen auch etwa die für diesem in Isslandt gehabte Hauen [Häfen] wieder eingeraumet werden mögen, und dass I. Kön. Maj. uns sonst in allen andern Stücken oder vorfallend occasionen dieser guten Statt heill und wollfahrt milt Königlich zu befordern gnedigst geruhen wollen.
Den 8. December 1621.

Darauf wurde die oben erwähnte Antwort von König Christian ertheilt.

Muthmasslicher Anfang der Bremer Grönlandsfahrten um 1625: aktenmässiger Nachweis derselben aus dem Jahre 1674. — Es ist, wie auch aus dem Nachfolgenden hervorgeht, wohl ausser Frage, dass vielleicht schon bald nach jenem Briefe des Königs Christian auf den Walfischfang ausgerüstete Schiffe die Weser verliessen und an dem reichen Gewinne, welchen die Spitzbergen'sche Fischerei in jenen Jahren abwarf, sich einen bescheidenen Theil holten. Nachweislich aus den Akten des Bremer Archives[1]) ist es erst 1674, wo in Bremen eine „Grohnländische Compagnie *wieder* aufgerichtet" worden war.

Am 7. Dezember 1674 suchen nämlich 31 Kaufleute, „Interessenten der Grönländischen Compagnien", um Befreiung der Consumtionsabgabe nach: für die Victualien, besonders die Beesters, welche alljährlich hier geschlachtet und auf den Grönlandsfahrern verzehrt werden. Es ist in mehrfacher Beziehung für unseren Gegenstand von Interesse, auf den Inhalt des Gesuches etwas näher einzugehen.

Einzelheiten über die ältere Bremer Grönlandsfahrt. — Die Consumtionsabgabe, so wird ausgeführt, sei zur Unterhaltung der Soldateske bewilligt.

„Nun werden aber diese Victualien, so wir auf unsere Grönländischen Schiffe mit ohnedem sehr schweren Kosten hinuntersenden und von anderen Örters uns besser damit versehen könnten, hier in loco nicht, sondern auf dem Schiffe, weit von Bremen, consumirt. Der Rath solle ferner ponderiren, wann diese angefangene Grönländische Fahrt durch Gottes väterliche Gnade sich jährlich möchte vermehren und zunehmen, was dieser guten Stadt und dem Publico von Zeit zu Zeit darinen zuwachsen könne, indem dadurch die fremde und ausländische Handelsleute, auch viele gemeine Schifferknechte, ja über 200 Personen, sich allhier annehmen, ihr Bier und Brod in dieser guten Stadt consumiren. Von benachbarten öhrtern abgewöhnt und anhero gezogen werden, da inzwischen viele hurgere hieselbst mehre andere wehren, welche sonst an diesem ohrte niemals gesuchet und abgeholet werden, bei der handt zu haben und zu verschaffen, ihnen högst angelegen sein lassen werden, wie der senatus Hamburgensis löblich darinnen verfahren, *indehm derselbe in so langen Jahren nicht das geringste von ihren grohnlandischen schiffen begehret*, ihnen auch vergestattet, dass diese und auch andere Schiffe ihr Bier, und was sie sonsten nötig, ausser der Stadt in Altena brauen und einkaufen lassen mögen, ja in ihre Stadt, vor dem Hauen, ohne einigen entgelt solches einzuladen und einzunehmen, gerne vergonnen, auch die Vorfahren am löbl. Regiment hieselbst Freyheit an die Hitlenderfahrer und anderen zur Seh gehenden Fischern ertheilt und dero aussgehende und einbringende wahren gahr geringe beschwehret und brod haben, indehm sie wahren holen, so auss der Seh erst gefangen werden. Ingleichen seien die Bergerfahrer alhie für anderer Burgern und Kauffleuten mit grossen privilegien und Freyheiten sowohl wegen ihren einkommende alss ausschickende Gütern begnadigt, weil solche über Seh geholet werden. Ihrer Königl. Maytt. von Dennemark nehmen nichts von diesen Schiffen, so auss ihren Landen nach Grohnland fahren, ja vergonnen auch denen Lübeckschen Bürgern, dass sie mit ihren Grohnlandschen Schiffen durch den Sundt zollfrei passiren mögen, ohne zu gedenken, wie die H. H. Staten von Hollandt lange Jahre mit Freygebung aller unpflichten diess herrliche Werk und Fahrt so rühmlich befordert und ihren einwohnern überdehme alle hülffmitteln dazu alss sonderliche liebhabern der commercia und handlungen gecontribuiret haben, wan den nuhmehro auch unserem lieben Vaterlande zum besten noch eine andere undt neuwe comp. gleichfalls enstanden undt aufgerichtet, so nach Grohnland werden equipiren, und uns ersuchet mit dieser Supplik einzukommen, welche sie auch nebenst uns unterzeichnet haben."

Um es beiläufig zu erwähnen, wurde die gewünschte Begünstigung in so weit gewährt, dass gegen Einreichung einer Spezifikation die Consumtions-Freiheit für den Schiffsconsum an Brod und Mehl zugestanden wurde. (Senatsconclusa vom 23. Dezember 1698 und 8. Februar 1704.) Noch einiger anderer Archiv-Akten möge hier gedacht

werden, weil sie nach mehr als Einer Seite hin für unser Thema und die Anschauungen jener Zeit von Interesse sind.

Im März des Jahres 1676 suchen die „Burgers und Rehders der Grohnlandischen Compagnie (Rehders der 6 nach Grohnland destinirten Schiffe) um Bürgerrecht für ihre fremde Matrosen wegen des französischen Krieges nach, sie haben, erklären sie, von Fürstlicher Durchlaucht von Hannover Residenten in Paris Zeitungen erhalten, dass gegen Zahlung eines gewissen für die Last dieser Stadt Schifffahrt durch die französischen Kapers oder Schiffe gahr nicht sollte troubliret werden, dennoch aber mit dieser Condition, dass kein einziger Holländer noch Hamburger sich darauff befinden müsse, ja dass ein einziger Cajüt Junge von Feindes-nation capable wäre, das gantze Schiff mit der Ladung ins Verderben zu stürzen." Sie erklären weiter: „Weil es aber uns Rehdern der gedachten Schiffe unmöglich fällt, mit Bremer Bootsknechten oder Schiffsleuten alleine zu fahren, auch desswegen schon eine ziemliche Zahl von anderen Nationen angenommen, und darauf ein ziemliches Stück Geldes expendiret haben, und dieser Stadt Nahrung und Schiffahrt durch diesen vor *kurzen Jahren wieder angefangenen* Handel merklich befördert wird, so bitten sie darum, dass man diesen fremden auf unseren Schiffen dienenden Schiffleuten, zur promotion der Commercien, dass hiesige Bürger Recht precario nur so lange grossgünstig verleihen und geben mögte, alss Sie sich dieses Jahr auffgedachten unsern Schiffen befinden würden, damit dieselben bey ankommen einiger Caper völlig versichert und alles auffbringens geäussert sein mögen."

Am 7. November 1677 kommt zuerst in Frage, wie hoch der Eingangszoll auf aus Holland als Handelsartikel eingeführte Barten zu setzen sei. Es heisst in dem bezüglichen Wittheits-Protokoll (dem Protokoll des in corpore versammelten Raths):

„Da bisher Fischbein zur convoje das Pfund schwer 4 Groten gegeben, so die Kaufleute aber von den Wahren so viel zu geben verneinten, so wurde beliebt, dass die Accise-Herren mit ihnen deswegen handeln mögen und das Pfund schwer auf 3 oder 2 Groten convoje setzen".

Im Jahre 1677 beschweren sich die Interessenten bei der Grönländischen Compagnie darüber, dass die Tonnenmacher und Seiler ihnen Vorschriften machen wollten, bei welchem Meister sie ihre Arbeiten machen lassen sollen.

Das Grönländische Recht der Holländer; Annahme desselben Seitens der Deutschen Seestädte. — Aus dem Jahre 1684 endlich ist ein nicht unwichtiges Aktenstück erhalten, in welchem die bisher faktisch angenommenen Holländischen Usancen des Fischereibetriebes in Grönland durch eine ausdrückliche Erklärung der betreffenden Bremer Rheder förmlich adoptirt werden. Wir entnehmen diesem in Holländischer Sprache abgefassten Schriftstück die folgenden wichtigsten Stellen:

Vor dem Senat erschienen: Eldermann Jürgen Baltzers und Bruno Heylman, forner Dirck Wolpman, Conrad Mehne, Jacob von Berchem, Albert Schomaker, Henrich Sanders, Frans Dreyer, Henrich Klugkist jun., Albert Ellerhorst, Arnold Duntze, Daniel Meinershagen, Jobst Henrich Balcke, Kaufleute Bremen's aus verschiedenen auf Grönland rhedernden Compagnien, haben sich darüber informirt, welche Gebräuche und Gewohnheiten in den Fällen von Schiffsunglück in Grönland bezüglich des Bergens von Volk, Schiffen, Walfischfanggeräthschaften, Speck, Thran, Barten &c. bei den Einwohnern der vereinigten Niederländischen Provinzen bestehen. Sie finden, dass die Mannschaft eines verun-

---

[1]) Im Hamburger Staats-Archiv fand ich ebenfalls kein Schriftstück, das einige Auskunft über diese ältesten Bremer Grönland-fahrten gegeben hätte.

[1]) Datt zye voor genoemde reedery op groenland voor eenige jaeren weer hervatt hadden en bevonden datt de derwaerts gaende Scheepen, groot risico vann door hett ys gebroeken off door datt selbe besett te worden.

glückten Schiffes durch das erste Schiff, an das sie kommt, zu den gebräuchlichen Kosten aufgenommen und mit Mundkost bis zu dem Platz versehen wird, wo das bergende Schiff zu Haus gehört; — ferner, dass die in Grönland oder in dieser Gegend aus verunglückten oder verlassenen Schiffen geborgenen Güter zur Hälfte an den Eigner, der das Schiff verloren, oder an dessen Ordre zurück erstattet werden, und zwar an dem Platz, wo das bergende Schiff ankommt, indem dem Berger als Berglohn und Fracht die andere Hälfte zukommt. Die Attestanten waren hierin übereingekommen und es war ihrer Ordre gemäss durch ihre Commandeurs zu verschiedenen Malen Volk von verschiedenen Nationen übergenommen worden. Sie waren mit Kost und Trank versorgt und nach ihrer Ankunft hier waren ihnen, besonders den Holländern, so viel Lebensmittel und Reisegeld gegeben worden, dass sie nach Hause zurückkehren konnten. Bezüglich der geborgenen Güter hatten die Attestanten und ihre respektiven Compagnien solche Ordre gegeben, dass sich Niemand über sie beschwerte, noch Ursache hatte, mit Recht sich über sie zu beschweren. Die in der kurzen Jahren, dass ihnen diese Gewohnheit bekannt war, waren ihnen nur die beiden folgenden Beispiele vorgekommen: Commandeur Gerrith Jacob Buis, führend das Schiff „die Eendracht", hatte im Jahre 1682 einiges Gut von dem verunglückten Schiff, dessen Commandeur Bowe Jochens, gewöhnlich Bowe genannt, geborgen. Davon hatte genannter C. Buis den halben Werth in Geld in Folge Übereinkunft mit dem Buchhalter des gebliebenen Schiffes an diesen Buchhalter im Namen seiner Rheder freiwillig und ohne Widerspruch restituirt. Commandeur Jost Blase, führend das Schiff „de Koning Albertus", hatte im Jahre 1683 einiges Gut aus dem verunglückten und verlassenen Schiff „de vergulde Duyff" geborgen, wovon die hier wohnenden Rheder an die Eigner zugleich mit dem hier geschätzten Werthe desselben Kunde gegeben, indem sie es ihrer Wahl überliessen, ob sie das Geborgene zu dem Werthe des geschätzten Preises annehmen und die Hälfte davon empfangen wollten oder das Gegentheil. Die Eigner des geborgenen Gutes entschieden sich dahin, die Hälfte des geschätzten Werthes in Geld anzunehmen, und dieses ist dann ohne Widerrede an ihren Buchhalter S. Dirck Leenders durch Ordre der Rheder des „Koning Albertus" angekehrt und bezahlt worden. Ferner haben wiederum die Herren Holländer an einige der Attestanten und Mitglieder in derjgleichen Vorfall die Hälfte des den Attestanten aus verunglückten oder verlassenen Schiffen zukommenden Bergegutes wieder lassen zukommen, wie zu ersehen aus der Restitution, welche Symon Willenjin zu Middelburg, J. Walerave zu Dortrecht und Commandeur Elias Pairi, zu Rotterdam wohnend, an die Rheder des im Jahre 1681 verunglückten Schiffes „de Jouas" gethan. Die Berger schätzten das Berggut, die Eigner nahmen den geschätzten Werth als richtig an und kehrten den Bergern die Hälfte desselben aus. Commandeur Claes de Valck restituirte an die Rheder des im Jahre 1683 verunglückten und verlassenen Schiffes „de Muyser" einiges geborgene Gut gegen Empfang der Hälfte des geschätzten Werthes. Die Attestanten erklärten nun für sich und ihre Mitrheder mit feierlichem Eide, dass diess Alles der Wahrheit gemäss sei und dass sie beschlossen hätten, solchen Gebrauch und Recht auch ferner reciproque beizubehalten, dass auch weder von dem Rath noch von dem Richter dieser Stadt einige Frage oder Process gegen die Bürger der Stadt wegen dieses Gegenstandes erhoben sei. Wir haben daher auf die Requisition der genannten Attestanten diesen Akt mit dem Siegel unserer Stadt und der Unterschrift des p. t. Praeses Bürgermeisters ausgefertigt.

Geschehen zu Bremen am 19. November 1684.

      Nicolaes Zobel. Dr., p. t. Praeses Reipublicae Bremensis.

Es scheint, dass dieses Aktenstück nach Amsterdam an die Regierung so wie an sämmtliche Holländische Grönlands-Rheder geschickt wurde. Dort wird den 22. Januar 1695 von den Staaten von Holland und West-Friesland eine Resolution gefasst, welche das Grönländische Recht in einer Reihe von theilweise bereits im Jahre 1677 adoptirten Grundsätzen, die seitdem in den Niederlanden im Wesentlichen Geltung hatten, enthielt. In Bremen und in Hamburg (durch ausdrückliche Verordnung von 1696) und in Emden wurde diese Resolution die Grundlage und Norm des Grönländischen Rechts.

„Wir Bürgermeister und Rath der Stadt Hamburg", so lautet die Verordnung des Raths von Hamburg von 1696, „geben allen und jeden, denen daran gelegen, vermittelst dieses offenen Drucks zu vernehmen, wessgestalt Uns hiesige committirte von den gesammten Interessenten der Grönländischen Fischerei nachfolgendes von ihnen entworfenes Reglement übergeben, und dabei geziemend gebeten, Wir geruheten solches Obrigkeitlich zu approbiren, und in rim Legis zu autorisiren.

„Wie Wir nun dieses Reglement so befunden, dass es zum Besten der Grönlandsfahrt gute Verordnungen in sich hält, so haben Wir auch kein Bedenken gehabt, solches in allen seinen Puncten gut zu heissen, und zu Jedermanns Wissenschaft, wie hiemit geschicht, solches drucken und publiciren zu lassen, mit dem Anhange, dass sich ein Jeder darnach hinführo schuldigst achten, und demselben nachleben soll; Gestalt dann auch bei ereigneten Fällen in judicando einhalts sothanen Reglements jeder Zeit zu verfahren."

Es folgt dann das Reglement, welches von den Committirten, den Herren Harm Gerh. Backer, Berend de Vlieger, Joh. Carl de Vlieger, Joh. Beetz, Gerhard Gühle und Jon Tumm, unterzeichnet ist. Wir geben jene Resolution im Auszuge, übersetzt aus „de Walvisvangst" (Th. I, S. 22). Das Hamburger Reglement lautet im Wesentlichen übereinstimming.

Auszug aus der Resolution der Staaten von Holland und West-Friesland, in ihrer Versammlung gefasst den 22. Januar 1695:

1) Wenn ein Schiff verunglückt und der Commandeur und das Volk zu retten suchen, soll das erste Schiff, an welches sie kommen, sie zu retten schuldig sein, und wenn dieses einem andern Schiffe begegnet, soll es die Hälfte des besagten Volkes übergeben, wie auch das geborgene Volk schuldig sein soll überzugeben, es wäre denn, dass das zweite Schiff bereits geborgenes Volk inne hätte, in welchem Falle das Volk pro rata vertheilt werden soll, dass eines so viel als das andere und ein jedes der beiden Schiffe die Hälfte des Volkes habe, und wenn sie zu anderen Schiffen kommen sollten, soll alsdann wieder wie zuvor eine Vertheilung geschehen.

2) Die Viktualien, welche die Geborgenen an Bord bringen, sollen von ihnen selbst verzehrt werden, und was noch übrig sein möchte, nachdem sie an das zweite oder folgende Schiff gekommen sind, davon sollen sie pro rata des Volkes mitgeben; desgleichen soll den salvirten Schaluppen, welche keine Viktualien mitbringen, aus christlicher Liebe beigestanden werden, mit Beding, dass sie arbeiten, wie andere Matrosen.

3) So auch, wenn ein oder mehrere Schiffe und Güter in Grönland bleiben müssten oder verloren wären, soll der Commandeur und Schiffer, oder wer an ihrer Stelle ist, ein Jeder für so viel ihn angeht, so lange sie dabei sind, die freie Wahl haben, ob sie das Gut wollen bergen lassen, und wie, jedoch so, dass die Kommandeurs, welche allda gegenwärtig sind, die Freiheit haben sollen, solche Güter zu übernehmen oder nicht.

4) Wenn Jemand zu einem oder mehreren gebliebenen oder verlorenen Schiffen und Gütern kommt, welche verlassen sein möchten, und Niemanden dabei fände, so mag er solches Gut bergen. Von diesen geborgenen Gütern, es sei Geräthschaft zum Walfischfang, Speck, Thran und Walfischbarten, Walrosszähne, Schiffsgeräth, oder was dergleichen Mehreres sein möchte, soll, wenn er hier zu Lande kommt, die eine Hälfte dem zu Gute gehen, der es gerettet hat, und die andere Hälfte denen verbleiben, die es verloren haben, welchen derjenige, der es gerettet hat, die Hälfte herausgeben soll, ohne Fracht, Parteniergeld oder andere Unkosten zu fordern oder zu prätendiren.

5) Wofern ein oder mehrere Schiffe oder Güter vor dem Bergen von denen, welche Monatsgelder, und den Parteuiers, welche Theil haben, wäre verlassen worden, so sollen weder die, welche auf Sold, noch die auf Part dienen, von den geborgenen Schiffe, Schiffen und Gütern Etwas geniessen oder zu prätendiren haben, und soll in diesem Falle das Gut des Schiffes und das von dem Walfischfang den Rhedern zu Gute gekommene von ihnen genossen werden.

6) Wenn aber das Volk von dem gebliebenen Schiff oder Schiffen und Gütern dabei ist und die Güter hat retten helfen, sollen aus dem

reinen vierten Theil von allem Geborgenen die, welche um Sold auf dem Schiffe dienen, ihr bedungenes Monatsgeld und die Parteniers, oder welche um Part dienen, für ihre gethane Arbeit ein Monatsgeld von 20 Gulden geniessen, bis dahin, als das Schiff geblieben ist, so dass die Parteniers in diesem Falle eben so wie die, welche um monatliche Gage dienen, considerirt werden. Wenn jedoch der vorbesagte vierte Theil nicht so weit reichen sollte, wird ein Jeder, sowohl der um Monatsgeld als der auf Part dient, nach Advenant missen müssen, und was von demselben vierten Part über die erwähnten Monatsgelder Überschuss ist, soll den Rhedern zum Profit gereichen.

7) Der Kommandeur, welcher einiges Gut rettet, soll den Werth desselben berechnen, davon den im vorstehenden Artikel erwähnten Betrag an Monatsgeldern abziehen, die sich ergebende Summe mit den Marktpreisen des Thrans und der Barten vergleichen und danach Offiziere und Mannschaft so bezahlen, als wäre die Summe das Ergebniss der Fischerei; aber die um Sold dienen, sollen Nichts davon geniessen und sollen 50 Quardeele Thran und 1600 Pfund Barten für einen Fisch gerechnet werden.

8) Alle solche geborgenen und zu Schiffe gebrachten Güter sollen allem Vorfall von Schaden und Haverei eben so wohl als eigen Gut unterworfen sein.

9) Wenn Jemand in dem Eis einen Fisch getödtet hat und solchen durch Ungelegenheit nicht könnte an Bord bekommen, so bleibt er Eigner, so lange Jemand von dem Volke dabei ist, und wenn kein Volk dabei ist, obschon er ihn an einem Eisschots festgemacht, so mag er, welcher dahin kommt, diesen Fisch zu sich nehmen.

10) Wenn man bei dem Lande sich befindet und es hat Jemand einen Fisch, mag er denselben vor Anker, Dreggen oder kleinen Ankern und Seilen festlegen, nebst einem Zeichen oder Flagge darauf, so bleibt, wenn schon Niemand dabei ist, er doch dem Eigenthümer liegen.

11) Wenn auf der Reise nach Grönland unter der Admiralschaft im Defendiren Jemand an seinen Gliedern verstümmelt würde, soll dafür die Billigkeit von dem Committirten der Grönländischen Fischerei bezahlt und solches repartirt werden über die ganze Flotte; so auch bei der Rückreise.

12) Endlich, wenn einige Sachen, die hierinnen nicht begriffen sind, sich hervorthun sollten, will man selbiges durch ehrliche Leute ausmachen lassen.

Diese auf Gerechtigkeit und Humanität beruhenden Grundsätze kamen dem ganzen Betriebe zu Gute, manchem Streitigkeiten war im Voraus die Spitze abgebrochen und die Rettung von Menschenleben so viel wie möglich erleichtert und gesichert.

In Gross-Britannien wurden niemals bestimmte, auf diese Fragen bezügliche Vorschriften und Gesetze erlassen. Zwei Grundsätze hatten dort aber immer nach Scoresby praktische Geltung: 1) ein festgemachter Fisch, lebendig oder todt, ist Eigenthum derer, welche mit dem Fisch in Verbindung stehen oder ihn in Besitz halten; 2) ein freier, nicht auf solche Weise gebundener Fisch ist gute Jagd für Jeden.

Den einfachsten und für alle Fälle anwendbaren Grundsatz findet der würdige Scoresby in dem Wort der Bibel: „Was du willst, das dir die Leute thun sollen, das thue ihnen auch, und was du nicht willst, das dir die Leute thun sollen, das thue ihnen auch nicht."

Nur wenige Fälle kamen vor, in welchen zwischen Commandeuren, beziehungsweise Rhedern Deutscher Schiffe Streitigkeiten entstanden, welche durch Anrufung und Vermittelung von Behörden erledigt werden mussten. Einzelne dieser Fälle sollen später angeführt werden.

Älteste Grönlands-Fischerei Hamburg's. — Hamburg, an dem grössten der ihren Lauf nach der Nordsee richtenden Deutschen Ströme gelegen, eine Stadt, deren Mauern von dem Athemzuge des Meeres, von Ebbe und Fluth, unmittelbar erreicht werden, wo Schiffsbau und Handel, Seefahrt und Fischerei der Deutschen Küsten mehr und mehr ihren Markt und Mittelpunkt fanden, das endlich geübte Fischerleute in grosser Zahl auf den nahen Holsteinischen und Schleswig'schen Inseln zur Hand hatte, nahm wohl unter den Hansestädten zuerst an der Grönlands-Fischerei Theil. Nach Scoresby's Aufstellung folgten die Hamburger unmittelbar den Dänen, also noch vor 1620. Sie wählten ihre Station in einer von ihnen entdeckten kleinen Bai an der Westküste von Spitzbergen, bei den Sieben Eisbergen. Ziemlich eisfrei eignete sie sich sehr gut zu einer Fischerei-Station. Nach Friedrich Martens' Spitzbergen'scher Reisebeschreibung wäre es um 1640 („etliche dreissig Jahre vor 1675") gewesen, als zuerst die Hamburger mit einem oder zwei Schiffen es wagten, in so grausam kalten Landen Nahrung zu suchen.

Die erste Glanzperiode der Fischerei, die Baienfischerei, war also schon vorüber und unsere Landsleute hatten von Anfang an mit grösseren Schwierigkeiten zu kämpfen als die Engländer, Holländer, Dänen und Franzosen.

„Als dieses negotium", so sagt ein späteres Aktenstück aus dem Anfang des 18. Jahrhunderts, „in Hamburg stabiliret wurde, embrassirte es die Stadt mit solchem applausu, wie eine dergleichen bloss auf Gottes Segen beruhende Nahrung billig verdiente."

Die Schoonenfahrergesellschaft. — Es scheint, dass der Hamburgische Walfisch- und Robbenfang sich zuerst bei der Schoonenfahrergesellschaft concentrirte. Diese Gesellschaft hatte grösstentheils den Fang und Handel der grossen Fische, namentlich auch den Häringshandel von Hamburg aus in ihren Händen [1]). Letzterer unterlag, als die Hauptbeschäftigung der Gesellschaft, einer staatlichen Oberaufsicht, während der Walfisch- und Robbenfang als ein internum der Gesellschaft erscheint. Im Jahre 1648 soll die erste Thranhütte in Hamburg erbaut und eingerichtet worden sein, im Jahre 1674 waren bereits neun Thranhütten vorhanden und somit der Betrieb schon ein sehr bedeutender.

In einem Gesuche der Oberalten der Schoonenfahrer-Compagnie an den Rath wegen freier Lagerung des Thranes in den Packhäusern heisst es unter Anderem: „Wann nun dieses eine Sache, so unsere gesammte Schonfahrer-Compagnie, auch die Grönlandsfahrer, Bergerfahrer, Moscovie-

---

[1]) Nach einer Mittheilung aus den Akten des Hamburger Staatsarchives, welche Verfasser der Gefälligkeit des Herrn Archivar Dr. O. Benecke verdankt.

fahrer, Drontheimer und alle Kaufleute dieser guten Stadt, welche mit Thran handeln, concernieret, Massen bekannt" u. s. w.

Verzeichniss der Hamburger Walfischfahrer 1669—1698. — Die werthvollste Nachricht über die Geschichte der älteren Hamburger Grönlands-Fischerei ist ohne Zweifel das „Verzeichniss der Schiffe, die auf den Walfischfang von Hamburg abgegangen, und wie viel sie jedes Mal gefangen haben, vom Jahre 1669 bis 1698 incl." Es ist in Holländischer Sprache geführt, wie jene frühere Erklärung der Bremer Rheder, — wohl erklärlich, wenn man bedenkt, dass die Holländer damals noch immer das erste Seehandelsvolk Europa's waren und daher die Hansestädte in der ganzen Art und Weise ihres Handelsbetriebes viel von dem Holländischen Wesen und seinen Eigenthümlichkeiten annehmen mussten. Das Verzeichniss, aus welchem wir im Anhang als Probe einige Jahre mittheilen, da es bisher unseres Wissens noch nicht veröffentlicht wurde, giebt die Namen der „Directeurs" (Eigenthümer) der Schiffe oder der Vertreter der Compagnien, welchen sie gehören, ferner die Namen der Kommandeure, die Zeit der Rückkunft und den Ertrag an Fischen und Speck an.

Die Familiennamen sind zum Theil alt-Hamburgischen, zum Theil Holsteinischen und Holländischen Ursprungs, manche, wie Schomaker, Backer, Mangels, Witte, Teunis, Dirks, Roloffs, finden wir in dem Bremischen Verzeichnisse, welches zu Ende des 17. Jahrhunderts beginnt, wieder, einzelne Kommandeure, wie folgende:

C. Rickmers, von 1669—1689 Kommandeur,
R. Volkers, von 1678—1681 Kommandeur,
P. Peters, von 1671—1681 Kommandeur,

fuhren jedes Frühjahr auf die Fischerei bei Grönland. In der Liste der Directeurs finden wir einzelne Namen und Firmen diese 30 Jahre hindurch im Walfischfang engagirt; es sind diess die Govers, de Vlieger, Backer, Schomaker.

Die Namen der Schiffe sind nicht ohne charakteristisches Interesse. Die Apostel des Neuen wie die Glaubenshelden des Alten Testaments sind es vornehmlich, die den auf gut Glück zu so gefährlicher Fahrt ausgehenden Schiffen ihren Namen geben und so gleichsam ihnen Schutz und Schirm werden: St. Paulus, St. Pieter, de Jan Evangelist, de Koning David, de Koning Josephus, Abraham offer Sande, St. Jan Baptist, St. Jacob, de Prophet Daniel, de Maria, de Engel Gabriel, St. Michel, de Oude Tobias, St. Johannes, St. Nicolas, de Jonas, de Ledder Jacob's, Salomon's Gericht, de drie Helden David's, St. Elisabeth, de Sara, de Susanna Maria, St. Gertruyt, St. Anna, de heylige dry Koning. Neben den Königen und Propheten des Alten und Neuen Testaments läuft auch gelegentlich ein Name aus der Heidenwelt mit unter, wie Neptunus, de Fortuyn, de Justitia,

de Hector, de Concordia, de Charitas, de Patientia, de Vogel Phönix, de Vigilantia. Viele Namen beziehen sich auf Seefahrt und Fischfang oder sind nationaler und stadtpatriotischer Bedeutung oder sie sind als Huldigungen an hohe Personen anzusehen oder deuten die lebhaften Handelsbeziehungen an, in welchen Hamburg zu anderen Ländern und Plätzen stand, deren Kapital wohl bei der betreffenden Unternehmung mit betheiligt war. Noch andere sind Thiernamen oder moralischer Tendenz. Eigennamen von Rhedern kommen nur wenig vor, wohl aber nicht selten die Vornamen ihrer Frauen und Töchter. Von der ersteren Art sind besonders folgende bezeichnend: de Zeemann, de jonge Zeemann, de Hoop, de Zeepardt, de Valk, de Hoop op de Walvis, de witte Bahr, de Dolphin, de Noordsteeren, de Sonn, de Walrus, de Morgensteeren, de Jager, de Groenlandsche Vissery, de swarte geeronde Walviss, de Walviss met de Jonas, de seven Steeren, de Visser, 't wakent Oog, de groene Jager. Die zweite Gattung wird unter Anderem durch folgende Namen vertreten: de Kayser Kunradus, de Ruland, de Konigin Christina, de Geluckstädter, de Stadt Hamborg, 't Wapen von Bergen, de Moscovieter, de Stadts wolvaerdt, de Kayserinne, 't Wapen von Ostfriesland, de Burger van Hamborg, 't Wapen von Hamborg, de Börs van Copenhagen, 't Wapen van Dänemark, de Konigin van Sweden, 't Casteel van Glückstadt, de Stad Stockholm, 't rathhuys van Altona, Schip Kronborg, de Stadt Glückstadt, d'Elffstrom, de Stadt Stockholm, de Koning van Sweden, de Burger van Stockholm. Von den Thiernamen kommen ausser den obigen unter anderen vor: die Nachtigal, der Falk, der rothe, der weisse und der goldene Löwe, der Hahn, der goldene Kranich, der weisse Schwan, die Löffelgans, der Pelikan, der Papagei, der grüne Papagei, das weisse Pferd, die goldene Fliege, der goldene Elephant, der schwarze und der blaue Adler, der gekrönte Pfau, die goldene Taube, der wachende Kranich, ja sogar das Kameel. Frauennamen sind z. B. die Jungfrau Christina, Jungfrau Johanne, die Lucia, die Anna Catharina, männliche Vornamen: Emanuel, Franciscus, Salomon u. a. Moralischer Tendenz sind z. B.: Liebe, Friede, gekrönter Friede, gekrönte Liebe, die Eintracht. Auch die Pflanzenwelt ist durch einige Namen vertreten: der Kirschbaum, der grüne Baum, der Orangenbaum, der Palmbaum. Den hohen Werth eines Schiffes zeigen die Namen Krone, Perle, Schildpat, und endlich fällt uns der sonderbare Name des Schiffes „de Schriefieder" (Schreibfeder) auf.

Was den Ertrag der Hamburger Grönlands-Fischerei während der Periode des Verzeichnisses angeht, so sind die Jahre 1669, 1671, 1672, 1673, 1682 und 1697 die glänzendsten. Es kamen in diesen Jahren durchschnittlich auf jedes Schiff 7—11 Fische. Nach den guten Jahren

1671 bis 1673 wird die Zahl der ausgehenden Waltischfänger verdoppelt, von 40 steigt sie nämlich auf 83, sinkt aber wegen des sich wiederum sehr vermindernden Ertrages bis auf 50 und 40 herab. Die ungünstigsten Jahre waren 1688 und 1689, wo auf jedes Schiff durchschnittlich nicht ein Fisch kam. Als die glücklichsten Walfischfänger erscheinen unter Anderen folgende:

Schiff.	Kommandeur.	Fische.		
d'Nachtigaal	Peter Petersen	26	in	5 Jahren.
de vergulde Falk	Peter Dierks	115	,,	13 ,,
Sankt Peter	Peter Castens	39	,,	5 ,,
de Liefde	Cornelis Peters	98	,,	12 ,,
de witte Baer	Cordt Kuhl	73	,,	8 ,,

Es gab in der fraglichen Periode Jahre, wie z. B. 1674 (75 Schiffe), wo von der ganzen Fischerflottille nicht ein einziges Schiff verloren ging, höher als fünf steigt die Zahl der durch Seeunglück verlorenen Schiffe nie und es war in der ganzen Periode der Verlust an Schiffen durch Seeunglück bei 1549 auf den Fang ausgelaufenen Schiffen 56, was kaum 3½ Prozent beträgt. Es kommt aber für die Rheder noch der Verlust durch Kaperei hinzu, welche in der Kriegszeit gegen Ende des 17. Jahrhunderts besonders gegen die oft mit höchst werthvoller Ladung heimkehrenden Grönlands-Fischer betrieben wurde.

Martens, des Hamburger Schiffsbarbiers, Grönlandsfahrt im Jahre 1671, von ihm selbst erzählt. — Jetzt zu dem ältesten Druckwerk über die Deutsche Grönlands-Fischerei, zu „Friedrich Martens' von Hamburg Spitzbergischer oder Grönlandischer Reise-Beschreibung, gethan im Jahre 1671" [1]). An der Hand von Martens lernen wir erst den ganzen Betrieb näher kennen. Martens erzählt in der Widmung seiner Schrift an den Rath von Hamburg, datirt von 1675, „dass er vor 4 Jahren auf einem nach Spitzbergen gehenden Hamburger Schiffe die Reise nach Spitzbergen gethan und sich als einen Schiffsbarbier darauf habe brauchen lassen". Er sagt weiter:

„Ich habe bey dieser Gelegenheit Gottes sonderbare Vorsehung an diesen kalten Orten betrachtet, und was ich im Eise, im Wasser, in der Luft und auff dem Lande Denkwürdiges gefunden, dem das Leben alsobald auff der Reise frisch abgerissen und, so viel ich gekonnt, nicht aus anderen Büchern, sondern aus eigener Erfahrung beschrieben."

Lebendig und anschaulich, wenn auch in einfacher und stellenweis selbst plumper Sprache, schildert der Hamburger Schiffsbarbier im ersten Theile den Verlauf seiner Reise, welche vom 15. April bis 21. August 1671 währte.

Des Mittags am 15. April segelte das Schiff bey Nordostwind von der Elbe in die See. Es hiess „Jonas im Walfisch", der Schiffer „Peter Petersen der Friese" [2]). Am

Abend waren sie bei Helgoland (Heilige Land). Am 21. (auf 62° 12') rüsteten sie sich schon auf den Walfischfang. Die Lanzen, Harpunen, Leinen, Riemen, und was noch mehr dazu gehörte, legten sie in die Nebenschifflein oder Slupen auf Vorrath nieder. Am 27. kam das Schiff bei Ostnordost auf 71° an das Eis. Jan Mayen-Eiland war Südwest zum Westen nach Muthmassung 10 Meilen entfernt, jedoch, wie so häufig, wegen des Nebels nicht zu sehen. Am 4. Mai wird berichtet, dass täglich „unbeständig Gewitter" sei. „Die Seehunde sieht man sehr viel, sie springen aus dem Wasser vor den Schiffen her, possirlich anzusehen, stehen mit halbem Leibe aus dem Wasser und halten gleichsam einen Tanz (Rüben-Tanz genannt) unter einander."

Vom 5. an sahen sie täglich viele Schiffe, die um das Eis kreuzten. „Ich merkte, wann einer dem andern nahe vorbeisegelte, prieten sie einander, das ist, sie riefen: Holla, der andere rief wieder also: Wie viel Fische habt ihr gefangen? Der andere antwortet: drei, vier, fünf, oder wie viel es sind. Der andere macht es wieder also, sollte er auch noch einen oder mehr, als er hat, dazu setzen, schadet eben Nichts."

Wenn es so windig, dass sie wegen des Windes einander nicht zurufen können, schlagen sie mit dem Hute auf und nieder, so viel Mal, als Einer Fische gefangen hat.

„Wenn sie aber ihre vollkommene Schiffsladung von Walfischen haben, lassen sie zum Zeichen die grossen Fahnen (Flaggen genannt) wehen. Hat Einer ein Gewerbe an den Andern, so legt er dasselbe bei dem Andern ab." (Martens verweist hinsichtlich des Flaggens auf die beigegebene Abbildung. Auf dieser erscheint unter Anderem ein grosser Walfischfänger im Fange eines Fisches begriffen. An der Spitze des vorderen und hinteren Mastes wehen Flaggen; Farben und Insignien nicht zu erkennen. Am Spiegel eine breite Flagge mit kurzem Stock, auf welcher die Umrisse eines Walfisches deutlich zu schauen sind.)

Am 7. Mai Nachmittags sahen sie Spitzbergen, das „Südende von dem Nordvorlande". Sie wussten nicht anders, als dass es der Behaltene Hafen (behoude haven) war. „Das Land sahen wir wie eine finstere Wolke, welche voll weisser Striche war." Sturm, Schnee und Nebel wechselten mit einander ab. Sie steuerten westlich und waren am 14. bei schönem Wetter auf 75° 22' N. Br. An diesem Tage sahen sie 20 Schiffe. Es war viel kleines Eis und sie vermieden es, hinein zu fahren.

Am 15. sahen sie den ersten Walfisch, liessen 4 Slu-

---

[1]) Hamburg, auff Gottfried Schultzens Kosten gedruckt im Jahre 1675.

[2]) Wie aus der im Hamburger Archiv vorhandenen Übersicht zu entnehmen, segelten in diesem Jahre von Hamburg 40 Schiffe nach Grönland. Sie brachten 351 Fische heim, welche 16.937 Quardeele Speck lieferten. Peter Petersen wird der Friese genannt, zum Unterschiede von einem anderen Commandeur gleichen Namens, welcher den Grönlands-Fahrer „d'Nachtigaal" commandirte.

pen vom Schiffe, indess der Fisch ging unter Wasser. Den 21. segelten sie mit noch einem Hamburger Schiffe, der „Lepeler" (Comm. Cornelis Nannings) genannt, und acht Holländern in das Eis, sie machten das Schiff mit Eishaken an einem grossen Eisfelde fest und zählten 30 Schiffe im Eise, die wie in einem Hafen lagen. „Man wagt die Schiffe in das Eis hinein, wie es trifft, wie man es wagt mit einem Glas, das, ob es wohl auf die Erde fällt, doch zuweilen ganz bleibt."

Am 30. Mai schreibt unser Schiffsbarbier: „Des Morgens hörten wir einen Walfisch blasen, da die Sonne im Osten war, und brachten ein Walfisch-Weiblein an das Schiff, da die Sonne Ostsüdost war; denselben Tag schnitten wir den Speck davon und füllten 70 Kardelen voll Specks." (Das ganze Verfahren bei der Fischerei lernen wir weiter unten kennen.) „Bei diesem Fische vernahmen wir viel Vögel, die meisten waren Mallemükken [1]), und waren also begierlich nach der Speise, dass man sie mit Stecken zu Tode schlug. Dieser Fisch ward meist von den Vögeln verrathen, denn man sah überall viel Vögel auf dem Meer, wo der Walfisch gewesen war. Er war mit einer Harpune verwundet, welche ihm noch im Fleische stak. Der Walfisch hatte sich auch ermüdet von hartem Schwimmen, er blies ganz hohl und war entzündet, dass er lebendig stank, und die Vögel assen von ihm. Dieser Walfisch gährte stark, wie er todt war, und von dem Rauch entzündeten sich unsere Augen."

In der folgenden Nacht ging im Drängen des Eises ein Holländisches Schiff, Comm. Cornelius Seemann, verloren und einige Tage später kamen acht von der Mannschaft dieses Schiffes an Bord. Nachdem sie auf verschiedene Walfische Jagd gemacht, jedoch ohne Erfolg, und gelegentlich Seehunde geschlagen, heisst es am 13. Juni: „Nachts sahen wir mehr als 20 Walfische. Sie liefen hinter einander her nach dem Eise und davon bekamen wir den andern Fisch, welcher ein Walfisch-Männlein war. Dieser Fisch, als man ihn mit Lanzen tödtete, blies stark Blut, so dass die See davon gefärbt war."

Am 18. waren sie wieder bei Spitzbergen. Sie segelten bei dem Vorlande, bei den 7 Eisbergen, bei dem Hamburger, dem Magdalenen-, dem Englischen und Dänischen Hafen vorbei in den Südhafen. Es folgten ihnen 3 Hamburger und 4 Holländische Schiffe. In der Nacht vom 19. zum 20. segelten sie mit 3 Slupen in den Englischen Hafen, harpunirten einen Walfisch, der ihnen indessen ent-

ging. Auf dem Eise lagen 2 grosse Walrosse, welche durch eine löcherige Scholle auf das Eis gekommen waren. Sie schliefen. „Wir benahmen ihnen den Pass und bedeckten das Loch in den Eisschollen. Danach weckten wir sie mit Lanzen auf. Die Walrosse stellten sich gegen uns zur Wehr und waren schwer zu tödten." Am 22. bekamen sie den dritten Fisch. Am 30. sahen sie viel Walfischspeck treibend, von einem verlorenen Schiffe. Am 1. Juli waren 2 Walfische nahe beim Schiffe. Die Slupen flogen vom Schiffe und einer der Fische wurde harpunirt, nachdem eins der Boote von dem Fische umgeschlagen worden war. „Desselben Morgens vor dem weiten Hafen liess sich ein Walfisch nahe bei unserm Schiff sehen, darauf liessen wir 4 Slupen vom Schiffe und zwei Holländische Schiffe waren auf eine halbe Meile von uns, davon kam eine Slupe anriemen, und wir wendeten grosse Mühe auf den Fisch, der Fisch aber kam recht vor des Holländers Slupen auf und ward von dem Holländer mit der Harpune geworfen. Das war recht das Brod vor dem Maul weggerissen, es schmerzte uns wohl ein wenig. Die Holländer nahmen darauf den Fisch zu sich und brachten ihn todt an ihr Schiff."

Um Mitternacht des 2. zum 3. Juli waren sie wieder auf der Jagd und fingen den fünften Fisch. Das Speck schnitten sie davon und warfen es in das Fleussgatt, „den Platz im Schiffe vor dem Mittelmast, wo man unter der grossen Pforte oder Luke die Fässer einlässt. Am 4. bekamen wir den sechsten Fisch von 45 Kardelen Speck."

Am 3. und 4. Juli sahen sie mehr Walfische als sonst auf der ganzen Reise. Am 5. des Morgens schossen sie einen Walfisch „vor dem Weihegatt".

„Dieser Fisch lief rings unter Wasser und der Strick oder die Leine, an welcher die Harpune fest war, kam um eine Klippe und verwirrte sich, die Harpune riss aus und der Fisch entlief."

Am Mittag bekamen sie den siebenten Fisch von 45 Kardelen Speck. Sie segelten nun „von dem Weihegatt ein wenig um die West vor den Muschelhafen oder Bai und liessen den Anker fallen; unsere Arbeit war die Zerschneidung der grossen Stücke Specks in kleine Stücke, damit die Kardelen zu füllen."

Die Schiffsleute schnitten den Speck von einem Walfische und der Fisch borst. „Das gab einen so harten Schlag wie ein Kanonenschuss und bespritzte die Arbeiter sehr hässlich."

Am 9. fingen sie wiederum vor dem Weihegatt einen Walfisch, den achten, und zwar von 54 Kardelen Speck. „Am 12. des Abends", heisst es weiter, „segelten wir mit 3 Slupen im Eise vor dem Weihegatt und fingen 3 weisse Bären, eine Alte mit 2 Jungen, welche wie Fische im Wasser schwammen." Auf dem Eise lagen viel Walrosse.

---

[1]) Procellaria glacialis, bei den Holländern Mallemuk, bei den Engländern Fulmar, bei den Schweden Stormfogel genannt, der stete Begleiter der Walfischfänger, grau, auf der Brust weiss, ausgezeichnet durch seinen kräftigen Flug, in dem er gegen die stärksten Stürme verharrt, fortwährend nach Nahrung begierig. Beim Fleussen eines Fisches findet er sich in Massen ein, um die Speckabfälle zu verschlingen.

Sie tödteten 10 davon, die anderen bedrohten die Slupen, welche vor der sich immer vergrössernden Menge von Walrossen weichen mussten. Wenn sich die Slupen bei Nacht vom Schiff entfernt haben und bei starkem Nebel, so dass es für die Slupen schwer ist, die Schiffe wieder zu finden, „löset man zum Zeichen eine Kanone oder man bläst auf Trompeten oder Schalmeyen".

Am 13. segelten sie von dem „Südosterland" um die „West" bei der Nordseite von dem Bärenhafen und bei dem „Rehenfelt" [1]), wo das Eis das Land schon stark besetzt hatte, durch bis an den „Vogelsang". Sie kamen bei einem gebliebenen Schiffe vorbei. Am 15. wurden viele Schiffe in dem Bärenhafen und der Muschelbai vom Eise besetzt. Des Nachts segelten sie in den Südhafen. Es lagen 28 Schiffe vor Anker, davon waren 8 Hamburger, die anderen holländische. Aus dem Südhafen fahrend behielten sie lange Zeit das Land in Sicht „und also lange warten die Schiffer in der See beim Eise, zu sehen, ob noch Schiffe vorhanden". Des Nachts holten sie Wasser vom Lande bei der Harlinger Kocherei. Es war Sammelwasser aus einer Höhle. Am 18. bei schönem Wetter und Windstille ruderten sie mit einer Slupe in den Dänischen Hafen und sammelten Kräuter von den Klippen. (Moose, Löffelkraut, Sauerampfer &c. nahmen die Schiffer für sich und ihre Rheder noch in neuester Zeit von Spitzbergen mit.) „Im Südhafen lagen 30 Schiffe vor Anker." Am 28. wendeten sie von der Seite des Nordfore-Landes gegen Westen und der See zu. Am 4. August ging die Sonne des Nachts unter und man sah die Sterne; am 9. waren sie auf 66° 47'. „Wir segelten Süden zum Westen bei dem Norden-Wall oder Lande hin." Sie empfanden täglich mehr die Wärme. Am 13. des Morgens sahen sie das Nordende von Hitland. Sie segelten zwischen Hitland und Fair-Il erstlich Südwest und danach Südsüdwest und Süden. Schliesslich beschreibt Martens umständlich die Art und Weise des Lothens: „Ein Mann gehet forne auff die Gallion oder den Schnabel des Schiffes, ein ander auff die Backe, auf den födersten obern Söller, der dritte in die Mitte des Schiffes, und so viel ihr seynd, biss hinten zu; ein jeder hat ein Faden 4 oder 5 auffgewickeltes Fadem in der Hand und der erste im Gallion wirfft das Bley in die See; wenn der ander mercket, dass das Bley ziehet, läst er den Fadem fahren, und so fort an biss zu dem letzten Mann, dann ziehen sie den Fadem wieder ein mit Gewalt und besehen unter das Bley, worin ein Loch ist, so mit Unschlit ausgefüllet, daran sehen sie, ob es Sand oder ander Grund ist." („Röthlich, grünlich, gelblich, weisslich oder schwärzlich" lautet eine dazu gemachte

[1]) Es ist Welcome-Point gemeint.

handschriftliche Bemerkung in dem mir vorliegenden Exemplar der Hamburger Commerz-Bibliothek.)

Den 20. endlich heisst es: „Als es begann zu tagen, sahen wir Hilgeland Süden zum Osten von uns, wir segelten Süd-Ost; des Tages kamen wir bey Hilgeland und nahmen einen Piloten oder Lohtsmann ein."

„Am 31. war es schön Wetter, warm Sonnenschein den ganzen Tag, wir segelten vor der Elbe und lagen vor Anker bey der ersten Tonnen (die „rothe Tonne" genannt), dess Nachmittags huben wir das Anker auf und segelten bis Kucks-Hafen, die Nacht Donner und Blitz, regnicht dabey." — So weit die Reisebeschreibung.

Martens' Schilderung von Spitzbergen. — Auch von „Spitzbergens Erdreich, Meer, Eise und Luft, Wind, Schnee, Regenbogen, Kräutern, Thieren" &c. handelt das merkwürdige Buch, welches die Hakluyt Society für werth gehalten hat, in Englischer Übersetzung in ihre Sammlung (A Collection of Documents on Spitzbergen and Greenland, London 1855) aufzunehmen. Da die naturwissenschaftliche Seite in unserer Arbeit nur so weit, als es erforderlich ist, berührt werden kann, so beschränken wir uns darauf, aus diesem Theile von Martens einige Stellen hervorzuheben, welche obigem Reisebericht gewissermaassen als Ergänzung dienen.

„Wir sind", beginnt Martens dieses Kapitel, „gekommen auf 81. Grad, nicht ferner sind dieses Jahr Schiffe gewesen, wie ferne aber das Land nach Norden sich strecket, ist noch zur Zeit unbekannt.

„Den 18. Juni, Sonntag, Vormittags kamen wir bei Spitzbergen, bei dem Vorlande."

Die von den Walfischfängern am meisten besuchten Theile, im Westen und Nordwesten, schildert Martens, wie folgt:

„Der Fuss dieser Berge war anzusehen wie Feuer und die Spitzen der Berge waren mit Nebel bedeckt, der gemarmelte Schnee war wie die Äste oder Telgen an den Bäumen anzusehen und gaben einen Schein oder hellen Glanz an der Luft, als ob die Sonne schiene.

„Wann das Eis hart zu treiben kommt, segeln die Schiffe in die Hafenbaien oder Reviere, wie man sie nennt, die in das Land laufen; der Wind empfängt Einen etwas unfreundlich, wenn man darin segelt, und braust über die dürren Berge mit vielen kleinen Wirbeln.

„Folgende Häfen halten sie für die sichersten: der Behaltene Hafen, die Süd- und die Nord-Bai (südlich und nördlich der Amsterdam-Insel), welche die bekanntesten in Spitzbergen sind.

„Die anderen Häfen, wie sie auch mögen genannt werden, segelt man gerne vorbei, weil sie an das Meer grenzen, andere wegen des stehenden Eises und der blinden Steinklippen.

In dem Süd- und nördlichen Hafen (oder Bai) liegen gemeinschaftlich die meisten Schiffe, ich zählte manchmal 10, 20 bis 30 Schiffe, welche vor Anker lagen.

„Unten am Fusse der Berge stehen die Eisberge sehr hoch und enden sich an den Spitzen der Berge; nach Art der Steinklippen, welche gespalten oder löchericht sind, also sind sie mit Schnee ausgefüllt, weswegen diese Berge denen, die es nicht gesehen, ganz wunderlich vorkommen, als dürre Bäume mit vielen Ästen; wenn aber Schnee darauf fällt, bekommen diese Schneebäume Blätter, welche bald schmelzen und wieder mehr gewinnen, so dass sie dann zierlich aussehen."

Über die Gletscher sagt Martens: „Es werden sieben grosse Eisberge in einer Reihe am Lande gesehen, sie liegen zwischen den hohen Steinklippen und sind schön blau von Farben, wie das andere Eis, mit vielen Ritzen und Löchern, und werden von dem herunterlaufenden Regen- und Schneewasser also löcherich zerschmelzt, auch werden sie von dem spritzenden Schnee ausgearbeitet, wie das andere Eis, welches hin und her im Meer treibt, und nehmen jährlich zu an der Grösse von dem geschmolzenen Schnee, von den Klippen und von dem Regen, der darauf fällt."

Über diese von Scoresby in seinem Werke so anziehend geschilderten „Sieben Eisberge" an der Westseite, nördlich von Fore-Land, sagt unser Martens noch: „Sie schienen sehr hoch, als wir an ihnen vorbeisegelten, unten war der Schnee finster von dem Schatten der Wolken, zierlich mit blauen Ritzen vorne an dem abgebrochenen Eisberg.

„An der Mitte des Berges schwebten Nebelwoken und höher als die untersten Nebelwolken war der Schnee ganz licht.

„Die rechten Steinklippen schienen feurig und die Sonne schien bleich daran, und an der Luft gab der Schnee einen hellen Wiederschein.

„Unten am Fusse der Berge, wo keine Eisberge stehen, liegen an deren Statt grosse Felsen lose auf einander, wie sie auf einander gefallen sind, mit Höhlen und Löchern, dass übel darauf zu gehen ist; grosse und kleine Steine liegen durch einander, von Farben sind dieselben grau mit schwarzen Adern, sie schimmern, wie Silbersand oder glänzen wie das Erz aus den Bergwerksn; die meisten Felsen am untersten Fusse der Berge gleichen den Steinen, wie sie hier gesehen werden auf den Gassen. Auf den Felsen wächst allerhand Kraut, Gras und Mast in grosser Menge und wachsen in den zwei Monaten Juni und Juli von Anfang, bis sie Samen tragen.

„Die Berge sind voll Ritzen, worin einige Vögel nisten und ihre Jungen ausbrüten, sie fliegen alle von den Bergen und suchen ihre Nahrung im Wasser, etliche essen das Aas von todten Fischen, etliche die kleinen Fische und Garnellen.

„Dass die niedrigsten Berge nicht hoch scheinen, kommt davon, dass ihres gleichen viel höher sind und Alles gross gesehen wird; ein Schiff mit Mast und Stenge ist gegen die Berge zu achten als ein Haus gegen einen hohen Thurm; die Meilen scheinen auch gar nahe, wenn sie aber auf dem Lande sollen gewandert werden, findet es sich viel anders, und man ermüdet auch bald, auch wegen Schärfe der Felsen und ungebauten Wege wird einem bald eine Hitze ausgejagt, wenn es noch so kalt ist. Ein Paar neue Schuhe halten hier nicht lange.

„Wir gingen des Nachts bei hellem Sonnenschein an den Steinklippen bei dem Englischen Hafen eine Meile lang und sahen nach dem Walfisch, der uns entkommen war; in der Mitte dieses Hafens ruderten Andere mit den Slupen, die kaum zu erkennen waren; von einem Berge fiel ein grosser Theil herunter, was sehr stark lautete; die Berge waren anzusehen schwarz von Farben, mit weissem adrichten Schnee gezieret; es war so stille, dass kaum ein Wind zu hören war, es war wenig kalt dabei; am Lande lag es voll von Wal-Rossen, welche brüllten, wie von ferne Brüllen der Ochsen gehöret wird.

„Auf dem Laude geht man also: man nimmt mit auf die Reise ein oder zwei Büchsen und Spiesse, den Räubern oder Bären damit zu begegnen, man wird aber das Reisen bald müde, weil auf den Steinen und hohlem Eis sehr übel zu gehen ist.

„Dass ich der Berge gedenke, so viel ich dieselben gesehen, so liegen sie folgender Gestalt: die höchsten von dem Vorlande bis an den Muschel-Hafen (oder Muschelbai), folgen die Sieben Eisberge, welche sehr hoch sind, und haben ihren Namen von den Eisbergen, welche zwischen den Steinklippen liegen; diese Steinklippen sind oben nicht so scharf mit Spitzen wie die zwei vordersten Klippen an dem Magdalenen-Hafen. Hierauf folgt der Hamburger (Magdalenen-), Englische und Dänische Hafen (oder Bai), ferner der Südhafen. An dem Magdalenen-Hafen liegen die Steinklippen in die Runde, wie ein halber Zirkel, an beiden Seiten neben einander stehen zwei hohe Berge, die das Aussehen haben, als wenn sie in der Mitte hohl und ausgegraben wären, nach Art als ein Brust-Wehr oben mit vielen Spitzen, nach Art als Dächer an Häusern; unten inwendig des Berges steht ein Eisberg, welcher bis zu der Spitze des Berges reicht, wie ein Baum mit vielen Ästen anzusehen, die anderen Klippen sind anzusehen als Todtengräber.

„In dem südlichen Hafen (oder Südbai) liegen die Schiffe vor Anker zwischen hohen Bergen; wenn man darin segelt, liegt zu der Linken ein Berg, Bienenkorb, welcher so genannt wird, weil er aussieht wie ein Bienenkorb; daran liegt ein grosser und hoher Berg, den sie Teufels-Huck nennen. Dieser Berg ist gewöhnlich mit Nebel bedeckt, und sicht es, wenn der Wind über diesen Berg zieht, aus, als ob der Berg raucht; auf dem Berge befinden sich drei weisse Hügel, von Schnee weiss bedeckt. Zwei Hügel davon stehen nahe an einander; in der Mitte dieses Hafens liegt eine Insel, die das Todte Mannes-Eiland genannt wird, weil man die Todten darauf begräbt, und diess geschieht in folgender Weise: die Todten werden in den Sarg gelegt, dieser mit grossen Steinen bedeckt. Die Leichname werden dann von den weissen Bären gefunden und aufgefressen.

„Andere kleine Inseln mehr, die eben nicht genannt sind, werden zusammen die Vogel-Eilande genannt, weil man darauf die Berg-Enten- und Kirmöwen-Eier sammelt; solche Inseln liegen hin und wieder in den Häfen."

Smeerenburg. — „Darnach kömmt man bei Schmerenborg. Es hat den Namen in der That, da stehen noch Häuser von den Holländern erbauet, wo sie vor diesen Thran gebrennet, hier haben einige Holländer versucht, einen Winter über zu bleiben, es ist aber keiner lebendig geblieben (s. jedoch weiter unten).

„Es ist noch zu bemerken, dass kein todter Körper da leicht verwest, denn man hat gefunden, dass nach 10 Jahren einer in vollkommener Gestalt da gelegen hat, weil man hat auf dem Kreutz des Grabes sehen können, wann er gestorben ist.

„Die Häuser werden nun von Jahren zu Jahren verschlechtert und verbrannt.

„Dieses Jahr standen noch verschiedene Häuser, wovon einige verbrannt wurden.

„Gegen Schmerenborg über stehen auch noch etliche Häuser und noch eine Pfanne, diesen Ort nennen sie die „Harlinger Kocherei", das Jahr standen noch vier: zwei Packhäuser, in den anderen drei haben sie gewohnt. Die Häuser sind folgender Gestalt gebaut: nicht gar zu gross, mit einer Stube und Boden, hinten ist das Haus, so breit es ist, mit einer Kammer versehen. Die Packhäuser sind etwas grösser, in denselben liegen noch viele Fässer oder Kardelen, die ganz zersprungen sind, das Eis liegt noch in derselben Weise, wie die Fässer gelegen haben. Ambos, Schmiedezange und anderes Werkzeug, welches zur Brennerei gehört, waren im Eise gefroren, die Pfanne stand noch so, wie sie gemauert war, und die hölzernen Tröge dabei. Von da kann man bei dem Englischen Hafen hingehen, an der andern Seite ist eine Stätte, wo die Todten begraben werden, da sieht es aus, als sei die Erde zertreten, sie ist aber mit Absicht eben gemacht. Hinter diesen Häusern ragen hohe Berge, wenn man sie hinaufsteigt, wie auf die anderen, und man die Fusstritte oder Steine nicht gemerkt, weiss man nicht, wie man wieder herunter kommen soll, das ist sehr gefährlich, woher es auch kommt, dass Manche dabei zu Tode kommen.

„In dem nördlichen Hafen oder Bai liegt ein grosser Berg, der oben flach ist. Dieses Eiland wird Vogelsang wegen der Menge der Vögel genannt, welche sich hier aufhalten; dieselben machen ein fürchterliches Geschrei, wenn dieselben auffliegen, so stark, dass man Nichts hören kann."

Fischreviere. -- Die Angaben aus älterer Zeit über die Lage der Fischreviere sind spärlich. Zorgdrager giebt zuerst im Allgemeinen die Fischreviere in der Grönländischen See wie folgt an:

„Von der Strasse Davis oder von Island längs dem Saum des Westeises bis an Jan Mayen-Eiland und so ferner längs desselben Saumes bis an Spitzbergen, weiter von dem Südkap in Spitzbergen längs dem Rande des Süd-Eises, welches süd- und ostwärts Spitzbergen liegt, bis an Nova Zembla und von da durch den Waigats bis in die Tartarische See, sodann rund um den Nordpol oder so nahe, als man wegen des Eises und Landes demselben sich nähern kann."

Neben dieser höchst allgemeinen Angabe finden sich noch hie und da Bemerkungen über bestimmte Plätze, welche zu bestimmten Zeiten sich als fischreich erwiesen haben. Martens sagt ganz allgemein: „Der Walfisch hat im Frühjahr seinen Lauf gegen Westen, bei Alt-Grönland und Jan Mayen, dann läuft er gegen Osten bei Spitzbergen."

Nördlich von Jan Mayen, in dem 74. Breitengrade, war nach Zorgdrager in den Jahren 1611 bis 1633 eine sehr ergiebige Fischerei. Ein Schiff habe von dort in einem Jahre auf zwei Reisen 2000 Quardeel Thran heimgebracht, der wahrscheinlich auf Jan Mayen ausgekocht worden war. Bei der Gael Hamkes-Bai in Alt-Grönland war, wie später, schon damals eine gute Fischerei. Besonders in den achtziger Jahren des 17. Jahrhunderts wurde dort mit dem grössten Erfolge gefischt. Es heisst in dem Bericht:

„Eine Anzahl Schiffe trieben einige Tage längs der Küste und Angesichts des Landes. Da sie nun etwas mehr nach der Landseite des Eisfeldes, wo die anderen Schiffe lagen, kamen, sahen sie, dass die Fische fort und fort längs des Landes um Südwesten trieben, und sahen täglich den Wechsel der Küstenlandschaft, bald hohe, weit in die See ragende Landecken, bald wieder tiefe Buchten und Baien; zuweilen, wenn sich das Eis ein wenig öffnete, wollten sie nach dem Lande segeln, jedoch die Fischerei hinderte dieses immer; denn sie sahen fort und fort Fische. Wenn sie den einen gefangen, getleusst und abgemacht hatten, sahen sie bald wieder andere... Sie bekamen also eine volle Ladung und andere Schiffe kehrten schon früher mit voller Ladung zurück."

Endlich wird eine Bank vor der Südbai Spitzbergens erwähnt, genannt Kerskar nach einem Kommandeur Kerre, welcher hier mehrere Jahre hindurch reichlichen Fischfang hatte.

Die Karte von Spitzbergen, welche dem Werke „de walvischvangst" beigegeben ist, bezeichnet auch einen Fischplatz an der Südwestspitze von „Stans Voorland", bei Disco.

Früheste Art und Weise des Fischereibetriebes: die Baienfischerei. — Den Betrieb in der ersten Periode des sogenannten Eiländischen Fischfanges — wie Zorgdrager ihn nennt —, die Baienfischerei, beschreibt Scoresby nach einem im British Museum aufbewahrten Manuskript des Capt. Anderson aus den ersten Jahren des vierten Jahrzehnts des 17. Jahrhunderts. Das Verfahren war sehr einfach und praktisch. Das Thranauskochen geschah, wie schon bemerkt, am Lande in Spitzbergen. Unter dem kupfernen Kessel, in welchem der Speck zu Thran ausgesotten werden sollte, ward zunächst ein Holzfeuer gemacht, das auch durch den Speckabfall genährt wurde. Der siedende Thran wurde in einen Kühler geleitet, dann in Fässer gefüllt und zu Schiff befördert. Ferner wurden die Walfischbarten kunstgerecht gerissen, in Bündel gepackt und in Booten an das Transportschiff befördert. Während auf diese Weise ein Theil der Mannschaft beschäftigt war, ging ein anderer Theil wieder auf den Fischfang aus. Als Zuflucht vor Stürmen, widrigen Winden oder Eis standen die einzelnen Baien jedem beliebigen Schiffe offen. In den Jahren 1630 bis 1640 wurde die Baienfischerei weniger ergiebig. Die Niederländischen Compagnien erlitten schwere Verluste, doch aber waren zu Zeiten an bestimmten Stellen oder auf gewissen Bänken die Fische noch immer in grösserer Zahl vorhanden und die Fischerfahrzeuge, welche besonders achtsame und thätige Harpuniere und Mannschaften hatten, machten glückliche Reisen. Immer noch wurde der Speck der Fische, welche von den aus den Baien segelnden Booten harpunirt und gefangen waren, am Lande in Spitzbergen ausgesotten und als Thran fortgeführt.

Die Eisfischerei. — Allmählich, aber unaufhaltsam, da die Fische immer scheuer wurden und mehr und mehr aus den Baien wichen, vollzog sich der Übergang zu der Eisfischerei. Es ergab sich, dass bei der grösseren Entfernung der Fischplätze weniger Zeit und Gelegenheit war, noch vor der Heimfahrt zu landen und den Speck in Thran zu verwandeln. Die Schiffe blieben nicht im Hafen, sondern hielten sich in der Nähe der auf den Fang ausgesandten Boote. Man packte den Speck, den man sammt den Barten von dem langseits des Schiffes gezogenen Fisch genommen hatte, in Fässer und brachte ihn in diesem Zustande nach Hause. Es entstanden an den Ufern der Elbe, Weser, des Y und der Zaan, der Themse und des Humber Thran-Siedereien.

Über die Art und Weise der Eisfischerei liegen verschiedene und in den Hauptpunkten übereinstimmende Berichte vor. Wir folgen den Darstellungen unseres Landsmannes Martens und Zorgdrager's. Es ist die Periode am Ende des 17. und Anfang des 18. Jahrhunderts. Die Niederländer hatten die erste Stelle behauptet, ihre Sitten, Gebräuche und Gewohnheiten, ihre ganze Praxis wurde mehr oder weniger von den übrigen Nationen angenommen. Das Schiff, welches zu dem Fange benutzt werden soll, gehört in der Regel einem der Rheder, welcher Antheil an dem Fischerei-Unternehmen hat, letzteres beruht auf Theilhaberschaft. Diese hat einen sehr verschiedenen Umfang, so dass es auch dem kleinen Kapital möglich ist, sich mit zu betheiligen. Es giebt $\frac{1}{64}$, $\frac{1}{32}$, $\frac{1}{16}$, $\frac{1}{8}$ und $\frac{1}{4}$ Antheile. Einer der Theilhaber wird zum Buchhalter oder Director bestellt, wofür er eine besondere Vergütung von circa 1000 Gulden geniesst.

Grösse und Ausrüstung der Fahrzeuge. — Das Verhältniss der Grösse der Schiffe zur Zahl der Schaluppen und Mannschaft ist folgendes:

Ein Schiff von	Fuss Länge	Breite	Höhe		Schaluppen		Mann
	100	26	$11\frac{1}{2}$		4		28
	107	28	12	erfordert eine	5	und	35
	112 [1])	29	$12\frac{1}{2}$	Vleet von	6		42
	118	30	$12\frac{1}{2}$		7		50

Die Aussenwand der Schiffe wird zum Schutz gegen Eis verdoppelt und vorn mit einem eisernen „Brustfleck" versehen. Im März beginnt man die Ausrüstung, es wird das sogenannte Hard-Brod ($\frac{2}{3}$ Roggen- und $\frac{1}{3}$ Weizenmehl) in Bestellung gegeben. Im Anfang April wird das weiche Roggenbrod gebacken. Ein Schiff mit 35 Mann und 5 Schaluppen erfordert unter Anderem:

15 Fässer hartes Brod, 16 Säcke weiches Brod, 28 Säcke Erbsen, 8 Tonnen Fleisch, 13 Viertel Butter, 1000 Pfund Käse, 500 Pfund Speck, 900 Pfund Stockfisch, 28 Fässer Bier, $2\frac{1}{2}$ Anker Branntwein, 6 Fässer Torf &c. Auch Zwetschen, Rosinen, Feigen, ein Flaschenkeller mit Rheinischem Anis, Löffelkraut-Branntwein &c., Stockzucker, Indische Gewürze und selbst die „Schwefelstücke" (15 Büschel) fehlen nicht.

Die leeren Fässer für den Speck sind vom Böttcher fertig gemacht, sie werden im Raum aufgeschichtet und die Zwischenräume mit Brennholz ausgefüllt, wovon 26 Klaftern mitgenommen werden. Die zwei untersten Lagen der Fässer, an 200, werden mit Wasser gefüllt. Der Vorbug des Schiffes wird von innen gegen die Bande bis zu dem Balken des unteren Verdecks von beiden Seiten gestützt, damit das Schiff besser gegen das Eis Stand halten möge. Gegen Ende März erscheint der Kommandeur mit einigen anderen Sachverständigen, um Alles nachzusehen. Später findet in einem Wirthshause der Hafenstadt die Annahme des Schiffsvolkes Statt. Ein Jeder, der um Sold dienen will, zahlt 10 oder 12 Stüber Leih- oder Weinkauf, begiebt sich sodann

---

[1]) In Teg. Staat d. Nederlanden wird angegeben, dass ein Schiff von 180 Fuss Länge mit 6 Schaluppen und 42 Mann neu 25.000 Gulden und die Vleet (Ausrüstung) weitere 8- bis 10.000 Gulden koste. Das war im Anfang des vorigen Jahrhunderts. Der Preis hat sich seitdem wohl um das Fünf- oder Sechsfache gesteigert, freilich sind Schiff und Ausrüstung auch weit besser.

nach einem oder zwei Tagen mit seiner Kiste und den sonstigen Effekten zu Schiffe. Inzwischen wird die Vleet oder, wie die Holländer sagen, „Armazoen" auf das Schiff gesendet, auch werden die Lebensmittel an Bord genommen. Zu der Vleet eines Schiffes mit 6 Schaluppen (42 Mann) gehören unter Anderem:

450 neue Fässer oder Quardeelen, 60 neue Walfischbeinen, jede zu 125 Faden Länge, so und so viel Topreepe, Trossen, Tauwerk zu Grundseilen &c., Blöcke, welche theils zu Zwecken der Schifffahrt (Anbinden von Tauen &c.), theils beim Abmachen des Fisches und namentlich dem Speckschneiden benutzt werden; ferner 50 eichene Harpunstöcke, 25 Eisbäume, verschiedenes Böttchergeräth, Tuch zu Segeln, 40 neue und 10 alte Harpunen, 50 neue Lanzen, 6 Walross-Harpunen, 6 Walross-Lanzen, 7 Neushaken (Eishaken), 6 Schaluppen-Anker, 1 Eissäge, 10 Speckmesser, 5 Barteumesser, 7 Kapmesser, Eisbeile, Eissporen, ferner kupfernes und zinnernes Kochgeräth &c.

Zorgdrager zählt diess Alles haarklein auf, bis auf den Butterstecher, Porzellan-Kaffeegeschirr, Spiegel für die Kajüte, Weinrömer, Servietten. Man sieht, dass unsere seefahrtskundigen Stammverwandten selbst unter den arktischen Breiten ihren gemak, ihre Behaglichkeit nicht vergassen.

Heuer und Antheil der Mannschaft am Fange. — Nachdem der Schiffspass beschafft und — so war es in den Niederlanden und England — Bürgschaft dafür gestellt worden, dass das Schiff und die Ladung nach glücklich vollbrachter Reise wieder nach der Heimath zurückkommen werde, erfolgt in der Zeit vom 6. bis 8. April die Musterung des Schiffsvolkes in der Kajüte des Schiffes vor dem Buchhalter (Directeur) und Kommandeur. Es wird das Handgeld bezahlt. Der Kommandeur erhält 100 bis 150 Gulden (heute 100 Thaler) und für die Vorbereitung der Equipage 25 Gulden. Sein Part an jedem Quardeel Thran, welchen die gefangenen Fische liefern, wird festgesetzt (20 bis 25 Stüber von jedem Quardeel); er empfängt ausserdem an Fischgeld von jedem gefangenen Fisch 20 bis 25 Gulden. Der Steuermann bekommt 60 oder 65 Gulden „auf die Hand" und von jedem Quardeel Thran 16 oder 17 Stüber. Die Harpuniere empfangen je 50 oder 55 Gulden auf die Hand und vom Quardeel Thran 14 oder 15 Stüber, auch wohl bisweilen mehr, aber Nichts für die Barten. Gegen Monatsgeld werden angenommen:

Der Zimmermann zu 36 oder 40 Gulden, der Bootsmann zu 28 Gulden, der Koch zu 28 Gulden, der Böttcher zu 28 Gulden, der Barbier zu 26 Gulden, der Schiemann (der die Aufsicht über das Tauwerk führt) zu 25 Gulden, jeder ältere Matrose zu 18 oder 20 Gulden, jeder junge Matrose zu 14 oder 15 Gulden, der Kochgehülfe zu 12 Gulden, der Kajütenwächter zu 10 oder 11 Gulden.

Die um Sold Dienenden empfangen ferner von jedem Fische 20 oder 30 Stüber und der Steuerer einer auf die Fischfang ausgesandten Schaluppe empfängt von jedem Fische 3 Gulden. Der 15. oder 20. April ist die Zeit, wo die Schiffe in See stechen. Die nach der Davis-Strasse bestimmten Schiffe gehen durchschnittlich einen Monat früher weg.

Verrichtungen und Gebräuche beim Fang. — Wenn das Schiff auf der Höhe von 61 bis 66 Grad angekommen ist,

werden alle Einrichtungen für die Fischerei getroffen. Der Kommandeur lässt das Schiffsvolk bei der grossen Spille zusammentreten und vertheilt nach einer förmlichen Anrede die Bedienungen. Sie zerfallen in die Arbeiten beim Flenssen und in die Arbeiten zum Abmachen des Fisches. Zu dem Flenssen werden der Speckschneider und die Harpuniere commandirt, es wird ein „Speck-König" und eine „Speck-Königin" ernannt, deren Geschäfte wir gleich näher bezeichnen wollen. Jeder Harpunier erhält seine Schaluppe und das dazu erforderliche Volk durch das Loos. Die Leinen für die Schaluppen werden vertheilt und von dem Steuerer in das hintere und beziehungsweise das vordere „Leinhok" sorgfältig eingeschossen. Jede Schaluppe erhält 7 Leinen, eine jede 120 Faden lang, sie sind von den besten Hanf gefertigt; zugleich werden die Riemen, Lanzen, Harpunen, Messer &c. ausgetheilt.

Die Fischerei-Geräthschaften jener Zeit waren sehr einfach. Martens beschreibt die Harpune und die Lanze. Jene ist vorn wie ein Pfeil, hat zwei scharfe Widerhaken, die wie ein Beil vorn schneiden, am Rücken breit und stumpf. Der Stiel, welcher in dem hohlen Schaft der Harpune sitzt, ist vorn und hinten dicker als in der Mitte. Die besten Harpunen seien die von Stahl.

„Es hat", sagt Zorgdrager, „die Fischerei drei besondere Abtheilungen; die erste besteht im Fischen, die zweite im Flenssen (den Fisch vom oberen Bord stückweis in das Schiff und in das Flenssloch zu arbeiten), die dritte in dem Abmachen."

Kommandeur und Harpunier spähen nach allen Richtungen, ob sie etwa einen Fisch entdecken. Auch schaut die Mannschaft nach einem todten Fisch; wer solchen zuerst sieht, erhält einen Dukaten. Sobald einer unter den Eisfeldern hervorkommt, ertönt der Ruf: „Val! Val!", das Schiffsvolk stürzt in die Slupen. Ein Boot ist dem Fische nahe genug. Da wirft der Harpunier, der am Steven steht, die Harpune in der Hand, das Geschoss dem Fisch in den Leib, hinter das Blaseloch oder in den dicken Speck auf dem Rücken. Unmittelbar am Eisen der Harpune ist eine ungetheerte, vom besten Hanfe verfertigte, sehr geschmeidige Leine, der „Vorgänger" (voorganger), befestigt, welche ringartig aufgerollt worden und die nun der Fisch mit noch bis zu fünf anderen Leinen, welche getheert und auf dem Vorgänger festgesplisst sind, „ausläuft". Zurnf ertönt, eine oder zwei andere Slupen schiessen hinzu und befestigen eine oder mehrere ihrer Leinen an die erstgenannten, welche inzwischen schon abgelaufen sind. In jeder Slupe befinden sich sieben Leinen, wovon jedoch zwei nur im äussersten Nothfalle gebraucht werden. Man schlägt die Leinen ein oder zwei Mal um den Slupsteven, um den Fisch desto eher abzumatten. Ein nasses Tuch muss zur

Hand sein, um die Entzündung des Holzes zu verhindern. Die Männer in der Slupe müssen auch wohl Acht geben, dass sich die Leine nicht bei der schnellen Fahrt verwirre oder von der Seite komme, sonst schlägt die Slupe um und es kostet dann manchem braven Manne das Leben, wenn nicht gleich Hülfe da ist. Der Fisch kann zehn Leinen, von denen jede 125 Faden lang ist, auslaufen, dann ist er genöthigt, ermattet wieder an die Oberfläche des Wassers zu kommen. Man schiesst nun eine zweite Harpune in den Fisch und während letzterer schnauft und nach Athem schnappt, sucht man ihn mit Lanzen von 6 Fuss Länge von der Seite bis ins Eingeweide zu stechen und ihn so zu tödten. Schwer getroffen schlägt er mit Schwanz und Flossen gewaltig um sich, ein gefährlicher Moment für die Slupen, welche unter dem Geschrei „Stryk!" und „Roei aan!" (ab! oder näher anrudern!) seinen Schlägen bald nach der einen, bald nach der anderen Seite hin ausweichen. Unterdess bläst der schwer verwundete Fisch Blut und Wasser aus. Endlich stirbt er. Zuweilen, sagt Martens, werden von zwei Schiffen zugleich Harpunen in einen Fisch geworfen; solche Fische werden zur Hälfte getheilt. Man schneidet dem Fische nun den Schwanz ab, da dieser beim Hinschleppen des Fisches an das Schiff durch die Boote hinderlich ist, macht ein Loch in den Stumpf, holt ein Tau durch und daran bugsiren nun vier oder fünf Boote mit der ganzen Mannschaft den Fisch zum Schiffe. An dieses wird er mit Tauen gebunden, der Schwanzstumpf vorn am Schiff, der Kopf nach hinten.

Der Prozess des Flenssens und Abmachens des Fisches. — Darauf geht man wieder auf den Fang aus, oder wenn dazu die Gelegenheit nicht mehr günstig ist, rüstet man sich zum Flenssen des Fisches. Man geht daran, letzteren in grosse Stücke zu schneiden, zu welchem Zwecke Einige der Mannschaft mit Nägelstiefeln und mit langen Messern versehen auf den Fisch steigen. Die Stücke werden an beiden Spillen an Bord gewunden[1]). Auch die Barten werden aus den Kinnladen losgeschnitten und mit drei Zugrollen ins Schiff geholt. Man klopft sie dann mit den Bartenbeilen aus einander und reinigt sie von dem überflüssigen Fleische. Ein Fisch von 50 Quardeelen Speck liefert 240 bis 250 Maassbarten (Barten von mindestens 11 Fuss Länge) und ungefähr 200 Untermaassbarten. Die grossen Stücke Speck werden ins Flenssloch geworfen, dürfen aber nicht länger als zwei Mal 24 Stunden dort bleiben, sonst träufeln sie zu viel Thran aus.

Spätestens nach 48 Stunden also, wenn es die Witterung nur irgend erlaubt, macht man sich zum Abmachen bereit. Die Speckbank wird mit den Slippen der erhaltenen

[1]) Das erste Stück ist das Kenterstück hinten am Kopfe, es wird ein Tau daran befestigt und rund herum gleichsam abgeschält, wobei der Fisch zugleich gewendet wird.

Walfischschwänze belegt. Die „Kappers" hauen die zähesten Stücke Speck, die Speckschneider schneiden die weicheren. Beide Sorten werden in den Raum befördert, nachdem sie zuvor von Haut und Fleisch auf dem „Klaas", einem grossen Block, gereinigt sind. Man kappt und schneidet den Speck in sogenannte Vinken (Würfel) von ½ Fuss Länge und zwei Daumen Breite, welche in die Speckrinne geworfen und darin bis in den Raum fortgeschoben werden. Hier werden sie von den Leuten im Raume in Baaljes (Zubern) gefangen und in die Speckfässer oder Kwarteelen gestaut. Diese Arbeit geschieht unter einem beständigen Anrufen aus dem Raum und vom Deck: „Zet Speck op! Speck op Klaas! Speck op Staart! Speck op Bank! Stryk Speck! op!", während das Volk vom Kopf bis zum Fuss von Thran und Walfischblut trieft. Am unteren Kiemen hat der Speck ab und zu eine Dicke von 2 Fuss. Das Fleisch des Walfisches ist zu Nichts nütze. Das dickste am Schwanz wurde aber von den Biscayern gegessen. Die grössten Walfische liefern 70 bis 90 Fass Speck.

So weit die Mittheilung von Zorgdrager und Anderen über das Verfahren beim Fischfang in damaliger Zeit. Im Wesentlichen hat es sich bis auf den heutigen Tag unverändert erhalten. Im Bau der Schiffe, in den Werkzeugen und Waffen sind allerdings Abänderungen eingetreten und Fortschritte gemacht. Wir werden später, bei der Schilderung einer der jetzigen Grönlands-Fahrten, noch auf einige Details zurückkommen.

Versuche der Überwinterung von Walfischjägern auf Jan Mayen und Spitzbergen. — Im September, Oktober oder spätestens November kehrten die Walfischfänger aus den arktischen Gewässern zurück. Es ist kein Beispiel der freiwilligen Überwinterung von aus Deutschen Häfen ausgegangenen Walfischfängern bekannt. Wohl aber machten die Holländischen Compagnien zu verschiedenen Malen Versuche der Überwinterung von Schiffsmannschaften auf Inseln der arktischen Gewässer, namentlich auf Jan Mayen (1633/34) und auf Spitzbergen (1630/31) mit gutem Erfolg, 1633 mit unglücklichem Ausgang).

Die tragische Geschichte des Lebens und Todes der sieben Freiwilligen der Niederländischen Grönlands-Flotte im Winter 1633 bis 1634 ist durch Vogt's und Berna's Nordische Reise in weiten Kreisen bekannt geworden. Der Strenge des arktischen Winters trotzen zuweilen in unserem Jahrhundert Russische Bären- und Fuchsjäger; nicht dieser also war es, der die Lebensgeister jener wetterfesten Seeleute besiegte, sondern der Mangel an frischer Nahrung. Das von Scoresby aus Churchill's Collection of Voyages and Travels abgedruckte, mit grosser Genauigkeit über die Witterungsverhältnisse Buch führende Journal endigt am 30. April 1634 mit dem Worte „Tod!" Der

Mangel an frischer Nahrung erzeugt Skorbut und diese furchtbare Krankheit war es, welche vom 16. April an die Unglücklichen einen nach dem anderen dahin raffte.

Überwinterungsgeschichte von acht Mann des Londoner Schiffes „Salutation", 1630/31. — Weniger bekannt ist die unfreiwillige Überwinterung von acht Mann des der Muscovian Company zu London gehörenden Grönlandsfahrers „Salutation" auf Spitzbergen im Winter 1630/31. Die Geschichte wird von Edward Pellham, Gunner's Mate, in einer zu London 1631 gedruckt erschienenen, von der Hakluyt Society (A Collection of Documents on Spitzbergen and Greenland, London, August 1855) sammt den interessanten Illustrationen und Karten wieder abgedruckten Schrift erzählt.

Die naive Erzählungsweise, die markige, oft tief ergreifende Sprache verleihen diesem ältesten Fischerbericht aus den arktischen Regionen einen eigenthümlichen Reiz. Das Buch führt folgenden Titel:

> God's Power and Providence shewed in the miraculous Preservation and Deliverance of eight Englishmen, left by mischance in Greenland, A° 1630, nine moneths and twelve dayes. With a true Relation of all their miseries, their shifts and hardship they were put to, their food, &c., such as neither Heathen, nor Christian men ever before endured. With a description of the chiefe Places and Rarities of that barren and cold Country. Faithfully reported by Edward Pellham, one of the eight men aforesaid. As also with a Map of Greenland. London. Printed by R. Y. for John Partridge, 1631.

Im Ganzen überwinterten folgende Leute: William Fakely, Gunner; Edward Pellham, Gunner's Mate; John Wise und Robert Goodfellow, Seamen; Thomas Ayers, Whalecutter; Henry Bett, Cooper; John Dawes und Richard Kellet, Land-men.

Das Schiff ging auf den Walfisch- und Walrossfang am 1. Mai 1630 von London aus und am 11. Juni war es in dem bestimmten Hafen von Spitzbergen. Es waren ihrer drei Schiffe dort, welche unter dem Oberbefehle von Kapitän William Goddler standen. Sie blieben bis zum 15. Juli bei Fore-Land, dann sollte ein Schiff noch bis zum 20. August dort bleiben, die „Salutation", ein anderes Schiff sollte östlich gehen und dort nach einem Fischgrund suchen, ein drittes Schiff endlich sollte nach Green Harbour gehen. In Folge späteren Befehles des Kapitäns Goddler verliess aber die „Salutation" schon am 8. August Fore-Land und steuerte südlich nach Green Harbour, um dort von dem vorausgesandten Schiffe einige Mannschaft wieder aufzunehmen. Bei Black Point wurden jene acht Mann mit einem Boot aus Land gesandt, um Wild und damit Lebensmittel für das Schiff zu holen. Die Jagd war sehr glücklich, allein am folgenden Morgen war dickes (nebliges) Wetter und viel Eis an der Küste, der Wind wehte gegen dieselbe, das Schiff musste weit abhalten und die Leute konnten nicht an Bord kommen. Sie fuhren daher am Lande hin bis nach Green Harbour, indem sie unterwegs Renthiere jagten. Allein in Green Har-

bour fanden sie das Schiff, gegen ihre Vermuthung, nicht wieder. Sie wollten nun nach Bel-Sund, wo Kapitän Goddler mit seinem Schiffe lag, der sie dorthin beordert hatte, um Hülfe zu haben gegen die Dunkirker, welche diess Mal sie sehr stark vertreten waren und die mit Speck beladen heimkehrenden Englischen Schiffe zu berauben drohten, allein sie fanden den Weg nicht mehr dahin und fuhren kreuz und quer. Endlich kamen sie in der Nähe von Bel-Sund an, es fand sich aber, dass die Schiffe bereits wieder in See gegangen waren. Die Leute fuhren nun mit ihrem Boot nach Bottlekove an der anderen Seite des Sundes und hier überzeugten sie sich nun vollends alle, dass sie nicht fortkommen würden.

Lebhaft schildert Pellham die Empfindungen des Schreckens, als die Leute sich überzeugen mussten, das sie in Grönland[^1]) (Spitzbergen), mithin nur 12° 20′ vom Nordpole selbst entfernt, den Winter zubringen müssten. Sie standen da, als wären sie schon in Eis verwandelt, wie von Sinnen. Ein Schauer des Todes überkam sie, denn sie sahen im Geiste schon ihre Leiber zerfleischt, eine Beute hungriger Raubthiere. Sie erinnerten sich, dass die Muscovian Company einmal eine Anzahl Verbrecher nach Grönland hatte schaffen lassen, mit der Bestimmung, dass sie dort ein Jahr bleiben sollten. Es war ihnen Straflosigkeit zugesagt und ausserdem stellte man ihnen eine Belohnung in Aussicht. Als diese Unglücklichen nun aber den öden, unwirthlichen Boden der Insel betraten, da ergriff sie ein so unüberwindliches Gefühl des Abscheues gegen den Aufenthalt hier, dass sie ohne Zögern dem Kapitän, als dieser abfahren wollte, erklärten, sie wollten lieber das über sie verhängte Urtheil leiden und ihren Nacken dem Stricke bieten als in Grönland überwintern. Der mitleidige Kapitän wollte sie nicht zwingen, er nahm sie wieder mit und schliesslich wurden sie in England auf Verwendung der genannten Compagnie begnadigt. Diese Schreckbilder spiegelten sich vor der Seele der Unglücklichen, doch bald fassten sie den männlichen Entschluss, zu ihrer Rettung zu thun, was in ihren Kräften stände.

[^1]) Es sei hierbei bemerkt, dass in der Schiffersprache Spitzbergen in Grönland inbegriffen ist. Scoresby nennt es „Spitzbergen or East Greenland". Im Gegensatz zu solchem East Greenland erscheint allerdings die nach Europa zugekehrte Küste von Grönland, welche die Geographen im Blick auf die andere, an der Davis-Strasse gelegene, dem arktischen Archipel Amerika's zugekehrte Seite Ost-Grönland nennen, als „West-Grönland" und so heisst diese Küste denn auch immer in den Grönländischen Schiffsjournalen und der Schiffersprache; dabei wird noch zwischen Alt-Grönland, dem südlicheren Theile der Küste von diesem im Sinne der Schiffer gemeinten „West-Grönland", und Neu-Grönland, dem unter höheren Breiten, etwa vom 67. Grade an, gelegenen Theil der Küste, unterschieden. Das geographische West-Grönland, die diesseitige Küste der Davis-Strasse, wird einfach unter dem Ausdruck „Straat Davis" inbegriffen. Die Amerikanische Küste der Davis-Strasse und Baffin-Bai heisst bei den dort fischenden Whalern wiederum das „Westland".

Am 25. August segelten sie nach Green Harbour, in dessen Nähe viel Wild war, es wurde aus Segeln und Rudern ein Zelt errichtet und sogleich die Jagd begonnen; sieben Renthiere und vier Bären waren die erste Beute.

Mit Hülfe von einigen Hunden, welche sie mit an Bord gehabt und nun mitgenommen hatten, schossen sie ziemlich viel Wild und kehrten in zwei Booten nach Bottlekove im Bel-Sund zurück. (Das zweite Boot war von der heimkehrenden Flottille, wie immer, für Schiffbrüchige zurückgelassen worden.) Sie erlitten hier wiederum das in ihrer Lage schwere Missgeschick, dass ihnen durch die Wellen des Meeres das Wild aus den Schaluppen gespült wurde. Mit vieler Mühe und indem die Leute ins Wasser hinaus wateten, gelang es, die kostbare Beute wenigstens theilweis wieder zu erlangen. In einer aus tannenen Dielen gezimmerten Hütte, die für die Thranköche der Compagnie gebaut war, verbrachten die Seeleute den arktischen Winter. Im Inneren dieser Hütte bauten sie nämlich noch eine kleinere Behausung. Kalk, der vorhanden war, mit Küstensand gemischt, gab den Mörtel ab, Ziegelsteine nahmen sie von dem Rauchfang der Thranküche; zwei Seiten der engeren Hütte, die Wetterseiten, wurden gemauert, während die anderen beiden aus Balken gezimmert wurden. So war ein ziemlich geschützter Raum von 20 Fuss Länge, 16 Fuss Breite und 10 Fuss Höhe hergestellt, in welchem sie sich vier Cabinen mit Hülfe von Renthier-Fellen herrichteten. Sieben zurückgelassene Schaluppen lieferten Feuerungsmaterial, ferner wurden verschiedene Kühlfässer dazu verwendet, jedoch nur solche, welche für ihren ursprünglichen Zweck nicht mehr tauglich erschienen. Des Nachts rakten sie das Feuer zusammen und bedeckten es mit heisser Asche. In die Mitte wurde ein Stück Ulmenholz gelegt und nach 16 Stunden glimmte es noch fort, so dass an Feuerung kein Mangel war. Wenn Wind und Wetter es gestatteten, wurden Jagdzüge unternommen und es gelang, indem sich ein paar Leute in einem Boote heranschlichen, mit alten Harpunen und Lanzen, die sich noch in der Hütte vorfanden, einige Walrosse „aus dem Schlafe in den Tod zu befördern". Bald aber nahmen Nacht und Kälte so zu, dass sie auf weitere Beute bis zum Frühjahr verzichten zu müssen glaubten. Sie beschlossen also, zwei Fasttage in der Woche zu halten und an diesen Tagen nur von den Greben des vorhandenen Fischthrans zu geniessen. Diese Diät wurde drei Monate beibehalten. Kleider und Schuhwerk wurden allmählich so defect, dass sie nothgedrungen ausgebessert werden mussten, wozu Nadeln aus Fischbein und Garn aus Tauwerk gebraucht wurden.

Am 10. Oktober war die Kälte bereits so heftig, dass die See völlig überfror. Die Verzweiflung klopfte an die elende Behausung der Unglücklichen. Bald dachten sie an

ihre verlassenen Frauen und Kinder, bald warfen sie sich auf die Kniee und sandten heisse Gebete zum Himmel um Ausdauer und Geduld im Elend. Man setzte sich auf noch schmalere Kost: vier Tage Wildfleisch, drei Tage Fischspeckgreben. In der Zeit vom 14. Oktober bis 3. Februar war die Sonne verschwunden, aber der Mond zeigte sich zu Tages- und Nachtzeiten, wenn ihn nicht Wolken verhüllten. Er schien so hell und freundlich wie in England. Vom 1. bis zum 20. Dezember war auch der letzte Dämmerschein des Lichtes verloren. Ein matter Schimmer von Weiss zeigte sich zuweilen gegen Süden wie eine Ahnung von Tageslicht. Aufangs Januar begrüssten sie weitere Spuren von Tageslicht, noch immer aber wussten sie nicht, wann es Tag, wann Nacht war, dennoch gelang es Pellham, Monat und Datum nach dem Monde auszurechnen, so dass er später, als die rettenden Schiffe da waren, genau angeben konnte, welchen Monat und Tag sie hatten. Mit Hülfe von alten Leinen und des Vorrathes an Thran wurden drei Lampen angefertigt und beständig brennend erhalten. Mit zunehmendem Tageslicht wurde die Kälte noch stärker, so dass sie in Folge derselben Blasen auf der Haut bekamen und bei der Berührung von Eisen die Finger daran klebten, als ob es Vogelleim wäre. Am 3. Februar zeigte sich Morgenröthe und endlich erglänzten die ersten Sonnenstrahlen auf den höchsten Berggipfeln. Die Lichtkrone der Sonne und das blendende Weiss des Schnee's boten einen so zauberhaften Anblick, dass, wie Pellham sagt, selbst „die Lebensgeister eines Sterbenden davon wieder aufgeweckt werden mussten". Ein Bären-Paar kam auf die Hütte zu, dem ein heisser Empfang bereitet wurde; die Leute verlegten den Bären mit Lanzen den Weg und tödteten einen derselben, während die Bärin entfloh. Das Fleisch des ersteren reichte zur Ernährung der ganzen Mannschaft während 20 Tagen. Im März glückte es, im Ganzen sieben Bären zu tödten. Nun assen sie fleissig zwei bis drei Mal täglich Fleisch und die Kräfte kehrten mehr und mehr wieder. Die Füchse erschienen wieder, um ihrer Nahrung, einer Art kleiner Fische, nachzugehen; sie wurden in eigens zu dem Zwecke hergerichteten Fallen gefangen, in welche eine Art Eulen, die sich auf dem Schnee liegend vielfach vorfanden, als Lockspeise gesteckt waren. Endlich nahte die Stunde der Erlösung aus dem Eisgefängnisse.

Am 25. Mai zeigten sich zwei Schiffe von Hull im Bel-Sund. Ein Boot landete, die Mannschaft ging auf die Hütte zu und rief letztere in üblicher Weise mit „Hei!" an, worauf zu ihrem grossen Schrecken aus derselben die Antwort „Ho!" erfolgte. Zum grössten Erstaunen der Ankommenden traten aus der, wie sie nicht anders glaubten, menschenleeren Hütte plötzlich acht wild aussehende Männer mit von Rauch geschwärzten Gesichtern, bald aber folgte die frohe Scene des Wiedererkennens. Alle fuhren in der Schaluppe nach dem Schiff hinüber. Nach drei Tagen traf die Londoner Fischerflotte ein. Der Admiral, Captain Goodler, „ein kluger und erfahrener Seemann", empfing sie auf das Freundlichste und liess sie 14 Tage am Bord mit dem Besten, was da war, verpflegen. Der grösste Theil der Mannschaft kehrte aber erst im August nach der Heimath zurück.

Überwinterung Niederländischer Freiwilliger auf Spitzbergen, 1633/34. — Nun ein Bericht über die freiwillige Überwinterung von sieben Niederländischen Seeleuten auf Spitzbergen im Jahre 1633, den ersten freiwillig unternommenen und mit Erfolg gekrönten Versuch dieser Art. Zorgdrager erzählt uns darüber aus dem Journal unter Anderem wie folgt:

Am 30. August 1633 verliessen die Schiffe der Niederländischen Compagnie die Nord-Bai (bei Smeerenberg) zur Heimreise. Ihrer sieben Mann waren zurückgelassen worden, — wo, wird nicht genau angegeben, eben so wenig finden wir nähere Angaben über die getroffenen Einrichtungen zur Überwinterung. Schon damals waren Steinbauten auf der Amsterdam-Insel errichtet, so dass also die Mannschaft ohne Weiteres in einer dieser gegen die Einwirkungen des Spitzberger Winterklima's wohl noch mit besonderen Schutzmitteln versehenen Behausungen ihr Winterquartier einrichten konnte. Die Überwinterung war offenbar nur zu dem Zwecke veranstaltet, um zu sehen, ob zu einer Zeit, wo sich Schiffe nicht bei Spitzbergen aufhielten, Jagd und Walfischfang mit lohnendem Erfolg betrieben werden könnten. Die Heizung wurde durch Treibholz reichlich beschafft, - auch gelang es in der ersten Zeit, einiges Wild (Renthiere) zu schiessen. Es wurden Ausflüge zu Boot nach der West-Bai, der Englischen Bai gemacht; Walfische sah man genug, auch der Fang derselben wurde versucht. Man band zwei Fässer zusammen und befestigte das eine Ende der Harpunenleine daran, um den harpunirten Fisch auf diese Weise leichter fest zu behalten. Walfischbarten wurden öfter am Ufer aufgefischt. Auf dem „Schlehenberg" fand man „Schlehen" in Menge, ein Gewächs, welches der Wasserkresse gleicht. An dem Berge nisten alljährlich viele Möven, deren Dünger ein üppiges Wachsthum des Mooses erzeugt. Auch Sauerampfer fand man.

(Martens sagt: „Der Sauerampfer, welchen ich auf Spitzbergen fand, ist dem, welcher mir zu Bremen in des Holländischen Gärtners Hofe unter diesem Namen gezeigt wurde, an Grösse gleich, aber die Blätter des Spitzbergischen sind von rother Farbe.") Einen todten Walfisch, den man am Ufer fand, suchte man vergeblich ans Land zu bugsiren, eben so misslang es, eines bereits glücklich harpunirten Walfisches vom Boote aus habhaft zu werden.

Am 13. Oktober fror es bereits so stark, dass der Inhalt eines Fasses Bier gegen drei Daumen dick gefroren war. Zwei Tage später fror es bis auf den Grund, so dass das Fass aufgeschlagen, das Eis in Stücke zerhauen und dann am Feuer geschmolzen wurde. Am 4. November war nur noch während 4 bis 5 Stunden Dämmerung. Bären und Füchse wurden ab und zu gesehen und einige von ihnen getödtet. Im Dezember war es so bitter kalt, dass die Leute in ihren Kojen nicht lange liegen bleiben durften, sondern ab und zu in dem Hause auf und nieder gehen mussten, um nicht zu erstarren. Am 20. Dezember sahen sie gegen Süden am Horizont einen Dämmerschein und gegen Ende Dezember starkes Nordlicht. Am 7. Januar erfolgreiche Jagd auf Bären, die schon öfter um die Hütte herumgeschnüffelt hatten. Am 25. Januar mehrstündige Dämmerung. Am folgenden Tage wurde es so hell, dass um Mittag die Sterne gegen Süden nicht mehr gesehen wurden. Am 22. Februar liess sich die Sonne zum ersten Male wieder blicken. Am 3. März heftiger Kampf mit einem grossen Bären, der, obwohl schwer verwundet, doch noch entkam. Im März wurden täglich viele Füchse geschossen. Das Fleisch wurde an die Luft gehängt und dann mit Zwetschen und Rosinen gekocht. Im April zeigten sich wieder Walfische. Am 1. Mai wurde bei Bier und warmem Wein die Spitzberger Kermis gefeiert. Die Jagd auf Berg-Enten, Walrosse, Eisbären und Robben beschäftigte die Leute die übrige Zeit, bis sich — nach 9 Monaten und 5 Tagen der Überwinterung — die erste Schaluppe eines Holländischen Grönlands-Fahrers zeigte, der in der West-Bai ankerte. - Im Jahre 1634 wurden sieben andere Leute der Niederländischen Flotte zurückgelassen, allein Keiner von ihnen wurde im folgenden Frühjahr lebend angetroffen, und somit wurden von den Niederländischen Compagnien weitere Überwinterungsversuche nicht gemacht.

III. Die weiteren Unternehmungen bis zum 19. Jahrhundert.

Blüthezeit des Niederländischen Walfischfanges; Schiffsverluste. — Die Niederländer waren im 17. und dem grösseren Theile des 18. Jahrhunderts das erste Volk in der Gross-Fischerei, wie es heut zu Tage unstreitig die Nord-Amerikaner sind. Über ein Jahrhundert betrieben sie mit einer unverdrossenen Ausdauer und auch mit gutem finanziellen Erfolg, neben dem Härings- und Kabeljaufang, die arktische Fischerei. Die Flotte, welche alljährlich im April die Ufer des Y und der Zaan verliess, um bei dem fernen Polar-Eilande Spitzbergen allen den unsäglichen Schwie-

4

rigkeiten des arktischen Fischfanges zu trotzen, war weitaus die zahlreichste von allen. In kriegerischer Zeit wurde sie öfter von Kriegsschiffen begleitet, so in dem Jahre 1697, wo die ganze Walfischflotte bei Spitzbergen unter dem Schutze Niederländischer und Hamburger Convoyer lag. Im Anfange des 18. Jahrhunderts kreuzten Kriegsschiffe zur Zeit der Rückkunft der Häringsbüsen, der Grönlands-Flottille und der aus dem Süden, von Brasilien oder Indien, mit werthvollen Ladungen heimkehrenden Fahrzeuge. Neben Spitzbergen war seit 1719 die Davis - Strasse mit ihren zahlreichen Baien, Einlässen und Insel-Meerengen das Ziel der kühnen Fischer. Den Umfang der Niederländischen Fischerei und zugleich die Verluste an Schiffen, welche sie erlitten, veranschaulichen am besten folgende, den Holländischen Quellen entnommene Ziffern und Daten.

Das mir vorliegende „Alphabetische Namenverzeichniss der Grönländischen und Straat - Davis - Commandeure von 1719 bis 1770" zählt folgende 44 Orte auf, von welchen Ausrüstungen geschahen: Rotterdam, Amsterdam, Zaandam, Hoorn, Medemblyk, Bevernwyk, Koogh, Westzaan, Ostzaan, Zaandyk, Ihisp, De Ryp, Wormerveer, Noordeynd, Alkmaar, Knollendam, Uytegeest, Schiedam, Delfshaven, Assendelft, Graft, Crommeny, Crommenydyk, De Krayl, Broek in Waterland, Haarlem, Dortrecht, Oude Niedorp, Krimpen op de Leck, Edam, Monnikendam, Purmerende, Vlaardingen, Zierikzee, Alblasserdam, Maassluys, Harlingen, Grootebroek, Middelburg, Vlissingen, Groningen, Spanbroek, Wieringerward, De Helder.

Amsterdam und Rotterdam hatten die zahlreichsten Fischerflotten, dann folgten Zaandam und De Ryp.

Es liefen von Niederländischen Häfen aus:

In den Jahren		Schiffe, davon	verloren oder	[genommen, vom Feinde
1669 bis 1678	993	Schiffe, davon	83	verloren oder vom Feinde
1679 " 1688	1932	"	"	113
1689 " 1698	955	"	"	82
1699 " 1708	1652	"	"	62
1709 " 1718	1351	"	"	51
1719 " 1728	1594	"	"	40
1729 " 1738	858	"	"	13
1739 " 1748	1356	"	"	31
1749 " 1758	1339	"	"	30
1759 " 1768	1324	"	"	25
1769 " 1778	903	"	"	31
	14167	-		561 = 4 Proz. der Gesammtzahl.

Die Rentabilität dieses so grossartig betriebenen Fischereigeschäftes war zu verschiedenen Zeiten sehr verschieden. Scoresby unterscheidet vier Phasen des Holländischen Walfischfanges: 1. die Zeit vom Beginn des Walfischfanges um 1612 bis zum Jahre 1642, wo die Privilegien der Compagnien von den hochmögenden Generalstaaten als den gemeinen Handels-Interessen der vereinigten Provinzen schädlich und darum für aufgehoben erklärt, somit die Fischerei frei gegeben wurde. Der Charakter dieser Periode ist: unermesslicher Reichthum an Fischen, ungeahnter Aufschwung

der am Fange betheiligten Rhederei, bedeutende Kapital-anlagen in Fahrzeugen, in Einrichtungen auf Spitzbergen zum Thranbrennen und überhaupt zur sommerlichen Niederlassung, gegen Ende der Periode allmähliche Verminderung der Fische bei der Küste.

Zweite Periode: Entwerthung aller dieser kostspieligen Einrichtungen durch die Nothwendigkeit, die Fische fern von der Küste im Eise aufzusuchen, schwere Verluste der Compagnien.

Die dritte Periode, welche etwa das letzte Drittel des 17. und den ersten Theil des 18. Jahrhunderts umfasst, bezeichnet einen neuen Aufschwung. Dank jenem echt kaufmännischen Sinne, welcher die Holländer in damaliger Zeit auszeichnet, wird die Grönlands-Fischerei auf einen Fuss gesetzt, der trotz aller Schwierigkeiten den Betrieb durchschnittlich mit gutem Erfolg für alle Betheiligten und verbunden mit indirekten nationalen und politischen Vortheilen ermöglicht. Die wesentlichen Züge des adoptirten neuen Systems waren: 1. Beschränkung der Zahl der Mannschaften und des Quantums an Provisionen auf das in Wirklichkeit erforderliche, früher oft überschrittene Maass; 2. Vertheilung des Gewinn - und Verlust-Risiko's auf grössere Kreise, in der Art, dass Krämer, Bäcker, Brauer, Segelmacher, Reepschläger, Kupferschmiede und andere Handwerker sich gleichsam nach dem Prinzip der Bodmerei betheiligten. Sie lieferten ihre Erzeugnisse auf das gute Glück der Fischerei; wenn diese schlecht war, so verloren sie ihre Zahlung ganz oder theilweis, während sie, wenn die Schiffe mit reicher Ladung an Speck und Barten zurückkehrten, vielleicht den doppelten Preis für die von ihnen gelieferten Vorräthe und Fabrikate erhielten. Es war diess gewissermaassen eine Ausdehnung des von Anfang an bei den Fischerleuten selbst schon angewandten Prinzips der Partnerschaft, eine Maassregel, die damals wohl nur in Holland möglich war, wo ausgebreiteter Handel, verbunden mit einer bedeutenden Industrie und dem angeborenen haushälterischen Sinne, grosse Kapitalien in den verschiedensten Kreisen der Gesellschaft aufgehäuft hatte. Wir sehen, dass unter diesem System die Holländische Grönlands - Flotte durchschnittlich jährlich an 140 Fahrzeuge zählte.

Die vierte Periode ist die des allmählichen Sinkens und zuletzt gänzlichen Aufhörens der Niederländischen Fischerei.

Rückgang der Holländischen Grönlands-Fischerei. — Die blau - weiss - rothe Flagge, einst die zahlreichste, geachtetste und gefürchtetste in den arktischen Meeren, ist jetzt dort beinahe verschwunden, zwei zum Theil mit Norwegischer Mannschaft in den letzten Jahren im südlichen Norwegen auf den Robbenfang ausgerüstete Fahrzeuge sind es allein, welche die Erinnerung an jene Glanzzeit der Holländischen Fischer-Marine in schroffen Gegensätzen von heute und sonst auffrischen.

Die Ursache des Verfalles ist zunächst die Erschlaffung des nationalen Geistes, der maritimen Unternehmungslust, welche namentlich seit der Französischen Invasion hervortrat. Allerdings war auch die geringere Ergiebigkeit des Fischfanges eine Ursache, allein nach der Niederwerfung des Französischen Imperators sehen wir in England und Schottland, an der Weser und Elbe die alt gewohnte Grönlands-Fischerei mit Erfolg wieder aufgenommen, während diess den Holländern trotz grosser Anstrengung der Regierung, durch ausgesetzte Prämien &c., selbst mit Hülfe Englischer Fischerleute nicht gelingt.

Die Gross-Britannischen Fischereien. — Anders gestalteten sich die Dinge in Gross-Britannien. Wir haben gesehen, dass Britische Fischer die ersten in den Gewässern von Spitzbergen waren; allein während in der ersten Zeit die Fischereien der Holländer fast alljährlich ihren Unternehmern reichen Gewinn brachten, waren stets nur Verluste das Resultat der Englischen Expeditionen, welche in Folge dessen immer spärlicher wurden. Die Holländischen und Hanseatischen Fischer-Flotten zählten zusammen 3- bis 400 Segel, als die Engländer nur noch gelegentlich mit wenigen Schiffen auf ihren ehedem so zahlreich besuchten Fischgründen erschienen (1669 nur Ein Schiff, 1668 sogar keins). Die Bedeutung der grossen Fischerei für die Zwecke der Kriegs-Marine wurde indessen den Engländern durch das Beispiel der Holländer sehr bald gründlich einleuchtend. In den Kriegsjahren 1659 und 1665 bis 1667 stand die gesammte Bemannung der Holländischen Grönlands-Flotte, so weit die Leute unter Niederländischer Hoheit standen, der Regierung zur Verfügung. (Für die Kriegszeit war die Grönlands-Fahrt von Holland aus durch die Generalstaaten bei schwerer Strafe untersagt.) Im Jahre 1672 ergriff denn nun die Englische Regierung mit Gewährung von allerlei Vergünstigungen jener Art, wie sie damals Brauch waren, die Initiative. Es wurde eine Parlaments-Akte erlassen, welche die Produkte der Englischen Grönlands-Fischerei von allen Einfuhrzöllen befreite, während der Zoll für die Kolonial-Schiffe in den Kolonien noch theilweis aufrecht erhalten wurde. Im Gegensatz hierzu wurde der auf fremden Schiffen eingeführte Thran und resp. das so eingebrachte Fischbein mit den enormen Zollsätzen von L. 9 und L. 18 die Tonne belegt. Die bestehenden Schifffahrtsgesetze wurden in Ansehung der Grönlands-Fischerei in so weit abgeändert, dass gestattet wurde, die Mannschaft zur Hälfte aus Fremden zu rekrutiren, vorausgesetzt, dass das Schiff in England gebaut und der Kapitän und die andere Hälfte der Mannschaft Britische Unterthanen seien.

Dieses Gesetz wurde wiederholt prolongirt und der im Jahre 1693 gebildeten .Company of Merchants of London

trading to Greenland" sogar die Annahme von zwei Drittel fremder Fischerleute für jedes von ihr auf den Walfischfang ausgehende Schiff frei gegeben. Letztere verbrauchte in 10 Jahren ihr ganzes, für jene Zeit sehr bedeutendes Aktienkapital von L. 81.000, sie machte durchgängig schlechte Geschäfte, selbst in Jahren wie 1697, wo von den Niederländischen und Deutschen Fahrzeugen keins weniger als drei Fische gefangen hatte. Die Holländer zogen in jenen 10 Jahren aus ihrer Grönlands-Fischerei einen Reingewinn von beinahe 5 Millionen Gulden. Der Fehler lag in der ganzen Art und Weise des Betriebes. Diess setzte ein Bremer Kaufmann, Henrich Eelking, welcher in Bremen längere Zeit Director von Grönlands-Fahrten gewesen war, schlicht und schlagend in der Schrift auseinander, welche überschrieben war „View of the Greenland Trade and Whale-fishery with the National and Private Advantages thereof" und die von dem Verfasser dem Sub-governor der South-Sea-Company zum Zweck der Gründung einer neuen, auf den entwickelten Prinzipien basirten Gesellschaft übergeben wurde. Es ist sehr schmeichelhaft für uns Deutsche, wenn der Engländer Scoresby diese Schrift in der Vorrede zu seinem berühmten Werk „Our only Original Work on this interesting Subject" nennt.

Reformen im Englischen Fischereibetrieb, hervorgerufen durch einen Deutschen Kaufmann. — Eelking zeigt in seiner natürlich Englisch geschriebenen Abhandlung zunächst den bisherigen Zustand des Walfischfanges und die Art und Weise, wie derselbe betrieben werden sollte, sodann, von wem er betrieben wird und mit welchem Gewinn; er giebt einen Rückblick auf die ersten Fischereien und setzt auseinander, welches die Ursachen waren, dass alle Versuche der Englischen Kaufleute, diesen Betrieb mit Erfolg wieder aufzunehmen, fehl schlugen; endlich liefert er einen vollständigen Beweis dafür, dass England mit Erfolg das Geschäft wieder aufnehmen und es mit grösserem Vortheil als jede andere Nation betreiben könne, wobei er denn alle angeführten Gegengründe beleuchtet und zu widerlegen sucht.

Eelking weist unter Anderem darauf hin, dass die Englischen Schiffe meist von im Fischfang unkundigen Leuten commandirt würden, dass es verkehrt sei, der Mannschaft feste Gage zu geben, anstatt sie mit ihrer Einnahme auf den Fang anzuweisen. Daher komme es oft vor, dass die Mannschaften der Englischen Schiffe, anstatt Fische zu suchen und zu verfolgen, sich in Spitzbergen ans Land begäben, um Renthiere zu jagen, deren Fell, Geweihe und Fett ihr Benefiz war, dass bei dem Aussieden des Thranes von der Mannschaft nicht vorsichtig genug umgegangen und die Barten nicht gehörig gereinigt würden und in Folge dessen die Englischen Fischerei-Erzeugnisse immer nur niedrigere Preise am Markt erzielen könnten. Das gesammte

4 *

Fischereigeräthe sei in schlechtem Stande, die Mannschaft gehe nicht sorgfältig damit um, darum müsse es häufig erneuert werden. Überhaupt würden bei dem ganzen Betriebe sehr viele unnütze Ausgaben gemacht, Boote, Provisionen und Apparate zu theuer bezahlt &c. Tüchtige Fischermannschaften könne sich England eben so gut schaffen als Holland, das seine Fischerflotte alljährlich durch Tausende von fremden Seeleuten aus Jütland, Holstein, Schottland, Norwegen, den Weser-Gegenden &c. bemanne. Wenn eingewandt worden, dass die Schiffe in England nicht so billig gebaut werden könnten als in Holland, so behauptet Eelking, dass sie dafür weit stärker und dauerhafter hergestellt würden. Auch müsse Holland fast alle zum Schiffsbau nöthigen Materialien, als Planken, Balken und Masten, Eisen, Hanf, Theer, Provisionen &c., erst einführen, während in England diess Alles im Lande oder doch in den Englischen Kolonien vorhanden sei. Scoresby ist geneigt, dem Raisonnement Eelking's beizustimmen: der Englische Fischer und Seemann habe damals gegen den Holländer in Ausdauer, Geschick, Selbstvertrauen und Energie zurückgestanden.

Die Südsee-Compagnie. — Es gelang in der That unserem Landsmann[1], die Gründung einer grossartigen Compaguie zu Stande zu bringen. Ein eigenes Dock wurde an der Themse für die Zwecke der Gesellschaft gemiethet, Lagerhäuser und Thrankochereien errichtet und im Frühjahr 1725 verliess eine Flotte von 12 neuen Schiffen, jedes zu 306 Tons, die Themse. Der Erfolg war ein mässiger, $25\frac{1}{2}$ Fische, aber doch weit günstiger als alle Ergebnisse der letzten Jahre. Ein grosser Theil der Mannschaften und namentlich der Fischerleute auf diesen Schiffen waren Deutsche und zwar vorzugsweise aus Sylt und Föhr. Sie waren mit dem arktischen Fischfang vertraut, erhielten daher die Offizierstellen. Einige Schotten mit eingerechnet, welche aus dem Niederländischen Dienst übertraten, waren auf dieser ersten Expedition der „Südsee-Compagnie" 152 Fremde beschäftigt, welche im Ganzen einen Verdienst von

L. 3056, 18 s. 3 d. mitnahmen. Indessen, nachdem die Gesellschaft 8 Jahre hindurch grosse Anstrengungen gemacht und bedeutende Summen aufgewendet, gab sie (1732) das Geschäft unter erheblichen Verlusten für alle Betheiligten auf.

Unter dieser Gesellschaft war es auch, wo zuerst eine Whale-gun, Schiess-Harpune, zum Tödten der Fische in Anwendung kam, und zwar so glücklich, dass bei dem ersten Schiffe, wo der Widerstand der am Alten hangenden Harpuniere überwunden und die neue Waffe eingeführt werden konnte, zwei Fische von den drei überhaupt gefangenen durch die Whale-gun getödtet wurden. Für die Insulaner von Sylt und Föhr waren jene 8 Jahre des Bestehens der Südsee-Compagnie eine goldene Zeit, während gerade die hohen Summen, welche den fremden Fischern gezahlt werden mussten, an dem Unternehmen zehrten. Ein Prediger auf Föhr sang freilich ein Jahrhundert später, 1824, in einem Gedicht:

„Grönlands eisiges Meer war uns, was Spanien Peru.
Aber wir Thoren, wir lehrten den stolzen Briten das Fischen,
Schickten Harpunen ihm auch und büssen jetzt Strafe der Einfalt!"

Das war in einer solchen poetischen Ansprache an den König von Dänemark sehr schön gesagt, allein wie die Dinge nun einmal damals lagen, waren die Dienste, welche die Bewohner der Friesischen Inseln den stolzen Briten in der Fischerei leisteten, für die armen Insulaner eine reiche Quelle des Wohlstandes. Der baare Gewinn der Friesischen Fischerleute, welchen sie während der Zeit des Bestehens jener Compagnie gemacht haben, soll nach einer Angabe von kundiger Hand in den Schleswig-Holsteinischen Provinzial-Berichten 80,000 Thaler betragen haben. Im Jahre 1727, wo die Compagnie 25 Fahrzeuge hatte, waren diese sämmtlich mit Föhringer Kommandeuren und Harpunieren besetzt. Diese Fischerfahrten der Männer von den Friesischen Inseln werden weiterhin noch näher zu besprechen sein.

Bald nach der Auflösung der Compagnie erfolgte die Genehmigung der Regierung zur Bewilligung einer schon früher von der Gesellschaft erbetenen Staatsprämie für den Walfischfang. Schiffe von 200 Tons und darüber, auf den Walfischfang ausgesandt, sollten für jede Ton jährlich 20 Schillinge (6 Thlr. 20 Sgr.) Prämie aus der Staatskasse empfangen. Indessen auch dadurch ermunterte man den durch die grossen Verluste gedrückten Unternehmungsgeist nicht.

Beginn der Fischerfahrten nach der Davis-Strasse. — Unterdessen fuhren die Holländer fort, in zahlreichen Flottillen die arktischen Meere nach allen Richtungen hin auf den Fischfang zu durchkreuzen. Im Jahre 1719 befuhren sie zum ersten Mal die Davis-Strasse und fischten in den Baien derselben. Gelegentlich traten sie auch mit den Eingeborenen in Verkehr und trieben Tauschhandel mit ihnen. Die

---

[1] Henrich Martens Eelking war der Sohn von Martens Eelking und Margaretha Terhellen und geboren am 26. Februar 1673. Er war Kaufmann und wurde am 1. September 1717 zum Ältermann in Bremen gewählt. Über seine ferneren Schicksale kommt in einem älteren Verzeichniss der Älterleute Folgendes vor: „Anno 1718, den 19. October, kam es mit ihm zum Bankerott, wiewohl seine Sachen so gar schlimm nicht stunden. Er ging nach England, und weil er von gutem natürlichen Verstande war, brachte er es dahin, dass die Ausrüstung einer neuen Schifffahrt nach Grönland in London übertragen wurde, die auch 1726 zuerst dahin absegelte." — Ein Wappenbuch der Älterleute hat darüber folgende Nachricht: „Den 18. October 1718 wegen nicht bezahlter Wechsel seinen Abschied [i. e. aus dem Collegium] genommen. Ist aber nachher in London bei der Südsee'schen oder Grönländischen Compagnie Direktor und Agent der 3 Hansestädte geworden; 1739, 30. September, anhero gekommen und prätendirt sowohl das rückständige honorarium, als auch die Aufnahme in das Collegium, ist aber abgeschlagen." — Er starb im April 1740 in Bremen. (Nach gefälliger Mittheilung aus den Familienpapieren.)

Kabeljau-Fischerei der Holländer bei Island mag der Anlass gewesen sein, zu versuchen, ob nicht weiter nordwestlich die Gross-Fischerei mit Erfolg zu betreiben sei. Dazu kam die grosse Conkurrenz in der Fischerei bei Spitzbergen, welche eine allmähliche Vertilgung der Walfische in Aussicht stellte. In den ersten 10 Jahren sandten die Holländer 748 Schiffe nach der Davis-Strasse, was durchschnittlich nahezu 75 Schiffe für jedes Jahr giebt. Die Hamburger begannen diese Fischerei zugleich mit den Holländern, sie rüsteten im Jahre 1719 vier Schiffe dahin aus. Die Bremer begannen 1725 mit zwei Schiffen.

Züge der Holländischen Fahrzeuge in der Davis-Strasse. — Welchen Kurs jene nach der Davis-Strasse bestimmten Fahrzeuge nahmen und wo ungefähr sie dem Fischfang oblagen, darüber giebt uns das Werk „De Walvischvangst" einige Auskunft. Die Hauptfischerei war an der Südseite der Insel Disco, wo noch heute die Walfischjäger von Dundee und Peterhead ihren freilich jetzt bedeutend weiter nördlich ausgedehnten Rundlauf beginnen. Der gewöhnliche Weg, wie er sich allmählich als der für die Fischerei auf den verschiedenen Gründen vortheilhafteste herausstellte, war nun der folgende: Nach Umsegelung von Statenhoek steuerte man längs der (West-) Küste von Grönland hin bis zur Zuidbaay (67° 10′ N. Br.), wo sich auch die Schiffe bei der Rückkehr wieder zusammenfanden. 1½ Holländische Meilen südlich derselben erstreckt sich eine ziemlich weite Bucht und 3 bis 4 Meilen südwestlich von jener Bai finden sich drei bis vier Eilande, von welchen das nordöstliche das grösste ist. „Het Rif van de Zuidbaay" ist der Holländische Name dieser Eilande. Man passirt diese Inseln am sichersten vor starken Strömungen zwischen den Inseln und dem festen Lande, wobei der Seefahrer ins Auge zu fassen hat, dass das Land südlich der Südbai weit höher ist als nördlich derselben. 4 Meilen Nordnordost der Südbai ist ein Fjord, De Rommelpot genannt, und nördlich von diesem stellt sich die Küste als sehr zerrissen und inselreich dar. Die Fahrt geht dann nordöstlich bei dem Wilde Eiland vorüber nach der mit hohem Ufer emporsteigenden Insel Rifkol (67° 16′). In nordöstlicher Richtung segelt man an verschiedenen Inseln vorbei und hat dann die Insel Disco nördlich, man segelt jedoch bis auf 4 Meilen Ostnordost an und gelangt in die Bonte Baay, weiter östlich in die Jessebaay. Dann folgen die Noordbaay, die Aenebaay, die Groene Eilanden (sechs an der Zahl); von der südöstlichsten dieser Inseln Südost zu Ost nach der Wilde Baay, zur Spieringbaay und Zandbaay, in deren Norden der an Eisbergen reiche Eis-Fjord, weiterhin die Roode Baay; von letzterer steuerten die Schiffe Nord zu West zur Zwarte Vogelbaay und dann im Kurs Nordwest zu Nord durch das Waygat, welches sich zwischen der Insel Disco und dem festen Lande 3 Mei-

len breit ausdehnt. Disco hat theils flachen, theils sehr hohen Strand, vor dem Waygat zwei Inseln mit gewaltigen Strömungen, die meist „om den Noord" gehen. Von der Roode Baay nach der Disco-Baay ist der Kurs Nordwest zu West. Von der Disco-Baay bis zur Liefde Baay. In diesen Baien waren damals reiche Walfischgründe, und zwar sind letztere auf 10 bis 12 Meilen Ost zu West und auf 4 bis 5 Meilen Süd zu Nord beschränkt. „Von der Disco-Bai läuft die Strasse Davis noch weiter nördlich", sagt unsere Holländische Quelle, „wie weit, ist bis heute [1784] unbekannt".

Die späteren Entdeckungen der Engländer und Amerikaner haben uns den Aufschluss darüber gebracht. Die heutigen Fischer fahren regelmässig bis zur Melville-Bai. Kommandeur L. Feykes Haan fand im Juli 1715, wo er „bis dicht an den 72. Grad hinaufsegelte", das Eis unbeweglich und festgeschlossen. Jetzt gehen die Walfischfänger in der Regel bis zum 79. Grad!

Tauschhandel der Holländer mit den Grönländern. — Die Holländer traten, wie gesagt, öfters mit den Eingebornen an der Grönländischen Küste in Verkehr. Gegen eiserne Werkzeuge, Glasperlen u. dergl. tauschten sie von den Eingebornen Robbenspeck ein. In der Liste finden wir denn auch eine Anzahl Schiffe, die alljährlich nicht als Fischer, sondern als Händler („handelaar") nach der Davis-Strasse geschickt wurden. Der von ihnen eingetauschte Speck wird mit dem Namen „handelspek" bezeichnet. Von diesem einstigen Tauschhandel der Holländer mit den Grönländern finden uns noch Spuren in Gräbern, in deren Innerem man Eisengeräthe, Glasperlen u. dgl. gefunden hat. „Es ist wohl keine Frage", sagt Etzel in seiner aus Dänischen Quellenschriften geschöpften Darstellung von Grönland, „dass dieser Handel zu vielfachen Streitigkeiten und Blutvergiessen Veranlassung gegeben hat, worauf mehrere Erzählungen hindeuten, die in dem Tagebuch des Dänischen Missionärs Paul Egede aufbewahrt sind. Die Holländer müssen eine merkwürdige Keckheit und Ausdauer bei der Untersuchung der Küste in ihrer ganzen Ausdehnung besessen haben, sie sind von Upernivik bis nach Nennortalik im Süden von Julianshaab gekommen, wo noch vor einem Menschenalter der Rest des Wracks eines Holländischen Schiffes zu sehen gewesen. Fast in jedem Distrikt dieses Theiles von Grönland findet man einen „Holländer Hafen", einen „Holländer Bucht". Eine Niederlassung der Holländer an irgend einem Theile der Küste oder eine Besitznahme erfolgte von Seite der Holländer nirgends. Jetzt, wo auf einer Insel westlich vom Kap Farewell reiche Lager von Kryolith, Blei &c. von den Dänen gefunden sind und ausgebeutet werden, mögen sie es wohl bereuen. Die Marine der Hansestädte spielte in jener Zeit, Ende des 17. und Anfang des 18. Jahrhunderts, eine untergeordnete Rolle. Holland war der eigentliche Mittelpunkt des grossen Seeverkehrs, Amsterdam nahm unter den Europäischen Seehafenplätzen eine Stelle ein wie heut zu Tage etwa London."

Verbot der Grönlands-Fahrten an die Hansestädte durch König Christian V. von Dänemark. — Der Krieg der grossen Allianz (Englands, Spaniens und Hollands) gegen das von Ludwig XIV. regierte eroberungssüchtige Frankreich war entbrannt. Zu Lande und zu Wasser, von gewaltigen Heeren und mächtigen Flotten wurde gekämpft. Die Niederlande, um ihre Flotten durch seekundige Mannschaft zu besetzen und diese vollzählig zu erhalten, verboten ihrem Gebrauche gemäss die Fahrt nach Grönland, ja, sie gingen weiter und verlangten am 20. Februar 1691 durch ein von Seite des Niederländischen Residenten, Egerhard van der Kuisten zu Hamburg, überreichtes Schreiben von den Hansestädten, dass auch sie die Fahrten nach Grönland für das Jahr 1691 einstellen möchten. Die Deutschen Seestädte, so heisst es in dem Schreiben der hochmögenden Generalstaaten, möchten pro communi causa für dieses Jahr von der Grönlands-Fahrt abstehen und nicht etwa von dem Eifer der Generalstaaten für das gemeine Wohlsein einen Gewinn suchen. Sie wandten sich deshalb auch an das Reich. Fast gleichzeitig, am 23. Februar, erlässt König Christian V. von Dänemark ein Mandat, in welchem er ohne Weiteres den Walfischfang an der Grönländischen Küste durch andere als Dänische Schiffe verbietet. Die hochfahrende Sprache dieses Mandats wird aus folgenden Stellen hervorleuchten:

Der König, heisst es, habe vernommen, dass verschiedene Personen sich ohne seine gnädigste Zulassung der Fahrt nach Grönland (seit 50 Jahren war die Fahrt nach Grönland völlig frei gewesen!) bedienten. Es hätten ihm nun aber einige seiner lieben und getreuen Unterthanen mitgetheilt, dass sie die Grönlands-Fischerei, welche eine geraume Zeit geruht habe, wieder aufnehmen wollten. Der König, als rechtmässiger Herrscher von Grönland und den umliegenden Inseln, habe ihnen die Erlaubniss dazu ertheilt. „Damit dieser Handel desto besser bei ihnen gerathe und Fortgang haben möge, so verbieten Wir hiermit den Hansestädten in Deutschland, also hiermit unter was pretext es wolle, sich solcher Fahrt auf Unseren Strömen für vermeltes Grönland und andere Unserer Landen und Inseln hinkünftig ohne Unsere allergnädigsten Pässe und Zulassung ferner gebrauchen noch fortsetzen. Daferne sie sich unterstehen möchten, diesem Unserm ernstlichen Verbote zuwider zu thun, so wollen Wir deren Schiffe und Güter, welche solcher Gestalt betreten und angetroffen werden, aufbringen und confisciren lassen, wonach sich alle Interessenten Allerunterthänigst wissen zu richten und vor Schaden zu hüten haben."

Mit Recht erregten beide Ansinnen in den Hansestädten Unwillen und Bestürzung. Es fanden Verhandlungen zwischen den Städten Statt, wobei sich für uns ergiebt, dass auch Lübeck — in welchem Umfange, erfahren wir nicht — an der Grönlands-Fahrt betheiligt war. Besonders auffallend war die Zumuthung von Dänemark, das auf einmal alte, vermeintliche, von England und Holland nie eingeräumte, ausserdem durch einen Vergleich unter den betheiligten Flotten über die Fischgründe und Stationen längst, wie man annehmen durfte, antiquirte Rechte dem zur See ohnmächtigen Deutschland gegenüber geltend machte. In der allgemeinen Verwirrung des Europäischen Krieges hoffte Christian V. die in der letzten Zeit sehr einträglich gewordene Grönlands-Fischerei ganz seinen Unterthanen wieder zuwenden zu können.

Ohnmacht der Hansestädte diesem Verbot gegenüber. — Hamburg [1] schlug vor, man solle gemeinschaftlich bei dem König von Dänemark Gegenvorstellungen thun und auch den Kaiser um seine Vermittelung angehen, damit das Verbot zurückgenommen werde. Lübeck war mit dem Vorschlag einverstanden, Bremen aber widerstrebte, es besorgte, dass Christian V. durch solche Schritte zu noch grösserem Unwillen gereizt werden möchte, und so unterblieben sie. Eben so widerstrebte auch Bremen dem Vorschlage, dass die Städte durch eine gemeinsame energische Erklärung die Forderung der Holländer zurückweisen möchten. Es wollte, da das Verlangen der Holländischen Regierung gegen jede einzelne Stadt besonders ausgesprochen sei, auch von jeder eine besondere Erwiderung, wenn auch im Wesentlichen gleichen Inhaltes, erlassen wissen. Lübeck mahnte umsonst: „Dum pugnamus singuli, vincimur omnes."

In der vom Bremer Senat an die Generalstaaten erlassenen Antwort wird zuerst betont, dass Bremen gern um des gemeinschaftlichen Interesses willen dem Ersuchen der Generalstaaten nachzukommen bereit wäre, Bremen habe sich aber bereits auf des Kaisers Zumuthen und Verordnung mit einem jährlichen gar hohen Contingent und Beisteuer zur Bestreitung des Krieges beschwert und werde genöthigt, sich immer mehr, über der Stadt Vermögen, anzugreifen; ohnehin laste der Krieg mit den Hemmnissen, welche er über den Handel bringe, schwer auf den Einwohnern der Stadt und selbst die Untergehörigen der Generalstaaten würden die Fahrt nach Grönland nicht einstellen, vielmehr seien, wie man vernommen, in Norwegen zur Continuirung des Walfischfanges auf Grönland für Holländische Rechnung einige Schiffe angeschafft und parat [2].

---

[1] Die nächstfolgende Stelle ist der gefälligen Mittheilung des Herrn Archivar Dr. Wehrmann in Lübeck, welche mir derselbe auf Grund der Durchsicht der dortigen Akten machte, entnommen.

[2] Die schlauen Holländischen Kaufleute hatten also neben dem „ge-

Die weltbekannte Äquanimität der Generalstaaten werde um so weniger das sonst so treu vertheidigte mare liberum et innoxium commercium den Bürgern Bremen's missgönnen, als die nach Grönland von Bremen auslaufenden 4 bis 5 Schiffe nicht mit Matrosen oder Kriegsleuten, sondern mit in Bremen sesshaften Bürgern und Handwerksgesellen besetzt und versehen würden.

Hamburg ruft Schwedens Vermittelung an. — Hamburg wandte sich, um das Mandat des Königs von Dänemark rückgängig zu machen, an den König von Schweden. Die Kopie dieses Schreibens, datirt vom 15. September 1691, liegt bei den Hamburger Grönlandsfahrer-Akten. In diesem äusserst devot gehaltenen Schreiben heisst es:

Die „erbarmende Hülfe" gegenüber den Drangsalen, mit welchen die Krone Dänemark Hamburg bedrohe, erwarte der Senat einzig und allein von des Königs gnädigster Zuneigung für die Stadt Hamburg. „Wir abstrahiren billig von weiterer Anführung des Schadens und Abbruchs, welchen Ew. Königl. Maj. eigene Länder sammt Dero allgemeines Interesse unter diesen Neuerungen leiden und ferner zu befürchten haben, immassen von selbst hervorleuchtet, dass das praetendirte dominium über die nordischen Meere und die daraus angemasste inhibition des Walfischfangs auch in sich die Macht und das Recht einschliesse, allen anderen und also nicht weniger den Schwedischen Unterthanen selbige Fahrt, falls sie sich deren über kurz oder lang sollten gebrauchen wollen, verbieten zu können, aus der auf dem Elbstrom unternehmenden sistirung, visitirung und redimirung unserer Schiffe aber und aus ungezwungener Verbindlichkeit aller derer, welche mit Dänischen Pässen gefahren, unzählige gefährliche effectus erfolgen müssen, indem Ihre Königl. Maj. von Dänemark dadurch das gesammte Elbcommercium unter Ihre Macht und disposition ziehen, wirklich ein Mehreres und weit Beschwerlicheres einführen, als der verlangte Glückstädtische Zoll nicht gewesen sein würde, zu Behauptung sothaner usurpatio juris, wenigstens unter dessen Vorwand, selbigen freien Reichsstrom mit Kriegsschiffen belegen und sich dadurch capabel machen dürften, nicht allein diese Stadt nach eigenem Willen zu insultiren, sondern auch anderen an die Elbe situirten Herrschaften, absonderlich bei etwa veränderten Conjuncturen, grossen Schaden zuzufügen, überdem durch den Bezwang hiesiger, mit Dänischen Pässen bisher fahrenden und, wie wir zu unserm schmerzlichsten Leidwesen vernehmen, eine grosse Anzahl ausmachende Schiffe, worunter viele 30 und mehr, ja einige gar über 50 Kanonen führen, in benöthigten Fällen Dero Kriegsflotte auf eine grosse verstärken können, hingegen, da all solche Schiffe meistentheils zu Glückstadt ein- und ausladen müssen, das Commercium von dieser Stadt ab und dahin detourniret, Ew. Königl. Maj. Elbzölle zu Stade aber (zu wessen regulirung bishero so viele Mühe genommen, und worüber Ew. Königl. Maj. gnädigste ratification wir mit sehnlichem Verlangen erwarten) aufs Höchste deteriorirt und geschmälert, wo nicht gar fruchtlos gemacht werden wird, zumahl da alle noch etwa nach dieser Stadt destinirten Waaren in kleinen, als Dänischen Unterthanen zugehörigen, und besagten Zollen nicht unterwürfigen Schiffsgefässen anhero transportirt werden mögen" u. s. f.

Mit Einem Wort, das Interesse der Schwedischen Besitzungen in Deutschland erheische, dass „den Pressuren Dänemark's, welche zum Ruin Hamburg's führten", Einhalt gethan werde. Der Senat spricht aus, dass er nicht im Geringsten zweifele, der König werde zum Schutze Hamburg's diejenigen Mittel anwenden, welche er nach seinem höchst erleuchteten judicio für die convenabelsten und zulänglichsten achte, und schliesst unter „der in tiefster Ergebenheit

meinen Wohlsein" doch ihren persönlichen Gewinn wohl im Auge und wussten das Verbot der eigenen Regierung zu umgehen.

ausgesprochenen demüthigsten Empfehlung an die gnädigste Propension des Königs".

Der ganze Vorfall, welcher weiter keine Folgen hatte, da, wie wir sehen werden, die Fischerei der Hansestädte bei Spitzbergen ihren Fortgang nahm, ist in mehrfacher Beziehung charakteristisch und es rechtfertigen sich dadurch diese eingehenderen Auszüge aus den Akten. Das waren Glieder des Hansabundes, der einst im Norden hochgebietend dastand, um dessen Gunst die nordischen Könige geworben hatten! Zu so kleinlichen Mitteln mussten die Städte greifen, auf solchen Umwegen mussten sie den Schutz ihres Handels erstreben. Es tritt uns hier ein abschreckendes Bild der Ohnmacht entgegen, welche das Deutsche Reich damals vornehmlich auch nach der See hin zeigte.

Vertrag zwischen Gross-Britannien, Frankreich und den Niederlanden. — Im Jahre 1709 taucht die Gefahr, von der Grönlands-Fischerei ausgeschlossen zu werden, für die Hansestädte noch einmal auf, jetzt von England her. Am 8. März dieses Jahres schreibt der Englische Minister-Resident Wich zu Hamburg, dass dem Vernehmen nach zwischen Gross-Britannien, Frankreich und den Niederlanden Behufs Sicherstellung ihres Walfischfangs während der Kriegszeit über eine gegenseitige Verständigung verhandelt werde. Er ist überzeugt, dass der Ausschluss der Stadt Bremen von diesem Vertrage der Ruin eines ihrer bedeutendsten Handelszweige sein würde. Der Bremer Senat nimmt in einem Lateinischen Rückschreiben die angebotene Vermittelung des Englischen Minister-Residenten dahin, dass Bremen's Fischerei in Grönland in diese Übereinkunft mit eingeschlossen werde, unter vielen Dankbezeigungen an den Minister-Residenten für seine Fürsorge um das Gedeihen des Bremischen Handels an: „Hoc non tantum laude debita celebramus, verum etiam gratissimo animo agnoscimus atque hactenus compensamus, data occasione reapse compensaturi." Er habe deshalb auch an die Königin von England geschrieben, „quae hactenus se clementissimam conservatricem et promotricem commerciorum nostrae reipublicae demonstravit". Am 2. April 1709 meldet der Englische Minister-Resident auf Grund eines vom Staats-Sekretär empfangenen Schreibens, „que votre ville n'a rien à craindre sur le sujet d'être exclue du commerce de Groenland. Vous trouvez par là, Messieurs, que la reine, ma très-gracieuse maitresse, est fort indulgente en toutes occasions vers les villes Hanséatiques" &c.

Selbsthülfe der Hansestädte durch Convoyirung der Grönlands-Fahrten mit eigenen Kriegsschiffen. — Neben allen diesen schwächlichen diplomatischen Mitteln, zu welchen die Hansestädte gegenüber den grossen Seemächten durch ihre Kleinheit und isolirte Stellung gezwungen waren, suchten die Städte sich aber auch mannhaft selbst zu helfen, so weit sie es nur vermochten. Die Convoyirung ihrer mit werthvollen Ladungen fahrenden Schiffe durch mit Kriegsleuten bemannte und für eine kräftige Seewehr genügend ausgerüstete Schiffe war das Mittel, welches sich in manchen Fällen als sehr wirksam erwies. Besonders waren es die durch die Algierischen Seeräuber fortwährend der Hamburger Handelsmarine zugefügten Verluste, welche die Staatsbehörden der aufblühenden Handelsstädte zu energischerem Vorgehen bestimmten. Im Jahre 1662 waren acht Hamburger Schiffe durch zwei Algierische Korsaren-Fregatten weggenommen worden. Der Anschluss Hamburg's an das Holländische Convoy-Wesen wurde vergebens durch den Hanseatischen Gesandten in Holland, Aitzema, erstrebt. Man bildete nun in Hamburg eigene Convoy-Anstalten. Aus Mitgliedern des schon im Jahre 1623 in Hamburg errichteten Admiralitäts-Collegiums wurde als Section eine Convoy-Deputation eingesetzt, in Bremen gab es um diese Zeit schon „Convoy-Herren". Im Jahre 1669 waren in Hamburg zwei nach Holländischem Muster neu erbaute dreimastige Orlogschiffe, der „Leopoldus primus", Kommandeur Kapitän Mathias Dreyer, und das „Wapen van Hamburg", Kapitän Holst, fertig. Die Hamburger Convoy-Fahrten gingen sowohl in die nördlichen Meere, zum Schutze der Grönlands- und Archangel-Fahrer, als in die „Westsee" und ins Mittelmeer.

Näheres über die Hamburger und Bremer Convoyer. — Es wird von Interesse sein, über dieses Stück Deutscher Wehrhaftigkeit zur See einiges Nähere nach Herrn Archivar Dr. O. Benecke's Hamburgischen Geschichten und Denkwürdigkeiten hier mitzutheilen. „Je 20 bis 30, oft 40 bis 50 Kauffahrer sammelten sich um ihr Convoyschiff wie wehrlose Leute um einen gewappneten Mann. Der Kapitän desselben war ihr Admiral, in seiner Hand lag das General-Kommando, welchem zu Aller Heil der strengste Gehorsam geleistet wurde. Seine Verantwortung war gross, denn nicht nur die Vertheidigung gegen die Türkengefahr, sondern auch gegen Wind und Wetter, die strategische wie nautische Führung war ihm anvertraut. Der Admiralsbrief bestimmte genau das Verhalten der Handelsschiffe zum Kommandeur. Der Wichtigkeit seines Amtes entsprach die ihm beigelegte Autorität, wie auch zur See sein wirklicher Admiralsrang, wenn schon die Hanseatische Abneigung gegen hochklingende Titel ihm nur den Charakter eines Kapitäns oder Commodore gönnte. Unter ihm standen der Schiffs-Lieutenant, der Schiffer, die Steuerleute, Ober-Constabler und andere Offiziere nebst einer Mannschaft von 130 bis 150 Matrosen und 60 bis 80 Soldaten. Ausserdem waren an Bord: der Convoy-Prediger, der beim Schiffsvolk nur den Holländischen Titel „Domine" führte, ein Wundarzt, ein „Botellier", der die Getränke beaufsichtigte, Köche, ein

Profos &c. Morgens und Abends war Gottesdienst, Sonntags ausserdem Predigt und Communion, denn damals galt der Spruch:

„Kein guter Boots- und Steuermann
Ohn' Beten und Singen fahren kann."

Der Artikelbrief enthielt strenge Disciplinarvorschriften für die Mannschaft. Ein gottesfürchtiger Wandel war darin neben dem unbedingtesten Gehorsam Allen eingeschärft. Trunk, Zank, Lästern und Fluchen zog schwere Arrest nach sich. Wer auf der Wacht schlief, wurde drei Mal „gekielt" (unter dem Schiffskiel durchgezogen) und von allem Schiffsvolk „geleerset" (vermuthlich die Bezeichnung für eine Art Spiessruthenlaufen). Wer den Anderen freventlich verletzte, wurde gekielt; wer sein Messer auf den Anderen zückte, dem wurde die linke Hand mit einem Messer an den Mast genagelt. Im Kabelraum durfte nicht „Toback getrunken" (geraucht) werden. Karten, Würfel und Weiber wurden an Bord nicht geduldet. Dagegen war den frommen und fleissigen Bootsleuten ein guter Sold, rechtschaffene Kost und bei Verwundung oder Verkrüppelung im Schiffsdienst oder Gefecht die Heilung auf Staatskosten bei vollem Solde, auch anständige Versorgung am Lande in Aussicht gestellt."

Bezüglich Bremen's wird schon im Jahre 1671 ein „von Jakob Gerdes kommandirtes Jagtschiff" neben dem damaligen, vermuthlich als Wachtschiff bei der Stadt benutzten sogenannten Orlogschiff erwähnt. Doch meistens schlossen sich die Bremer Schiffe einem Hamburger, Holländischen oder Englischen Convoy an (letzterem besonders für die Fahrt nach und von England), wobei der letztere sich freilich als ziemlich kostspielig erwies. Im Jahre 1691 besass Bremen ein eigenes Convoy-Schiff, das „Wappen von Bremen", unter dem Kommando von Jürgen Bakker, ein Name, der später in der Liste der Bremischen Kapitäne oft wiederkehrt. Dieses Schiff war, wie aus den folgenden Angaben sich ergiebt, für seinen Zweck „sattsam ausgerüstet". Es war 112 Fuss lang, 29 Fuss weit, hatte im Raume 12 Fuss und unter Deck 6 Fuss, führte 14 Zwölf-, 1 Acht-, 9 Sechs-, 10 Vier- und 4 Dreipfünder, ausserdem 4 metallene Kanonen von 3 Pfund 8 metallene Bassen, 180 Bomben, 180 Handgranaten, 31 Fässer Pulver, je zu 100 Pfund, und 21 Pfund Musketenkugeln, desgleichen 42 Musketen, 46 Pistolen, 30 Enterbeile, 14 davon mit Hellebarden, &c. Der „Roland", ein zweites kleineres Schiff mit 4 Ankern und 2 Werf-Ankern, hatte an Bord 1 Handbombe, 6 eiserne Kanonen von 12 Pfund, 18 von 6 Pfund, 8 von 4 Pfund, 16 Kopardon von 12 Pfund, 4 desgleichen von 6 Pfund, 8 eiserne Bassen mit 16 Camern, 50 Musketen, 45 Pistolen, 20 Hauer, 28 Enterbeile, 24 Piken &c.

Dieses Schiff war es wohl, welches im August 1696

auf Ansuchen der Compagnien auf die rückkehrenden Grönlands-Fahrer zu ihrer Convoyirung in die Heimathshäfen kreuzte.

Schon im Jahre 1690 wird ein „Convoyschiff nach Grohnland" in den Bremer Akten erwähnt, wie es scheint, von den betheiligten Rhedern angeschafft und unterhalten. Am 2. April dieses Jahres bitten Albert Ellerhorst und Consorten, „in dem Convoyschiff nach Grohnland interessiret, um Herleyhung von 16 bis 18 eisernen Stücken, wie sie im Schiffe dienlich, nicht eben der grössten Art, sammt den Laffetten oder Koparden". Sie erklären sich dabei bereit, den Kaufpreis der Kanonen zu hinterlegen, indem sie sich verpflichten, dieselben innerhalb drei Monate unbeschädigt zurückzuliefern oder auch andere dafür wieder zu liefern oder das baare Geld zu erlegen. Die Dauer der Reise, wie sie hier angegeben wird, erscheint ziemlich kurz, da zu eben derselben Zeit die Niederländischen Grönlandsfahrer in der Regel vier Monate ausblieben.

In Hamburg fand zu jener Zeit die Convoyirung der Grönlandsfahrer wohl regelmässig Statt, sofern solche erbeten war. Namentlich lassen sich Convoyirungen aus den Jahren 1679, 1691, 1695, 1696, 1702 bis 1711 (jährlich) nachweisen. Im Jahre 1676 am 17. April, fand die Musterung der 220 Mann starken Equipage auf des Kapitän Holst Orlogschiff zu Wittenbergen Statt. Am 14. März 1677 schloss Kapitän Dietrich Hillebrandt seine Kapitulation ab. Derselbe nahm ausser der übrigen Mannschaft 43 Soldaten an Bord. In demselben Jahre ward die Hamburger Kriegsfregatte „Leopoldus Primus" zum Convoydienst ausgerüstet und kehrte im September nach etwa dreimonatlicher Fahrt von Grönland zurück. Im nächstfolgenden Jahre, am 3. April, nahm der berühmte Kapitän Berend Jacob Karpfanger für den „Leopoldus Primus" 220 Mann „für den Convoydienst auf Grönland aus und zu Hauss" an. Mit reicher Beute von 513 Fischen kehrte die aus 55 Schiffen bestehende Flotte nach etwa dreimonatlicher Fahrt im September zurück.

Siegreiches Seetreffen des Hamburger Convoyers „Leopoldus Primus". — Zuvor war jedoch ein Gefecht mit Kapern zu bestehen, dessen für das Deutsche Kriegsschiff rühmlichen Verlauf uns Dr. Beneke anschaulich in folgender Weise schildert: „Guten Muthes in die Elbmündung einsegelnd sah sich plötzlich die Flotte von fünf gut armirten Schnellseglern, Französischen Kapern aus Dünkirchen, angefallen. Das grösste dieser Schiffe führte 38 Kanonen. Rasch traf Karpfanger seine Anstalten. Er gab seine Befehle so umsichtig, dass die seiner Obhut vertrauten Schiffe völlig gedeckt blieben, während er selbst den Kampf mit den Piraten ausfocht. Es war ein hitziges, fast zwölfstündiges Treffen, in welchem zuletzt die Kaper von den Kanonen des „Kaiser Leopold" arg zugerichtet wurden. Zwei

ihrer Schiffe schoss Karpfanger in den Grund, dass sie vor seinen Augen mit Mann und Maus versanken, die übrigen suchten mit Verlust einiger 50 Mann das Weite und entkamen unter dem Schutze der Nacht. Das Convoyschiff hatte nur zwei Todte und einen Verwundeten verloren. Unter den Todten war der Schiffs-Profos. Dieser, der beim Gefecht eigentlich Nichts zu thun hatte, war aus Neugier aufs Deck gegangen, um nachzusehen, ob die Affaire bald zu Ende sei, denn ihn hungerte. Und gerade als er einem Bootsmann äusserte, er habe seit dem Frühstück noch nichts Gewichtiges im Leibe, traf eine achtpfündige Kanonenkugel des armen Mannes Magen. Dem „Kaiser Leopold" waren einige Schüsse unter Wasser in den Rumpf gegangen, auch hatte die Schanzbekleidung gelitten. Sonst aber hatte er bei dem Feuer der fünf Kaper so gut manövrirt, dass er im Übrigen unbeschädigt geblieben war. Wegen dieser rühmlichen Affaire war viel Jubels in Hamburg. Selbst die Admiralität — nach freistädtischer Art in lobender Anerkennung der Verdienste ihrer Untergebenen äusserst sparsam — konnte nicht umhin, den braven Karpfanger in damals üblicher Weise auszuzeichnen. Er bekam „wegen seiner wider die franschen Kaper zur Defension der Grönlandsfahrer getroffenen guten Anstalten und wegen so mannhaft als siegreich gelieferten Gefechtes" eine „Verehrung" von 300 Thalern."

Im Jahre 1679 war „Leopoldus Primus" wieder auf Convoy nach Grönland, doch begleitete er die Schiffe nur bis auf eine bestimmte Höhe und holte dann die Lissaboufahrer von England ab.

1694 ging der Convoy im April in See und kehrte am 17. September zurück, im folgenden Jahre war er vom 27. April bis Mitte September aus. 1696 war Kapitän Marienson, 1697 der Kapitän Tamm auf Convoy nach Grönland.

Über die Entschädigung, welche von den Walfisch- und Robbenfängern an den Staat für den Convoy gezahlt wurde, findet man in Klefeker, Hamb. Gesetze und Verfassungen, VII, S. 52, Auskunft. Anno 1693 ward beliebt, dass 6 Thaler für jeden Fisch gezahlt werden sollten. Im Jahre 1705 offerirten die Deputirten der Grönländischen Rhederei 4 Thaler per Fisch an die Kammer und 300 Mark an die Admiralität pro Schiff. Nach längeren Verhandlungen ward dann pro ultimato beschlossen: „Von jedem Schiff, das nach Grönlandt gehet, soll ohne präjudice statt der sonstigen Fischgelder 100 Mark in Cronen an die Kammer und der Admiralität 100 Reichsthaler in Cronen erlegt werden".

In diesem Jahre übernahm der „Prophet Daniel", ein mit 50 Stück montirtes und mit 200 Mann, worunter 50 Soldaten, ausgerüstetes Schiff den Convoy nach Grönland und war um 25. April segelfertig.

5

Hier sei die Grenze unseres Streifzuges auf das die Grönlandsfahrten berührende Gebiet der Deutschen Kriegsmarine-Geschichte.

Genaue Nachrichten über die Bremer Grönlands-Fischerei. — Die ersten genauen Aufzeichnungen über die Zahl und Namen der Schiffe, der Directeurs und der Kommandeurs bezüglich Bremen's enthält ein jetzt noch in ein oder zwei Exemplaren vorhandenes Rhederbuch. Es beginnt im Jahre 1695 und ist wenigstens in ein Paar Hauptrubriken Jahr für Jahr bis zur Gegenwart fortgeführt. Weder von England und den Niederlanden noch von Hamburg vermochte ich trotz vielfacher Bemühung eine so vollständige Liste aufzutreiben. Diese Aufzeichnungen ermöglichen einen Überblick über die von der Weser unternommenen Grönlandsfahrten von jenem Jahre an bis zum heutigen Tage, also auf 173 Jahre. In einer Beilage sind ein Auszug aus diesem Rhederbuch [1]) nach zehnjährigen Perioden und die letzten acht Jahre einzeln gegeben. Auf Einzelnes, namentlich auf den Robbenschlag, werde ich zurückkommen und hier nur noch Einiges erwähnen. Von 1716 bis 1725 beschäftigte Bremen die höchste Zahl, zwischen 20 und 21 Schiff, in der Grönlandsfahrt. Rechnen wir durchschnittlich Schiffe und Ausrüstungen zusammen [2]) nur zu 12.000 Thalern, so hatte in jenen Jahren Bremen im Sommer immer ein Kapital von mindestens 250.000 Thalern in der Grönlandsfahrt stecken. Nach den bis 1730 zurückreichenden Tabellen über die Ergebnisse der in Bremen erhobenen Vermögenssteuer betrug in jenem Jahre das gesammte steuerbare Vermögen 10¾ Millionen Thaler. Das jährlich in der Fischerei steckende Kapital war also grösser als die Hälfte einer vierprozentigen Rente dieses Gesammtvermögens.

Für das Jahr 1695 giebt das Buch folgendes Verzeichniss:

Directeurs	Schiffe	Kommandeurs	Fische	Chardel
Cord Grelle	Margreta	Jacob Boje	1	41½
„	Bienkorb	Ariau Dirks	3	150
„	Freede	Rulff Rulffs	4	200
Peter Löning	Endracht	Frerich Hansen	3	220
„	Hoffnung	Jan Classen	2	165
Dan Willet	Moses	D. W. Bleeker	—	—
Herm. Backer	Charitas	G. Andreesen	—	—
Dan Willet	Segelmacher	Rulff Rulffs	2	9
	8 Schiffe		15	788½

Barten 85 Thaler, Thran 16 Thaler.

Im Jahre 1696 finden wir 12 Schiffe, im Jahre 1697 16 Schiffe beschäftigt. Aus diesem Jahre erzählt Zorgdrager: „In der Klokbai, bei der ersten Vertheilung der Spitzbergischen Baien auch Englische Bai genannt, welches eine weite und geräumige, mit verschiedenen Armen tief in das Land

hinein laufende Bai ist, sind wir im Jahre 1697 mit unserem Schiff, die „vier Brüder" genannt, mit sieben Fischen nebst einer durchgängig reich geladenen Flotte von mehr als 200 Schiffen gelegen. Denn weil mit Frankreich Krieg war, musste allhier unser Sammelplatz sein. Von dieser Flotte, welche unter Beschützung neun Holländischer und zwei Hamburger Convoyer in der Bai sich versammlete, bemerke ich Folgendes:

Es bestand diese Flotte aus

121 Holländischen Schiffen,	deren	Ladung	1252	Fische,
54 Hamburger	„	„	„	515 „
15 Bremer	„	„	„	119 „
2 Emdener	„	„	„	2 „
192 Schiffe,	deren	Ladung		1888 Fische waren.

„Unter allen diesen Schiffen war nicht eines, das Nichts gefangen hatte; viele aber waren voll und hatte unter den Holländischen das geringste drei Fische. In jetzt gemeldter innern Bai, der Schöne Haven genannt, konnten alle Schiffe auf einem guten Sand und Steck-Grund, vor allen Winden beschützet, gemächlich zur Anfuhr kommen. Auch kamen allhier noch verschiedene Moscovien-Fahrer zu uns, um unter unserer Convoy mit zu segeln." Das sechzehnte Schiff der Bremer, die „witte Lam", Kommandeur J. Schwartz, verbrannte.

Bremer Kommandeure. Rheder, Schiffe in älterer Zeit. — Die Namen der Bremer Kommandeure sind zum Theil noch jetzt unter den Bremer und Vegesacker Schifferfamilien zu finden, wie z. B. die Dirks, Wischhusen, Geers. Andere Bremer Namen: Teklenborg (Kommandeur des Schiffes „Vreede", Directeur H. Schomaker), ferner P. Wilmssen (Kommandeur der „Fortuna") und J. Wischhusen (Kommandeur des Schiffes „Freede", Directeur Cord Grelle) und M. Janssen (Kommandeur des Schiffes „Charitas", Directeur H. Backer) sind noch jetzt vertreten. Gleichlautend mit den Namen Holländischer Kommandeure ist z. B. Rulff Rulffs. Es kommen zwei dieses Namens vor, von denen der eine die „witte Duve", der andere das Schiff „Segelmaker" kommandirte. Der Kommandeur Jan Classen (das Schiff „Hoffnung", Directeur Peter Löning) war, wie ich aus einer Notiz ersehen habe, ein Jüte, während der Name des Kommandeurs Frerich Hausen auf Holstein oder Schleswig deutet.

Die Föhringer in Englischen und Holländischen Diensten auf der Grönlandsfahrt. — Wie auf den Schiffen der Englischen Südsee-Compagnie, so dienten die Schleswig'schen und Holsteinischen Insel-Friesen auch auf den Holländischen und hanseatischen Grönlandsfahrern. Posselt, Prediger zu St. Johannes auf Föhr, erzählt, dass die Insel Föhr von jeher eine Pflanzschule der Walfischfänger gewesen sei. Seit undenklichen Zeiten hätten ihre Seefahrer die Holländische Grönlandsflotte angeführt und bedient. Sogar in Spanischen Diensten befanden sich zu Ende des 18. Jahrhunderts Harpuniere aus Holstein auf dem grossen Fisch-

---

[1]) Dasselbe ist auch im Jahrgang 1867 der Geogr. Mittheilungen (S. 416) schon besprochen.

[2]) Unter Berücksichtigung der damaligen Preise und Vergleichung der Kosten, wie sie sich nach vorliegenden Angaben damals in Holland und 50 Jahre später in Bremen stellen.

fang in der Südsee. Vormals, so berichtet er weiter, ging Alles, was männlichen Geschlechts auf Föhr war, sobald die Tüchtigkeit zum Seedienst anfing und so lange sie dauerte, auf den Walfischfang nach Grönland. Man darf annehmen, dass auch die Holländer ohne die Hülfe unserer in der grossen Fischerei erfahrenen Landsleute ihren Fischereibetrieb in dem damaligen grossartigen Maassstabe nicht hätten fortsetzen können. Stibolt (om Hvalfiskeriernes Hindringer og Opkomst, in den Schriften der Kopenh. Landh.-Ges. I, S. 376) versichert, im Jahre 1765 selbst Zeuge ihrer grossen Verlegenheit gewesen zu sein, als die Ankunft der Föhringer durch widrige Winde verzögert wurde, so dass die mit dem ersten Schiffe Angekommenen sich eine ungewöhnlich grosse Heuer bedingen konnten. Den Frauen überliess man den unbedeutenden und sehr vernachlässigten Ackerbau und steuerte mit Anbruch des Frühjahrs in einer Flottille von 10 bis 14 kleinen Fahrzeugen nach der Elbe und den Holländischen Häfen. Zu Anfang des Herbstes kehrte man wieder nach der Heimath zurück, oft ohne einen Mann verloren zu haben.

In der Berechnung der Reinerträge des Holländischen Walfischfangs, welche 1733 die Rheder der Grönländischen Fischerei der Regierung von Amsterdam einreichten, wird angenommen, dass überhaupt der vierte Theil der auf den Holländischen Grönlandsfahrern bezahlten Monatsgelder an „Jutten en Norren" bezahlt werde, davon bleibe jedoch der grössere Theil in den Niederlanden, indem sie sich bei ihrer Rückkehr nach der Heimath im Herbste mit Hausrath, Kleidern u. dergl. versorgten. Unter jenem Ausdruck „Jutten en Norren" war Niemand anders als die Insel-Friesen verstanden. Es wird angenommen, dass sie durchschnittlich jährlich an baarem Gelde 20.000 Gulden mit nach Hause brachten. Noch heut zu Tage sind auf den Friesischen Inseln in den „Kakebeens", den Kinnbackenknochen der Wale, sichtbare Zeichen jener Friesischen Grönlandsfahrten vorhanden. Sie dienen als Umfriedigungen von Gärten. In Bremen und Umgegend, so wie in verschiedenen Theilen Hollands wurden diese „Kakebeens" einzeln vor Häusern und an Landwegen als Prellsteine aufgepflanzt.

Ferner schreibt mir Herr Pastor Frerks zu St. Nicolai auf Föhr, 17. August 1868: „Im Besitz meiner Ältern in Wyk war ein Ölgemälde, freilich ohne künstlerischen Werth, den Walfischfang darstellend. Man sieht an Grönlands felsiger Küste mit dem Eisschollen bedeckten Meere ein Dänisches, ein Holländisches, ein Englisches, ein Hamburger und ein Schwedisches Schiff im Eise zertrümmert. Im Vordergrund sind der Walfisch- und Robbenfang, sowie Eisbärenjagden dargestellt. Darüber steht: „Vis vincitur arte" und die Unterschrift nennt den Maler: Johann Samuel Winkstern 1778. Ich habe das Bild in der Vordiele des

Pastorats aufgehängt, wo es als Andenken an alte gute Zeiten hängen bleiben mag."

Die Seefahrer, welche auf den Walfischfang in der Davis-Strasse fuhren, reisten schon in der spätern Hälfte des Januar von Föhr nach den Plätzen ab, wo sie sich vermietheten. Gegen Ausgang Februars fuhr ein anderer Theil und im Anfang März ein zweiter grösserer aus der Winterstation ab.

Im Jahre 1777, Anfang März, segelten an einem Tage 13 Schmacken mit etwa 1000 Seefahreuden von Föhr nach Holland, Altona, Hamburg und anderen Orten ab. — Nach zurückgelegter Reise, welche gewöhnlich 5 bis 6 Monate währte, kehrten die Leute so bald als möglich zu den Ihrigen zurück. Gewöhnlich lagen Schiffe, welche für 50 bis 80 Personen Raum hatten, zur Zeit der Rückkunft von Grönland bereit, sie mit dem ersten günstigen Winde nach ihrer Heimath zu führen. Der Theil der Seefahrer, welcher sich durch Tüchtigkeit im Dienst und Rechtschaffenheit bewährt hatte, wurde sehr geschätzt und viele derselben wurden gewöhnlich gleich beim Abschiede von der zurückgelegten Reise oder bald nachher zum Dienst fürs folgende Jahr wieder angenommen.

Der Winter war den Leuten im Schoosse der Familie eine Zeit der Ruhe und des Glückes. Jünglinge von 16 bis 20 Jahren und darüber besuchten die Steuermanns-Schulen. Diese wurden in allen Dörfern gefunden. Die Lehrer derselben waren grösstentheils Seefahrende, welche zum Unterricht in der Navigation die erforderlichen Kenntnisse besassen. Die Schulen wurden am Tage und in den Abendstunden besucht und für jeden Tag oder Abend von dem einzelnen Schüler 1 Schilling bezahlt.

Die Abreise im Frühjahr und die Ankunft im Herbst waren nicht bloss für die Angehörigen, sondern für die sämmtlichen Bewohner der Insel ein Ereigniss. Schon mehrere Wochen vor der Reise beschäftigten sich die Hausgenossen der Abreisenden mit der Instandsetzung der Sachen, deren sie auf der Reise bedurften. War die Zeit der Abreise gekommen und die Sachen der Abfahrenden auf die Schiffe gebracht, der Wind günstig geworden, dann musste Abschied genommen werden von Familie und Heimath. Die Tage der Heimkunft im Herbst waren Festtage [1].

Die Walfischjäger von der Unterweser-Gegend. — Unter den Westfriesischen Inseln stellte Borkum ein besonders starkes Contingent von Seeleuten für die Holländische Fischerflotte. Auch die Leute von der Oldenburgischen Geest, aus dem Stedingerlande, dem Amte Delmenhorst und aus der Umgegend von Vegesack sehen wir schon frühe zahlreiche Mannschaften zu dem gefährlichen, aber auch einträglichen

---

[1] Schlesw.-Holst. Prov.-Bericht, Jahrgang 1824.

Gewerbe stellen. Diess sind die Ortschaften Ganderkesee und Altenesch am linken (Oldenburgischen) Weser-Ufer, ferner die Dorfschaften Hasenbüren, Mittelsbüren und Niederbüren, Lesumbrok, Schönebeck &c. [1] Es kommen z. B. als Kommandeur-Namen die Wubbenhorst und Pund vor, beides Namen von alten Bauernfamilien, die schon Jahrhunderte hindurch und noch heute auf dem Hofe ihrer Väter dicht an dem grossen Eichenwalde Hassbrook sitzen. Jüngere Söhne dieser Familien werden einst, da der Hof ihnen nicht zufallen konnte, zur See gegangen sein. Der Beruf erbte sich hier wie da vom Vater auf den Sohn fort. Während die Einen daheim die väterliche Scholle pflügten, massen sich die Anderen als Kommandeure oder Harpuniere im Kampf mit den Stürmen des Eismeeres, mit den weissen Bären und dem Seeungeheuer, dem Walfisch.

Holländische Gebräuche und Einrichtungen auf den hanseatischen Grönlandsfahrern. — Auf den Bremer wie den Hamburger Schiffen war bei dem Walfischfange das bewährte System der Partnerschaft nach Holländischem Vorbild eingeführt. Der Kommandeur und der Harpunier erhielten ein Bestimmtes im Voraus, der Betrag schwankte zwischen 100 und 200 Gulden, und ausserdem eine Prämie für jeden gefangenen Fisch. Die Mannschaft erhielt ein Handgeld. Im Übrigen erhielten sie entweder, was selten geschah, volle Monatsgage, in welchem Falle sie an dem Ertrage des Fisches keinen Antheil hatten, oder sie hatten halb eine feste Heuer, halb waren sie auf den Ertrag des Fanges angewiesen, oder endlich war bis auf das Handgeld ihre ganze Einnahme vom dem Ertrag des Fischfangs abhängig.

Schiffsbau in Bremen am Ende des 17. Jahrhunderts. — Gerade um die Zeit, wo der Walfischfang in Bremen wieder aufgenommen wurde, im letzten Viertel des 17. Jahrhunderts, zeigte sich überhaupt an der Weser eine regere Entwickelung der Seeschifffahrt. Im Jahre 1622 war der Vegesacker Hafen eröffnet worden. Der Schiffsbau bei der Stadt Bremen ward im Jahre 1688 durch eine Gesellschaft von Interessenten wieder aufgenommen, als deren Vertreter die Bremischen Rheder Dietrich Düsing, Werner Wortmann, Bornemann und ter Hellen genannt werden. Nachdem dem Rath vorgestellt war, „dass es für die Handlung von grossem Vortheil sein würde, wenn der Schiffsbau hier bei der Stadt wieder eingeführt würde", erhält diese Gesellschaft verschiedene Vergünstigungen. Es wird ihr ein Platz nebst Haus am Bauhofe zugewiesen Es wird ferner die Erlaubniss gegeben, dass eine Anzahl Knaben aus dem Waisenhause auf der neuen Werft als Lehrlinge eintreten sollten. Den Baas der Werft zusammt drei oder vier Gesellen, ferner den Ankerschmied und seine Leute liess man aus der Fremde (wahrscheinlich aus Holland) kommen und sie erhielten für sich und ihre Familien das Bürgerrecht. Es ward zugestanden, „dass die auf der Werft erbauten Schiffe, es seien fremde oder hiesige, die ersten sechs Jahre bei der Abfahrt keine Bau- oder andere Ungelder geben sollten, wenn schon dieselben von fremden Personen gekauft sein würden, jedoch mit dem Bedingen, dass unsere Bürger und Einwohner allemalen den Vorzug für Fremde behalten sollen, dergestalt, dass, wenn dieselben ein Schiff begehren, vor Fremde keine gebaut noch abgefolgt werden." Diese Bestimmung war schon weit liberaler als eine frühere hanseatische Verordnung, nach welcher überhaupt der Bau der Schiffe für fremde Rechnung verboten war.

Selbst der Vegesacker Hafenmeister, welcher eine Hellung zum Kalfatern der Schiffe unterhielt, musste, wenn er neue Schiffe bauen wollte, das Holz nach Bremen bringen lassen und auf dem Bauhof in Bremen bauen. In solcher Weise legte man sich doch wieder selbst Fesseln an, während sich ohnehin von aussenher dem Aufschwung der Deutschen Handelsmarine Schwierigkeiten genug entgegenstellten.

Aus dem 18. Jahrhundert sind uns in einigen jetzt sehr selten gewordenen Druckschriften Schilderungen ausserordentlicher Erlebnisse und Gefahren, welche Deutsche Seeleute und Deutsche Schiffe in den Polar-Gewässern zu bestehen hatten, überliefert.

Holländische Seeberichte aus Grönland. — Ich lasse einige Notizen über verschiedene Schiffsunglücke und Ereignisse bei der Holländischen Flotte aus der Zeit von 1670 bis 1770 vorhergehen. Sie betreffen zunächst die Verluste „om de Ost", an der am wenigsten zugänglichen Ostseite von Spitzbergen, und die Schiffsbrände, sodann einige ungewöhnliche Vorfälle.

Jahre	Verlassen „om de Ost" (nämlich von Spitzbergen)	Verbrannt
1684	13	—
1701	—	1
1722	—	1
1741	5	—
1752	3	—

1710. Ein Schiff aus Enkhuizen im September in der Besetzung bei Island im Westeise (also bei Ost-Grönland) geblieben. Ferner ein Schiff aus Uytgeest den 25. September in der Besetzung im Westeise geblieben.

1712. Ein Schiff aus Jhisp, Kommandeur Jan Balk, durch die Franzosen genommen und durch J. Schol wiederum genommen.

1735. Ein Schiff aus Westzaan überwintert (wo? nicht angegeben).

1741. Ein Schiff aus Monnikendam „om de Ost" verlassen und 1742 wieder gefunden mit 7 Fischen, 220 Fass Speck, im Ganzen 330 Quardeele Thran.

---

[1] Am 18. März 1710 richtet der Senat von Bremen an die Königlich Dänische Regierung zu Oldenburg das Ersuchen, die in den Grafschaften Oldenburg und Delmenhorst für die Bremer Grönlandsflotte angeworbenen Mannschaften von „ca. 50 Mann" zu ihrer Pflicht und Dienst anzuhalten, da dieselben vor dem Erscheinen des Königl. Patents vom 12. März, welches verbot, sich in fremde Dienste zu begeben, angenommen seien (Diesem Gesuch giebt denn auch der Gouverneur Hahn Folge, da die Bremer Kaufleute sich erboten hatten, „zur Anwerbung der gleichen Zahl von Mannschaft den in Bremen sich aufhaltenden Dänischen Werbecapitains behülflich zu sein".)

1741. Durch den Kommandeur und einen Theil der Mannschaft wurde ein Schiff aus Westzaan im Westeise verlassen, aber durch 13 Mann, welche auf dem Schiffe geblieben waren, auf die Elbe binnen gebracht und von da durch Bartel Koopmann nach Texel geführt.

1743. Kommandeur Claas Keuken aus Zaandam fand diess Jahr sein Schiff, das er im Jahre 1741 verlassen hatte, wieder und barg dasselbe mit 3 Fischen, 100 Fass Speck, im Ganzen 158 Quardeele Thran.

1752. Ein Schiff aus Westzaan hinterm „Reeneveldt" verlassen. Ein Schiff aus Krimpen op de Leck hinterm „Reeneveldt" verlassen.

1759. Ein Schiff aus Vlissingen geblieben bei Borkum.

1767. Ein Schiff aus Wieringerward hat auf Moffen-Eiland 2200 Walrosse getödtet, wovon 930 übergeführt wurden, welche 170 Fass Speck (196 Quardeele Thran) hatten.

1768. Ein Schiff aus Zaandam ging erst nach Nova Zembla und von da in die Grönländischen Gewässer.

Schiffbrüche von Hamburger und Holländischen Fischerfahrzeugen an der Küste von Ost-Grönland 1777. — Jetzt zuerst die Erzählung einiger Deutschen Seeleute über den Holländischen Grönlandsfahrer „Wilhelmina", welcher im Jahre 1777 an der Grönländischen Ostküste scheiterte.

Der „Schreiber" eines im Jahre 1773 verunglückten Holländischen Schiffes begegnete in Amsterdam am Sonntag den 12. Juli 1778, wie er in der Vorrede des nachbenannten Schriftchens erzählt, drei Leuten in Kleidern der Wilden. Es waren drei Deutsche Matrosen, welche im Jahre 1777, den 14. April, mit dem Schiff „De Wilhelmina" unter dem Kommandeur Jak. Henr. Broertjes von der Helder aus Texel nach Grönland zum Walfischfang gesendet worden und dort durch das Westeis ihr Schiff verloren hatten. Die Neugierde, welche, wie der genannte Holländer erzählt, einem „öffentlichen Skribenten eigen ist", um besondere Umstände merkwürdiger Begebenheiten zu hören", veranlasste ihn zu einem Gespräch mit den drei Leuten. Zur grossen Verwunderung des Holländers fand sich, dass die drei Deutschen (zwei Oldenburger und ein Hannoveraner) ein Tageregister über ihre Erlebnisse geführt hatten, welches um die Hälfte grösser war als die gedruckt erschienene Erzählung eines der mitbetheiligten Kommandeure (Marten Janssen). Die Namen der drei Leute waren Harm Henr. Kröger, 60 Jahre, und Harm Henr. Kröger der Sohn, 20 Jahre alt, beide von Altenesch im Delmenhorstischen, und Kasten Külke, 19 Jahre alt, aus Lesum bei Bremen. Der Holländer veranlasste und vermittelte die Herausgabe des Journals des Harm Henr. Kröger zum Besten der drei Schiffbrüchigen und 1779 kam in Bremen bei Georg Ludwig Förster eine Übersetzung unter folgendem Titel heraus:

„Historisch wahre Nachricht von dem Elend und Drangsalen des im Jahre 1777 auf den Walfischfang nach Grönland abgefahrenen, verunglückten Schiffes „Wilhelmina" unter dem Commandeur Jak Henrich Broertjes, aus dem Holländischen Tagebuche und mündlicher Erzählung der drei Matrosen Harm Henrich Kröger, Harm Henrich Kröger der Sohn, beide von Altenesch im Delmenhorstischen, und Kasten Külke aus Lesum, eine Meile von Bremen, — übersetzt".

Aus diesem noch heute interessanten Schiffs-Journal möge hier nun ein Auszug folgen.

Bericht dreier Matrosen von der Unterweser über den Schiffbruch der „Wilhelmina". — Es war im Jahre 1777 und, so viel ich mich besinne, den 14. April, als ich, Harm Henrich Kröger, mit meinem Sohne, desselben Namens, mit dem Schiffe „die Wilhelmina" unter dem Kommandeur Jakob Henrich Broertjes aus Texel zum Walfischfang abgefahren. Wir waren insgesammt 44 Seelen stark; unser Schiff war mit sieben Schaluppen versehen. Was die Ausreise betrifft, so war sie nicht eilig, weil wir widrige Winde hatten; doch war durchgehends noch gutes Wetter, bis wir am 22. Juni an ein grosses Eisfeld kamen (Angabe der Breite und Länge fehlt leider), woran wir unser Schiff fest machten, allwo ausserdem wohl noch 50 Schiffe lagen. Dieses Eisfeld trieb stark nach Süden. Es liess sich zu einer vortheilhaften Fischerei an, da wir des folgenden Tages, den 23. Juni, schon einen Walfisch fingen. Den 24. wurden wir besetzt und trieben in fünf Tagen mit dem Eisfelde 2° gegen Westen. Wir lagen 14 Tage an diesem Felde, da wir endlich Gale Hankes Land (also die Ostküste von Grönland unter 74° 57' N. Br.) ins Gesicht bekamen und beständig östlichen Wind mit schweren Drehungen und Pressungen vom Eise hatten. So wurden wir, um unser Schiff zu bergen und zu erhalten, gezwungen, unsere Zuflucht zum Sägen zu nehmen, womit wir acht Tage hinter einander zu thun hatten, eine sehr beschwerliche Sache, weil das Eis 12 bis 13 Fuss dick war.

Sie treiben von der Gale Hankes Bai zum Theil auf Eisfeldern bis herab nach Kap Farewell. — Wir lagen, wie gesagt, im Anfang mit mehr als 50 Schiffen an diesem Felde; die aber, welche an der Ostseite lagen, fanden verschiedene Mittel, davon zu kommen, so dass wir nur noch mit 27 Schiffen daran liegen blieben. Hier mochten wir arbeiten, was wir konnten, es war nicht möglich, von diesem Felde loszukommen; wir verfielen immer länger und weiter unter Gale Hankes Land. Diess dauerte bis zum 25. Juli, da wir eine kleine Öffnung bekamen. Unser Kommandeur säumte nicht, diese Gelegenheit wahrzunehmen, denn auf seinen Befehl zogen wir mit Tauen (warpten) vier Tage lang das Schiff von einer grossen Eisscholle zur andern, bis wir endlich an ein grosses Feld kamen, stille hielten und nicht weiter konnten. Diejenigen, die mit uns nach auswärts bugsirt waren, bestanden noch in vier Schiffen, deren Kommandeure Jeldert Janz Groot, Klaas Janz Kastrikum, beide, wie der unsere, von Zaandam, Volkert Janz von Amsterdam und Marten Jans von Hamburg waren. Mit dem Kommandeur Groot kam auch Harm Mester aus Hasenbüren, Stadt Bremischen Gebiets, ein Knabe von 15 Jahren, nach dem Verlust des Schiffes, „Anna" genannt, auf unser Schiff „Wilhelmina". Sein Vater ist auch dabei gewesen, ist aber unter der grossen Menge derer, die sich nachher absonderten, wegfuhren und dabei grösstentheils unglücklich waren, ohne Zweifel mit geblieben. (Dieser junge Matrose hat durch das lange Essen und Trinken von Speck und Thran von Walfischen und Robben bis jetzt noch einen starken Ekel vor Fleisch und Brod. „Er ist", so bemerkt der Übersetzer, „weit unter den Wilden herum gekommen, nach ganz anderen Gegenden und Bewohnern von Grönland gebracht, bis er endlich mit einigen Wenigen nach Kopenhagen, von da nach Amsterdam und endlich hier (in der Heimath) wieder angelangt. Er weiss durch Fragen, die man nach diesem Büchlein an ihn stellt, auf Alles umständlich zu antworten.")

Die anderen Schiffe waren uns aus dem Gesicht gekommen. Bereits fing es an, betrübt und elend auszusehen. Während die Ostnordost-Winde anhielten, blieb das Eis geschlossen und wir trieben im Gesicht Gale Hamkes Land täglich sehr südwärts. Der Kommandeur, aus Furcht, Mangel an Lebensmitteln zu bekommen, weil man nicht wissen konnte, wie lang oder kurz es dauern würde, liess dem Volke weniger Ration geben. Das Drängen und Mahlen des Eises waren beständig sehr schwer, so dass wir vom 1. August an keine Wache mit Ruhe in der Koje durften liegen bleiben und daher sehr abgemattet wurden. So unter Gottes Gnade forttreibend bekamen wir den 16. August wieder vier Schiffe ins Gesicht, nämlich Dirk Broer, Roloff Meyer, Jakob Bremer von Amsterdam und Rikmer Hendricks von Gottenburg. Die Nordost- und Ostnordost-Winde hielten noch immer an. Den 19. August hatten wir einen schweren Sturm aus Ostnordost mit schrecklich starken Pressungen und Mahlen des Eises, ja es drängte so stark und gewaltig auf einander, dass wir alle Augenblicke befürchten mussten, unser Schiff würde in Stücke gebrochen werden. Einen unserer Schicksalsgenossen, Volkert Janz, traf das Unglück, sein Schiff zu verlieren, und obgleich wir unser Schiff behielten, so wurde es doch 5 bis 6 Fuss aus seiner Lage gedrängt. Hierauf bekamen wir den 20. August den allerschrecklichsten Orkan; unsere Segel wehten unter der Rae los, die Eisstücke schoben sich 23 bis 24 Fuss auf einander hinauf. Unser Schiff wurde in dieser Nacht auf die Seite des Schiffes des Kommandeurs Kastrikum und mit dem Vorderkiel aufs Eis gedrängt. Wir verloren durch diesen Sturm zwei Schaluppen und einen Pflicht-Anker, welche durch den Drang in Stücke zerbrachen. Kommandeur Marten Jansen verlor sein Schiff. Das Volk der zwei verunglückten Schiffe wurde auf die drei übrigen vertheilt, zwei Schiffe waren noch dicht, dasjenige aber des Kommandeurs Kastrikum war sehr leck. Den 21. August war es schönes Wetter, so dass wir, wie auch das Volk von den zwei anderen Schiffen, mit der Mannschaft von den verlorenen noch einige Viktualien und

Güter aus dem Wrack des Kommandeurs Marten Jansen bergen konnten. Doch dieses half wenig zu unserer Befreiung, denn wir froren so fest, dass wir nirgend hin konnten. Dieses dauerte bis zum 25. August, da die Kommandeure beschlossen, 12 Mann nach den vier Schiffen zu schicken, die wir den 16. August Nordost von uns gesehen hatten. Es waren die Kommandeure Rikmer Hendricks, Dirk Broer, Roloff Meyer und Jakob Bremer gewesen, die letzten von ihnen hatten an demselben 20. August auch ihre Schiffe verloren, das Volk hatte sich aber an Bord der beiden ersten geborgen. Auch noch zwei Hamburger Kommandeure, mit Namen Engelbert Jansen und Peter Hendriksen, verloren ihre Schiffe, deren Untergang wir nachher erst von dem darauf gewesenen Volke vernahmen. Den 24. August kam uns Island ins Gesicht. (Die Strömung hatte sie also bedeutend südwärts geführt.) Den 26. entstand nicht gar weit von uns eine Öffnung und Drehung im Eise. Wir bemerkten, dass die Kommandeure Broer und Meyer ihr Bestes thaten, um mit ihren Schiffen vorwärts zu arbeiten. Den 27. sahen wir sie noch, wie auch in Ostsüdosten noch sieben andere Schiffe, welche alle den 28. sich wieder aus unserm Gesicht verloren, denn da sie weiter auswärts waren, so lief das Eis um so viel härter westwärts. Wir trieben um diese Zeit zwischen Gale Hamkes Land und Island, wir konnten letzteres sehr deutlich sehen. Den 30. bekamen wir schwere Bewegungen, dass die Felder alle in Stücken gingen; wir konnten die raume See von unserm Mast sehen, aber, ach! dahin zu kommen, war nicht möglich, noch weniger, frei zu werden. Am selbigen Tage war Jeldert Janz Groot bei uns; wir machten unsere drei Schiffe an einem Eisfelsen fest und trieben so zusammen Südwest auf, unter dem Lande hin; der Wind allzeit Nordost, Ostnordost und Ost; beständig schwere Mahlung und Drängungen im Eise, von starkem Sturm begleitet. Nun entstand den 7. September ein starker Sturm aus Ostnordosten, die Windungen des Eises verdoppelten sich und wurden je länger, desto heftiger. Des Kommandeurs Kastrikum Schiff bekam ein Loch hinten unterwärts und das Wasser stürzte mit aller Gewalt hinein. Guter Rath war theuer. Mittel mussten gesucht werden. Wir halfen mit aller Mannschaft, Stacken und Swabber in das Loch zu stecken. Mit fünf Pumpen wurde beständig gearbeitet. Wir machten das Schiff von hinten leichter, dass die Lecke über Wasser kamen. Die Viktualien hatten wir so lange auf eine Eisscholle gelegt. Desselben Abends betraf Kommandeur Groot auch das Unglück, in so kurzer Zeit sein Schiff zu verlieren, dass das Volk kaum ein wenig Viktualien auf dem Eise bergen konnte; so ging ein Seekasteel vor, das andere nach in den Abgrund. Was unser Schiff betrifft, so war es in so weit noch dicht, und in dem vom Kommandeur Kastrikum wurde das Loch gestopft, wodurch es wieder in die Höhe kam und mit einer Pumpe im Gange gehalten werden konnte. Es waren nur wenig Lebensmittel vorhanden, da die Mannschaft von fünf Schiffen sich auf den zwei Schiffen befand. Ein Theil des Schiffsvolkes vom Kommandeur Klaas Keuken, der schon früh sein Schiff verloren hatte, war noch hinzugekommen. Um den Leuten Schlafstätten zu bereiten, mussten solche zwischen zwei Reihen lediger Fässer „in der Pint bis zum grossen Mast" gemacht werden. Am 29. September befand sich die „Wilhelmina" nach der Aussage der Offiziere auf 65½° N. Br. Das Schiff trieb noch beständig nach Westen auf. An der einen Seite hatten sie immer das Land in Sicht, an der andern konnten sie, wenn sie in den Mast stiegen, jederzeit die See sehen. Gegen Abend des 29. mussten sie wieder an ein Eisfeld fest machen. Es kostete viele Arbeit: die Hölzer brachen in Stücken und die Neushaken zersprangen durch den gewaltigen Druck wie Glas, doch glückte es, das Schiff mit vier Tauen auf dem Eise fest zu machen. Am 30., als Kröger die Tagewacht hatte, näherte sich dem Schiffe in schneller Fahrt ein Eisberg, dessen Höhe der Erzähler in der Weise bezeichnet: „wie eine Tabakspfeife zum Westerthurm in Amsterdam, so ungefähr verhielt sich jener Thurm zu diesem Eisberg-Riesen". Gleichwohl war der Eisberg viel weiter entfernt von dem Schiffe, als man anfänglich glaubte. Als der Eisberg zum Vorschein kam, lagen Viele von uns mit abgematteten Gliedern in ihren Kojen und schliefen, doch, wie man leicht denken kann, meinten die Wachenden nicht anders, als der letzte Augenblick wäre da, und sie schrieen: Überall! Überall! Ganz oder halb gekleidet, mit Schuhen und Hosen in der Hand, wie sie eben waren, flog das Volk nach oben. Da sie die Deckbalken springen hörten, erschrak ein Jeder. Man möchte fragen, warum nicht eher „Überall!" gerufen worden. Zur Antwort dient, dass diejenigen, welche die Wache hatten, den Berg für Land ansahen. Da sie oben kamen, hatten diejenigen, welche noch halb nackt waren, kaum Zeit, vor dem Verlassen des Schiffes sich anzukleiden. Man hörte nichts Anderes als „Flieht, ihr Männer, flieht!" Ja, es war kaum so viel Zeit, dass wenig oder Nichts von Viktualien aufs Eis gesetzt werden konnte. Wir sahen, dass unser Schiff mehr als 10 Fuss von dem Eise über Wasser gedrängt wurde und in weniger Zeit zersplittert wie Glas in den Abgrund der See unter dem Eise begraben werden musste. Des Nachts blieben wir auf dem Eise, errichteten ein Zelt und machten ein grosses Feuer auf dem Eise. Öfter musste der Feuerplatz verlegt werden, da das Eis vom Feuer schmolz. Des andern Morgens, da wir beschäftigt waren, ein wenig Grütze zu kochen, um unsere ermüdeten und abgemergelten Körper etwas zu stärken, bekamen wir zum zweiten Male das Schiff des Kom-

mandeurs Kastrikum in Gesicht. Augenblicklich war Jeder begieriger, dahin zu gehen als zu speisen, desto mehr, da wir von ferne bemerkten, dass Kastrikum sein Zeichen auf den Vortop gesetzt hatte. Als unser Kommandeur solches sah, berichtete er an uns, die wir 129 Seelen stark waren, er hätte mit Kastrikum abgeredet, dass, wer von uns zuerst aus dem Eise käme, seine Geusje (Gösche = kleine Signalflagge) auf den Vortop setzen sollte, um dem Andern zu warschauen, damit alle die, welche dann mitfahren wollten, sich aufs Eiligste an Bord des befreiten Schiffes begeben könnten. „Derhalben, Männer", sagte unser Kommandeur, „ich mit meinen Confratres gehen nach dem Schiff von Kastrikum, und wer mit uns Eines Sinnes ist, denselben Weg einzuschlagen, der muss eilen, und Jeder folge seinem eigenen Kommandeur." — So waren damals drei Kommandeure, nämlich Jak. Henr. Broertjes, Jeldert Janz Groot und ein Hamburger, Volkert Janz, bei einander. Als sich dieses zutrug, waren wir nicht weit vom Lande, doch wir wussten, dass die raume See mehr Hoffnung gäbe, um geschwind nach dem Vaterlande zu kommen, während es unsicher war, ob wir jemals wieder unsern Fuss an Land setzen würden. Niemand von uns bedachte sich lange; wir verliessen Alles, selbst unsere wenigen Viktualien, denn dieselben über die losen Eisfelsen mit uns zu nehmen, dazu war erstlich keine Zeit und dann war es zu gefährlich. Es hätte uns auch lange aufgehalten und Kastrikum hätte, wie wir uns vorstellten, leicht seeein gehen können. Ja selbst den Kessel mit Grütze, darnach wir zuerst alle geschnappt hatten, weil wir ausgehungert waren, verliessen wir; doch kann ich nicht leugnen (so spreche von mir selbst), wie ich gern einige Löffel voll davon gehabt hätte. Diesen Kessel so verlassen zu haben, haben wir tausend Mal bereut. Aber zu dieser Speise gönnten wir uns damals die Zeit nicht; wie stark auch der Hunger war, den wir hatten, eilte doch ein Jeder hinter seinem Kommandeur her und vorwärts von einem Eisstück auf das andere mit tausend Gefahren, um das Schiff des Kommandeurs Kastrikum, wo wir unsere Befreiung hofften, anzutreffen. Wir waren in Angst, dass wir nicht geschwind genug an das Schiff kommen könnten, und dass vielleicht Kommandeur Kastrikum die Segel aufziehen würde, aus Furcht vor einer neuen Besetzung, ehe wir zu ihm kämen. Er und sein Schiff war nun nächst Gott unsere einzige Hoffnung. Deswegen eilte ein Jeder, so stark er konnte, bis wir endlich am 1. Oktober zum Schiffe kamen. Alle unsere Hoffnung verschwand hier in einen Rauch, denn wir fanden es nicht nur wiederum stark besetzt, sondern es wurde selbst so heftig einwärts nach dem Lande gedrängt, dass Alles im Schiffe bebte und krachte. Hier lag unsere Hoffnung auf Erlösung gänzlich darnieder. Der Eine sah den Andern mit betrübten Augen an. Auch ich war schwer betrübt, denn da ich meinen Sohn bei mir hatte, so schmolz mein väterliches Herz, wenn ich mein Kind anschaute. Ein Jeder, der zu mir kam, klagte über Hunger und Gebrech, das er leiden musste. Dieses schnitt mir durch die Seele.

Wir waren noch nicht lange am Schiffe, als wir von ferne etwas Schwarzes sahen, das sich bewegte. Beim Annähern fand sich, dass es Menschen, betrübte Unglücksgenossen von uns waren, die von der Seeseite nach uns zukamen. Es waren 50 Mann. Sie hatten zu ihrem Anführer den Kommandeur Hans Christians von Hamburg, der am 30. sein Schiff an der Seeseite verloren hatte. Sie berichteten, dass noch zwei Schiffe bei ihnen gewesen wären, nämlich Kommandeur Hans Pieters und Hidde Dirks Kat von Hamburg, doch dass dieselben ihnen aus dem Gesicht gekommen. Weiter erzählte uns Kommandeur Hans Christians, dass sein Harpunier mit 13 Mann (Marten Jansen sagt in seiner kurzen, doch echten Erzählung: Ich meine den Harpunier mit 12 Mann und zwei Jungen; doch die Jungens auf einen Mann gerechnet, macht auch 13 Mann aus) auswärts vom Eise bei dem Wrack geblieben und sie hätten im Sinn gehabt, wenn es möglich sei, Island aufzusuchen. Damals befanden wir uns, glaube ich, auf 64°, wie die Kommandeure und Steuerleute sagten. Wir trieben weiter, noch immer stark um Südwest längs dem Lande. Wie betrübt es in dem Schiffe des Kommandeurs Kastrikum aussah, kann man sich selbst überlegen, wenn man bedenkt, dass wir 286 Seelen waren und sehr wenig Viktualien hatten, so dass die Ration so gering war, dass wir des Mittags nur vier abgestrichene Löffel voll Grütze und des Abends vier Löffel Erbsen ohne Brod und Fleisch bekamen. Kröger sagt: Ich hätte manchmal beinahe geweint, wenn eine Erbse aus meinem Löffel fiel, nicht dass ich abgünstig war, aber Hunger — Hunger ist ein fürchterliches Schwert. Dieses konnte man daraus abnehmen, dass wir das Zahnfleisch, welches zwischen den Walfischbarten sass, abschrapten und brieten, um durch solche elende Kost den rasenden Hunger zu stillen. Wir sahen aber, mit dem Schiffe von Kastrikum aus dem Eise zu kommen. Wir scheuten die Mühe nicht, über die Eisstücke mit Gefahr unseres Lebens wieder nach dem von uns verlassenen Zelte zu gehen, um die Lebensmittel, welche wir auf dem Eise hatten liegen lassen, und unsern Kessel mit Grütze wieder zu holen. Aber vergebliche Mühe! Das Zelt war nicht zu finden; so kamen wir nach langem Herumirren leer zurück. Mit einem Fernglas ging Einer auf die grosse Stange, aber es war kein Zelt zu sehen. Das Stück Eis, worauf das Zelt mit den Lebensmitteln sich befand, war verschwunden, sei es nun, dass dasselbe durch schwere Drängungen von einander gebrochen oder durch

einen vorbeischeuernden Eisberg zerschmettert worden ist. Es waren 286 hungrige Menschen an Bord. Der Mangel begann je länger, desto mehr überhand zu nehmen. Unsere Schiffshunde mussten daran.

Um einige Wärme zu bekommen und den Durst zu löschen, schrapten wir die Pockholz-Nägel ab, zerschnitten und kochten sie in geschmolzenem Schneewasser, welches uns zum Kaffee diente. Als dieses Alles geschah, trieben wir mit unserem Schiff in eine Enge (Bucht) und befanden uns nach Muthmassung 5 bis 6 Meilen von dem Lande. Zwölf Leute entschlossen sich, eine Probe zu machen, ob sie das feste Land erreichen könnten, doch sie kamen nur auf eine Insel, wo sie einige schwarze Beeren fanden, doch ans feste Land konnten sie nicht. Wir waren damals auf 63° und so nahe bei der See, dass wir dieselbe von dem Deck sehen konnten, ohne erlöst werden zu können.

Den 1. Oktober war wieder ein schwerer Sturm aus Nordost; wir trieben immer näher nach dem Lande; das Eis drehte sich so gefährlich, dass Alles bebte und zitterte; das Schiff krachte so gewaltig, dass wir alle Augenblicke erwarteten, in den Abgrund zu fahren. Das Übermaass des Grauens zu vermehren, zeigten sich wieder zwei schwere Eisberge. Sie drangen gewaltig auf das Schiff los. Es folgte eine Nacht so voll Gefahren, dass ich sie niemals vergessen werde. Noch immer blieb uns ein Schimmer von Hoffnung, dass wir noch eine Öffnung bekommen würden, um die geraume See zu gewinnen. Doch auch diese Aussicht verschwand auf einmal. Den 2. Oktober drückten die Eisberge so heftig, dass das Schiff Noth litt und endlich in Stücken ging. Kaum dass wir mit genauer Noth einige Lebensmittel, einige Segel und eilf Schaluppen mit der grössten Eilfertigkeit auf das Eis gebracht hatten, so sahen wir in einem Augenblick das Unterste unseres Schiffes zu oberst, ganz in Stücken zerbrochen, unter das Eis gedrängt und in der grundlosen See begraben. Brennholz konnten wir nicht bergen. Wir mussten uns von einem Stück Eis aufs andere retten.

Auf dem Eise bei Staatenhoek. — Durch das starke Mahlen und Drehen des Eises verloren wir ferner acht von unseren Schaluppen und dabei wurde das Eisstück, worauf wir standen, so gedrückt und erschüttert, dass wir immer unter dem Eise begraben zu werden glaubten. Doch Gott, der durch einen blossen Wink seiner Augen die Winde und Wasser regiert, sei gelobt und gedankt, wir behielten unser Eisstück, worauf wir standen; die Eisberge marschirten vorbei, ohne dass wir weiteren Schaden als tödtlichen Schrecken davon empfingen. Wir beschlossen nun, nicht weiter unter dem freien Himmel zu bleiben, und machten zwei Zelte von unseren geborgenen Segeln. Zum Glück wurde es stilles Wetter. Als dieses Alles vorfiel, waren wir 10 Meilen gegen Osten bei Staaten-Hoek. Den 11. und 17. Oktober trieben wir mit den Eisstücken stark nach Süden bis auf 60° 5′ N. Br., dicht längs dem Lande. Bisweilen war das Eis rund um uns her geschlossen und dann bekamen wir wieder eine Öffnung, doch begleitet von hohen Wellen, so dass wir alle Augenblicke dachten, das Eis würde brechen. Einige von unserm Volk, die früher die Fahrt nach der Davis-Strasse gemacht hatten, schlugen am Morgen des 13. Oktober vor, zu versuchen, ob wir an das feste Land kommen könnten, wozu sie gute Hoffnung zu haben glaubten, einestheils weil ihnen bekannt wäre, dass bei Kaffer-Wall, welches nach ihrer Meinung nur 1½ Meilen von Staaten-Hoek wäre, Herrnhuter wohnten, und ferner gründeten sie ihre Vermuthung darauf, dass das Eis diesen Morgen dicht geschlossen lag und sie so viel besser ans Land kommen könnten. Hierauf beschlossen 230 Mann, diese Unternehmung auszuführen. Sie waren aber nicht alle einerlei Meinung und nahmen folglich nicht alle einerlei Weg, denn die Kommandeure Marten Jans, Jeldert Janz Groot und Hans Christians Jaspers mit noch 40 Mann nahmen einen ganz andern Weg. Sie nahmen zwei von den Schaluppen mit sich. Wir blieben noch mit 56 Mann und einer Schaluppe bei den Zelten auf dem Eise. Nachher haben wir vernommen, dass sie nicht alle ans Land gekommen, sondern verschiedene von ihnen unter den Eisstücken verunglückt sind und ihre zwei Schaluppen haben verlassen müssen. Gleichwohl ist Kommandeur Marten Jans nebst seinen Gefährten 15 Tage eher bei Menschen, den Eingebornen von Grönland, angekommen als wir, die auf dem Eise geblieben waren und noch bittere Tage verleben mussten. Hätte ich den Worten meines Sohnes gefolgt, ich würde vielleicht entweder todt oder eher am Lande gewesen sein, indem er mir stark anlag, mit nach dem Wall zu gehen. Ich konnte mich nicht dazu entschliessen, weil es mir viel zu unsicher und gefährlich vorkam.

Wir trieben alle weiter mit unseren Zelten auf dem Eise stark um Staaten-Hoek hin. Als wir gerade davor waren, ging das Eis auf einmal aus einander, die See lief mit starkem Drang über die grossen Eisstücke hin, und es schien nicht anders, als würden wir alle weggespült werden. Doch lief der Wind nach Südwesten und wir trieben wieder nach dem Lande zu. Den 16. Oktober sahen wir eine Schaluppe auf dem Eise stehen. Wir liefen, von einem Eisstück auf das andere springend, danach zu und fanden, dass es eine verlassene Schaluppe vom Kommandeur Kastrikum und seiner Mannschaft sei. Es war noch ein alter Mann von 60 Jahren darin. Diese alte Seele hatte in dem grössten Kummer und Elend schon drei Tage in der Schaluppe zugebracht und zurückbleiben müssen, weil er zu kraftlos war, dem andern Volke folgen zu können. Das

Auffinden dieser Schaluppe gab uns einigen Trost, weil wir nun ein Fahrzeug mehr hatten, um See damit zu halten. Wir schleppten sie also über das Eis nach unserem Zelte. Desselben Tages, als wir mit der Schaluppe beschäftigt waren, kamen noch zwei Mann, die drei Tage auf einem Eisstück gestanden hatten, zu uns, von welchen der Eine der junge Mensch, Kasten Külke war. Sie hatten noch einen alten Mann bei sich gehabt, der aber, weil er nicht mehr fortkommen konnte, sie gebeten hatte, da er den Tod vor sich sah, ihn zu verlassen und, wenn es möglich wäre, sich selbst zu retten. Er hatte zu ihnen gesagt: „Kinder, ich fühle, dass ich bald sterben muss, und hoffe, dass Gott meine Seele in Gnaden annehmen werde. Ihr seht, ich kann nicht mehr. Macht Euch nicht unglücklich um meinetwillen. Vielleicht spart der Allmächtige Euer Leben noch.” Es war den zwei Matrosen sehr hart, ihren alten unglücklichen Genossen zu verlassen, ohne dass sie ihm einige Unterstützung geben konnten, als ihn mit thränenden Augen aufzunehmen und unter die Spitze eines Stückes Eis, das ihn gleichsam von oben bedeckte, niederzusetzen, wo er ohne Zweifel gestorben ist und sein Grab im Abgrund der See gefunden hat.

In der Hoffnung, an Land zu kommen, fassten wir den Entschluss, das Eis und Zelt zu verlassen und mit den Schaluppen eine Unternehmung zu wagen. Wir hatten zwei Steuerleute bei uns. Der eine war von Borkum in Friesland, Namens Jakob Kieviet, der andere war ein Hamburger Steuermann. Nun begriffen ich und andere brave Matrosen mit mir sehr wohl, dass, wenn unsere Unternehmung glücken sollte, wir bei jeder Schaluppe einen Befehlshaber anstellen müssten. So trugen wir denn diesen beiden Steuerleuten das Amt auf, die Mannschaft in zwei Haufen, jeden von 26 Mann, zu theilen. Zwei Mann blieben bei dem Zelt und wollten sich nicht überreden lassen, mit uns zu gehen. Mit eifriger Anrufung Gottes, der Alles erschaffen hat, gingen wir am 18. Oktober in die Schaluppen. Wir arbeiteten mit allem unsern Vermögen und fuhren 2 Meilen von dem Zelte weg, konnten aber nicht weiter kommen. Wir besorgten, dass wir Mangel an Lebensmitteln zu leiden Gefahr laufen möchten. Es wurde deshalb beschlossen, um so viel leichter fortzukommen, 18 Mann aus der Schaluppe aufs Eis zu setzen, und die übrigen 8 Mann sollten mit dem Steuermann wieder nach dem Zelte rudern, um noch Lebensmittel zu holen. Die 18 Zurückgebliebenen sollten dann wieder abgeholt werden. Was die andere Schaluppe betrifft, auf welcher der Hamburger Steuermann war, so war sie östlicher aufgegangen, und wir sahen, dass er noch immer fortruderte. Es glückte uns, dass wir zum zweiten Mal ohne Ungemach an das Eis und zu unserem Zelt kamen, wo wir noch Lebensmittel einschifften. Indem wir aber wieder wegzurudern im Begriff waren, schloss sich das Eis rund wieder zu und wir konnten nicht weiter kommen. Die Achtzehn auf dem Eise wurden nun misstrauisch und glaubten, dass wir sie zu verlassen suchten. Sie liefen deshalb so geschwind als möglich über das Eis weg nach dem Zelte und kamen zu uns, wo sie die wahre Ursache der Zögerung entdeckten. Inzwischen war uns die andere Schaluppe bereits aus dem Gesicht gekommen. Des Abends lief der Wind südöstlich mit einem starken Sturm. Wir geriethen in Todesangst, weil das Eis eine so schnelle Fahrt bekam, dass wir alle Augenblicke glaubten, durch die drängenden Eismassen und treibenden Eisberge verschlungen zu werden. Am folgenden Tage, den 19. Oktober, war es des Morgens so neblig, dass wir weder Land noch Wasser sehen konnten. Gegen Mittag klärte sich der Himmel wieder auf. Wir konnten die See wieder sehen, hatten auch wieder offenes Wasser und brachten in Gottes Namen die Schaluppe wieder in die Fahrt seewärts.

Trennung der Unglücksgefährten. — Wir stiegen mit dem Steuermann Kieviet, als Befehlshaber, und 25 Mann in die Schaluppe. Drei blieben auf dem Eise bei dem Zelte. Vergeblich hatten wir sie zu überreden gesucht, mit uns zu gehen. Sie meinten, wir müssten aus Mangel umkommen, während sie auf dem Eise im Zelte durch Gottes Hülfe mit den noch vorräthigen Lebensmitteln eine Zeit lang auszukommen glaubten. Übrigens, wenn Gott beschlossen hätte, sie zu erhalten, könnten sie eben so gut auf dem Eise, als indem sie sich neuen Gefahren bloss stellten, gerettet werden. Wir ruderten, da wir offenes Wasser fanden, frisch weg, um gegen Abend ans Land zu kommen. Zu dem Ende fuhren wir gegen Osten. Bei einer Last von 26 Mann konnten wir nicht so geschwind fortkommen als mit einer leichteren Schaluppe. Auch fing das Eis wieder an, sich zu schliessen. Wir mussten also gegen Abend die Schaluppe aufs Eis ziehen und die ganze Nacht in Noth und Kälte unter dem freien Himmel zubringen. Desselben Abends sahen wir unsere andere Schaluppe östlich von uns, doch vernahmen wir nachher Nichts mehr davon. Erst auf meiner Heimreise, den 6. Juli 1778 zu Kopenhagen, sah und sprach ich drei dieser Mannschaft. Sie sagten mir, es wären neun Hamburger wohlbehalten angekommen, aber die anderen 16 Mann, lauter Deutsche, seien verloren gegangen. Ich frug sie, wie die 16 Mann umgekommen? Ob sie diess nicht sagen wollten, weiss ich nicht, sie antworteten zweifelhaft mit den Worten: „Sie sind weg und kommen niemals wieder."

Land in Sicht. — Am folgenden Tage, den 20. Oktober, als wir eine betrübte Nacht zurückgelegt hatten, mussten wir auf dem Eise bleiben, weil dasselbe rund herum geschlossen war. Am 21. bekamen wir eine Öffnung, wir brachten die Schaluppe zu Wasser und ruderten Ostnordost

auf bis gegen Abend, wo wir unsern Kurs nach Nordosten nahmen. Endlich sahen wir Land von ferne und dankten Gott. Obgleich wir uns dicht an der Küste befanden, konnten wir nicht ans Land kommen, wir hätten denn mit unserm kleinen, schwer beladenen Schiffe, welches kaum drei Daumen Bord hatte, erst in See stechen müssen, was wir fürs Erste nicht zu wagen durften. Das Eis lag an der Küste. Liegen bleiben konnten wir auch nicht, weil wir besorgen mussten, das Eis würde sich wieder schliessen. In Gottes Namen wagten wir es daher, befahlen unsere Seelen dem barmherzigen Gott und ruderten mit unserer kleinen, schwer beladenen Schaluppe nach Osten in die hohle See. Wir setzten doppelt Volk an die Riemen, während wir mit Messern in der Hand sassen, um das Eis, das mit dem überlaufenden Seewasser einlief, loszumachen und über Bord zu werfen. Denn alles Seewasser, welches ins Schiff kam, fror gleich zu Eis. Wir ruderten frisch fort bis 1 Uhr in der Nacht. Da konnten wir nicht weiter durch das Eis, wir mussten die Schaluppe wieder aufs Eis ziehen und die Nacht, welche heftig kalt war, so gut wir konnten, auf dem Eise und im Schnee zubringen. — Hier hält es unser ehrlicher Seemann für nöthig, folgende Randbemerkung zu machen: Wenn man sagt, das Eis liege fest bis ans Land, so ist doch noch zwischen Eis und Land ein weiter Raum von Wasser, wo man nicht hinüber kommen kann. Denn hätte das Eis bis ans Land festgelegen, so hätten wir, wie Jeder begreift, über dasselbe nach dem Lande gehen können. — Wie abgemattet wir uns auch befanden, Niemand durfte sich schlafen legen, wir hielten uns, so viel wie möglich, in Bewegung und hatten unter einander verabredet, dass, wenn Einer den Anderen einschlafen oder stille sitzen sähe, wir uns gegenseitig munter machen und in Bewegung bringen sollten. Nach der Nacht zwischen dem 22. und 23. Oktober, die wir mit klappernden Zähnen auf dem Eise zugebracht hatten, ging des Abends das Eis aus einander und wir kamen an eine Insel. Wir blieben hier die Nacht über. Als wir am Morgen des 24. Oktober bemerkten, dass alles Eis unter dem Lande weg war, ruderten wir, so stark wir konnten, nach einer grossen Klippe, die 5 Meilen lang, ganz mit Eis bedeckt war, weswegen sie, wie ich meine, von den Grönländern Ysblink genannt wird. Längs dieser Klippe ruderten wir bis Abends, konnten darauf nicht weiter kommen, weil das Eis uns im Wege lag. Um nun nicht in Schlaf zu fallen und todt zu frieren, zogen wir die Schaluppe wieder aufs Eis und wanderten die ganze Nacht auf dem Eise hin und her durch den Schnee.

Landung der Schiffbrüchigen in Grönland. — Die Nacht vom 25. zum 26. Oktober mussten wir wieder auf dem Eise zubringen. Den 26. Oktober ruderten wir, so stark es unsere Kräfte zuliessen, mit allem Vermögen frisch durch bis Mittag, als wir Etwas von ferne im Wasser erblickten; es dauerte aber nicht lange, so erkannten wir einen wilden Mann, der in seinem Schuitchen sass. Wie er so nahe herbei kam, dass wir ihm zurufen konnten, frugen wir ihn durch Jemand, der vordem die Davis-Strasse befahren hatte und einige Worte in der Landessprache reden konnte, wo der Priester wohne (so nennen sie die Pastoren oder Prediger, die durch Seine Dänische Majestät dahin geschickt sind) und ob wir weit davon wären? Er winkte und bedeutete darauf mit seiner Hand, dass wir weiter nach Norden hinauf müssten, gab uns auch ein Zeichen, ihm zu folgen, was wir auch thaten, und so brachte er uns ans Land und nahm uns mit in sein Haus. Als wir nahe hinzu kamen, sahen wir eine Menge Männer und Frauen, alle in Felle von Seehunden gekleidet, zum Vorschein kommen. Anstatt nach ihnen hin zu gehen, nahmen wir erschreckt die Flucht in die Schaluppe. Wir ruderten weiter fort, bis wir an eine Insel kamen. Verdurstet, wie wir waren, suchten wir zuerst dort nach frischem Wasser, aber vergeblich. Von Hunger, Durst und Müdigkeit gequält entschlossen wir uns, wieder zu den Wilden zurückzukehren. Ein schneller Tod dünkte uns besser als ein langsam elendes Absterben. Nach einem vergeblichen Versuche, ans Land zu kommen, sahen wir uns aber genöthigt, obgleich halb todt vor Ermattung, nach der Insel zurück zu rudern. Nunmehr gaben wir allen Muth auf, doch Gott sandte uns unerwartet Hülfe zu. Die Wilden, die wir des vorigen Tages gesehen, hatten uns ungeachtet der Dunkelheit entdeckt. Sie kamen übers Eis zu uns. Wir wussten nicht, ob wir sie als Freunde oder als Feinde betrachten sollten. Mit freundlichen Geberden nöthigten sie uns, ihnen nach dem Ort, wo sie wohnten, zu folgen. Es wagten es zehn Mann, worunter ich war, mit ihnen zu gehen. Die anderen Leute wären auch gern schon damals mitgegangen, wenn sie nicht durch Kälte und lange ausgestandenes Ungemach so abgemattet gewesen wären, dass es ihnen nicht möglich war, so weit zu gehen. So blieben sie denn diese Nacht auf der Insel.

Gute Aufnahme bei den Grönländern. — Nachdem wir mit den Wilden an ihr Häuschen gekommen waren, wurden wir daselbst von diesen Menschen, sowohl Männern als Frauen (obgleich sie nur blinde Heiden und abscheulich anzusehen waren), mit so vieler Liebe und Freundlichkeit empfangen, dass es von unseren Landsleuten, wenn wir zu ihnen gekommen wären, nicht besser hätte geschehen können. Sie hatten Nichts in ihrer Wohnung, das nicht für uns war. Sie sahen wohl, dass wir ausgehungert waren. Sie gaben uns also zuerst Etwas zu essen. Dieses bestand in gekochtem Robbenspeck. Wie angenehm und erquicklich mir diese Speise damals schmeckte, werde ich nimmer-

mehr vergessen. Des anderen Tages, als wir etwas zu Kräften gekommen waren, gingen wir zu unseren Freunden, welche wir bei der Schaluppe auf der Insel gelassen hatten. Wir fanden sie noch alle am Leben. Auf unsern Bericht schöpften sie Muth, strengten ihre Kräfte an und folgten uns zu unseren heidnischen Wohlthätern. Diese empfingen sie eben so freundlich wie uns und brachten sie ebenfalls in ihr Haus.

Mittheilungen über Sitten und Lebensweise der Grönländer. — Dieses Haus war im Grunde ausgegraben, mit rohen grossen Steinen vorne, hinten und an beiden Seiten aufgesetzt, mit Holz bedeckt und darüber waren wieder Steine und Robbenfelle gelegt. An beiden Seiten des Hauses waren zwei viereckige Löcher statt der Fenster, um dadurch Licht zu bekommen. Statt des Glases dienten gereinigte und ausgespannte Walfischdärme, die an einander genäht waren. In ihrem Hause war es sehr warm. Feuer und Beleuchtung zugleich haben sie sich auf folgende Weise verschafft: Eine grosse steinerne viereckige Pfanne, welche sie von den Dänen für Robbenfelle und dergleichen eintauschten, ist oben mit breitem Rande versehen, der rund herum mit etwas Klippenmoos belegt ist, dann giessen sie Thran auf das Moos und in die Pfanne und stecken es in Brand. Dieses giebt nicht allein ein grosses Licht, sondern es macht auch die Wohnung so warm, als wenn ein Kachelofen darin stände. Wenn sie ihre Speise kochen wollen, die meist aus Robben- und Walfischspeck besteht, hängen sie über die Pfanne noch eine andere und kochen auf diese Weise ihre Speise. Das Hausgeräth bestand aus folgenden Gegenständen: einige steinerne Pfannen, um die Speisen zu bereiten, ferner Messer, Pfeile, Bogen, und was sie zur Jagd und Fischerei noch weiter brauchen. Ihre Schlafplätze sind, wie in Holland die Ställe des Hornviehs, einige abgesondert, einige nicht, doch alle nach oben offen; dort legen sie sich auf Felle nieder, Einige umwinden sich dabei mit Thierfellen, Andere bleiben mit dem Oberleibe nackt. Dass sie mitleidig sind, haben sie an uns erwiesen. Gierigkeit kennen sie nicht, denn wenn einer von ihnen Etwas auf der Jagd bekommen oder Fische gefangen hat, so wird es in die allgemeine Wohnung gebracht, wo öfter 10 bis 12 Haushaltungen mit Frauen und Kindern bei einander sind. Ein Jeder läuft herzu und wählt das, was ihm nöthig ist, davon. Man hört unter den Männern und Frauen, auch selbst unter den Kindern niemals, dass eins mit dem Andern streitet. Wenn der Mann mit seinem Schiffchen aus gewesen ist und einen Seehund gefangen hat, zieht er das Schiff, und was er sonst mitbringt, auf das Land; er lässt sein Fischzeug, und wenn er auf der Jagd gewesen, seine Jagdgeräthschaften und Alles, was dazu gehört, liegen und geht, ohne Etwas mitzutragen, ledig nach seiner unterirdischen Wohnung. Dort empfängt ihn seine Frau und diese bringt das Schiff in Sicherheit, schleppt die Beute auf eine Klippe, zieht dem Seehunde das Fell ab, bringt das Fleisch in die Wohnung und trocknet das Fell, das nachher gegerbt und bereitet wird. Aus den rauhen Fellen werden Winterkleider und aus den Fellen, von welchen sie die Haare gebrüht haben, Kleider für den Sommer, auch Schuhe gemacht.

Fahrt nach Godhaab. — In Folge der ungewohnten Wärme schwollen unseren Seeleuten Hände und Füsse, indessen machten sie sich doch bald wieder auf, besserten ihre Schaluppe aus und gingen am 28. Oktober wieder ab, um nach den erhaltenen Anweisungen eine der Dänischen Kolonien zu erreichen. Es heisst nun weiter: Wir waren ungefähr 2 Meilen fortgerudert, als wir einen wilden Mann in seinem Schiffchen sahen. Wir riefen ihn und frugen, ob er uns nicht anzeigen könne, wo die Dänische Niederlassung wäre. Er brachte uns selbst zu einem Dänischen Schulmeister, der daselbst wohnte, um die Wilden zu lehren und in dem christlichen Gottesdienst zu unterrichten. Diese Nacht blieben wir bei dem Schulmeister. Er theilte uns mit, dass wir uns sorgfältig hüten müssten, die Eingebornen des Landes „Wilde" zu nennen, weil sie bös darüber würden. Wir müssten, wenn wir von ihnen redeten, sie „Grönländer" nennen. Ferner berichtete uns derselbe auch, dass wir noch 8 Meilen von Balster-Rivier (soll wohl heissen Revier) ab wären, dass ferner auf dem halben Wege wieder Grönländer wohnten. Mit dieser Nachricht fuhren wir den 29. Oktober des Morgens früh von dem Schulmeister ab und hofften, in der folgenden Nacht zu den Grönländern, die auf dem halben Wege nach Balster-Revier wohnen sollten, zu kommen. Aber wir suchten den Ort vergebens. Es sah wieder betrübt aus, da wir die ganze Nacht in bitterer Kälte und im Schnee auf einer Klippe zubringen mussten. Den 30. Oktober früh Morgens verliessen wir die Klippe und dachten an diesem Tage frühzeitig bei den Grönländern zu landen. Zu unserem Glück kam uns ein Grönländer in Sicht, der in seinem kleinen Schiffe, Kajak genannt, sass. Er kam von selbst auf uns zu. Wir fragten ihn, wo der Priester wohne? Er bedeutete uns darauf, dass er daher wäre, erbot sich auch, uns dahin zu bringen und voraus zu rudern. Letzteres that er sogleich. Doch weil der Strom zu hart ging und unsere Schaluppe sehr schwer beladen war, konnten wir des Stromes und der hohlen See wegen die Schaluppe nicht gerade halten. Das Wasser lief mit grosser Gewalt ins Schiff, daher wir gezwungen wurden, zehn Mann auf eine Klippe zu setzen, auf welcher man kaum seinen Leib bergen konnte. Wir versprachen, sie, sobald als wir über das hohle Wasser würden gekommen sein und erst einige Mannschaft aus-

geladen hätten, abzuholen. Doch der Wind war so stark dass wir nicht hinauf rudern konnten, so mussten wir nur suchen, ans Land zu kommen. Mittlerweile war uns der Grönländer durch das Zaudern aus dem Gesicht gekommen. Dadurch geriethen wir natürlich in grosse Verlegenheit. Endlich kam er, nachdem er uns schon bei dem Volk auf der Klippe gesucht hatte, um 2 Uhr in der Nacht zu uns, er brachte uns nun zu der Herrnhuter-Kolonie, wo wir todt abgemattet, ganz durchnässt, kalt und ohnmächtig von Hunger und Durst ankamen. Gern hätten wir noch unsere anderen zehn Mann abgeholt, aber das war wegen des starken Stromes nicht möglich. So mussten sie bis zum andern Morgen, wo die Fluth kam, auf der Klippe bleiben. Sie standen viele Noth aus. In der Nacht war es sehr kalt. Sie fielen mit ihren gefrorenen Händen und Füssen über einander, ohne schlafen zu dürfen, aus Furcht, todt zu frieren. In der Morgenstunde kamen zwei Grönländer mit ihren Schiffchen zu ihnen, die sie riefen. Ein Hamburger Matrose gab dem einen Wilden ein seidenes Tuch von seinem Halse mit der Bitte, sie von der Klippe abzuholen. Hierauf ruderten die Wilden zurück und holten ein „Koene Boot" oder ein Frauenschiff. Wir waren auch schon mit unserer Schaluppe in Bereitschaft und fuhren mit den Grönländern nach der Klippe. Sie fuhren voran und brachten den zehn ausgehungerten Leuten Brod und Trank, welches die Herrnhuter den Grönländern mitgegeben hatten. Als unsere Kameraden alle zu uns in die Schaluppe gekommen waren, ruderten wir, mit Lob und Danksagung zu Gott für seine Gnade, über den Fluss zu den Herrnhutern. Diese erquickten uns alle mit warmer Speise und Trank. Sie bewirtheten uns nach ihrem Vermögen. Diese unsere Wohlthäter sprachen gut Hochdeutsch. Darunter war ein Brandenburger, von Lenzen gebürtig. Nachdem wir uns daselbst etwas erquickt hatten, begleiteten sie uns den 1. November nach der Dänischen Kolonie, „Gute Hoffnung" (Gothoop) — Godhaab, also auf der Westseite Grönlands, am Eingang der Davis-Strasse — genannt, wo wir den Winter über zu bleiben gedachten. Wir wurden sehr freundlich empfangen. Der Kaufmann aber erklärte, uns nicht alle erhalten zu können, weil er so viel Lebensmittel nicht habe, sein Proviantschiff sei noch nicht angekommen. Diese Kompagnie bestand aus vier bis fünf Häusern, nach Art eines Kirchdorfes; ein Kaufmann, ein Prediger und ein Schulmeister wohnten hier und die Grönländer gehen hier zur Kirche. Des folgenden Tages, es war Sonntag den 2. November, gingen wir alle zusammen in die Kirche, um die Verkündigung des Wortes Gottes anzuhören, bei welcher Gelegenheit der Prediger von „Gothoop" eine Danksagung zu Gott für unsere Erhaltung sprach.

Weiterreise nach Zuyker Toppen und Holsteinborg. —

Wir blieben hier bis den 5. November, um auszuruhen. Darauf erklärte der Kaufmann (der Name dieses Mannes wird nicht genannt), dreizehn Mann wolle er behalten, und zwar solche, denen die Füsse so erfroren wären, dass sie weder Schuhe noch Pantoffeln anziehen und noch weniger weiter kommen könnten. Uns übrigen zwölf Mann übergab er das Dänische Boot, weil unsere Schaluppe unbrauchbar und der Kiel zwei Mal gebrochen war, dazu Proviant für drei Wochen zur Reise und zwei Grönländer mit ihren Schuiten als Wegweiser nach der Kolonie Zuyker Toppen, 24 Meilen weiter nach Norden.

Nachdem wir unsern Dank bei dem Kaufmann abgestattet hatten, traten wir mit zwölf, nämlich fünf Mann vom Kommandeur Broertjes und sieben Hamburgern, von zwei Grönländern begleitet, in Gottes Namen die Reise wieder an. Wir ruderten den Tag nicht weiter als 2 Meilen, weil hier wieder Grönländer wohnten, bei welchen wir die Nacht über blieben. Als wir des Morgens weiter gehen wollten, fing es aus Norden so stark zu wehen an, dass wir vier Tage hier verweilen mussten. Den 10. November setzten wir unsere Reise fort, mussten aber des Nachts bei strenger Kälte im Boote bleiben. Den 11. kamen wir zu einem Dänischen Schulmeister, Pisbeck genannt. Daselbst blieben wir die Nacht und wurden freundschaftlich bewirthet. Den 12. gingen wir wieder auf die Reise, mussten aber des gewaltigen Windes wegen wieder zurückkehren und zum anderen Mal die Nacht bei dem Schulmeister zubringen, worauf wir den 13. unsere Fahrt fortsetzten. Acht Meilen von da wohnten wieder Grönländer, bei welchen wir gern am Tage anzulanden wünschten; aber wir konnten vor 12 Uhr in der Nacht nicht landen, weil es gegen Abend stark wehte und viel Wasser ins Boot lief, was uns nicht wenig aufhielt. Am 14. November hielt der Wind noch immer an. Wir blieben hier den ganzen Tag und wurden ausnehmend freundlich behandelt. Den 15. reisten wir von hier ab. Gegen Abend fing der Wind an, mit einer hohlen See stärker zu wehen. Wir können mit Recht sagen, dass unsere zwei Grönländischen Begleiter nächst Gott unsere Erhalter waren. Auf diese Weise kamen wir gegen Abend wieder zu Grönländern, wo wir die Nacht und des schlechten Wetters halber auch den folgenden Tag und Nacht blieben und sehr gut und freundschaftlich behandelt wurden. Den 17. November kamen wir bei günstigem Winde frühzeitig in Zuyker Toppen an. Hier glaubten wir von unseren ausgestandenen Gefahren ausruhen zu können, allein der Kaufmann gab vor, er habe nicht Lebensmittel genug, um uns den Winter über zu erhalten. Auch sein Proviantschiff war „noch nicht angekommen". So blieben wir hier nur zwei Tage. Er gab uns für eine Woche Lebensmittel mit auf den Weg und zwei andere Grönländer

mit ihren Schiffen als Begleiter, die uns nach der Kolonie Holsteinburg (also bedeutend weiter nördlich in die Davis-Strasse hinein) bringen sollten.

Wir waren wegen dieser Reise sehr besorgt. Denn erstlich war es eine Fahrt von 24 Meilen, ferner ein schlechtes Fahrwasser, wo die freie offene See gegen das Land anschlägt, weil keine Klippen oder Inseln davor liegen, und dann wohnte Niemand auf dem ganzen Wege von Zuyker Toppen bis nach Holsteinburg. Endlich lag auf der Hälfte des Weges fast 2 Meilen in See eine trockene Sandbank, welche wir mit hohem Wasser passiren mussten. Nachdem wir bei dem Kaufmann so viel ausgerichtet hatten, dass einer von unseren Leuten, ein Hamburger, der nicht weiter kommen konnte, da bleiben durfte, gingen wir eilf Mann und zwei Grönländer den 19. November des Morgens um 4 Uhr von Zuyker Toppen weiter. Mit einigen Schwierigkeiten passirten wir seewärts um die Bank herum und kamen am 22. November Abends zu Holsteinburg an.

Wir wurden freundlich empfangen und diese Leute thaten an uns alles Gute, was in ihrem Vermögen war; auf diese Weise hatten wir doppelt Ursache, dem grossen Gott zu danken, was wir auch am gleich darauf folgenden Sonntage mit dem Pastor öffentlich in der Kirche thaten.

Die Schiffbrüchigen nehmen Dienste auf einem Dänischen Fahrzeug. — Als wir nun hier waren, hörten wir, dass 2 Meilen von Holsteinburg ein Königlich Dänisches Schiff lag, welches mit Proviant angekommen war und im Frühjahr daselbst auf den Walfischfang gehen sollte. Als der Kommandeur dieses gemeldeten Schiffes auf der Kolonie bei dem Kaufmann ankam, redete er mit uns und erbot sich, uns mit nach seinem Hause zu nehmen. Er stellte uns vor, dass, wenn wir in seinen Dienst treten und im Frühjahr ihm mit fischen helfen wollten, wir noch etwas Geld verdienen und folglich den andern Sommer mit ihm nach Kopenhagen fahren könnten. Dieses Anerbieten nahmen wir gern an. Denn da wir Alles verloren hatten, bekamen wir Hoffnung, auf diesem Wege wenigstens noch etwas Geld in die Hände zu bekommen.

Auf diese Weise fuhren wir mit dem Dänischen Kommandeur, Dirk Boisen genannt, auf seiner Schaluppe von der Kolonie nach seinem Hause. Hier traten wir in seinen Dienst. Weil er noch viele Mauersteine im Schiffe hatte, mussten wir dieselben heraus und auf eine hohe Klippe tragen. Daselbst sollte noch ein Haus gebaut werden. Ferner liess er uns die schlimmsten, schwersten und schlechtesten Schiffs- und andere Arbeiten thun. Obgleich wir von allem erlittenen Elend noch sehr schwach und kraftlos waren, verschonte er uns doch nicht. Auch als wir nachher aus Fischen gingen, behandelte er uns eben so. Wir mussten allezeit die erste Arbeit thun. Ja, er ging so weit, unser

Volk zu stossen und zu schlagen, warf uns täglich vor, dass wir Geld verdienten und deshalb brav arbeiten müssten. Mit dem Geldverdienen war es leider Nichts, wie sich später ergab.

Rückkehr über Kopenhagen und Amsterdam in die Heimath. — Im Sommer, nachdem die Fischerei vorbei war, sind wir mit dem Kommandeur Boisen von der Kolonie Holsteinburg, unserer zwölf Personen von drei verunglückten Schiffen, nach Kopenhagen gefahren, nämlich unserer sechs Mann vom Kommandeur Broertjes (wir waren nur unserer fünf Mann an die Kolonie gekommen, nachher kam aber noch einer von unserm Schiff daselbst an) und sechs Hamburger vom Kommandeur Hans Christians Jaspers. Wir haben auf der ganzen Reise Matrosenarbeit gethan, und gewiss die schwerste, glaubten aber, wenn wir nachher in Kopenhagen angelangt sein würden, einige Belohnung dafür zu bekommen. Doch, ach! es wurde weiter Nichts daraus, als dass Jeder einen halben Reichsthaler empfing, womit wir weiter reisen mussten. Die übrigen Umstände, wie wir nach Amsterdam gekommen, übergehe ich mit Stillschweigen. Für die Kost wurden wir als Matrosen auf einem Friesischen Kuffschiff angenommen und kamen den 12. Juli 1778 wohlbehalten, doch sehr arm, in Grönländischer Kleidung in Amsterdam an.

Als wir noch auf der Kolonie waren, empfingen wir Nachricht, dass noch sieben Mann von unserem Schiffe weit gegen Süden hin angekommen seien. Was die Kommandeure mit ihrem bei sich habenden Volk, an 230 Seelen, die vom Zelt nach dem Lande gegangen waren, betrifft, so sollen einige davon verunglückt, andere an verschiedenen Orten ans Land gekommen und hernach weiter nach Norden (in die Davis-Strasse) gebracht sein, um zu Holländischen Schiffen zu kommen. Die Zahl der Menschen, die in Grönland das unglückliche Schicksal erlitten, ihre Schiffe im Jahre 1777 zu verlieren, wird auf 450 Seelen angenommen. Die Zahl derer, von welchen man bis jetzt weiss, dass sie noch am Leben sind, ist 140 Personen. Mithin müssen 310 Personen umgekommen sein, worunter Kommandeur Broertjes mit gerechnet wird. Die Namen der Kommandeure, die ihre Schiffe verloren haben, sind: Holländer: 1) Klaas Keuken, 2) Klaas Kastrikum, 3) Jakob Henrich Broertjes, 4) Roloff Meyer, 5) Jakob Bremer, 6) Volkert Janz und 7) Jeldert Janz Groot; Hamburger: 1) Jenz Hansen, 2) Pieter Andries, 3) Engelbert Janz, 4) Hans Christians Jaspers und 5) Marten Jans.

Bericht über die Reise des Hamburger Walfischfängers "Frau Elisabeth" 1769. — Es folgt zunächst ein Bericht über des Hamburger Kommandeurs Jakob Janssen merkwürdige Reise, welcher mit dem Schiffe „die Frau Elisabeth" den 7. April 1769 nach Grönland auf den Walfisch-

fang ging, von Anfang Juli bis zum 19. November im Eise fest war, dann wieder frei wurde und den 13. Dezember 1769 glücklich wieder in Hamburg anlangte [1]).

„Um die gewöhnliche Jahreszeit, nämlich den 7. April, des abgewichenen Jahres gingen verschiedene Schiffe von Hamburg auf den Walfischfang aus, und unter ihnen führte ich (Kommandeur Jakob Janssen) das von Herrn Berend Roosen für eigene Rechnung erbaute Schiff, „die Frau Maria Elisabeth" genannt, welches mit 45 Mann bemannt und mit allen zu einer vollständigen Ausrüstung gehörigen Erfordernissen sehr wohl versehen war. Ein konträrer Wind nöthigte uns, einige Tage zu Cuxhaven zu liegen, nach deren Verlauf er südlich und für uns so günstig ward, dass an einem Tage, als am 14. April, sieben Hamburger Schiffe auf einmal in See gehen konnten.

„In offener See, wo ein Jeder den ihm gefälligen Kurs nimmt, verliert man einander bald, und auf dem meinigen war ich schon den 20. Hittland passirt. Am 28. sah ich das erste Eis und traf auch eine Menge Schiffe an. Am 29. liess ich die Walfisch-Leinen in meine Schaluppen schiessen und befand mich auf der Höhe von 74° 40'. Folgenden Tages segelte ich höher nordwärts auf, erblickte den 7. Mai auf 75° 20' das sogenannte Ost-Eis bei Spitzbergen, erreichte den 8. mit 77° 12' das Vorland von Spitzbergen und entschloss mich, am 17. auf der Höhe von 78° 15' an einem Eisfelde fest zu machen, um bequeme Gelegenheit zum Fischen zu erwarten. Ich hatte das Glück, am 23. drei Fische und Tags darauf wieder drei Fische zu fangen, ging dann nordostwärts höher auf und fing am 26. auf der Höhe von 78° 30' noch einen Fisch, am 27. zwei Fische, am 30. vier Fische und am 31. noch einen Fisch, so dass ich nun zusammen vierzehn Fische gefangen hatte. Unter der Zeit, da besagte Fische gefangen, abgelöst und los Schiff übergebracht worden, wehte fast durchgehends ein nördlicher und östlicher Wind mit empfindlich kalter Luft, allein in den letzten drei Tagen des Maimonats erhob sich ein heftiger Südwind, der mit jenem Winde von Norden südwärts getriebenen Eisschollen zurückführte, so dass ich in einer kleinen Bucht eingeschlossen ward. Es lagen mir sehr viele Schiffe zu Gesicht, wir konnten aber wegen des zusammengehenden Eises nicht zu einander kommen.

„Den 12. Juni nahm mit einem starken westlichen Winde die See in Bewegung, das Eis theilte sich, ich segelte zu den mir in Sicht liegenden Schiffen und schloss Maskopie und Kameradschaft mit einem zweiten Schiffe meines Patrons, „der wachende Kranich" genannt, geführt von dem Kommandeur Geerd Geelds. Wir machten uns fest am Eise, sahen am 15. viele Fische, fuhren in Gesellschaft von sechs und in Sicht von zehn Schiffen drei Tage am Eisfeldern auf und nieder, sahen am 18. wieder einige Fische, ohne ihrer habhaft werden zu können, und hatten am 18. bei sehr augenblauem Wetter vierzehn Schiffe um uns liegen. Am 28. sahen wir abermals einen Fisch auf der Höhe von 76° 20'. In den ersten Tagen des Julimonats rückten die Eisschollen wieder ziemlich zusammen, doch hatten wir den 5. und 6. auf 75° 32' noch fünf Schiffe in Sicht und waren also unserer sieben zusammen, von welchen aber am folgenden Morgen in dem stark zusammendrängenden Eise drei Schiffe, nämlich „Volkert Claessen", „Martin Claessen", beide aus Holland, und ein Engländer, verunglückten. Jedoch wurden das Volk und einige Güter vom Kommandeur „Nanning Adriansen" geborgen. Am 8. gesellte sich ein drittes Schiff, „die Fischlust" genannt, geführt vom Kommandeur „Freerk Broersen", zu uns, als wir abermals ziemlich mit Eisschollen umgeben waren; wir sahen noch ein viertes Schiff und auch die Trümmer der verunglückten Schiffe im Eise, konnten aber nicht zu ihnen kommen, sondern mussten sogar höher hinauf gehen, weil das vom Südwest-Winde gegen Südosten getriebene Eis sich immer fester setzte und uns täglich mehr beengte. Wir segelten dann an den Feldern und suchten, ob irgend eine Öffnung sein möchte, fanden aber keinen Weg, aus dem Eise zu entkommen, und befanden uns daneben in stetter Gefahr, Gut und Leben zu verlieren. Das nun ohne Aufhören von Nordwesten oder „Alt-Grönland" her sich ansammelnde Eis, das unter dem Namen von „West-Eis" bekannt ist, hatte eine Dicke von 8 Fuss; die Schollen

---

[1]) Der Bericht ist in Hamburg 1770 gedruckt; es sind demselben eine Abbildung, welche drei Schiffe im Vordergrund und hinten das vierte in der gewaltigen Eisbesetzung nahe der Küste zeigt, und eine rohe Karte der Davis-Strasse, Grönlands und des Eismeeres zwischen Spitzbergen und Grönland beigegeben.

thürmten sich häuserhoch über einander und liessen uns an einem langen Felde in einer kleinen Bucht, wo hinein wir uns gesägt hatten, nur einigen kleinen Raum zum Liegen übrig.

„In dieser Lage und da wir deutlich bemerkten, dass selbst die hohen Eisberge sich in einander zahnten, auch unbeweglich wurden, fassten wir schon ernstliche Gedanken. Ich ermunterte jedoch meine Leute, und ich sah es möglich war. Obwohl nun unser Vorrath an Lebensmitteln ansehnlich war, wir auch bis dahin noch kein hartes Brod oder Schiffszwieback gekostet, sondern noch immer weiches, d. i. ordentlich gebackenes, Brod gegessen hatten, so stellte ich meinen Leuten doch vor, wie wir schuldig wären, unser Leben, so lange es immer möglich, zu erhalten, und eröffnete ihnen zugleich am 16., dass fürs Künftige täglich nur zwei warme Mahlzeiten gehalten werden sollten, womit sie alle zufrieden waren. Am 17. wurde damit auch der Anfang gemacht. Indessen rückten die Eisfelder täglich näher zusammen, so dass wir wegen des uns bedrängenden Eises unsere Schiffe zu verlieren besorgten und ich daher am 26., da wir auf der Höhe von 74° 53' waren, unsere Lebensmittel theils zwischen, theils über das Verdeck bringen liess, um dieselben retten zu können, wenn etwa das Schiff zerdrückt werden sollte.

„Den 27. verspürten wir eine sogenannte „Diening" oder Bewegung im Eise, welche gemeiniglich entsteht, wenn die offene See durch einen Sturm in Bewegung gesetzt wird; die Eisberge trennten sich, wir erhielten etwas mehr Raum und konnten an den Eisfeldern auf und nieder segeln. Den 30. verzehrten wir unser letztes weiches Brod und entdeckten auf der Höhe von 74° 9' „Gale Hamkes Land" in einer Weite — wie wir sie schätzten — von etwa 15 Meilen. Am letzten dieses Monats verlor sich eine grosse Lisspitze, wir erhielten noch mehr Raum, fuhren zwischen den Eisschollen hin und her und bemerkten am 4. August, dass wir in dem Eise um ein Ansehnliches weiter nach der offenen See zu gekommen waren.

„Demungeachtet machte ich an diesem Tage den Anfang, Brod nach Rationen auszugeben, und vertheilte davon vier Fässer unter mein Volk, mit dem Antrage, dass ein Mann, der wirthschaftlich zehren wolle, mit seiner Portion 56 Tage ausreichen könne.

„Den 5. erblickten wir in der Entfernung von 4 bis 5 Meilen noch ein viertes Schiff im Eise, welches gleichfalls bemüht war, einen Ausweg zu suchen, verloren es aber den 6. wieder aus dem Gesicht. Wir machten uns an einer Eisscholle fest, zogen den 7., 8. und 9. unsere Schiffe mit Leinen an den Feldern hin und wurden auf der Höhe von 74° 5' wieder vor uns Eise besetzt. Indessen sahen wir das Schiff wieder vor uns, auch auf den Eisschollen die auf- und abklimmenden Seehunde spielen, und da in den folgenden Tagen das Eis wieder lose ward, arbeiteten wir unermüdet zwischen den treibenden Schollen hin, um heraus zu kommen. Eis und beständiger dicker Nebel, der nicht die geringste Aussicht gestattete, hinderten uns daran. Am 17. sahen wir einige Fische, hatten am 18. starken Regen bei Ostwind, welcher nach und nach stärker ward und uns die erste recht rauhe Winterluft zuführte. Den 20. bemerkten wir wieder einige Seebewegung, hatten starke Nebel, zogen uns jedoch an Leinen nordwärts, verloren das vierte Schiff abermals aus dem Gesicht und waren auf der Höhe von 73° 48'.

„Bei allen diesen Mühseligkeiten wollte das Glück, dass wir gar keinen Schnee hatten, obwohl uns der beständige Nebel beschwerlich genug war, indem er entweder wie Reif oder als Glatteis an das Schiff und an die Tauwände desselben so stark sich anlegte, dass diese wie Broterwände und jenes wie ein Eisberg erschien. Alle Rollen und auch das Braspill wurden ganz fest und wir mussten, wenn es nöthig war, solche mit Schlagen und Stossen beweglich zu machen suchen, ja endlich mussten wir die Rollen in den Kloben mit glühendem Eisen aufthauen.

„Nunmehr hatten wir seit einiger Zeit auch eine Art von Dämmerung verspürt, jedoch wegen des Nebels, der oft um Mittag grosse Dunkelheit erzeugte, konnten wir das nicht genau bestimmen. Wir erhielten aber am 21. klare, heitere Luft, hatten zum ersten Mal entschiedene Nacht und sahen mit ihr die ersten Sterne. Der Winter stellte sich mit heftigem Froste ein. Gegen das Ende des August verloren sich auch alle Vögel und selbst die Seehunde, zum betrübten Zeichen für uns, dass der volle Winter eingetreten war. Andererseits liessen sich viele Falken blicken, was sonst hier den Fischern etwas Ungewöhnliches ist, und wir wurden gewahr, dass wir bei stillem Wetter mit dem grossen Eisfelde, in welches wir eingesperrt waren, immer mehr gegen Süden hinunter getrieben wurden, wie denn bekanntlich die See hierselbst einen beständigen Strom von Nordosten gegen Südwesten hat. Zuweilen hörten wir, nicht ohne Vergnügen, das Blasen

oder Brausen der Walfische, jedoch wegen der grossen Eisberge, welche uns umgaben, konnten wir sie nicht sehen.

„Am 2. September spürten wir abermals Seebewegungen, nach welchen sich die Eisberge noch höher aufthürmten, weil der Wind bei uns immer nördlich und östlich blieb, während er ohne Zweifel in der See westlich war. Den 6. sahen wir unser viertes Schiff, merkten den 10. wieder Seebewegungen mit gleichem Erfolge, trieben immer etwas südlich fort und fanden uns den 14. auf der Höhe von 73°.

„Bis zum 18. hatten wir südöstlichen Wind mit starkem Froste und wurden nunmehr in dem Eise gänzlich fest. Den 19. September gingen sechs Mann von „Freerk Broersen's" Schiff ab, um übers Eis das in unserm Gesichte liegende vierte Schiff zu besuchen. Sie kamen von ihrem äusserst gefährlichen Spaziergange in zwei Tagen wieder zurück und berichteten, dass Freerk Pieters der Kommandeur sei, dass das Schiff eben so fest als die unserigen liege, dass es nicht mehr Proviant als wir habe und dass die Leute nicht weniger als wir besorgt wären.

„Am 20. fiel sehr gelindes Wetter ein, so dass das Eis, welches unser Schiff zunächst umgab, ganz mürbe ward und wir den uns nöthigen Wasservorrath einnehmen konnten. Allein wieder eintretender starker Frost machte uns in wenigen Tagen eben so fest. Wir lagen am 24. auf 72° 30', am 25. auf 72° 19', am 27. auf 72° 15' und merkten, dass unser Kompass eine Abweichung von 3 Strichen, das ist etwa von 34 Graden, hatte. Der 29. schenkte uns mit starkem Südwest-Winde ein sehr gelindes Wetter, allein obgleich den 30. der Wind noch stärker wurde und viel Regen fiel, auch die See recht merkliche Bewegungen hatte, so blieben wir doch immer fest. Mit dem Anfange des Oktober blieb zwar die Witterung gelind, auch ward die Seebewegung viel stärker, aber am 4. erhob sich wieder Wind aus Nordosten, der Frost ward heftig, in der Nacht fiel zum ersten Male ein starker Schnee und wir verloren am 5. den Kommandeur Freerk Pieters mit seinem Schiffe gänzlich aus unserem Gesicht.

„Bis zum 16. veränderliche Witterung mit Südsüdwest-Wind, welcher das südwärts getriebene Schiff wieder auf 72° 24' hinauf jagte. Wir erblickten Jan Mayen-Eiland gegen Südsten und hatten etwa 14 Stunden Nacht. Am 23. kamen übers Eis kleine Füchse zu uns, deren wir nach und nach 18 schossen und verspeisten; in der Nacht hörten wir das Blasen der Walfische, lagen auf 71° 14' und schätzten, dass wir etwa 8 Meilen von Jan Mayen-Eiland wären. Am 24. theilte ich meine letzten drei Fässer Brod oder Schiffszwieback unter meine Leute aus, machte die Einrichtung, dass täglich nur eine gewöhnliche warme Mahlzeit und eine von gebratenen Walfischschwänzen gehalten werden sollte. Der Versuch ward sogleich, machte das Volk speiste mit vielem Wohlgeschmacke, befand sich auch überaus wohl dabei, ja ein Mann, der am Scharbock hart darniederlag, ward davon zuschends besser und erlangte seine völlige Gesundheit in wenigen Tagen wieder. Ich sagte dann meinen Leuten, dass wir noch einen ansehnlichen Vorrath von allerhand Lebensmitteln hätten, so machte ihnen den Überschlag, dass, wenn es auch nicht möglich wäre, aus dem Eise zu entkommen, wir dennoch bei unseren so eingerichteten Mahlzeiten gewiss bis zum Ende des Februarmonats auslangen, auch unterdessen ohne Zweifel so weit gegen Süden abgetrieben sein würden, dass wir Land erreichen und uns übers Eis nach Island retten könnten. Mein Volk war in der Folge bei dieser Kost so wohl vergnügt als nur immer bei der gewöhnlichen Schiffskost und half sich den Umständen nach so gut, als ich es nur wünschen mochte. Als es an Thee gebrach, wurden pockhölzerne Schiffsrollen geraspelt und dafür Thee mit vieler Zufriedenheit getrunken. Es fehlte Tabak und man rauchte die Rinde, welche von den Reifen oder Tonnenbändern abgeschält wurde.

„Am 26. theilte ich Branntwein rationenweise aus und setzte ein Oxhoft Bier für zwölf Tage auf. Den 27. hatten wir einen hellen Tag, etwa 7 Stunden lang war.

„Vom 1. bis 10. November war wenig Veränderung. Der Nebel hielt an, der Frost war sehr heftig, der Tag war etwa 6 Stunden lang; Füchse und Bären liessen sich häufig sehen, vielleicht vom dem Geruche des gebratenen Walfischschwanzes angelockt. Letztere waren so scheu, dass man ihnen Nichts anhaben konnte. Nur Einer wagte es, nahe zum Schiff zu kommen, entfloh aber sogleich, als er Menschen erblickte. Am 12., als wir die Höhe von 70° 30' hatten, kam bei einem schweren Winde aus Norden die See wieder etwas in Bewegung. So lieb es uns nun war, wahrzunehmen, dass unser Eisfeld so merklich gegen Süden hinab getrieben ward, so aufmerksam machte uns andererseits die Entdeckung, dass unser Feld seine Richtung geändert und sich um 2 Striche, das ist etwa 22 Grad, herumgedreht hatte. Beides bestärkte uns in der Hoffnung, mit dem von Norden abgehenden Strome immer weiter gegen Süden, mithin unserer Befreiung auf die eine oder die andere Weise näher zu kommen. Am 13. ward sowohl der Wind als die Seebewegung stärker, wir sahen gegen Süden, ingleichen gegen Nordosten Wasser, jedoch bei der am 15. erfolgten Stille setzte sich Alles wiederum zusammen. Den 16. war unbeständiger Wind, heftige Kälte, auch etwas Bewegung in der See, welche jedoch am 17. so stark ward, dass sich das Eis trefflich zertheilte und unsere Schiffe in dem Eise wieder los wurden. Wir versäumten nicht, nach allen Kräften uns heraus zu arbeiten, hingen das Steuerruder ein und brachten Segel fest machen mussten. Diese und alles Tauwerk waren gefroren, wir hatten also dabei unglaubliche Arbeit.

„Am 19. Morgens kamen wir endlich aus der schweren Besetzung heraus. Mittags lief ich mit dem „wachenden Kranich" etwas gegen Süden. Es wehte ein starker Sturm aus Norden bei hoher Seebewegung aus Westen: beide Schiffe wurden öfter gegen einander etwas von einer Eisscholle an die andere geworfen, so dass wir sie an einer treibenden Eisscholle fest machen mussten. Den 20. Morgens befanden wir uns auf der Höhe von 68° 45', der Nordwind erhob sich noch stärker, die hohen Wellen der See giengen uns von Westen entgegen und wir hatten heftige Stösse auszustehen. Mein Schiff blieb indessen dicht, nur die Ruderpinne ward zerbrochen und mein Eisbrecher von dem Vorsteven gänzlich abgerissen. Es war noch immer Frost und der Tag nur etwa 4 Stunden lang. Abends glaubten wir, dass wir in offener See wären, liessen unser Schiff treiben und es waren noch alle Schiffe beisammen. Am 21. des Morgens sah ich meinen Kameraden, den „wachenden Kranich", nicht mehr, wohl aber noch den Kommandeur Freerk Broersen, welcher sein Schiff gegen Nordwesten antreiben liess, da ich hingegen gegen Südosten aus dem Eise herausseegelte. Ob er diess vielleicht aus Noth gethan, weil sein Schiff schon vorher etwas leck war und er es vielleicht deswegen auf der einen Seite halten musste, kann ich nicht beurtheilen. Es war keine Möglichkeit, zu ihm zu kommen, weil es sehr stürmisch war, auch die Nacht schon wieder herannahte, weswegen ich mit einem Foek- Besan- und grossen Mast-Segel meinen Lauf verfolgte. Den 22. schätzte ich, 6° 45' Länge und 67° 45' Breite zu haben. Das Wetter war gut, daher beschloss ich, meine Fahrt gerade nach Hause fortzusetzen, und brachte zu dem Ende mehr Segel bei. Da Alles gefroren war, hatten wir sehr saure Arbeit damit, die Segel beizubringen und die Beschädigungen auf dem Schiffe wieder herzustellen, womit wir rechneten, in 24 Stunden 17 Meilen rein gesegelt zu haben. Um desto mehr sorgte ich nun für meine Leute und verordnete, dass täglich wiederum drei Mal warme Speise gehalten wurden. Sie hatten noch alle Brod von der letzten Austheilung und einige, die gut gewirthschaftet hatten, waren noch sehr reichlich damit versehen. Am 23. ward das Wetter gut, der Wind Südsüdwest, unsere Länge auf 7° 30', die Breite auf 67° geschätzt. Wir bekamen ein Leck am Backbord (an der linken Seite des Schiffes), weshalb wir, um das Schiff wasserfrei zu erhalten, beständig eine Pumpe gehen lassen mussten.

„Am Morgen des 25. heftiger Südsüdost-Sturm, so dass alle unsere Segel fortgingen, eine unter dem sogenannten Galgen hängende Schaluppe ward über das Schiff hinschlagende hohen Wellen abgerissen, zwei Schaluppen auf dem Verdeck in Stücke zerschlagen und dabei die Bolzen, womit sie auf demselben befestigt waren, theils zerbrochen, theils herausgezogen wurden. Ich schätzte unsere dermalige Länge auf 10° 30' und die Breite auf 66° 48'. Den 26. und 27. dauerte der Sturm aus Nordnordwesten fort. Wir trieben vor einem Besan, weil wir bei solchem Wetter keine Segel mehr beibringen konnten. Den 28. erlaubte uns der Sturm aus Südosten, Mittags aus Nordnordwesten, Abends aus Nordosten gehender mässiger Wind, mehrere Segel beizubringen. Wir schätzten unsere Breite auf 64° 40', die Länge auf 12°. Am 29. hatten wir gutes Wetter mit bequemem Winde, kamen etwa 20 Meilen fort, auf die Breite von 63° 45' und die Länge von 14° 30', segelten den 30. ungefähr 24 Meilen bei steifem Winde und schätzten nunmehr unsere Länge auf 16° 30', die Breite auf 61° 30'. Der 1. December brachte uns auf der geschätzten Länge von 17°, Breite von 59° 20' in die Nordsee. Ich liess die Taue in die Anker bringen und hatte den 2. Nordnordwest-Wind mit Regen, doch mitunter so gutes Wetter, dass ich zum ersten Mal wieder eine feste Sonnenhöhe von 57° 47' nehmen konnte, wobei ich die Länge auf 18° 30' berechnete. Wir hatten auch die Freude, drei Schiffe in der See zu sehen. Den 3. liefen wir über den Doggers-Sand hin, fanden 21 bis 22 Faden Tiefe, 55° 48' Minuten Breite, 19° Länge und am 4. mit südlichem Winde bei gutem Wetter etwa 22 Faden Wasser, eine Breite von 54° 15' und eine Länge von 22° 30'.

„Den 5. des Morgens sahen wir voll Freuden das Feuer von Helgoland. Um Mittag kam eine Fischerschaluppe von Helgoland an Bord, welche ich mit einem Briefe an meinen Schiffspatron, Herrn Berend Roosen, abfertigte; Abends ging ich zwischen Helgoland und der Elbe auf 9½ Faden Tiefe vor Anker. Den 6. nahm ich zwei Helgoländer Lootsen an Bord, lichtete die Anker und kam Abends vor die Mündung der Elbe. Den 7. des Morgens erreichten wir die Elbe, gingen Abends bei Freiburg vor Anker, segelten den 8. bis Glückstadt und mussten widrigen Windes und des abgehenden Treibeises wegen vom 9. bis zum 12. stille liegen. Den 13. ging der Wind nach Westen um. Ich liess um 1 Uhr Mittags die Anker lichten und kam, unerachtet bei Wittenberg und Schulau uns sehr vieles Eis entgegen trieb, dennoch Abends um 6 Uhr wohlbehalten vor Hamburg an, nachdem ich just 8 Monate auf meiner, obwohl beschwerlichen, dennoch gesegneten und durch Gottes Güte wohl ausgeschlagenen Reise zugebracht hatte. Meine Mannschaft war, Gott Lob! sämmtlich gesund.

„Als wir auf die Elbe kamen, hatten wir noch Brod und einen guten Vorrath von Fleisch, Stockfisch, Erbsen und anderen gewöhnlichen Schiffsviktualien. Mein Schiffsvolk, welches nunmehr für 7 Monate Monatsgelder und für vierzehn Fische Fischgelder zu empfangen hatte, ward noch denselben Abend abgelohnt und ging mit lautem Jubelgeschrei von Bord. Schon seit einiger Zeit hatten sie ihre Freude laut geäussert und durch Hurrahs die Freudenbezeugungen erwiedert, welche man uns auf dem Elbstrome häufig erwies. Denn die Schiffe, welche uns begegneten, und die Menschen an den Ufern, die uns aufkommen sahen, bewillkommten uns mit Zurufen, Freudenschüssen und dem Aufhissen von Flaggen, um ihren herzlichen Antheil an unserer Errettung zu bezeugen.

„In Hamburg vernahm ich zwar mit Vergnügen, dass das oft gedachte vierte Schiff des Kommandeurs Freerk Pieters, welches wir am 5. October aus dem Gesichte verloren, glücklich in Holland eingetroffen sei (nach „De Walvischvangst", Theil IV, S. 17, kam das Schiff „De Vrouwe Maria", Kommandeur Frederich Pieters, am 16. November aus der Besetzung und, nachdem es viele Gefahren überstanden, am 5. Dezember glücklich in Texel an), hätte aber geglaubt, meinen Kameraden, „den wachenden Kranich", welcher vermuthlich eher als ich aus dem Eise kam, schon vorzufinden. Ob die Hand Gottes, den wir wider alles Vermuthen errettet, auch ihn nebst dem Kommandeur Broersen zurückführen werde, müssen wir erwarten. Gefahr haben es gewiss genug gehabt. Es ist kaum glaublich, dass ein Schiff solche Gewalt ausstehen könne, als wir von den durch Sturm und Wellen auf uns geworfenen Eisschollen gelitten haben. Nur gar so oft glaubten wir den letzten Stoss empfangen zu haben. Hierzu kam die von Nebeln begleitete fürchterliche Kälte, welche uns kaum verstattete, die Hand an Etwas zu legen, auch war Alles, was man nur anfasste, Eis. Die Kälte war im November so gross, dass alle Nathen oder Fugen im Obertheile des Schiffes sich öffneten, und zwar mit einem Knalle, der einem Pistolenschuss gleich war, so dass wir oft meinten, das ganze Schiff würde mit einander bersten. Diese offenen Nathen waren nachher, als wir wieder ins Wasser kamen, eben so viele Lecke, die sich aber, als unser Schiff allenthalben von Wasser umgeben ward, von selbst wieder zusammenzogen. Bei dieser grossen Kälte, in welcher auch alle inneren Wände des Schiffes durchaus mit Eis überzogen wurden, ingleichen alle unsere Wassergefässe zu Grunde ausfroren, machte ich meinen Leuten Zwischendecks-Verkleidungen von unseren Segeln, wodurch die Kälte doch so weit abgehalten ward, dass sie sich darinnen bergen konnten. Sie hatten gefror selbst in der Küche Alles, obgleich bei noch ansehnlichem Holzvorrath darin beständig Feuer gehalten ward. Als etwas Sonderbares habe ich noch bemerken, dass wir in der ganzen Zeit, die wir im Eise zubrachten, kein Nordlicht sahen. Das erste erblickten wir wiederum, als wir in die offene See kamen. Sonst hatten wir sehr starkes sogenanntes Eisblinken und der Mondschein war viel heller, als er bei uns gewöhnlich ist. Die Sterne erschienen uns immer feuerroth, ohne Zweifel von dem Nebel, welcher nie gänzlich verging, wenn auch das Wetter hell war. Die Sonne erschien immer gross, wie es der Fall ist, wenn sie dem Horizonte nahe ist, doch nur bleich und nie so roth wie die Sterne.

„Die höchste erreichte Breite war den 12. Mai, nämlich 79° 30'".

Fahrt und Abenteuer des Hamburger Schiffes „Sara Cecilia" 1777. — Ein dritter Bericht ist die „Wahrhafte Nachricht von den im Jahre 1777 auf den Walfischfang nach Grönland abgegangenen und daselbst verunglückten fünf Hamburger Schiffen, gezogen aus dem Journal des

Küpers Jürgen Röper auf dem Schiffe genannt Sara Cecilia,
Kommandeur Hans Pieters. Altona 1778".

„Anno 1777, den 14. März, gingen wir mit oben benannten Schiffen nebst verschiedenen anderen Seglern von der Elbe in die See und setzten unseren Kurs nach dem Orte unserer Bestimmung fort, bis wir endlich an und in dem Eise nach der Gegend von Spitzbergen gelangten, wobei keine sonderlichen Vorfälle sich zutrugen. Im Monat Juni, ungefähr gegen den Johannistag, gerieten wir im Gesicht des Landes Geel Hamkes in Gesellschaft von 27 Schiffen verschiedener Nationen in Besetzung und blieben ohne merkliche Veränderung bis den 29. Juli insgesammt liegen. An diesem Tage verspürten wir bei stillem Winde einen entsetzlichen Druck des Eises an unserm Schiffe, so dass wir in Gefahr waren, solches zu verlieren. — Im Anfang des August öffnete sich das Eis einigermaassen um und neben uns. Wir waren daher bemüht, vermittelst der Schaluppen und Ziehen mit dem Tauwerk das Schiff aus der Besetzung zu bringen, welches in dem Gesichte von Island geschah, es wollte aber unser Vorhaben nicht gelingen. Wir verloren bei dieser Begebenheit die meisten mit uns in Besetzung gewesenen Schiffe aus den Augen, nur blieben unser Schiff nebst vier anderen Hamburgern, nämlich dem „Jakobus", „Die zwei Hermanns", „Frau Clara" und dem „Mercurius", bei einander liegen.

„Am 20. des gedachten Monats gingen bei einem heftigen Sturme, durch die Dünung des Eises, die beiden Schiffe „Jakobus" und „Die zwei Hermanns" verloren und unser Schiff bekam dadurch eine grosse Öffnung auf der Steuerbords-Seite und es zerbrachen zwei Knie im Raum; nichts desto weniger bekamen wir von den beiden verunglückten Schiffen einige Mannschaft an Bord und wurden daher mit im Unsrigen 70 Mann stark. Wir hatten also diesen Tag genug zu schaffen, durch beständiges Pumpen unser Schiff von Wasser leer zu halten, und arbeiteten sowohl diesen Tag als den folgenden, die Schaluppen, Lebensmittel und Güter auf dem Eise in Sicherheit zu bringen. Andere aber waren beschäftigt, die Öffnungen am Schiffe dicht zu machen. Wir kamen auch damit so weit, dass wir die aus dem Schiffe gesetzten Güter am 22. wieder übernehmen konnten. Unser Kommandeur wurde von Sorgen und Grämen, auch durch den schon vor einiger Zeit aufgetretenen Skorbut, von Tag zu Tag immer schlechter, bis er endlich an dieser seiner Krankheit am 20. September des Mittags zu unserer allseitigen Betrübnis seinen Geist aufgab.

„Wir trieben also mit dem Schiffe im Eise nebst den zwei übrigen, hatten bis den 30. desselben Monats immer Geel Hamkes und Island westwärts hin im Gesichte. An diesem Tage entstand ein heftiger Wind aus Osten und gingen damit alle drei Schiffe auf einmal verloren, wodurch unsere Noth den Anfang nahm. Wir brachten von unserm versenkten Schiffe alle Schaluppen, Lebensmittel und Güter, so viel nur immer möglich war, auf das Eis und weil wir nicht weit von der offenen See entfernt waren, so bemühten wir uns, eine Schaluppe mit einer Tonne Brod und einem Fässchen Butter eiswärts einzubringen, und redeten dem übrigen Volke zu, unserm Beispiele zu folgen; aber es half hier bei ihnen keine Vorstellung noch Bitten, sondern sie blieben bei dem Gute und den Lebensmitteln liegen, sonst hätten wir weit mehr Schaluppen und andere Nothwendigkeiten retten können, welches ihre Widerspenstigkeit verhinderte.

„Die Dünung des Wassers war so ausserordentlich, dass wir bei unseren geborgenen Schaluppen, zu die 60 Mann stark, die folgende Nacht auf dem Eise im Wasser stehen mussten, und hatten unaufhörlich Nichts als unsern Tod vor Augen. Tags darauf, den 1. October, wurden wir noch eine Schaluppe im Eise gewahr, es begaben sich einige Leute von uns selbige zu holen, dabei aber im Hingehen hatten zwei von ihnen das Unglück zu ertrinken, die übrigen kamen mit der Schaluppe wieder zu uns. Wir waren auf verschiedene Schollen Eis vertheilt und bei diesen beide Schaluppen befanden sich in Allem 21 Mann. Den 2. erblickten wir noch eine Schaluppe in offenem Wasser. Wir bemühten uns, mit den beiden Schaluppen dahin zu kommen, fanden aber, dass dieselbe in Stücken und unbrauchbar war, und da wir wegen eines entstandenen Windes nicht wieder auf das Eis kommen konnten, mussten wir die ganze Nacht in See verweilen, wobei wir einen Mann verloren. Am andern Morgen wollten wir wiederum nach den Hinterlassenen auf dem Eise keine Öffnung im Eise finden. Wir segelten also am 3., so wie das Eis trieb, neben demselben, auch zuweilen in gefundenen Öffnungen zwischen dem Eise, um wieder zu den unserigen Zurückgebliebenen hin zu gelangen; es war aber durchaus unmöglich, und sie konnten gleichfalls nicht zu uns kommen, obgleich wir ihnen durch Rufen und Schreien solches

zu erkennen gaben, bis wir sie endlich gar vermissten. Da wir aber am 5. nicht weiter im Wasser fortkommen konnten, bemühten wir uns, gegen Abend die Schaluppen auf das Eis zu bringen. Am 6. waren wir geschäftig, die Schaluppen von einer Eisscholle auf die andere fortzuschleppen, um nach dem Lande, welches wir immer im Gesichte hatten, zu gelangen. Wir waren aber durch unendliche Arbeit, Hunger, Kälte und schlaflose Nächte dergestalt abgemattet, dass wir solches unterlassen mussten. Auch waren die Schaluppen schon durch das Auf- und Abbringen so sehr beschädigt, dass wir sie fernerhin nicht mehr im Wasser gebrauchen konnten. — Den 8. begaben sich acht Mann von uns weg, um einen Versuch anzustellen, das Land zu erreichen, welches Unternehmen die Ursache gewesen, dass wir sie nachher aufsuchen liessen."

Landung der Schiffbrüchigen von der „Sara Cecilia" in Grönland. — Den 9. Okt. gingen wir Zurückgebliebenen von den Schaluppen ab nach dem Lande zu und erreichten am dritten Tage, den 11., eine in der See gelegene ziemlich hohe Klippe, allwo wir aus Mangel aller natürlichen Speisen von Muscheln, Kräutern und kleinen Beeren, den hiesigen Wachholderbeeren gleich, zwölf Tage lang unser Leben aufhalten und des Nachts zum Schlafen solche Örter an den Felsen suchen mussten, wo wir, von Schnee und Wind befreit, schlafen konnten.

„Den 23. des Morgens um 10 Uhr kam ein wilder Mann mit seinem kleinen Schuitchen zu uns gerudert, er konnte aber so wenig unsere Sprache als wir die seinige verstehen, doch gab er uns mit Deuten und Zeichen zu erkennen, dass er wieder kommen und uns abholen wolle, auch gegen Abend mit zwei von ihren Schuiten, deren sich ihre Frauen bedienen, zurück. Die Frauen ruderten, in jeder Schuite war ein Mann, der das Steuer regierte. Wir stiegen also in Gottes Namen zu ihnen, in jede Schuite sechs Mann, und kamen darauf meiner Meinung an die Insel Kap Farwel um 11 Uhr glücklich an. Wir waren von Hunger und Kälte so sehr abgemattet, dass wir nicht nach ihren Wohnungen hinzugehen vermögend waren, sondern wurden vielmehr von den Frauen einer nach dem andern getragen. Sie erquickten uns darauf mit ihrer gewöhnlichen Speise, nämlich Robbenfleisch und Speck, und anstatt des Brodes mit kleinen getrockneten Fischen. Wir stillten so viel wie möglich unsern Hunger und schliefen darauf die Nacht ziemlich ruhig. Den folgenden Morgen wurden wir von einem dänischen Mann, der von Sr. Königl. Majestät von Dänemark seiner Herrnhutischen Rede nach beordert war, die dortigen Heiden zum christlichen Glauben zu bringen, nach seiner Wohnung mit geführt. Er labte uns mit Kaffee und etwas Grütze und wiederholte solches jeden Morgen unseres Aufenthalts daselbst, gleichwie er die acht Mann, welche vorhin von den Unserigen allda angekommen, bewirthet hatte. Die ungewohnte Kost der Wilden war zwar anfänglich uns sehr zuwider, es versüsste uns aber der Hunger die ekelhafte Speise und wurde ihrer nach und nach gewohnt. Allein der Vorrath, welchen die Leute davon hatten, war nicht zureichend, so viele fremde Gäste in die Länge damit zu versorgen, wenn sie nicht am Ende selbst mit den Ihrigen Mangel leiden wollten, weshalb wir uns gefallen lassen mussten, nachdem wir uns zwei Tage bei ihnen aufgehalten hatten, von ihnen nach einer andern Insel, die einige Meilen von ihnen abgelegen war, mit ihren Schuiten gebracht zu werden. Auf dieser Insel, Julianen Hoop, war eine kleine Dänische Kolonie, allwo wir aus Mangel an Lebensmitteln nicht länger als einen Tag verweilen konnten. Von da wurden wir von den dortigen Wilden, so zu sagen, stationsweise von dem einen Orte zu dem andern fortgebracht, bis wir endlich in der 50 Meilen weit entfernten Kolonie Friedrich's Hoop kurz vor dem Weihnachtsfest ankamen.

„Auf dieser langen, beschwerlichen Wasserfahrt lebten wir beständig in grosser Noth und Elend und waren die meisten Wilden, die uns transportiren mussten, äusserst verdrossene Leute und gaben uns kärglich mit ihrer Speise, so dass wir das Robbenfleisch und den Speck, ingleichen das Fleisch von ihren geschlachteten Landhunden mit unsern Kleidern vom Leibe austauschen und auf das Theuerste von ihnen kaufen mussten, wodurch es denn geschah, dass wir fast nackt und bloss in dieser Kolonie ankamen. Hier veränderten sich einigermaassen unsere Lebensart und Umstände. Denn wir erhielten nunmehr gleich Anfangs ein Jeder zu zwei Hemden Leinwand und, um unsern Leib zu bekleiden, sieben Robbenfelle nebst einem Paar wollenen Strümpfen. Die Hemden mussten die wilden Frauen nähen und aus den erhaltenen Fellen Stiefeln, Hosen und Rock oder, wie sie es nennen, Koppeldeck verfertigen, und damit dieselben uns nicht lange damit aufhalten möchten, so munterten wir sie mit Tabak, welchen wir aus der Kolonie bekamen, zu fleissiger Arbeit auf. Zur benöthigten Speise bekamen wir während der Zeit unseres Hierseins wöchentlich der Mann 4 Pfund Roggen-Hart-brod, 4 Pfund Schweinespeck, 1 Pfund Schaffleisch nebst etwas Grütze und Erbsen, womit wir zur Noth unsern Leib erhalten konnten.

„In dieser Kolonie waren wir also von Weihnachten 1777 an bis zum 7. April 1778, an welchem Tage wir mit einem von da nach Kopenhagen bestimmten Schiffe, kommandirt durch Kapitän Jakob Jürgen List, abgingen und wegen eines in See erhaltenen Lecks mit göttlicher Hülfe zu Bergen in Norwegen am 15. Mai glücklich anlandeten.“

Verschiedene Grönländer Schiffs-Nachrichten. — Endlich theile ich eine Zusammenstellung aus den Grönländer Schiffs-Nachrichten aus älterer Zeit mit, so weit ich solche habe zusammenbringen können. Ich gebe dieselben in ihrer ursprünglichen chronikartigen Form.

Im Jahre 1690, gegen die Zurückkunft der Grönlandsfahrer, legte sich der Französische Freibeuter Jean Bart vor die Elbe und hielt neun Schiffe an, von denen er die Kommandeure wegnahm, bis sie sich ranzionirt hatten. Die Ranzion betrug 106.500 Mark.

Im Jahre 1694 gingen die Hamburger Schiffe unter Bedeckung des Convoy-Schiffes, Kapitän Michael Schröder, und zahlten dafür 15.000 Mark. Die Bedeckung erhielten sie auch in den beiden folgenden Jahren gegen gleiche Vergütung.

Im Jahre 1697 wurden die Hamburger Schiffe von beiden Hamburger Convoyen unter den Kapitänen Kaspar Tamm und Michael Schröder bis nach Grönland und zurück bedeckt. Für Convoy-Geld wurde dem ersten 15.000 Mark, dem zweiten 36.000 Mark bezahlt. Die 54 Hamburger und 15 Bremer Schiffe kehrten mit reichem Fange heim.

Im Jahre 1702 gingen die Hamburger Schiffe ohne Convoy aus, wurden aber bei ihrer Zurückkunft von Kapitän Schröder bedeckt.

1705 kamen die Hamburger und Bremer Schiffe unter Holländischer Convoy nach Hause. Das Schiff „Endracht“, Rheder P. Löning, Kommandeur Johann Meyer, beladen mit 17 oder 19 Fischen, gab sich vor der Weser von der Convoy ab, wurde von den Franzosen genommen und zu Dieppe aufgebracht.

Im Jahre 1724 wurden zwei Schiffe von Hamburg nach Island bestimmt, wovon eines ledig zurückkam und das andere einen Fisch und 35 Fass Speck hatte.

Im Jahre 1725 brachte das Bremer Schiff „Der Bloompott“, Kommandeur D. Tegeler, Director J. B. Müllhausen, einen „Combaers“ (Cambaers)[1], wovon ein Holländischer Kommandeur den halben Antheil prätendirte; es kam zum Prozess, der „Bloompott“ wurde im Hafen mit Arrest belegt, wo er bis 1743 lag und dann als unnütz weggebracht und geschleift wurde.

[1] Ich habe nicht auffinden können, welche Art von Thranthieren bei den Fischern diesen Namen führte, doch war es jedenfalls eine kleinere Art von Walfisch, vielleicht Delphinus Tursio, der neben dem mysticetus noch jetzt Gegenstand unserer Fischerei ist.

1726 wird berichtet, dass das Eis sehr stark gewesen sei. 20 Schiffe wurden vom Eise besetzt und 40 bis 50 Meilen vertrieben. Die meisten haben am 2. und 3. August eine Öffnung gefunden und sich aus dem Eise herausgearbeitet, zwei Hamburger aber sind sitzen geblieben und mit aller Mannschaft verunglückt.

1741. Das Hamburger Grönlands-Schiff „Die Martha“ wurde am 10. November zu 3600 Thaler und die „Katharina Maria“ zu 2300 Thaler verkauft.

Das Bremer Schiff „Wapen von Bremen“, Kommandeur Köper, Director Müllhausen, ist am 6. Januar 1752 an der Thranbrennerei vom Stapel gelassen, kostete frei in See circa 18.000 Thaler und ist 1755 für 2000 Thaler verkauft; es wurde durch Martin Menke gebaut und war so rank, dass es keinen Fisch überwinden konnte, es wurden Taschen daran gemacht, um es einigermaassen dienstbar zu machen.

Das Schiff „Wapen von Bremen“ konnte 1753 nicht über die „Egge nach Ronnebeck“ kommen, blieb bis zum 7. Mai sitzen und kam erst am 16. Mai in See. Es brachte doch noch drei Fische zurück.

In den Jahren 1761 bis 1764 ist von Bremen keine Fahrt nach Grönland gewesen.

Das Schiff „Der Roland“ wurde im September 1773 unter Jütland von einem Sturme befallen, in welchem es sein Fleth und zwei Anker verlor, demnach vor Wrack in Husum eingebracht, von wo es am 23. Oktober auf der Weser ankam, hatte mit einem Schiffe „von der Oost“ einen Fisch gefangen, davon Lambke, der Kommandeur, die Hälfte der Barten brachte, der Thran aber des ganzen Fisches war in dem Ooster Schiffe.

Das Bremer Schiff „Argus“, Kommandeur Jan Mangels, Director Br. Seekamp, war verdoppelt, hatte aber, als es in See kam, ein offenes Leck, so dass sie die ganze Reise pumpen mussten.

Den 15. April 1780 verlor dasselbe Schiff zwei Schaluppen im Eise, weshalb es nach Hause zu kommen genöthigt war. Weil die Frachten hoch waren, fuhr der „Argus“ auf Kauffahrtei. Das Bremer Schiff „Der Roland“ war ein altes fuhres Schiff mit einer Eichenhaut. Als es nach dem Hafen gebracht werden sollte, kam es am 3. Oktober unweit der Marckgeeren an der Stedinger Seite auf Grund, „zerbrach den Rücken“ und sank. „Der Rumpf wurde für 36 Thaler verkauft, es konnte aber wenig herausgebracht werden.“

Jan Backer, Kommandeur der „Lucia Margreta“, Director J. & D. Lankenau in Bremen, hatte, nach den Aussagen verschiedener seiner Offiziere, sich auf der Reise nicht wohl betragen, einige sagten, er wäre krank, andere, dass er berauscht gewesen, die meiste Zeit sei er in der Kajüte gewesen und habe Niemandem das Kommando übergeben, das

Schiff sei nicht weit genug und zwar nur vom 16. Mai
bis zum 16. Juni im Eise gewesen, und also sei das Volk
in Unthätigkeit geblieben. Er wurde von der Rhederei
abgesetzt.

Das Bremer Schiff „Lucia Margreta", Kommandeur
J. Mangels, Directeur D. Lankenau, kam am 13. März
1787 wegen Sturmes mit einem Leck zurück und wurde
gekielholt. Der Kommandeur Jan Mangels wurde abgesetzt
und statt seiner Dierk Gleistein zum Kommandeur ernannt.
Mit ihm ging das Schiff am 10. April wieder in See. Die
Havarie betrug circa 1400 Thaler. Am 31. Juli kam es
zurück ohne irgend einen Fang.

Das Schiff „Der Morgenstern", Directeur Schröder und
Dorbeck in Bremen, Kommandeur Jan Jessen, hatte bei
Bergen einen heftigen Sturm gehabt, wodurch es das Bugspriet und alle Masten verloren hatte. Es lief in Glückstadt am 14. März ein, wurde daselbst reparirt und ging
am 8. April wieder in See. Die Havarie betrug circa
6000 Thaler. Dagegen betrug der Werth des von dem
Schiffe heimgebrachten Segens 9541 Thaler 65 Groten.

Das Schiff „Der vergüldete Robbe", Kommandeur Henr.
Jaborg, hatte in einem Sturme seine vier Schaluppen verloren, es kam am 18. März auf die Weser zurück, nahm
vier neue Schaluppen wieder an Bord, ging den 12. April
wieder in See und kehrte am 31. Juli leer wieder zurück.

Das Bremer Schiff „Der vergüldete Walfisch" litt im
Eise einen so heftigen Stoss am Boeg, dass die ganze Reise
über gepumpt werden musste und das Schiff mit genauer
Noth wieder auf der Weser ankam. Der Kommandeur erklärte sogleich, dass er mit diesem Schiff nicht wieder nach
Grönland fahren wolle, und bei genauer Untersuchung wurde
es auch für untüchtig befunden, daher beschloss die Rhederei, weil kein taugliches Schiff zum Grönlandsfahrer zu
kaufen sei, ein neues bauen zu lassen. Es wurde demnach
mit dem Zimmermeister Janssen ein Kontrakt geschlossen,
worin er versprach, im November 1797 einen Rumpf von
circa 230 Lasten zu liefern, wogegen ihm die Rhederei
9700 Reichsthaler ausgelobte. Weil aber das Schiff nicht
zeitig genug fertig wurde, so konnte es Anno 1797 nicht
nach Grönland kommen.

Das Bremer Schiff „Endracht" wurde im Jahre 1799 zu
18.500 Thaler verkauft und sollte zu einer Unternehmung
nach West-Indien gebraucht werden, das Fleth aber behielt
die Rhederei. Die Unternehmung für dieses Schiff zer-
schlug sich und es machte unter dem Namen „Visurgis"
eine Reise nach Ost-Indien, danach wurde es wieder zu
einem Grönlandsfahrer eingerichtet und ging 1803 nach
Grönland.

Aus alten Schiffs-Journalen von Grönlandsfahrern. —
An diese bunte Auswahl Grönländischer Schiffs-Nach-

richten möge sich noch ein Blick in einige alte Schiffs-Journale schliessen, welche, in Familienpapieren wohl verwahrt,
mir durch die freundliche Vermittelung des Herrn Pastor
Freerks zu St. Johann, Wyk auf Föhr, zugänglich gemacht
wurden.

Es sind zuerst die Journale „gehalten von dem Kommandeur[1]) Volckert Boysen auf dem von Hamburg fahrenden Schiffe „De Sanct Peter", datirend aus den Jahren
1772; 1773, 1774, 1776, 1777, 1783, 1784, 1785 und
1786". Sie sind sauber und in einer äusserst accuraten
Handschrift geführt, und was in damaliger Zeit ein Seemann beobachten konnte, das Alles ist wohl hier getreulich
zu Buch gebracht. Wie auch jetzt noch geschieht, pflegten die Rheder ihr Schiff bei der Abfahrt noch eine Strecke
zu begleiten. „Des Nachmittags den 2. April 1772 kam
Herr Rowohl junior mit zwei Anderen bei uns an Bord und
segelten von Hamburg mit uns, die Glocke 4 fuhren sie
wieder neben Neuenstädten von Bord. Des Abends gegen
Sonnenuntergang kamen wir zu Twielenfleth zu Anker.
Am 4. ging das Schiff bei Freiburg zu Anker." Am 6.
heisst es: „Die Glocke 9 waren schon Coxhafen vorbei.
Hatten recht schön Wetter, die Glocke 11 fuhr uns Loets
ans Schiff, 1 Stund darnach passirten die Rothe Ton. Gott
gebe zu dieser Reise sein Glück und Segen und erhalte
uns alle bei Gesundheit, dass wir hier vergnügt wieder
anlangen mögen!" Dergleichen fromme Stossgebete und
Seufzer des gewiss in seinem innersten Herzen braven,
gottesfürchtigen Seemannes nehmen sich im Journal doch
zuweilen sonderbar aus, wenn es nachher gleich heisst:
„Schossen in der Geschwindigkeit einen Fisch fest", oder:
„Der Fisch lieferte so und so viel Heele und Piepjes Speck.
Gott segne unsern Fischfang weiter!"

Nächst den Angaben über den Zug des Schiffes füllen
die Bemerkungen über Wind, Wetter, Segelstellung, Seegang und Eis das Tagebuch. Durch Überschriften sind
die einzelnen Journale eingetheilt: „Auf die Hinreise nach
Grohnland. In die Nordsee. In die Spanische See & Trächter.
In Grohnland in's Eiss (loss Eis, Süd-Eis, West-Eis). Neben
oder bei Spitzbergen. Aussen vor's Eis. Auf die zu Hause
Reyss von Grohnland". — Charakteristisch sind die (zum
Theil Holländischen) Ausdrücke für die Wetter-Erscheinun-

---

[1]) Klefeker in seiner Sammlung der Hamburger Gesetze und Verfassungen, 1769, erklärt die Wahl des Wortes „Kommandeur" anstatt
„Schiffer" (Kapitän) so: Die Schiffer auf hansestädtischen Schiffen
mussten das Bürgerrecht gewinnen. Eine Ausnahme hiervon wurde bei
den Grönlandsfahrern gemacht. Sie waren meist Schleswiger, kamen
jedes Jahr für die Grönlands-Fahrt nach Hamburg und kehrten nach
vollbrachter Reise in ihre Heimath zurück. Sie wurden in den Seepässen nicht Schiffer, sondern Kommandeur (praefectus) genannt. Später
verfügte der Hamburger Senat, dass sie gegen angelobte Treue in Hand-
schlag und Schutz genommen würden, und sie wurden nun in den Hamb-
burger Seepässen „dieser Stadt Einwohner und Unterthanen" genannt.

gen, von welchen noch jetzt manche gäng und gäbe sind,
z. B.: der Wind war westlich mit geil Sonnenschein, hand-
sames Wetter, stiltjes, frische Kolte, flaue Kolte. Hatten ein
klein Lochtje aus Süden. Des Mittags gings Lochtje nach
Westen um (Windje, Wassertje). Der Wind schraelte
zum Nordosten. Der Wind schanfielte (scheuerte) zum
Westen. Der Wind krump ganz zum Nordnordwesten um.
Es war mistiges, dunkelhaftiges Wetter. Hatten billig gut
Wetter. Es wurde gewaltig dick mit einer starken Schnee-
jagd. Es wehte einen grossen Sturm. Es wurde büig.
Flammige (schneeflammige) Luft. Kriegten ein klein Blinkje.
Schneejagdiges, schneebrockiges Wetter. Es wehte einen
ganzen Sturm. Dann die Ausdrücke in Beziehung auf die
Lage und Beschaffenheit des Eises, die Schifffahrt und
Fischerei, z. B.: Vollhandig Eis, Packen-Eis be Oosten vor
uns. Bald kamen sie „in ein gross Räumte", bald „avan-
cirten" sie wieder langsam, weil sie zu Zeiten Eisdämme
durchbohren mussten (die Boote voran, das Schiff hinterher
geschleppt).

*Terminologie der Grönlandsfahrer in Bezug auf Eis und
Wetter.* — Die Ausdrücke Eisknollen, Bai-Eis, Packeneis,
Flarden, Felder, Schotsen führen uns zu einigen Bemerkungen über die Terminologie der Grönlandsfahrer in Beziehung
auf Form, Grösse und Beschaffenheit des Eises. Felder,
Flarden, Schotsen, loses Eis wurden von den Holländischen
Fischern nur nach der Grösse unterschieden. Ein Eisfeld
ist eine Eisfläche, die nach Schätzung mindestens einen
Umfang von $2\frac{1}{2}$ Meilen hat. Flächen, die nicht so gross,
doch mindestens $\frac{1}{2}$ Meile im Umfang, hiessen Flarden
(wiederum in grosse und kleine Flarden unterschieden),
kleinere Stücke hiessen Schotsen, und diese letzteren gemischt mit treibenden kleineren Schollen nannten sie loss
Eis. Die Fischerei an einem grossen, starken Eisfelde
schildern die Holländer als die „gemakkelykste"; denn wenn
der Fisch angeschossen sei und unters Eis gehe, müsse er
bald wieder zum Vorschein kommen, während ein dünnes,
mit Waken (Löchern im Eise) durchsetztes Feld ihm Gelegenheit biete, unterm Eise von Zeit zu Zeit auftauchend
zu schwimmen, und auf diese Weise werde die Verfolgung
des Fisches ausserordentlich erschwert. Das Bai-Eis werden wir beim Robbenfang noch näher kennen lernen. Die
Englischen whalers sprechen von einem ice-field, wenn vom
Krähennest aus die Grenze der Eisfläche nicht erschaut
werden kann; die floes entsprechen den Flarden, für Schotsen finden wir keinen Englischen Ausdruck, während Scoresby noch eine Reihe anderer Unterscheidungen kennt,
nämlich brash-ice, Stücke Eis, die kleiner als Treibeis,
die Fragmente von grösseren Stücken. Sludge nennt er
den Zustand der See, welcher unmittelbar der Bildung des
Bai-Eises vorhergeht, oder wenn sie in stürmischer Bewe-

gung ist. Sie ist dann durchsetzt mit zahllosen kleinen
Eiskrystallen, Schneeflocken und Resten von brash-ice,
welches vielleicht am treffendsten mit Brocken-Eis bezeichnet werden könnte. Andere Ausdrücke, wie Pack-Eis,
Land-Eis, sind bekannt, eben so übergehe ich andere von
Scoresby angeführte Bezeichnungen, da sie in das eigentliche seemännische Gebiet fallen. — Unser Kommandeur fährt
fort: „Segelten um ein Pönt (Vorsprung des Eises), machten
unter die Opper (leewärts) vor ein gross Flard fest. Kriegten gute Avantür auf Walfische. Sahen ein Loopje Walfische." Am 30. Mai 1772 heisst es: „Des Morgens der
Wind von Südwesten, machten loss und segelten um ein
Pönt hin, wo wir gleich ziemlich viel Walfische verspürten,
sahen auch gleich ein quettjen (grossen) Fisch in Ly vor uns,
waren so glücklich, dass wir da fest anrakten und ihn auch
binnen ein Glas, Gott sei gedanket! todt hatten, machten uns
Schiff da ans Feld fest, und als wir in Arbeit waren, uns
Flens-Gaat klar zu machen, schoss uns Schlup wieder fest,
welcher Fisch sich aber todt in die erste Harpon lief, mussten ihn also von die Grund aufwinden und hatten, Gott sei
gedanket, ihn gegen Abend todt auf die Seite; als wir aber
damit völlig klar, rakten wieder fest; sobald die Schlupen
nur von Bord, schoss noch einer von unseren Harponiers
in ein losen (einen bereits durch eine Harpune, die nicht
mehr in Verbindung mit einem Boot steht, angeschossenen)
Fisch mehr, welche beide wir auch mit der Geschwindigkeit todt hatten. Gott sei von Herzen gedanket für den
reichen Seegen, so er uns heute verliehen, und lasse es zu
unserm Nutzen anwenden." — „Wir hatten", heisst es öfter,
„eine schöne oder eine ziemliche oder auch reine billige
Verthierung von Walfischen". Öfter sind sie mit 30, 40,
ja 100 Schiffen, darunter viele Holländer und mancher
„Engelsmann". Gegenseitige Besuche („Kakauen") der Kommandeure finden öfter Statt, wenn Geschäfte und Witterung
es erlauben. „Wir prajten Jan Ricklefs oder Sev. Andre-
sen, Jürgen Jürgens, Claas Hoek" (von Bremen, Hamburg,
Glückstadt, Kopenhagen). Man lässt dem Andern die Goese
oder das Gösje (die kleine Signalflagge) zuwehen, man
empfängt gute oder schlechte Zeitung, lässt sich über die
Fischerei, die Lage des Eises und dergleichen berichten,
wie natürlich noch heute geschieht. Die Fischerei in Kompagnie mit zwei oder drei Schiffern (Mackerschaften) ist
nichts Seltenes und wir finden sie noch heute, z. B. unter
den im Ochotskischen Meere kreuzenden Walfängern. Der
Ertrag der Fischerei wird dann getheilt, daher finden wir
in den Tabellen oft „$\frac{1}{2}$ Fisch". „Machten mit L. Hen-
drich bis zu dem und dem Tage Mackerschaft", oder:
„sagten die Mackerschaft wieder ab." Auch schon vor der
Ausreise wird die Mackerschaft zuweilen abgeschlossen.

Der oben angeführte reiche Segen an Einem Tage ist

natürlich ein seltenes Ereigniss. Wenn auch die „Verthierung" gut und Loopje Fische zu sehen waren, so konnten sie häufig wegen vielen jungen Bai-Eises nicht daran kommen oder das Wetter war zu still oder der Fisch „lief zu hart". Einmal „lief der angeschossene Fisch sich unter einer Eisfeldkante todt, so dass sie einen grossen Wurf-Anker und Sandfass dabei einsenken mussten", um ihn todt herauf zu bekommen.

Zwischen dem 78. und 80. Breitengrad, nahe der Küste (dem „festen Wall"), nach Gissing so und so viel Meilen davon, legen sich die Schiffe in Buchten vor Anker, z. B. bei der Maleneu - Bai, beim Südhoek van's Forland, beim Uytkiek (Zeeuw'schen Uitkiek), bei Schmeerenborg und Mackelcouw. Von da aus senden sie ihre Boote auf den Fischfang aus (nach dem Vogelsang, Reenefeld, Rothganseu-Eiland) [1]. „Om die Oost" segelnd dringen sie häufig bis zum Nordosterland vor, das sie (1775) „klar van's Deck" sehen können. Landungen der Boote geschehen nur zu dem Zweck, um frisches Wasser einzunehmen. Gelegentlich bringen die Boote kleine Jagdbeute mit.

Auch nach der Ostküste von Grönland streifen die Schiffe auf ihren Fischjagden. Am 16. Juli 1773 heisst es: „Des Vormittags klarte es durch, sahen das Gale Hamkes Land hoch und klar von die Hütt, welches wir nach Gissing nur 4 bis 5 Meilen von uns hatten, das Eis aber lag an's Land, dass so zu sagen auch nicht weiter für uns kommen war, machten los und setzten es bei der Wind ostw. über, wo wir J. Jansen und J. K. Kastrikum vorfunden und ich bei Ersterem des Nachmittags an Bord war, mit welchem wir feste Mackerschaft machten," u. s. f. Die Reisen dauern in der Regel 4 Monate. Anfang, spätestens Mitte April verlassen die Schiffe die Elbe und kehren in der Zeit von Ende Juli bis Ende August zurück. Je nachdem eben der Fischfang früher oder später glücklich war oder der Kommandeur Nichts mehr zu profitiren sah, setzten sie den Kurs in Gottes Namen „an Hitland vorüber nach dem Vaterlande zu". Auf dem Nachhauseweg wird, wie es sich gehört, öfter gelothet und Farbe und Beschaffenheit des Grundes untersucht, um desto gewisser zurecht zu finden. Zuweilen hatten sie Manuschaften von verlorenen Schiffen an Bord, welche sie, sobald Gelegenheit dazu war, auf andere Schiffe vertheilten.

28 Jahre, bis 1800, fuhr Kommandeur Volkert Boysen mit seinem „St. Peter" nach Grönland. Im Jahre 1800, zu guter Letzt, wäre es ihm beinahe noch begegnet, einem Englischen Kaper mit seinem guten Fange als willkommene Prise zu dienen, indess besann sich der Engländer eines

---

[1] Die Jagd auf Walrosse wird noch heute in ähnlicher Weise von den Norwegischen Fahrzeugen mit Durchstreifen der Baien von Spitzbergen auf Booten betrieben.

Bessern, er liess ihn wieder frei, wodurch Kommandeur Boysen, wie er in seinem Journal sagt, „übermässig erfreut wurde". Mit diesem Jahre schliessen die Journale und, wie es scheint, auch die Grönlandsfahrten unseres Kommandeurs, der, wie gesagt, im Ganzen 28 solcher Reisen und zwar mit Ausnahme eines Jahres alljährlich unternommen und niemals ein Schiff verloren hatte.

Aus den nach Kräften sorgfältigst geführten Journalen lassen sich die Züge des „St. Peter" wenigstens für einige Jahre ziemlich deutlich erkennen. 1772 war die höchste erreichte Breite am 24. Mai 79° 8′ (Längen sind nur selten angegeben), 1773 am 28. Mai 79°, 1774 war der „St. Peter" schon am 16. Mai auf 79° und verweilte bis zum 18. Juni zwischen dem 78. und 79. Grade, 1775 am 1. Mai 75° 49′, 16. Mai 79°, 18. Juni 78° 10′. 1776 kreuzte der „St. Peter" schon am 8. Mai auf 78° 15′, war am 15. auf 79° 30′ und bis zum 10. Juni auf 78° 10′. 1783 wurde am 4. Juni 79° 30′ erreicht und bis 29. Juni herab zum 78° gefischt. Im Jahre 1803 fischten die Engländer schon im April auf 80° mit reichem Ertrage, 1815 war ein reicher Segen schon in der ersten Woche des April, zu welcher Zeit Englische Schiffe auf 80° bei Spitzbergen eintrafen. Jetzt kommen die Englischen und Deutschen Fischerfahrzeuge erst im Juli nach der sogenannten Walfisch-Küste, da sie erst dem Robbenschlag obliegen.

Walfischfangs-Poesie der Deutschen, Holländer und Amerikaner. — Wie die Holländische und Amerikanische so hat auch die Deutsche Walfischjagd ihren Sänger, freilich einen sehr prosaischen: Friedrich Meister, studiosus medicinae, der, vermuthlich als Schiffs-Chirurg, eine der Grönlands-Fahrten Boysen's mitmachte, verfasste eine „poetische Beschreibung der Grönländischen Schiffahrt", die im Manuskript — gedruckt ist sie wohl nie — den Journalen Boysen's beigefügt ist. Dieser Meister mag in der That ein Meister im Bartscheeren, Schröpfen und dergleichen gewesen sein, dagegen erweist sich in seinem herzlich schlechten Poem als Nichts weniger denn ein Meister der Dichtkunst. Er bekennt diess nun aber offenherzig gleich zu Anfang:

> „Es ist zwar nur schlecht eingericht't
> Und von dem Meister wahr erdicht't,
> Der auf dem Schiff, St. Pieter genannt,
> Gefahren ist hin nach Grönland."

Er singt weiter:

> „Für Frühlingsblumen Lieblichkeit
> Ist Frost dort und Schnee die Füll' bereit."

In der Schilderung des Fischfanges finden wir unter Anderem folgende herzzerreissende Reime:

> „Wenn nun der Fisch ist überwunden,
> Und Vivat! Vivat! Vivat! schrie'n,
> Wird er an seinem Stert gebunden,
> Gebracht durch Sloopen an Bord hin.

Allwo die Dackels schon bereit
Zum Aufziehen mit Händigkeit.
Darnach ein Gläschen Branntewein
Wird Jedermann geschenket ein" &c.

Da ist doch noch mehr Saft und Kraft in jenen Versen über den Walfischfang, welche der ehrliche Zorgdrager als von einem „erfahrenen Dichter" seines Vaterlaudes herrührend mittheilt und wo es z. B. heisst:

„t'Sa Mannen, elk zie toe, men zal hem onderscheppen;
Zie ginder voor dien zoom; elk gaat zich dapper reppen.
Val, val: wanneer men dit van 't opperhoofd maar hoort,
Elk rolt gelyk een kloot voort daadlyk over boord.
De rappe gasten, als de brakk' en haazewinden,
Zyn eer men honderd telt, dan nergens meer te vinden.
Oft klaar, oft graauw weer is, oft hagelt, sneeuwt of mist,
Daar word niet na gezien, en nimmer tyd vergist.
Men roeit'er recht op aan, geen roeyer durft omkyken,
Om niet door Visch of Staart, de schrik baart, te bezwyken.
Dus roept hen moedig toe, de Harpoenier vol vuur,
t' Sa Mannen wakker aan! hy is ons, binnen 't uur.
Pas op nu Stuurder, zoo, zoet, sachjes, zonder schreeuwen,
Haal uit! Courage, Sa! als Turken en als Leeuwen.
Dat's braaf! nu zyn we'er by: zit vast: de riemen in,
De Lynen kant en klaar, dat's weer een nieuw bezin.
De Harpoenier schiet toe, dat hem de beenen beeven;
Welk oorlogs Kapitein zou niet de moed begeeven?
't Harpoen zit wakker diep; daar drilt de stok 'er uit;
Dat vlyt de gasten wel."

Zu Deutsch:

„So, Männer, sehet auf! wo soll man ihn bestricken?
Seht hin vor diesen Saum: er thut sich wacker schicken.
Fall! Fall! Ein Jeder rollt wie eine Kugel fort,
Wenn nur der Kommandeur diess Wort sagt, über Bord.
Der hurtige Gesell ist, gleich den Brack' und Winden,
Eh' man noch hundert zählt, schon nirgend mehr zu finden.
Es sei das Wetter hell, es hagle, neble, schnei',
Man acht't es nicht und lässt hier keine Zeit vorbei,
Man rudert grad drauf an, kein Bursch darf rückwärts sehen,
Um nicht durch Fisch und Schwanz, die Schreck-Bärt, zu vergehen.
Dann ruft der Harpunier ganz voller Feu'r und frisch:
So, Männer, wacker an! wir haben schon den Fisch.
So, Steurer, besser auf, so, sacht, still, ohne Schreien,
Hol' aus! Courage, so! wie Türken und wie Leuen.
O brav'! nun sind wir bei: sitz' fest: die Riemen ein,
Die Leinen gar, dass sie aufs Neue fertig sei'n.
Der Harpunier schiesst zu, dass ihm die Beine beben;
Sollt' nicht ein Kapitän im Krieg den Muth begeben?
Das Eisen sitzet fest, da fährt der Stock heraus;
Das thut den Leuten wohl."

Da wir einmal bei der Walfischfangs-Poesie sind, so lasse ich hier noch zwei Lieder folgen: „Grönländers Wachtlied", noch jetzt auf unseren Grönlandsfahrern gesungen, und ein Amerikanischer „Whaleman's song", bei welchem ich zugleich die Übertragung von Friedrich Ruperti (Fremde Dichtungen im Deutschen Gewande von Fr. Ruperti und Ad. Laun, Bremen, J. G. Heyse's Verlag, 1862) gebe. Der Leser wird nicht schwanken, welchem von diesen Gedichten der Preis gebühre; der „Whaleman's song" ist bei weitem der schönste, schwungvollste. Also zuerst:

Grönländers Wachtlied.
Weil jetzt ist unsere Wacht vollendet,
So sehnen wir uns nach der Ruh';
Drum hab' ich mich hierher gewendet,
Dass ich Euch Wachtvolk rufe zu:
Ihr sollt von Eurem Schlaf aufstehn,
Da Eure Wacht nun soll angehn.

Zuerst sollt Ihr zu Gott Euch wenden.
Ruft ihn um seinen Beistand an,
Dass er Euch Hilfe möge senden,
Weil anders Niemand helfen kann.
  Wenn aller Menschen Hilf' ist todt,
  So hilft doch Gott aus jeder Noth.

Wie waren nicht in Angst und Schrecken
Die Jünger Jesu in dem Schiff!
Sie thaten ihn so ängstlich wecken,
Doch er that' gleich als ob er schlief!
  Dann stand er auf und stillt' das Meer,
  Dass Jedermann sich wundert sehr.

Nun woll' Gott unser Schiff bewahren,
Das Ruder, Stagen, Steng' und Wand,
Dass wir behalten mögen fahren
Zurück in unser Vaterland!
  Gott geb' uns eine behalt'ne Reis',
  Des Rheders Nutzen und Ihm zum Preis!

Dein ist, o Gott, allein die Ehre!
Dein Reich, es komm', dein Will' gescheh'!
Das täglich Brod uns auch beschere
Und alle Sünden uns vergieb!
  Führ' uns nicht in Versuchung ein!
  Lös' uns vom Übel insgemein!

(Backbords) Wachtvolk, Ihr sollt aufstehen,
Weil Eure Wache jetzt beginnt.
Wenn Ihr auf Deck kommt, sollt Ihr sehen,
Dass wir jetzt segeln (bei) dem Wind.
  Drum säumet nun nicht lange mehr,
  Denn unsre Wacht verlängert sich sehr.

Kochsmat. Du musst nun auch aufstehen
Und treten Deine Wache an;
Du musst in die Kabuse gehen,
Dein Werk verrichten wie ein Mann.
  Und wenn dann das Gebet ist aus,
  So trägt der Koch das Schaffen auf.

„Reisst aus Quartier!" ist unser Verlangen,
„Reisst aus Quartier!" ist unser Will'!
Den Mann am Ruder zu verfangen,
Weil er nicht länger stehen will.
  So geht auf Deck, tretet an die Wacht
  Und nehmt den Ausguk gut in Acht!

Nun will ich Euch das Amen singen,
Sprich du, o Gott, das Ja dazu!
Ich will dir Dank und Lieder bringen;
Ich sehne mich nun auch zur Ruh'.
  Wachtvolk, nehmt Alles wohl in Acht
  Und haltet mit Gott eine gute Wacht.

Whaleman's Song.
(By one of them.)[1]

Has a love of adventure, a promise of gold
Or an ardent desire to roam
Ever tempted you far o'er the watery world
Away from your kindred and home,
With a storm beaten captain, free-hearted and bold,
And a score of brave fellows or two,
Inured to the hardships of hunger and cold,
A fearless and jolly good crew?

Have you ever stood watch where Diego's bold shores
Loom up from the Antarctic wave,
Where the snowy plumed albatross merrily soars
O'er many a poor mariners grave?

---

[1] Bezieht sich auf den Walfischfang in der Südsee.

Have you heard the masthead man sing out: „There she blows!"
Seen the boats gaily leave the ship's side,
And the giant fish writhe near the harpooneers blow,
While the blue sea with crimson was dyed?

Have you seen the foam fly, when the migthy right whale,
Thus boldly attacked in his lair,
With a terrible blow of his ponderous tail
Sent the boat spinning up in the air?
Or where the fair isles of the evergreen glades
Are teeming with dainties so rare,
Have you ever made love 'neath cocoas' shades
To the sweet sunny maids that dwell there?

And have you e'er joined in the boisterous cheer
Ringing far through the heaven's blue dome,
When rich in the spoils you had purchased so dear
You hoisted your topsails for home?
Or when the dear hills of Columbia rose
From out the blue waves of the main,
Have you e'er realized the unspeakable joys
Of meeting with loved ones again?

Let those who delight in the comforts of home
And the joys of a warm fireside,
Who deem it a peril the ocean to roam,
In the cots of their fathers abide!
But not a day nearer we reckon our death,
Though we daily sport over our grave!
Nor sweeter they 'll slumber the green sod beneath
Than we in the boisterous wave.

In der Übersetzung von Fr. Ruperti:

Der Walfischfänger.

(Von einem derselben.)

Trieb Goldesbegier, unruhiger Sinn
Und Lust, dir die Welt zu beschau'n,
Je über die schaumigen Wogen dich hin,
Entronnen den heimischen Gau'n,
Der Führer ein wettergebräunter Kumpan,
Von Herzen seemännisch und echt,
Gefährten, gehärtet auf stürmischer Bahn,
Ein kühnes und frisches Geschlecht?

Und hieltest du Wacht, wo sich finster erhebt
Diego's Fels in die Luft,
Wo schneeigen Flügels der Albatros schwebt
Ob armer Matrosen Gruft?
Vernahmst du den Ruf: „Er bläst!" von dem Mast
In bangem, doch freudigem Muth,
Und sahst du ihn, von der Harpune gefasst,
Aufzucken und röthen die Fluth?

Und sahst du den Schaum und das Wogengetos,
Wenn, dicht von Feinden umstellt,
Er wild mit des Schweifes gewaltigem Stoss
Das Boot zu den Wolken geschnellt?
Und ruhtest du unter den Palmen je,
Umspielt von der Luft so gelind,
Auf lieblicher Insel der südlichen See,
Am Busen ein sonniges Kind?

Und stimmtest du ein in den freudigen Sang,
Der weit in den Lüften erscholl,
Wenn endlich nach reichem, gesegneten Fang
Heimkehrend das Segel schwoll?
Und winkte dir deutlicher allgemach
Columbia's grünender Strand,
Und drücktest du unter dem heimischen Dach
In Rührung den Lieben die Hand?

Lass sie, die Sturm und Gefahren scheuen,
Wie täglich die See sie beschert,
Sich gern der behaglichen Ruh' erfreuen
Und weilen am häuslichen Herd!

Wir lassen nicht nach, wir besegeln den Schlund,
Ob einst er uns decke, mit Muth!
Ihr ruhet nicht sanfter im Erdengrund
Wie wir in der stürmischen Fluth.

Grönländisches Recht und Fischerei-Usancen. — Einen ernüchternden Gegensatz zu dieser poetischen Abschweifung bildet der jetzt mitzutheilende Rechtsfall. Die Beispiele, in welchen die Anwendung des Grönländischen Rechtes unter Deutschen Schiffen so weit streitig wurde, dass man die Behörden anrief, sind im vorigen Jahrhundert selten und Nachweise über solche Fälle äusserst spärlich. Etwaige Streitigkeiten wurden wohl meist auf dem Wege der Verständigung unter den Kommandeuren selbst erledigt. Was das Recht bei der Fischerei selbst angeht, so hat sich bis heute die Englische Usance — Gross-Britannien hatte niemals allgemeine gesetzliche Bestimmungen darüber, eben so wenig die Niederlande — erhalten: 1. ein fest gemachter Fisch, lebend oder todt, ist rechtmässiges Eigenthum derjenigen, welche mit ihm in Verbindung sind oder ihn in Besitz halten; 2. ein freier, ungebundener Fisch ist gute Jagd für Jeden (Scoresby, II, S. 322). Auf das Fischrecht in der Südsee gehen wir später mit einigen Worten ein.

Das Eigenthumsrecht am Fisch steht und fällt damit, ob man mit dem Fisch in Verbindung steht oder nicht, und zwar ist es gleichgültig, auf welche Art diese Verbindung erhalten wird, ob durch Leinen, Taue, Haken, Spiess oder etwas Ähnliches, ob vom Schiffe, vom Boot, vom Eise, selbst vom Wasser aus, durch Einen oder Mehrere der Mannschaften des Schiffes. Die Tragweite dieser Bestimmung beleuchtet schlagend ein von Scoresby erzählter Fall.

Während eines Sturmes und Schneegestöbers kreuzten mehrere Schiffe unter leichten Segeln längs einer Masse zusammengeschobenen Eises. Der Sturm legte sich, sie segelten auf das Eis los und waren demselben am nächsten — auf ungefähr 1 Englische Meile —, als die Mannschaft beider Schiffe zu gleicher Zeit einen todten Fisch zwischen dem losen Eis erblickte. Beide Schiffe näherten sich; was das eine durch dessen Lage voraus hatte, gewann das andere durch Schnelligkeit. Auf dem Vordertheil eines jeden Schiffes stand ein Harpunier mit seiner Waffe bereit. Es traf sich aber, dass auf kurze Entfernung von dem Fisch die Schiffe an einander stiessen und wieder von einander prallten. Die Harpunen wurden geworfen, fielen aber alle zu weit. Der zweite Steuermann des mit dem Winde gelegenen Schiffes, ein tüchtiger Seemann, sprang kühn über Bord, schwamm nach dem Walfisch, fasste ihn bei den Flossen und proklamirte ihn als gute Prise. Der Fisch war indessen so geschwollen, ragte dermaassen aus dem Wasser empor, dass er nicht hinauf klettern konnte, sondern im furchtbaren Frost im Wasser auf Hülfe warten musste. Sein Kapitän war so erfreut über sein Glück, dass er über seinen braven zweiten Steuermann vergass oder vernachlässigte; anstatt daran zu denken, diesem ein Boot zu senden, um ihn aus seiner unangenehmen Lage zu befreien, beschäftigte er sich damit, sein Schiff an ein nahes Stück Eis zu befestigen. In der Zwischenzeit wendete das andere Schiff, der Kommandeur selbst stieg in ein Boot, stiess ab und liess ruhig auf den todten Fisch steuern. Da er den im Wasser hängenden zitternden Seemann sah, der eine Flosse erfasst hatte, sprach er zu ihm: „Nun, mein Junge, da habt Ihr ja einen schönen Fisch!" worauf jener bejahend antwortete und der Kapitän hinzufügte: „Findet Ihr es nicht recht kalt?" „Ja", sagte der zitternde Seemann, „ich komme fast um und möchte gern, dass Ihr mich in Euer Boot nähmet, bis das unsrige ankommt." Die Bitte brauchte er nicht zu wiederholen, das Boot näherte sich dem Manne und man half ihm einsteigen. Dadurch wurde also der Fisch wieder frei und ohne Eigenthümer; der Kapitän warf gleich seine Harpune in denselben, zog seine Flagge auf und proklamirte die gemachte Prise. So gekränkt und missvergnügt der andere Kapitän durch diesen schlauen Streich wurde, so musste er doch ruhig zugeben, dass sein Konkurrent den Fisch mit sich führte, da sein Recht verloren gegangen war; den zweiten Steuermann mochte er für seine geringe Rücksicht ausschelten und mit sich selbst zürnen, nicht mehr Mitgefühl für die Leiden des armen Mannes gehabt zu haben, wodurch dieser unangenehme Vorfall verhindert werden wäre.

Jetzt zur Darstellung eines streitigen Bergungsfalles.

Anfang Juli 1731 befand sich, nach der Darstellung Joh. Bernh. Müllhausen's, des Directeurs der Bremer Schiffe „Martha" und „Susanna", in einer Eingabe an den Rath von Bremen, in der Grönländischen See unweit der genannten Bremer Schiffe das Altonaer Schiff „Vreyheit", betroffen von einem besonders schweren Ungewitter. Alle seine Anker waren an Strand getrieben, sein Tauwerk zerrissen. Da ist der Kommandeur Andressen an Bord eines der beiden Bremer Schiffe gekommen und hat Hülfe begehrt. Die beiden Bremer Kapitäne lassen eine Schaluppe zur Hülfe abgehen und die Leute derselben helfen ihm „40 Gläser" pumpen, allein es gelingt nicht, das Schiff in eine bessere Lage zu bringen. Es wird nun ein Kontrakt geschlossen, dessen Wortlaut in den Akten noch aufbewahrt ist. Wir theilen ihn hier mit, indem wir bemerken, dass wir das Deutsch der beiden Kommandeure, um nicht zu ermüden, nur so weit beibehalten haben, als es uns charakteristisch schien.

Grönland, d. 6. July 1731.

Nachdem leider Gottes Kommandeur Zween Andressen neben seiner bei habenden Mannschaft allhier in Grönland mit diesem sogenannten Schiff „die Freiheit" in einem besonders schweren Ungewitter das Ungelück getroffen, von allen seinen Ankern am Strande getrieben und seine Tauen alle zerbrochen zu haben, so ist der wollerfahrene Kommandeur Zween Andressen bei uns unten genannten Kommandeuren an Bord gekommen und hat Anfrage mit uns gethan, ob wir nicht vorerst, der Liebe nach, die hülfliche Hand leisten wollen, um sein fast unbequemes Schiff mit Pumpen so lange es immer möglich lens zu halten zu haben, weil sein Volk, so zu sagen, den Muth sinken liesse, ganz abgemattet, und keine Macht mehr hätte, das Schiff in dene Gelegenheiten zu bearbeiten, auch dabei kein einzig Anker vom Strande wiederumb. So haben wir unten genannte Kommandeurs unsere Gedanken hierüber ergehen lassen, einem völligen Rath geschlossen, mit Rath und Zustimmung unser allerseits Officiers bewilligt; weil wir unsern Herrn Interessenten keinen Dienst wissen keineswegs ein oder ausser dem Eyse auszuführen, also sind wir 3 Kommandeurs völlig veraccordirt, dass der Kommandeur Zween Andressen verspricht bei Treu und wahrem Glauben mit Rath und Zustimmung unser Officiers, ihme allhier so weit helfen, als wir können, weiter, wenn das Schiff auf frei Wasser geholfen, und wir doch für gut befinden, unser Leben darauf zu wagen, ⅓ Theil von seinem Speck und Barten, nach beendter und behaltener Reise, an unsere Herrn Interessenten richtig überzuliefern; sollte es also sich zutragen, welches wir zu befürchten, dass das Schiff umsinke oder unbequem über See zu fahren geachtet würde, und wir das Speck bürgen, alsdann unserm Herrn die Hälfte zukomme. Dahingegen versprechen wir als Kommandeure: Harm Wessels, im gleichen Kommandeur Jürgen Janssen, uns in diesen vorgeschriebenen Hauptsachen getreu und als Christen zu verhalten, so weit es Gott der Herr zulässt, auch, bei Treu und wahrem Glauben, mit einander zur rechten Zeit nach Haus zu segeln und bei einander zu bleiben, wenns möglich ist. Verhoffen allerseits, dass dieses unser allerseits Bewilligung unsern Herrn Interessenten zur genüge möge geachtet werden. Dass dieses sich in der Wahrheit also verhält, bescheinigen wir hiermit allerseits.

Den 6. July Anno 1731.

Zween Andressen.   Harm Wessels.   Jürgen Janssen.
Steuermann Jan Meynders.   Schiffer Johann Schmidt.

Danach sollten die „Martha" und „Susanna" den dritten Theil an Barten und Speck der „Vreyheit" erhalten, wenn Schiff und Ladung wohlbehalten nach Hause käme, wenn aber das Schiff verlassen und die Ladung übernommen werden müsste, in diesem Falle sollte die Ladung zur Hälfte an die beiden Schiffe übergehen. Es gelang durch grosse Mühe und Arbeit, das Schiff mit seiner Ladung von drei Fischen auf freies Wasser zu bringen, und sie wurde von den beiden Bremer Schiffen glücklich bis zur Elbe gebracht. Der Vertrag, der in Grönland geschlossen war, sicherte allerdings den beiden Bremer Schiffen eine reichliche Vergütung für die geleistete Hülfe, stand indessen in

keiner Weise mit dem überkommenen Grönländischen Recht in Widerspruch. Letzteres sprach sich über Fälle, wie der vorliegende, nicht näher aus, indessen ging doch aus dem Wortlaute hervor, dass der Antheil an dem Fange des Schiffes, dem man zu Hülfe kam, in jedem einzelnen Falle durch Vertrag in beliebiger Weise festgesetzt werden konnte. Ferner sagt einer der Holländischen Artikel von 1695, „dass alle geborgene und zu Schiffe gebrachte Güter allem Vorfall von Schaden und Haverei unterworfen sein sollen". Nach glücklicher Ankunft der „Vreyheit" in Altona wollte der Administrator jenes Schiffes den verabredete Dritttheil nicht zahlen und es entspannen sich Verhandlungen zwischen dem Bremer und dem Hamburger Senat und dem an der Spitze der Dänischen Verwaltung in Altona stehenden Grafen Reventlow. Der Hamburger Senat war der Meinung und sprach sich in einem Schreiben an den Bremer Senat dahin aus, dass die beiden Kapitäne die Hülfe aus christlicher Liebe hätten leisten sollen. Unter dem 4. September 1731 schreibt der Hamburger Rath an den Bremer, dass sie

„aus nachbarlicher Freundschaft und dienstlichem Eyrad für dieselben die Sache in commissione solchergestalt vergleichen lassen, dass an dessen Bürger, wegen ihrer Forderung, 1500 Thaler bezahlt worden.[1] Wie uns nun lieb gewesen, Ewr. Ehrbl. Wohl. bei dieser Gelegenheit eine Probe unserer Bereitwilligkeit sehen zu lassen, so hegen wir auch hinwieder die Hoffnung, dieselben werden den ihrigen, welche bei der Grönländischen Fahrt interessiret sind, nachdrücklich zureden, dass sie, gleich andern Nationen, in Nothfällen nach der christlichen Liebe in's künftige beispringen, nicht aber dergleiche Contracte wider alle Billigkeit von ihnen exigiren. Inmassen solche so wenig in den Rechten bestehen mögen, als bei irgend einer Nation geduldet werden, wohl aber zu allerhand übeln Folgen Anlass geben, und nicht nur der unsrigen, sondern auch die Holländer, Engländer und übrige leicht daher bewogen werden könnten, unter sich communem causam zu machen und auch den bremischen bei ihnen eben so leicht als andern aufstossender Gefahr entweder überall keine Assistenz oder jedoch nicht anders als unter eben so harten, unbilligen Conditionen zu leisten. Wir sind dessen von Ew. Ehrbarl. Welw. Gemüthsbilligkeit und Einsicht vollkommene versichert" &c.

Gegenüber diesem Vorwurf der Unbilligkeit beruhigen sich der Rath von Bremen und die betreffenden Rheder mit vollem Rechte nicht. Am 13. Februar 1732 schreibt der Senat an Henrich Eelking in London. Er übersendet den in Grönland abgeschlossenen Kontrakt und species facti zu dem Ende, um darüber von den dortigen sachverständigen Grönländischen Interessenten ein Parere zeichnen und sich ertheilen zu lassen. Die betreffenden Namen in der species facti dem Gebrauche gemäss mit fingirten (Lateinischen) Namen vertauscht und heisst es darin: Kommandeur Mevius, ferner die Kommandeure Titius und Sempronius. Speziell werden die Sachverständigen aufgefordert, ihr Gutachten darüber abzugeben, ob der Kontrakt nicht der Billigkeit und den Seerechten gemäss sei und bei den Nationen wohl geduldet werden könne. Leider erhellt nicht aus den Akten, wie dieses Parere ausgefallen ist. Im Jahre 1838 bargen ein Elmshorner Schiff („Stadt Altona") und ein Bremer Schiff Mannschaften und einen Theil des Fanges des im Eise zerdrückten Englischen Schiffes „Wernegret". Beim Bergen des Specks (600 Tonnen) half die Englische Mannschaft mit. Der Englische Rheder verlangte von dem Elmshorner und dem Bremer die Herausgabe von zwei Dritttheilen des geborgenen Guts. Ich habe nicht in Erfahrung bringen können, wie die Sache abgelaufen ist.

Auch zu anderen Zwecken mussten die Behörden gelegentlich dazwischen treten. So im Jahre 1732 in Bremen, wo der Rath „davon gehört hat, dass gravamina und andere

---

[1] Wie aus den bezüglichen Hamburger Akten hervorgeht, hatte vor einer Kommission des Senats zwischen Dr. Schmidt, dem Mandatar Müllhausen's, und den Vertretern der Interessenten des Schiffes „Die Freiheit", den Herren Licentiat Bentzen und Rassow, Statt gefunden, in welchem die Interessenten des Schiffes zwar wiederholt betonen, dass die geleistete Hülfe vermöge der christlichen Billigkeit und zur genöthen Zeit recipirten Gewohnheit als für andere Nationen hätte erfolgen müssen, dass sie aber dennoch „zur Verhütung aller Weitläufigkeit und unter allen möglichen Rechtsreservationen zu der Zahlung von 1500 Thalern sich bereit erklären, und zwar nach erfolgter Ratifikation dieses Vergleichs und geschehener Relaxirung des bei dieser Stadt Thranbrennereien eingelegten Arrests".

Beschwerden der Grönländischen Kompagnie wider ihre Schiffer vorlägen. Der Rath, in dem Wunsch, commercia überhaupt, so auch diese Navigation zu befördern, setzt eine Kommission nieder, vor welcher fünf Vertreter der Kompagnie: Dionis Schumbart, Berend Barkey, Daniel Meinertshagen, Jakob Barkey und Berend Nonne, am 11. November 1732 erscheinen und klagen, dass ihre Reglements und Verordnungen vielfach übertreten würden. Dionis Schumbart habe noch in diesem Jahr ein Exempel auf seinem eignen Schiff gehabt, dass ein Steurer in der Schaluppe, der ordiniret worden, nach dem Fisch zu rojen, trunken und voll sich hätte besoffen und anstatt, dass er nach dem Fisch sollte steuern, sein Werk hätte konträr verrichtet, wodurch der Fisch echappirt und sie desselben nicht hätten habhaft werden können. Andere Klagen gehen dahin, dass die Schiffer zu früh von der Fischerei zurückkommen, dass Schiffer (Kapitän) und Schiffsleute (Matrosen) sich Unterschleife beim Proviant hätten zu Schulden kommen lassen und bei der Rückkunft Vieles verschleudert würde, besonders auf dem Schiff Margarethe sei dergleichen vorgekommen. Man verweist auf die Holländischen Vorschriften, welche dergleichen wirksam verhinderten. Der Senat erklärt sich bereit, mit den „Administratoren" über Mittel zur Abhülfe zu berathen."

Erörterungen über die Rentabilität der Fischerei. — Die Frage nach der grösseren oder geringeren Rentabilität der arktischen Fischerei bei verschiedenen Nationen und in älterer und neuerer Zeit kann bei der Dürftigkeit der vorliegenden Materialien nur mangelhaft beantwortet werden. Diese Art von Unternehmungen erfordert von vorn herein nicht unerhebliche Kapitalauslagen und neben manchen Einwirkungen, welche die Unternehmer direkt und indirekt zu Gunsten eines glücklichen Erfolges ausüben können, kommen doch eine Menge anderer, in keiner Weise vorher zu berechnender, Umstände dabei in Betracht. In älterer Zeit brauchte man da, wo heut zu Tage die Fischerei völlig erschöpft ist, kaum lange zu suchen. Geschick, Erfahrung und das unentbehrliche Fischerglück auf Seiten des Kommandeurs, tüchtige Mannschaft, ein starkes, schnell segelndes Schiff, gute Werkzeuge und Geräthe sind die ersten Voraussetzungen.

Das von den Holländern eingeführte Partensystem hat sich glänzend bewährt und wohl nirgends in der Welt werden noch Schiffe auf den Walfischfang ausgesandt, ohne dass die sämmtliche Bemannung durch Antheil am Bruttoertrag in das Interesse des Unternehmens mit hereingezogen würde. Welche Rolle die Witterungs- und Eisverhältnisse bei dem Erfolg der Fischerei spielen, werde ich später noch zu zeigen versuchen.

Schon Wagenaar, der sein beschreibendes Werk über

die Niederlande zu einer Zeit veröffentlichte, wo die arktische Fischerei einen neuen Aufschwung zu nehmen schien, bezeichnet den ganzen Betrieb als eine Lotterie, bei welcher also nur Einige einen hohen Gewinn erzielten, die Übrigen leer ausgingen oder Verluste erlitten. Er wundert sich, wie man dazu habe kommen können, den Walfischfang als eine „Goldmine Hollands" zu bezeichnen.

Die Grossartigkeit der früheren Holländischen Grönlands-Fischerei zeigt eine Berechnung aus dem Jahre 1733. In diesem Jahr führte nämlich die Ost-Indische Kompagnie aus Holländisch-Indien zum ersten Mal eine Partie Barten ein. Die Bevollmächtigten der Grönlands-Fischerei besorgten Nachtheile von dieser Konkurrenz und legten bei dieser Gelegenheit in einigen Zahlen den Umfang der Holländischen Grönlands-Fischerei dar, um zu zeigen, welchen Nutzen das Land davon hätte und wie sehr es im Interesse des Landes darauf ankomme, diesen Betrieb „ungestört" zu erhalten. Danach wagten die Holländischen Grönlands-Rheder durch die Ausrüstung von 180 Schiffen ein Kapital von 1.800.000 Gulden. Die einzelnen Posten, welche summirt diesen Betrag ergeben, für Fasswerk, Lebensmittel, Getränke (darunter 550 Anker „gebrannte Wasser"), Schuitfrachten &c., werden aufgeführt. Der mittlere Jahresertrag der Fischerei „bei einem gewöhnlichen Jahre" wird auf 44.000 Quardeelen Thran und 1.200.000 Pfd. Barten angegeben, welche ausser den Walrosszähnen und Robbenfellen einen Werth von 2.100.000 Gulden darstellten.

Nach einer anderen Rechnung von Engelbrecht in seinem „Magazin für denkende Kaufleute" (Bremen 1788) sind die Chancen für die Rentabilität des Walfischfanges in Grönland schon damals weit geringer gewesen, als obige Berechnung annimmt; er schätzt die Ausrüstungskosten höher, auf 12.600 Gulden für jedes Schiff durchschnittlich, und weist nach, wie klein die Zahl der glücklichen Jahre schon von Ende des 17. Jahrhunderts an war. Von Interesse ist aber noch, dass Engelbrecht auf Grund von Mittheilungen, die er, wie er sagt, einem in diesem Handel sehr erfahrenen Kaufmann verdankt, Bremen verhältnissmässig den Löwenantheil an dem Ertrage der Grönlands-Fischerei zuschreibt.

Als Beleg für diese Behauptung führt er unter Anderem an, dass „Bremen in seinem und dem umliegenden Gebiete eine Menge der tüchtigsten, muthigsten und erfahrensten Seeleute habe, wie schon die Holländer bewiesen, welche diese Leute zur Bemannung ihrer Schiffe stark suchten." Dadurch fielen in Bremen die anderswo gezahlten Reisekosten weg. Die Leute führen lieber direkt von ihrer Heimath aus. Die Schiffe seien in Bremen billiger zu bauen, Materialien und Lebensmittel seien ebenfalls billiger. Das „Fleth", der ganze Apparat zur Fischerei, sei in Bremen um 2000 Thlr. billiger als in England und auch erheblich wohlfeiler als in

Holland zu beschaffen. Etwas von der Kunst, preiswürdige und gute Materialien für den Walfischfang zu beschaffen, scheint noch jetzt in Bremen zurückgeblieben zu sein, denn die Reepschlägerei von Lahmann liefert noch jetzt, trotz New Bedford's Konkurrenz in diesem für die Fischerei wichtigen Artikel, Walfischleinen nach Honolulu und dieses Deutsche Fabrikat wird in der Südsee hoch geschätzt.

Engelbrecht giebt die Ausrüstungskosten eines von Bremen aus expedirten Grönlandsfahrers auf 5- bis 6000 Thaler an. Er sagt: „Bremen hat einen solchen Absatz von Thran — der ja damals der wichtigste Stoff für die Beleuchtung war —, dass 25 Grönlandsfahrer das für den Absatz erforderliche Quantum nicht liefern könnten." Er stellt schliesslich eine vergleichende Berechnung darüber an, wie sich in Bremen, abzüglich der Kosten, die Preise für 4000 Pfund Barten und 400 Tonnen Thran stellen, und kommt dabei zu dem Ergebniss, dass die Rechnung sich in Bremen günstiger stelle gegen Hamburg um 839 Thaler 9 Grote, gegen Holland um 116 Thaler 48 Grote und gegen England um 2301 Thaler 5 Grote. Ein Bremisches Schiff ersetze die gehabten Unkosten von 5500 Thaler schon, wenn es nur 250 Tonnen Thran und 2500 Pfund Barten mitbringe.

Zur Vergleichung füge ich aus neuerer Zeit noch einige Angaben bezüglich Bremen's bei. Im Jahre 1843 giebt ein Bremer Kaufmann, Henr. Schröder, Friedr. Sohn, in einer Mittheilung an den Senat „über den Bestand und Zustand des von der Weser aus betriebenen Walfischfangs und Robbenschlags in Grönland" an, dass die Ausrüstung und Auslagen eines solchen Schiffes von 180 Last an Lebensmitteln, Assekuranz-Prämie, Engagement, Handgeld und Verschiedenem 5100 Thaler betragen, dass das Fleth und Fasswerk auf 10.000 Thaler, das Schiff selbst auf 13.900 Thaler anzunehmen sei, dass ferner an Zinsen des ganzen ausgelegten Kapitals von 29.000 Thaler zu 4 Prozent, an Abnutzung des Schiffes und Kosten der Rückkehr noch 3510 Thaler hinzukommen, während er den Werth eines guten Fanges von Robben allein auf 13.000 Thaler anschlägt.

Jetzt würde sich für ein Schiff von solcher Grösse bei einem mittleren Fange von Robben die Rechnung etwa wie folgt stellen:

Berechnung für ein Schiff von 150 Last auf den Robbenfang.

Schiff mit Verdoppelung . . .	10.000 Thaler,
6 Boote à 100 Thaler	600 „
15 Kugelbüchsen, 8 Doppelflinten,	
Waffenkiste, Geräthschaften .	1.100 „
Tanks und Fässer für den Speck	1.000 „
	12.700 Thaler.

Mittlerer Ertrag, angenommen zu:

4000 jungen Robben, liefern (10 = 1 Tonne Thran à 25 Thlr.)	
400 Tonnen	10.000 „
4000 Robbenfelle à 1 Thlr. . .	4.000 „
	14.000 Thaler.

Transport: 14.000 Thaler.

Davon ab:

Antheil für 36 Mann	1.800 Thaler,
Handgeld	666 „
Monatsgage	415 „
Proviant	2.200 „
Pulver und Blei	55 „
Kapitän 4 Prozent vom Bruttosegen	560 „
Assekuranz 2½ Prozent . . .	300 „
Abnutzung des Schiffes 10 Proz.	1.200 „
Fässer für den Thran und Kosten des Ausbrennens, 1¼ Thlr. per Tonne	500 „
	7.696 „
	6.304 Thaler.

Hierzu würden ferner noch einige Kosten für Feuer-Assekuranz, Courtage, Umsatzsteuer &c. mit 4- bis 500 Thaler kommen.

Bei Gelegenheit der Oldenburgischen Grönlands-Unternehmungen wird auf diese Seite des Gegenstandes nochmals zurückzukommen sein.

Grönlands-Unternehmungen der Bremer von Bergen aus. — Mit wechselndem Glück setzten die Hansestädte Hamburg und Bremen das ganze vorige Jahrhundert hindurch die Grönlandsfahrt fort.

Jährlich erschienen 20 bis 30 Hamburger und bis zu 10 Bremer Schiffe in den Grönländischen Gewässern und in der Davis-Strasse. Von Bergen aus wird um die Mitte des Jahrhunderts Walfischfang im Grönländischen Meer eine Zeit lang betrieben, und zwar durch die Deutsche Bergenfahrer-Gesellschaft. Diese besass noch von früherer Zeit her in Bremen werthvolle Vorrechte in Bezug auf die Einfuhr Norwegischer Erzeugnisse.

Im Jahre 1721 werden fünf von Bergen aus fahrende Bremer Grönlandsfahrer erwähnt und kurze Zeit darauf wird von einer dort gebildeten Norwegischen Gesellschaft der Versuch gemacht, durch ein Schiff einen Tauschverkehr mit den Eskimos der Davis-Strasse zu eröffnen, während ein anderes Schiff auf den grossen Fischfang gesandt wird. Beide Unternehmungen erwiesen sich als finanziell unglücklich. Jenes auf den Tauschhandel ausgesandte Schiff gerieth in die Strömungen bei Statenhoek, der Südspitze von Grönland, und kam mit genauer Noth, entmastet und auch sonst beschädigt, wieder in Norwegen an. Dass von den Bergenfahrern eine Zeit lang die Grönlandsfahrt betrieben wurde, dafür scheint auch folgende Stelle eines in den Bergenfahrer-Akten des Bremer Staatsarchives sich vorfindenden Briefes von einem „Friedrich Ehlers" zu sprechen, Agenten der Bremer Bergenfahrer-Gesellschaft in Bergen, an Herrn Hermann Meybohm in Bremen, einen der Genossen der Gesellschaft: „Unser Hans Fester ist allhier vorgestern von dem Grönland angelanget mit 30 Cord: (Quardeelen) Speck; er berichtet, dass alle Rubbenschläger

eineu „mieserabel Fangst" gehabt und dass er vor 15 Tagen nicht mehr als ein Cordehl gehabt. Derselbige Schiffer sei erst vor 15 Tagen von Grönland abgegangen."
„Ich habe", schreibt der Briefsteller, „ihn heute selbst ge-
sprochen; die Walfischerei betreffend, weiss er nichts von,
aber nach Wetter und Wind denket er schlecht." Der
Brief, „durch Schiffer Johan Stengrave, den Gott gelete",
übersandt, ist „Bergen, 8. Juni 1750" datirt.

Das Englische Prämiensystem. — In England erhält sich
in dieser Zeit der Grossfischfang in den arktischen Meeren
vorzugsweise durch die von der Regierung gezahlten Prämien. Ein Rückblick über diese von der Regierung dem
Englischen Walfischfang gewährten direkten Unterstützungen
zeigt am besten, wie sehr der Regierung an der Erhaltung
dieses Betriebes, durch welchen sie sich für Kriegszeiten einen
Stamm seegewohnter, beherzter Matrosen erziehen wollte,
gelegen war. Im Jahre 1732 werden 20 Shilling per Ton
jedem Schiff von über 200 Tons Gehalt, welches den
Walfischfang ausgeübt, ausgelobt; 1749 wird diese Prämie
auf das Doppelte, 40 Shilling, erhöht und es begannen nun
die Ausrüstungen von Fischerfahrzeugen besonders in Schottischen Häfen. In der Zeit von 1750 bis 1769 wurden
durchschnittlich jährlich circa 40 Schiffe aus Englischen
Häfen und circa 12 aus Schottischen Häfen auf den Walfischfang ausgesandt und die Summe der in diesen 20 Jahren
gezahlten Prämien betrug L. 613.261 9 s. 11 d. Da glaubte
die Regierung, dass der erstrebte Zweck erfüllt sei, und
setzte die Prämie auf 30 Shilling herab. Sofort vermin-
derte sich die Zahl der ausgesandten Fahrzeuge, und zwar
von 98 auf 39 in den nächsten fünf Jahren, und die Prämie musste wieder auf den früheren Betrag gesetzt werden.
Dieses ungesunde Prämiensystem währte bei zeitweiligen
Veränderungen bis zum Jahre 1824 fort und man hat er-
mittelt, dass von 1750 an bis zum Jahre 1824, wo die
Prämien völlig abgeschafft wurden, etwa 2½ Millionen Pfund
Sterling zur Beförderung des Walfischfanges von der Gross-
Britanischen Regierung verausgabt worden sind (!). In einer
Anlage gebe ich eine vergleichende Übersicht des Britischen
Walfischfanges in den Gewässern des nördlichen Polarkreises,
nach der Zahl und Grösse der Schiffe, nach Scoresby und
M'Culloch: die Ergebnisse des Fanges sind leider lücken-
haft verzeichnet und es fehlen auch Angaben über die Zahl
der verloren gegangenen Schiffe.

*Vergleichende Daten über die Fischereien Englands, Hol-
lands und der Deutschen Häfen im vorigen Jahrhundert.* —
Vergleicht man die Holländischen, Britischen und Deutschen
Fischereien hinsichtlich ihres Umfanges in derjenigen Periode, wofür sich die Daten von allen dreien vorfinden, so
stellt sich heraus, dass in diesen Zeiten Schiffe ausrüsteten:

	Gross-Britannien	die Niederlande	Deutsche (Hamburg, Bremen und Schles-wig-Holsteinische) Häfen
1750—1759:	556	1679	215
1760—1769:	459	1620	250
1770—1779:	741	1337	459

Die Deutschen Grönlands-Rhedereien vermehrten sich
also in diesen 30 Jahren über das Doppelte der Zahl der
Schiffe nach, während die Holländischen zurückgingen uud
die Gross-Britanischen nur um etwas zunahmen.

Hamburg's Unternehmungen. — In Betreff der Resultate
der Hamburger Grönlauds-Fischerei sind wir für jene Zeit
auf blosse Notizen angewiesen.

Der Umfang und Ertrag wird nur für einen kurzen
Zeitraum in Folge einer Anfrage der Englischen Regierung
genauer bestimmt. Die Angaben umfassen die fünf Jahre
von 1787 bis 1791. Danach beläuft sich die Zahl der von
Hamburg nach Grönland ausgelaufenen Schiffe auf durchschnittlich 30, die Grösse der Schiffe ist 200 bis 400 Englische Tonnen, jedes Schiff hat 36 bis 45 Mann. Der Fischfang ist sehr ungleich: 1789 131½ Fische, 1791 dagegen
nur 16½, 1790 45.000 Robben, 1791 7900, 1789 5578
Tonnen Thran, 1791 nur 1274 Tonnen, 1789 75.900
Pfund Barten, 1791 nur 28.000 Pfund. Die Preise schwanken nicht genau nach dem reicheren oder kümmerlichen
Ertrage jedes Jahres, da sie noch von anderen Verhältnissen, namentlich der grösseren oder geringeren Nachfrage,
beeinflusst werden, so dass auch bei einem reichen Ertrag
erhöhte Nachfrage hohe Preise erhält und bei geringerem
Erfolg und zugleich mässigem Begehr letztere nicht so hoch
gehen, wie man erwarten sollte. Für Barten schwankten
die Preise von 21 bis 47½ Reichsthaler Banco per 100 Pfund,
für Thran von 34 bis 60 Mark die Tonne, für Seehundsfelle von dem Mittelpreis von 25 Schilling bis zu dem Mittelpreis von 50 Schilling Hamb. Gegenwärtig (Oktober 1868),
um diess hier des Vergleiches halber zu erwähnen, ist der
Preis für Grönlands-Barten in Bremen 105 Thaler Gold für
100 Pfund, für die Tonne Thran 22 Thaler Gold; der Preis
für Seehundsfelle ist je nach der Qualität und Grösse natürlich sehr verschieden, doch mindestens 1 Thaler das Stück.
Trotz der bedeutenden Produktion der Amerikanischen
Fischerei und des reichen Ersatzes, den man wenigstens
für die meisten Zwecke statt des Thranes in vegetabilischen
und mineralischen Ölen gefunden hat, sind also die Preise
heute höher, freilich sind es aber auch die Auslagen und
Unkosten des Betriebes. Wenn aber die Fischerei nur wieder
ergiebiger würde, so wäre bei der heutigen industriellen
Entwickelung wohl keine Sorge um die Verwendung der
Erzeugnisse und demnach um eine angemessene Verwerthung
derselben, die entsprechende Vergütung des auf das Gewerbe
verwandten Geld- und Arbeitskapitals. Syndikus Matsen
giebt dem Englischen Minister-Residenten Fraser in Erwie-

8 *

derung der erwähnten, im Auftrage des Staats-Sekretärs Marquis of Carmarthen auf Begehr der Lords of the committee for trade gethanen Anfrage die weitere Auskunft, dass die Gesammt-Ausrüstungskosten eines Schiffes sich nach einem niedrigen Anschlag auf 12.000 Mark belaufen. Es liefen in dem fraglichen Jahre (1788) 33 Schiffe aus, somit war die gesammte Auslage 396.000 Mark. Der gesammte Brutto-Ertrag war 176.627 Mark 8 Schilling. Demnach war der Verlust in der Fischerei in diesem unglücklichen Jahre 219.372 Mark 8 Schilling.

Ein unglückliches Jahr war z. B. auch 1794, wie folgende von Posselt gegebenen Zahlen beweisen:

55 Holländische Schiffe brachten	99½ Fische,
26 Hamburger	„	„	27½ „
6 Bremer	„	„	13 „
2 Hannover'sche	„	„	3 „
8 Altonaer	„	„	14 „
12 Glückstädter	„	„	2½ „
109 Schiffe.			159½ Fische.

Die Dänische Fischerei im 18. Jahrhundert. — In Dänemark bestand um die Mitte des 18. Jahrhunderts eine privilegirte Grönlands-Kompagnie; ihr ward das ausschliessliche Recht des Handels mit Grönland gegeben und die Grönlands-Fischerei Dänemarks einschliesslich der Herzogthümer war 1753 auf 90 Schiffe gestiegen.

Aus der Mitte des vorigen Jahrhunderts scheint ein merkwürdiges Aktenstück zu stammen, das sich ohne Datum in den Akten des Hamburger Archives vorfindet. Es ist überschrieben: „Koncept, wie auf gute Manier aufs Beste, auch vermeintlich mit höchster Räson und Recht der importante Grönländische Handel (Fischerei) den Hamburgern ab und zu Altona zu ziehen wäre".

In neun Punkten wird auseinandergesetzt, wie diess auszuführen ist. Es sollten zunächst in Altona ein bis zwei Königliche Schiffe von 150 bis 160 Last erbaut werden. In Altona befänden sich bereits zwei Schiffsbauwerften, auch eigne sich der Altonaer Strand über alle Maassen zum Schiffsbau und liessen sich da die schwersten und grössten Kriegsschiffe bauen. Sollten einige Altonaer Kaufleute geneigt sein, mit einigen Schiffen eine Königliche freie Grönlands-Fischerei aufzurichten, so seien nöthigenfalls aus Hamburg Schiffe zu einem billigen Preise zu erlangen. Wenn nun eine Königliche oktroyirte Grönlands-Fischerei in Hamburg aufgerichtet, so sei dem König von Dänemark zu notificiren, „dass die königliche Grönlands-Fischerei und das Grönländische Territorium dem König von Dänemark komportire und dass die Hamburger für die von ihnen ohne Erlaubniss des Königs von Dänemark geraume Zeit betriebene Fischerei Satisfaktion an den König, und zwar durch ein jährliches Gewisses oder ein für alle Mal, zu leisten hätten". Die Hamburger sollten dann auch veranlasst werden, ihre Grönlandsfahrer in Altona bauen, die Ausrüstung in Altona beschaffen, die Mannschaft nur dort aus engagiren zu lassen. Wenn nun der König von Dänemark allergnädigst belieben sollte, den Hamburgern diese Fischerei ferner nachzusehen, so möge auch konsideriret werden, dass die Hamburger (gleich wie die Holländer den Häringsfang an die Engelländer theuer rekompensiren und bezahlen müssen) 200, 150 oder 100 Thaler, nach Gutbefindung Ihrer allergnädigsten Königl. Maj., von jedem Fische, den sie fangen, welchen man gewohnt ist, klein und gross durch einander auf 1200 Thaler, wenigstens 1000 Thaler zu taxiren, schuldig sind, Fischgeld an Ihre Königl. Maj. zu Altona zu bezahlen." Es wird bemerkt, dass schon ein mässiger Fang dem König 30- bis 50.000 Thaler einbringen würde. Muthmasslich würden aber viele Hamburger Grönlands-Rheder,

um solchem Fischgelde zu entgehen, sich in Altona niederlassen. Der König sei in seinem vollen Recht, einen solchen Zoll zu erheben, denn er führe in Grönland das dominium maris. Von den Holländern sei keine Einsprache wegen dieses den Hamburgern auferlegten Tributs zu besorgen, weil letztere den Amsterdamern in dem Grönländischen Handel fast überlegen und die Holländer daher besondere Jalousie gegen die Hamburger geschöpft hätten. Schliesslich wird bemerkt, dass Dänemark, um alles dieses in Werk zu setzen, nur einige Kriegsschiffe auf dem Elbstrom zu stationiren brauche und dass von anderen Potentaten in diesem casu Nichts zu besorgen sei.

Es ist bekannt, dass dieser Plan, von dem sich die Hamburger wohl gerade zur rechten Zeit, um Gegenmittel zu gebrauchen, Kunde verschafften, in der Hauptsache nicht zur Ausführung gekommen ist. Der Geist, welcher aus dem Schriftstücke spricht, ist bezeichnend für die Anschauungen jener Zeit, oder sagen wir lieber für die ungeheuerlichen Ansprüche, welche man auf Dänischer Seite namentlich dem Schwachen gegenüber immer von Neuem geltend machte. An den Küsten von Ost-Grönland und Spitzbergen hatte Dänemark auch nicht einmal einen Schein von Vorrecht, nur die Fischerei an der Davis-Strasse konnte wegen der dortigen Dänischen Ansiedelungen in Betracht kommen. Ich habe aber vergeblich danach gesucht, ob Dänemark jemals Holländern gegenüber die Fischerei-Gerechtsame in der Davis-Strasse für sich ausschliesslich beansprucht hätte.

Begünstigungen anderer, unschuldigerer Art, welche die Dänische Regierung durch Aussetzung von Prämien und Befreiung der eingeführten Fischerei-Geräthschaften &c. vom Zoll dem Fischfang Dänischer und damit auch Schleswig-Holsteinischer Schiffe zuwendete, belebten nur während einer kurzen Zeit den Betrieb. Gegen Ende des Jahrhunderts hatte z. B. Glückstadt zehn Grönlandsfahrer.

Zerstörende Wirkungen der Seekriege zu Ende des 18. und Anfang des 19. Jahrhunderts auf die Grönlands-Fischerei. — Die Französische· Revolution mit ihrem Gefolge, den Seekriegen und Handelsstörungen, der Kaperei und der massenhaften Verwendung der Mannschaften für militärische Zwecke, machten für eine Reihe von Jahren der Grönlands-Fischerei in England und Holland wie nicht minder in den Deutschen Küstenplätzen ein Ende.

In Hamburg finden wir im Jahre 1802 noch 15 Schiffe, die 62 Fische erbeuten und 3409 Barile Thran (à 226 Pfd.) gewinnen, in der Grönlandsfahrt, unter ihnen das Fregattenschiff „Die Lillie", Kommandeur Peter Hansen, von welchem mir die Schiffs-Journale aus der Zeit von 1795 bis 1803 vorliegen. Von der Weser fuhren von Anfang des Jahrhunderts bis 1808 noch fünf bis acht Schiffe, darunter zwei Hannoverische. Die Kriege zwischen Frankreich und England, später die Kontinentalsperre übten auf den Seeverkehr und so auch auf die Fischerei-Unternehmungen der Deutschen Küsten jenen furchtbaren Druck, der sich selbst bis zur völligen Zerstörung der Handelsblüthe einzelner Städte steigerte.

Die Schiffsnachrichten aus jener jammervollen Zeit berichten z. B. Folgendes:

„Im Jahre 1803 wurde die Weser von den Engländern blockirt. Christian Siedenburg (Kommandeur des Schiffes „Sophia Katharina") und Jan Hacke (Kommandeur der „Drei Freunde") kamen vorher ein, die übrigen Schiffe mussten Nothhäfen suchen. „Die Visurgis", Kommandeur A. Fenkohl, „Der Walfisch", Kommandeur J. H. Wurtmann, „Der Nordstern", Kommandeur J. H. Engel, „Die Grönland", Komm. H. Wurtmann, liefen in die Ems ein, während die beiden Hannoverischen Schiffe „Königin Charlotte", Kommandeur Jan Hashagen, und „Georg III.", Kommandeur F. Fenkohl, Bergen aufsuchten. Dort wurden sie entladen und überwinterten. Der Speck wurde von der Ems theils zu Lande, theils zu Schiff über die Watten nach Bremen gebracht. Die in Bergen eingelaufenen Schiffe liessen den Speck dort zu Thran auskochen und letzterer wurde sodann zu Schiff nach der Jade gebracht. Im folgenden Frühjahr liefen die Schiffe theils von Emden, theils von Bergen aus; rückkehrend richteten sie ihren Kurs nach der Jade, und erst nachdem vom Englischen Konsul die Erlaubniss dazu ausgewirkt, „kamen sie nach der Weser herum". Der Fang war in diesem Jahre ein sehr reicher, denn die sieben Schiffe brachten zusammen 57 Fische mit. Im Jahre 1805, wo die Schiffe theils von der Jade, theils von der Weser und Ems ausliefen, währte die Blockade nicht bis zur Rückkehr der Schiffe. Im Juni wurde sie aufgehoben und die Schiffe kehrten wiederum mit reichem Fischsegen nach der Weser zurück."

Am 21. April 1806 wurde die Weser wiederum von den Engländern blockirt. Die beiden Schiffe „Der Nordstern" und „Die drei Freunde", welche wegen widrigen Windes noch nicht weit gekommen waren, wurden zurückgewiesen und kamen wieder an die Weser. Die beiden Schiffe „Königin Charlotte" und „Georg III." wurden aber nach England aufgebracht. Am 7. Mai wurden sie wieder frei gegeben, weil aber das Wasser in dem Hafen zu Plymouth so niedrig geworden war, dass sie nicht heraus zu bringen waren, so konnten sie ihre Reise nach Grönland nicht fortsetzen und kamen am 9. Juli auf die Weser zurück. Auf den fünf anderen Grönländischen Schiffen entstand ein Aufruhr unter dem Volke, als sie segelfertig waren; das Volk machte für den Fall, dass sie aufgebracht würden, Forderungen, in welche die Rhedereien nicht willigen konnten. Auf den Schiffen „Die drei Freunde", „Sophia Katharina" und „Grönland" konnte das Volk auf keine Weise beruhigt werden und diese mussten ihre diessjährige Reise aufgeben. Auf den Schiffen „Der Walfisch" und „Der Nordstern" gelang diess aber; ersteres ging am 6. Mai und letzteres am 7. Mai in See. „Der Walfisch" entging den Engländern und setzte seine Reise nach Grönland fort, allein „Der Nordstern" wurde von ihnen genommen und nach Leith aufgebracht, wo er wieder frei gegeben wurde, jedoch erst am 13. Juni abgehen konnte. Der Kommandeur glaubte nun, es sei zu spät, nach Grönland zu gehen, und kam am 20. Juni wieder auf die Weser zurück, womit die Rhederei sehr unzufrieden war, denn sie hatte gewünscht, dass er noch nach Grönland gegangen wäre, obgleich es so spät sei. Wäre dieses Schiff einen Tag früher, nämlich am 6. Mai, in See gegangen, so wäre es

wahrscheinlich auch den Engländern entkommen. „Der Walfisch" kam am 13. Juli mit 5 Fischen und 198 Quardeelen Speck ungehindert auf die Jade zurück und einige Tage nachher unter Certifikat vom Englischen Konsul mit seiner vollen Ladung auf die Weser. Im Jahre 1807 liefen noch fünf Schiffe von der Weser nach Grönland aus und kehrten ungehindert zurück.

Die Deutschen Grönlandsfahrten hören in der sogenannten Französischen Zeit ganz auf. — Im Dezember 1807 erliess der grosse Imperator von Mailand aus seinen Bannstrahl gegen den Englischen Seehandel. Durch ihn wurden die Deutschen Handelsmarine-Interessen auf das Tiefste getroffen. Jedes aus einem Hafen Englands oder einer Englischen Kolonie ausgelaufene oder von Englischen Schiffen angehaltene, resp. durchsuchte Schiff sollte danach als Englisches Eigenthum angesehen und in jedem befreundeten Hafen mit Beschlag belegt werden.

Vergeblich waren die Schritte, welche die Hansestädte zu Gunsten der Aufrechterhaltung ihrer Grönlandsfahrt in Paris thaten. Der Minister-Resident der Hansestädte in Paris, Abel, überreichte der Kaiserlich Französischen Regierung in Paris eine Note, in welcher um freie Ein- und Ausfahrt für die Walfisch- und Häringsfang-Schiffe nachgesucht wird. Für den Häringsfang habe sich in den letzten Jahren eine Kompagnie gebildet. Man möge die Schiffe nach erfolgter Visitation frei sein lassen, selbst wenn einzelne im Zwangsverkehr mit Englischen Kreuzern hätten treten müssen. Es heisst: „Quoique cette double pêche ne soit dans tems ordinaires qu'un objet secondaire pour les habitants de Brême, il ne leur est pas du tout indifférent dans la stagnation actuelle du commerce maritime et du cabotage, de conserver cette petite branche d'industrie innocente et non suspecte."

Die Note fruchtete Nichts, dieses „unschuldige, unverdächtige Gewerbe" musste der Seehandelspolitik Napoleon's zum Opfer fallen.

Ob überhaupt eine Antwort ertheilt wurde, erhellt nicht aus den Akten, jedenfalls blieb aber das Gesuch ohne Folge.

Hannover'sche Fischerei-Unternehmungen: Emden, die Unter-Weser-Gegend und Stade. — Hannover'sche Küstenplätze hatten sich hie und da für kurze Zeit an der Grönlandsfahrt betheiligt. Allein ausdauernder Unternehmungsgeist und Kapital, diese beiden Hauptfaktoren alles kaufmännischen Wagens, waren dort nur in weit geringerem Grade vorhanden, wenn es auch an geübten Fischerleuten nicht fehlte, vornehmlich auf der Insel Borkum, welche bis zuletzt eine bedeutende Anzahl Mannschaften zur Holländischen Fischerflotte gestellt hatte. Hier noch einige Einzelheiten über die Hannover'schen Unternehmungen.

Unter der im Jahre 1697 mit reichem Segen heimkehrenden Flotte von 192 Schiffen werden auch zwei Emdener erwähnt. Mitte des vorigen Jahrhunderts entstehen dort zwei Grönlands-Kompagnien [1]); die eine errichteten der Stadt-Sekretär Haykens und ein gewisser Oterendorp; sie endigte mit Bankerott. Die zweite Emdener Unternehmung wurde von dem Kaufmann Wichers ins Leben gerufen. Zwölf Jahre hindurch wurde der Betrieb, freilich nur mit Einem Schiffe, fortgesetzt. Im Jahre 1757, nachdem sich ein Verlust von 100.000 Gulden ergeben hatte, kam das Schiff in Amsterdam zum Verkauf. Bei Besprechung der Ursachen, weshalb diese Unternehmungen missglückten, wird unter Anderem die bedeutende Kapital-Auslage erwähnt, welche sich für ein gutes Schiff sammt Ausrüstung wohl auf 50.000 Gulden Ostfriesisch belaufe. In Holland, so wird weiter gesagt, seien andere Verhältnisse, dort seien die beim Schiffsbau beschäftigten Zimmerleute, Schmiede, Seiler, Segelmacher an den Fischerei-Unternehmungen betheiligt. Kapital sei dort reichlich und der Besitzer mit einer geringen Rente zufrieden. In Ostfriesland wende sich mit Recht das vorhandene Kapital mehr der Landwirthschaft, dem Rapsbau und Ölmühlenbetrieb zu, auch sei der Werth der Barten in Folge der veränderten Mode der Reifröcke gesunken und das Rüböl mache dem Thran erhebliche Konkurrenz.

In Stade ward in den Jahren 1777 bis 1779 ebenfalls jährlich ein Schiff ausgerüstet, es kehrte aber auch in den ersten beiden Jahren mit einem nur sehr mässigen Fange heim und im Jahre 1779 machte ein Amerikanischer Kaper, der das Schiff unter dem 75. Grade wegnahm, dem ganzen Unternehmen ein Ende.

Endlich ward acht Jahre später an dem Hannover'schen Weser-Ufer ein Unternehmen durch Eingesessene des Herzogthums Bremen ins Leben gerufen, das etwas besseren Erfolg hatte als die bisherigen. Ein Schiff von 120 Last ward von dem Schiffszimmermeister Raschen zu dem Zweck gekauft und eingerichtet. Schiff, Ausrüstung, Assekuranz, Matrosenlohn &c. erforderten die Summe von 9200 Thaler. Das Königliche Kommerz-Kollegium in Hannover gab dazu, in Erwägung, dass seit langer Zeit eine solche Unternehmung in Hannover nicht geschehen, gegen gehörige Sicherheit 4000 Thaler zinsfrei her, das Übrige wurde als Aktienkapital durch Landeseingesessene zusammengebracht. Das Schiff wurde unter den Befehl eines erfahrenen Kommandeurs, des Kapitäns Fennekohl aus St. Magnus, gestellt, führte die Kurhannover'sche Flagge und erhielt den Namen „Georg III."; die Besatzung, 39 Mann, bestand ausschliesslich aus Hannove-

ranern. Unter den Provisionen figuriren unter Anderem 4500 Pfund Fleisch verschiedener Gattung, 5300 Pfund Brod, 1668 Pfund Butter, 29 Oxhoft Bier, 4½ Anker Branntwein, 94 Pfund Syrup und 45 Faden Brennholz.

Die ganze Ausrüstung wurde in Amsterdam für 16.000 Gulden versichert. Den 10. April konnte die Mannschaft an Bord genommen werden. Widrige Winde hielten die von Vegesack erfolgte Abfahrt des Schiffes so sehr zurück, dass es erst den 25. April die offene See erreichte. Den 4. Juni kam, so sagt der Bericht, das Schiff in den Grönländischen Gewässern (zwischen dem 70. und 75° N. Br.) an, und nachdem es sich glücklich durch das Süder-Eis durchgearbeitet, erreichte es den 10. Juni diejenigen Bläuken, in welchen die Walfische gejagt zu werden pflegen. Am 16. Juni wurden in Einem Tage zwei Fische getödtet, alle weiteren Bemühungen waren vergeblich und das Schiff kehrte Anfangs Juli durch das Süder-Eis zurück, wo noch einige Robben erlegt wurden. Der „Georg III." langte am 6. August wieder auf der Weser an.

Die beiden Fische lieferten zusammen 174 Tonnen Thran (die Tonne zu 216 Pfund), die Barten wogen 2300 Pfund. Von dem Ertrage konnte eine Dividende gezahlt, 1000 Thaler von der Schuld an das Kommerz-Kollegium abgetragen und 2800 Thaler für die nächstjährige Expedition verwendet werden. Später kam noch ein zweites Schiff, die „Königin Charlotte", hinzu. Das Handlungshaus C. L. Brauer und Sohn in Bremen trat an die Spitze des Unternehmens. Beide Schiffe fuhren bis 1807 und von 1814 bis 1816 für Rechnung der Aktien-Gesellschaft, dann übernahm sie das genannte Handlungshaus. Es zahlte für die Schiffe zusammen 12.200 Thaler. Umgetauft in „Elise Dorothea" und „Friedrich August" setzten sie unter Bremer Flagge die Grönlandsfahrten noch einige Zeit fort.

Grönlandsreise des Sachsen Fr. G. Köhler 1801. — Einen originellen Grönlandsfahrer-Bericht haben wir noch aus dem Anfange dieses Jahrhunderts nachzutragen; es ist die Erzählung jenes Seilermeisters Friedrich Gottlob Köhler aus Pirna in Sachsen von seiner im Jahre 1801 auf dem Altonaer Schiffe „Grönland" unternommenen „ersten und einzigen Reise nach dem Eismeere". Neben manchen naiven und ergötzlichen Bemerkungen des Binnenländers über die verschiedensten Gegenstände des Seewesens führt uns Köhler's Bericht das damalige Leben und Treiben auf einem Grönlandsfahrer doch recht anschaulich und lebendig vor Augen. Es mögen daher hier einige Stellen aus dem Schriftchen folgen, das, wohl nur noch in wenigen Exemplaren vorhanden, den Titel trägt: „Reise ins Eismeer und nach den Küsten von Grönland und Spitzbergen im Jahre 1801 von Friedrich Gottlob Köhler, Seilermeister in Pirna. Leipzig 1820".

[1]) Historisch-politisch-geographisch-statistische und militärische Beiträge, die Königlich Preussischen und benachbarten Staaten betreffend. Band I. Berlin 1781. Namen wie Bakker, Janssen, die wir in den Listen der Holländischen Kommandeure finden, zeigt noch das heutige Verzeichniss Ostfriesischer Seeschiffs-Kapitäne.

Es fehlte mir, so erzählt der ehrsame Pirnaer Seepionier, in meiner Jugend nicht an Muth, Entschlossenheit und Herzhaftigkeit, aber ich darf ohne Unbescheidenheit von mir selber sagen, dass ich mich bei Allem, was ich unternahm, klug, gesittet und anständig zu betragen wusste. Selbst unter der rohesten Menschenklasse vergass ich mich nie. Ich hatte immer einen unruhigen Geist und stets trieb mich eine lebhafte Wissbegierde. Erfahrung, dachte ich, macht die Menschen klug. Endlich war ich der Landreisen müde. Da ich nirgends ein Ruheplätzchen gefunden hatte, wollte ich mein Glück zur See und in fernen Himmelsgegenden suchen. So kam ich im Frühjahr 1801 nach Altona, zu der Zeit, wo die Grönlandsfahrer, die auf den Walfischfang gehen, abreisen. Mein Sinn stand gerade nicht dahin, aber auf Zureden einiger jungen Leute von meinem Handwerke, die auch zum ersten Mal die Reise dahin machten und die Gefahren und Beschwerden solcher Fahrten so wenig als ich kannten, entschloss ich mich, das tolle Abenteuer zu wagen und als Matrose nach Grönland zu gehen.

Ich ging an Bord des dreimastigen Schiffes „Grönland" unter Kapitän Johann Schmit aus Jütland. Am 16. März 1801 verliessen wir Altona in Gesellschaft von 18 Schiffen, die gleichfalls nördlich segelten. Es war ein schöner, heiterer Tag. Als das Schiff segelfertig war, wurden wir alle gemustert, unsere Gesundheit wurde noch einmal untersucht und nachgesehen, ob unsere Sachen in gehörigem Stande wären, uns gegen die Kälte zu schützen. Ich erhielt monatlich 7 Thaler, doch hat Jeder von der Mannschaft auf einem Grönlandsfahrer noch einige kleine Einkünfte, wenn der Fang gut ist. Für Kleider aber muss Jeder selbst sorgen, er erhält dazu den Vorschuss einer zweimonatlichen Löhnung, wofür er sich den Schiffs-Anzug kauft. Der nothdürftigste Anzug besteht in zwei Paar guten Stiefeln, einem halben Dutzend Strümpfen, vier Paar Beinkleidern von grober Sackleinwand, acht Paar Handschuhen und zwei Pelzmützen. Diesen Anzug kann man für den erhaltenen Vorschuss kaufen, weil Alles so eingerichtet ist, dass es nur ein halbes Jahr hält. Vor der Abfahrt mussten wir sämmtlich Treue schwören und verprechen, das Schiff nicht zu verlassen, „so lange Kiel, Steng, Stag, Mast und Wand noch steht". Als wir mit Ost-Wind von Altona abfuhren, nahm Jeder von der Mannschaft mit dreimaligem Hurrahgeschrei Abschied vom festen Lande. Bei Glückstadt lag ein kleines Kriegsschiff, eine Fregatte, welche wir mit Aufsteckung unserer grossen Flagge begrüssten. Der Kapitän oder Befehlshaber des Schiffes stand auf dem Verdeck und sagte uns durch ein Zeichen mit dem entblössten Degen Lebewohl. Auf beiden Ufern standen Menschen, die ihre Hüte schwenkten und uns ein freudiges Hurrah nachriefen. An demselben Abend kam das Schiff bis Cuxhaven, am andern Morgen ging's in die hohe See. Die Mannschaft wurde in drei Wachen eingetheilt, in die Kapitäns-, Steuermanns- und Bootsmanns-Wache, von welchen jede aus 14 Mann bestand. Als die Mündung der Elbe verlassen war, erhielt Jeder von der Mannschaft einen Holländischen Käse von 5 Pfund. Bei Cuxhaven musste sich das Schiff durch vieles Treibeis durcharbeiten und unserm Sachsen schauderte es jetzt bei dem Gedanken an Grönland. Wir Deutsche hielten immer treu zusammen und lebten sehr brüderlich, denn aus übrige Schiffsvolk bestand aus Dänen, Jütländern und Holländern. Es waren unser fünf, der Schiffs-Wundarzt, der Sohn eines Predigers aus der Gegend von Stendal, zwei Seiler aus Pesth und aus Halberstadt, ein Fleischer aus Erfurt und ich. Einzelne Scenen der Rohheit auf dem Schiffe waren für Köhler abschreckend; so z. B. schlug der Steuermann im Wortwechsel mit einem angetrunkenen Matrosen diesen so derb mit der Faust ins Gesicht, dass er ihm mit dem grossen messingenen Ringe, den er am Finger trug, eine tiefe Wunde beibrachte. Am fünften oder sechsten Tage rief man „Land!" Es war Norwegen. Wir kamen, erzählt Köhler, durch den Trichter oder die Meerenge von Norwegen und den Britischen Inseln und hatten die hohe Gebirgskette dieses Landes stets vor Augen. Einige Tage nachher kamen wir in das nördliche Atlantische Weltmeer oder das Spanische See, wie die Matrosen es nennen. Dieses Meer ist sehr ungestüm. Einst in der Nacht, als wir des starken Windes wegen die Segel fest machen mussten, fehlte uns, während wir oben waren, ein Mann. Als wir mit der Arbeit fertig waren und wieder hinunter stiegen, erblickten wir einen unter die Salung am grossen Mast, und siehe da! der Vermisste hatte diesen Schlupfwinkel gewählt. Jener zog ihn bei den Haaren hervor, nahm das Stagtau — ein Tau, das vom grossen Mast von oben herab führt — zwischen die Beine, und indem er den Kerl schwebend hielt, fuhr er hinunter mit ihm ins Meer. Das war die Strafe für das Verstecken. Überdiess erhielt er von Jedem drei Hiebe mit einem Endtau.

Am 25. Tage der Reise erblickten sie das erste Eis, es war kleines Treibeis. Sechs Tage später kamen sie an das Packeis.

Über das Seeleben und die Einrichtungen auf dem Schiffe lässt sich Köhler des Breiteren aus. Tabakrauchen und Kartenspiel waren durchaus verboten. Ehe Jemand zum Essen kam, musste bewiesen werden, dass er den Mund ausgespült, Gesicht und Hände gewaschen hatte; wer diese Vorschrift nicht befolgte, erhielt drei Hiebe mit einem Tauende. Jeder ohne Unterschied musste alle acht Stunden unter die grosse Luke treten und das Hemd ausziehen, um nachzusehen, ob sich Ungeziefer eingenistet habe. Bei heftiger Kälte war diess ein böses Stück Arbeit. Diebstahl, besonders Entwendung eines Kleidungsstückes, wurde sehr hart mit Hieben bestraft. Jede der drei Wachen dauert vier Stunden. Nach der Ablösung hat das Volk acht Stunden frei, wenn nicht schlechtes Wetter eintritt, und während dieser Zwischenzeit kann Jeder thun, was er will, Niemand aber darf zum Zeitvertreib aufs Verdeck gehen, der nicht die Wache hat. (Auf einem mit Kaufmannsgütern beladenen Schiffe sind statt drei nur zwei Wachen und das Schiffsvolk hat also nur vier Stunden frei.)

Wenn sich Walfischfahrer im Eismeere begegnen und nicht zu weit von einander entfernt sind, wünscht die Mannschaft auf jedem Schiffe zu wissen, wie viel Fische das andere Schiff gefangen hat. Man nimmt, wenn man sich wegen des Windes oder wegen Unkunde der Sprache nicht zurufen kann, irgend Etwas, z. B. einen Besen, eine Stange, in die Hand und giebt damit dem vorbeifahrenden Schiff so viel Mal ein Zeichen, als man Fische hat. Bei solchen Gelegenheiten habe ich oft den Stolz der Engländer bemerken können. Jedes Englische Schiff wartet, bis das vorüberfahrende Schiff die Zahl seiner Fische angegeben hat, und giebt dann immer ein paar mehr an als jenes. Als ich einmal auf dem Verdeck stand, um das Zeichen zu geben, befahl mir der Kapitän, 10 anzuzeigen, und setzte hinzu, der Engländer werde gewiss 11 oder 12 angeben. Und er hatte Recht. Der Küchenzettel war fest bestimmt. Jeden Morgen um 4 Uhr gab es grobe Graupen mit etwas Butter zum Frühstück. Der Mittags-Küchenzettel bietet eben so wenig Abwechselung, denn er bietet wenig Leckerbissen dar. Am Sonntag graue Erbsen mit Pökelfleisch; Montags gelbe Erbsen mit Stockfisch; Dienstags graue Erbsen und Fleisch; Mittwochs gelbe Erbsen und Stockfisch; Donnerstags eben so; Freitags graue Erbsen und Fleisch; Sonnabends gelbe Erbsen und Stockfisch, und so wechseln die leidigen grauen und gelben Erbsen eine Woche wie die andere. Nur ein Paar Mal gab es weisse Bohnen und zwei Mal Sauerkraut. Ich habe mir also vorstellen, wie für ein Fest es war, als das Schiffsvolk am Geburtstage des Kapitäns, am 28. Mai, mit 22 Flaschen Wein erquickt wurde. Wir tranken des Königs von Dänemark Gesundheit. Ich habe selbst in jenen rauhen Gegenden, wenn wir hinterm Wind an ein Eisfeld gelegt hatten, so manchen frohen Tag gehabt. Bei solchen Gelegenheiten erlaubte der Kapitän dem Schiffsvolk allerlei Leibesübung[1]), wo wir Deutsche dann den Jütländern manchen Possen spielten, und es war Lust, wenn wir dabei über diejenigen, die uns zu befehlen hatten, Meister werden konnten. Der Kapitän sah es gern, wenn das Schiffsvolk froh und guter Dinge war. Wenn es zuweilen gar nicht damit gehen wollte und Alles still und niedergeschlagen war, kam er wohl zu mir und sagte. Mien hochtütsker, maak man eng Jück dun tüg, dat de Lühde lustig wehren. — Er spielte auch selbst oft mit, und ehe er sich's versah, war er ausgeräuchert, so gut als der Gemeinste, und ging dann lachend davon. Immer aber wusste er sich so zu fassen, dass er bei Niemand die Achtung verlor.

Am 28. Tage nach der Abfahrt begann der Robbenschlag, der im Ganzen nur 1400 Robben lieferte. (Wir geben darauf wie auf die Einzelheiten des Walfischfanges, um nicht durch spätere Wiederholung zu ermüden, nicht näher ein.) Manchen Tag, manche Woche segelten wir nördlich, ohne dass uns etwas Wichtiges begegnete, bis wir in die Gegend kamen, wo wir den Walfisch fanden, dessen Fang der Hauptzweck unserer Reise war. Diess ist die Gegend der Insel Spitzbergen, wo es die meisten Walfische, aber wenig Seehunde giebt. Wir sind mit keinem Fuss aus Land gekommen und haben uns die meiste Zeit in jener Gegend aufgehalten. Die Schiffe, welche auf den Walfischfang gehen, landen überhaupt nur im Nothfalle, wenn Stürme sie überfallen oder wenn sie in Gefahr sind, vom Eise eingeschlossen zu werden. Nicht selten aber legten wir an Eisbergen an, was man „sich hinter den Wind legen" nennt, wie wir denn einst drei Tage an einem solchen Berge bei der Insel Jan Mayen östlich von Grönland lagen. Nur ein

---

[1]) Ein alter erfahrener Bremer Kommandeur, Albert Haake, erzählt uns, dass, wenn er mit seinem Schiff still an einem Eisfelde lag, er oft mit einem Theil seiner Mannschaft aufs Eis gegangen sei und Ball oder sonstige muntere Spiele mit den Leuten gespielt habe, damit sie frisch und regsam blieben.

Mal kamen wir Grönland nahe, in einer Entfernung von 4- bis 500 Schritten, so viel ich es berechnen konnte, aber wegen der Eismassen, die ans Land getrieben wurden, war es uns nicht möglich, näher zu kommen. Zwei Mal waren wir in der Nähe von Nowa Zembla, ein Mal auf der westlichen und das andere Mal auf der nördlichen Seite, aber nur in der Entfernung von $\frac{1}{2}$ Meile, weil wir wegen der Eismassen uns auch hier der Küste nicht nähern konnten. Die Westseite zeigte sich als ein grauer Felsen mit etwas Schnee, auf der Nordseite aber war mehr Schnee zu sehen. Das Meer zwischen Spitzbergen und Nowa Zembla war oft ganze Tage ohne Eis und das Eis nie sehr gross, sondern nur Treibeis. Östlich und südlich von Spitzbergen fanden wir immer mehr Eis als nördlich. Der grossen Insel Spitzbergen, die sich vom 77. Grad bis über den 80. Grad ausdehnt, waren wir oft sehr nahe. In der Ferne sieht sie aus wie eine schwarze Wolke mit vielen weissen Strichen.

In dieser Gegend des Eismeeres giebt es die grössten Eismassen, von welchen die Schiffe sehr oft zerdrückt werden. Auch wir befanden uns hier vom 14. bis 23. August in einer so schrecklichen Gefahr, dass wir uns Gott befahlen und unsern Untergang vor Augen zu sehen fürchteten, bis ein Nordwest-Wind das Eis aus einander trieb und uns wieder in freies Wasser brachte. Als wir unsern Fang im Meere um Spitzbergen gemacht hatten, segelten wir über jene Insel hinaus, und zwar fünf Tage und eben so viele Nächte lang. Ein Hamburgisches Schiff, das uns begleitete, veranlasste uns zu dieser Fahrt. Es war hier glücklich im Walfischfange gewesen und der Kapitän, der den unsrigen kannte, hatte sich vorgenommen, gegen den Pol zu segeln, in der Hoffnung, todte Walfische anzutreffen. Wir fanden erst weniger, dann aber wieder mehr Eis; auf dem höchsten Punkte, den wir erreichten, war jedoch überall frei Wasser. Endlich aber rief der Steuermann des Hamburger Schiffes uns zu, dass sein Compass nicht mehr treu bleibe. Auf unserm Schiffe wurde diess gleichfalls bemerkt, die Magnetnadel war in so unruhiger Bewegung, dass sie den Kurs nicht mehr anzeige, und nun wurde sogleich auf beiden Schiffen Befehl gegeben, wieder südlich zu steuern. Bei den Eise ist das Meer sehr tief. Die Farbe der See, meint Köhler, ändert sich nach der Beschaffenheit der Luft. Bei klarem Himmel ist die See blau; ist der Himmel in der Höhe ein wenig bewölkt, so wird sie grün, und bei trübem Sonnenschein gelblich. Wenn es ganz dunkel ist, so sieht sie schwarzblau aus und bei einem Sturme grauschwarz. In den Gegenden, wo viel Eis ist, hat das Meer zuweilen eine vitriolblaue, zuweilen eine grüne Farbe.

Die Eismassen, die man im Eismeere findet, bestehen theils aus Treibeis, theils aus Eisbergen oder Eisstücken von wunderbarer Gestalt und Grösse, die in der See schwimmen. Von diesem Treibeis nun unterscheiden sich die Eisberge, welche man hie und da im Meere sieht, wo sie auf dem Grunde zu ruhen scheinen und oft lange Zeit unveränderlich ihre Lage behalten. In der That hörte ich mehr als ein Mal, wenn wir an solchen Eismassen vorüberfuhren, das Schiffsvolk sagen: „An diesem Felde haben wir voriges Jahr mehrere Tage hinter dem Winde gelegen." Ich besinne mich, wie einst der Schimmann — der Mann, welcher in dem innern Raume des Schiffes den Befehl und die Oberaufsicht führt —, als wir zwischen zwei grossen Eismassen hindurchsegelten, versicherte, er kenne diese Massen schon seit 5 Jahren und habe sie immer an derselben Stelle gefunden. Der alte Mann musste das Eismeer wohl kennen, da es gleichsam seine Heimath war; er war nun zum 47. Male in dieser Gegend und hatte also gewissermaassen 94 Winter gesehen und keinen Sommer, denn 14 Tage nach seiner Abfahrt, zur Zeit, wo bei uns Winter und Frühling sich scheiden, war es schon wieder Winter und Schnee und bei seiner Rückkehr fing der Winter in seiner Heimath an.

Jene Eisberge gleichen zuweilen Kirchen oder Schlössern mit stumpfen und spitzigen Thürmen oder grossen Inseln mit Bergen und Thälern. Die grössten Massen sahen wir bei Spitzbergen, wo sie wie Berge im Meere sich bewegen.

Oft werden die Schiffe von dem Treibeise so sehr besetzt, dass sie sich durch die Schollen mit der Säge einen Weg bahnen müssen. Wir waren einmal nahe bei Spitzbergen in diesem Falle. Man verfährt dabei auf diese Art: Die grosse Säge, welche dazu gebraucht wird, gleicht einer Schrot- oder Baumsäge, ist 16 bis 18 Ellen lang und hat grosse, weit von einander stehende Zähne. Ist nun das Schiff ganz vom Eise umschlossen und zeigt sich die Möglichkeit, durch das Zersägen der Eismassen freie Fuhrt zu gewinnen, so werden Leinen an die Arme der Säge gebunden und oft wird die Hälfte der Schiffsmannschaft angestellt, daran zu ziehen. Erst wird oben abgesägt und alsdann sucht man die im Wasser befindlichen Massen durch Haken unter das andere Eis zu schieben. Aber nur bei Windstille und wenn die

um das Schiff sich drängenden Eismassen nicht zu gross sind, ist das Sägen anwendbar, denn wenn nicht Windstille ist, macht man sich vergebliche Arbeit, da der Wind, sobald die Säge eine Fuhrt geöffnet hat, das Eis wieder zusammentreibt. Auch muss man sich in solchen Gefahren oft mit den Schaluppen unter mühsamer Arbeit aus dem Eise bugsiren. Alle Mannschaft fährt in Schaluppen aus, um den schmalsten Streif in den Eisfeldern zu suchen, wo durchzukommen ist. Hat man einen solchen, der nicht von vorne kommt, gefunden, so spannt man alle Segel auf und fährt darauf los. Es ist uns oft geglückt, auf diese Art durchzukommen, aber es gehen auch viele Schiffe dabei verloren, zumal wenn sie alt sind. Oft geschieht es auch, wie ich bereits beiläufig erwähnt habe, dass man die Schiffe mit Eishaken, die mit starken Tauen versehen sind, an grosse Eisfelder oder Eisberge fest macht, wo sie wie vor Anker liegen. Zuweilen liegen einige Schiffe um ein grosses Eisfeld, besser aber ist es, wenn nur Ein Schiff anlegt, weil sie sich sonst am Walfischfange hindern. Zwischen den grossen Eismassen findet man keine hohen Wellen, sondern die See ist hier selbst bei einem Sturme ziemlich ruhig. Aber auch an den grössten Eisfeldern liegen die Schiffe nicht ganz sicher, weil diese Massen zuweilen von der Bewegung der Wellen brechen, wodurch unzählige kleinere Massen entstehen, die einen Wirbel in der See machen. Kommt das Schiff in die Mitte solcher Schollen, so ist es verloren. In der äussersten Gefahr bleibt oft keine andere Hülfe für die Mannschaft übrig, als sich über das Eis zu retten oder sich in ihre Boote zu werfen, und es ist ein Glück, wenn sie ein anderes Schiff findet, das sie aufnimmt. Von solchen Unglücksfällen hört man die Grönlandsfahrer oft erzählen.

Ein Abenteuer mit einem Bären, welches der Sächsische Seilermeister bestand, hatte glücklicher Weise keinen traurigen Ausgang. „Als ich so in Gedanken auf dem Eise umher ging und mich umsah, wie weit das Schiff wäre, erblickte ich plötzlich ein grosses weisses Thier, 60 bis 70 Schritte vorwärts von mir entfernt. Ich glaubte Anfangs, es sei ein alter Seehund (!). Als ich mich aber einige Schritte näherte, ward mir vom Schiffe aus zugerufen: Geh' nicht weiter, es liegt ein Bär vor Dir! Ich betrachtete das Thier nun genauer und sah, dass es ein weisser Bär war, der sich im Schnee kugelte. Ich zog mich so schnell als möglich zurück, um mich den Blicken des Thieres zu entziehen."

Die Bekanntschaft unseres Pirnaer Landsmannes mit dem ersten Walfisch wird so erzählt: „Mit Schauder denke ich noch an den Augenblick, als ich ihn zu Gesicht bekam. Er sah von Weitem wie ein Stück schwarzes Land oder wie ein kleiner Berg aus. Es wurde sogleich eine Schaluppe gestrichen und ich war leider gleich das erste Mal unter den sieben Mann, welche beordert wurden, auf den Walfisch loszugehen. Mein Herz klopfte, als wir fortruderten; ich fing an zu beten, und je näher wir dem Ungeheuer kamen, desto deutlicher hörten wir sein Blasen und meine Angst stieg. Als wir nun den Walfisch nahe waren und der Harpunier ihm den tödtlichen Stich versetzte, fing das Thier an, sich zu bewegen, stürzte sich auf den Kopf, schlug mit dem Schwanze so gewaltig auf das Wasser, dass die Schaluppe, worin ich war, einen heftigen Stoss bekam und 20 bis 30 Schritt weggeschleudert wurde. Ich war im Herzen froh, dass der Fang uns entging."

Einmal ereignete es sich, dass unser Köhler in Folge des Losbrechens eines Stückes Eis von einem Eisberge, auf welchen er, um Schnee zu Wasservorräthen für das Schiff zu sammeln, gestiegen war, in eine Eisspalte hinabstürzte. Weitläufig berichtet er über dieses Abenteuer, welches er sich wohl gefährlicher vorgestellt haben mag, als es wirklich war. „Ich lag dort ganz weich in dem kalten Schneelager. Ohne fremde Hülfe herauszukommen, war unmöglich. Man konnte mich nur vom Gipfel des Berges sehen. Ich schrie laut. Einige vom Schiffsvolk hatten zwar meinen Fall gesehen, aber wegen des mir nachrollenden Schnee's wusste man nicht, ob ich ins Meer gefallen wäre oder nicht. Der Zugang zu meiner Lagerstätte war sehr schwierig. Vergebens schrie, bat und lärmte ich, betete in der Angst und stiess auch wohl in meiner Verzweiflung laute Verwünschungen aus, und da ich das Schiffsvolk oft lachen hörte, so glaubte ich, man habe keinen Willen, mir Hülfe zu leisten, was auch, wie ich später erfuhr, gar nicht so schwer war. So hatte ich schon 10 bis 12 Minuten gelegen, als mir plötzlich ein Klumpen Schnee in den Nacken flog. Ich sah auf und erblickte oben auf dem Gipfel des Berges zwei Matrosen, einen Holländer und einen Dänen. Als sie sahen, dass es mit leichter Mühe vermittelst einer Leine herauszuziehen werden konnte, riefen sie nach diesem Hülfsmittel. Man warf auch sogleich eine Leine vom grossen Mast herüber, die aber zum Unglück den Dänen so hart ins Gesicht traf, dass er umfiel. Ich konnte mich nicht enthalten zu lachen, so sehr ich in der Klemme war, als ich das Schiffsvolk über den Unfall lachen hörte. Der arme Däne trug mehrere Wochen das Zeichen davon an Mund und Nase. Der Holländer warf mir nun die Leine zu und ich kehrte den gekrümmten Rücken gegen den Wurf, um meine Nase vor einem ähnlichen Unfalle zu bewahren. Der hülfreiche Holländer wollte mich aus meinem Schneekerker ziehen, aber es war ihm allein unmöglich und der Däne war wieder hinab geklettert." Endlich liess der Kapitän den in der Eisversenkung Schmachtenden durch zwei Matrosen herauf holen und erquickte ihn zur Stärkung nach den überstandenen Ängsten mit zwei Maass Branntwein.

Unbeschreibliche Freude empfand der Seilermeister, als es den 23. August hiess: „Es geht nach Hause!" Die Freude begeisterte den Schiffs-Wundarzt zu einem Gedichte, worin er von der traurigen Eis-welt Abschied nahm. „Wir steuerten einige Tage westsüdwestlich, bis wir das Eis aus dem Gesichte verloren. Am 1. Oktober war die Insel Helgoland in Sicht. Noch hatte die „Grönland" ein kleines Abenteuer mit einem Englischen Kriegsschiff zu bestehen. Es wurde eine Kanone abgefeuert als Signal für die Lootsen. Nach einiger Zeit kam ein Fahrzeug mit einem einzigen Mann auf uns zu. Es war ein Lootse. Der Kapitän unterhandelte lange mit ihm, da der Lootse bis Cuxhaven 88 Thaler verlangte, eine zu hohe Forderung, worüber man nicht einig wurde. Der Lootse entfernte sich und wir segelten einige Stunden allein fort, was sehr gewagt ist. Gegen Abend wurden wir ein Schiff gewahr und erkannten darin bald ein Englische „Convoy". Es segelte auf uns zu und löste eine Kanone. Diess war das Zeichen, wodurch uns angedeutet wurde, unsere Flagge zu zeigen. Wir folgten dieser Aufforderung aber nicht und segelten weiter. Wir hatten keine Furcht, ungeachtet das Englische Schiff 16 Kanonen führte und schon zwei Schiffe, ein Dänisches und ein Schwedisches, genommen hatte, aber eben dadurch hatte es sich geschwächt und bei uns waren doch auch 50 Mann an Bord. Als der Kapitän des Englischen Schiffes sah, dass wir unsere Flagge nicht zeigten und unser Segel in vollen Zuge liessen, gab er noch einige Mal Feuer auf unser Schiff, aber kein Schuss traf. In demselben Augenblick kam unser Schiff plötzlich auf den Sand, und zwar mit einer so heftigen Bewegung, dass wir alle auf dem Verdeck umfielen, da der Wind eine Seite des Schiffes hoch auf den Sand getrieben hatte. Es lag völlig auf der Seite. Nun war grosse Noth. Die Masten knarrten fürchterlich. Wir mussten unsere Segel fest machen und die Leesegel, d. h. die auswendig an den Seiten des Schiffes befindlichen Segel, anbringen. Der Wind blies heftig. Das Englische Schiff kam uns näher und schon sahen wir einem gefährlichen Kampf entgegen, als sich unser Schiff plötzlich losriss und wieder flott wurde. Dem Englischen Schiffe aber wurde es schwer, uns heizukommen, weil es gegen den Wind auf uns zu segeln musste. Es wurde dieses Spieles endlich auch müde und nahm auf einmal einen andern Lauf. In derselben Nacht gingen wir zum ersten Male wieder vor Anker. Am nächsten Morgen erhielten wir einen Lootsen, der uns an demselben Tage nach Cuxhaven brachte. Als wir hier Anker geworfen hatten, gingen fünf Matrosen ans Land und kamen bald mit verschiedenen Früchten: Äpfeln, Birnen, Mispeln, zurück, die sie uns sehr theuer verkauften; auch brachten sie etwas weiches Brod mit.

Nie vergesse ich die Scene, von welcher ich nun Zeuge war. Alles drängte und stiess sich hin und her, um ein Stückchen Brod zu erhaschen, und die Verkäufer wurden fast erdrückt. Ich selber war so glücklich, ein Stückchen, ungefähr 2 Loth schwer, zu erhalten, und obgleich ich es mit mehr als dreissig Rippen- und Rückenstössen erkaufen musste, so habe ich doch in meinem Leben keinen Bissen gegessen, der mir so gemundet hätte. In Cuxhaven erhielten wir einen andern Lootsen, der uns bis Altona brachte. Auf der Elbe hatten wir noch eine angstvolle Nacht. Wir fuhren mit Nordwest-Wind die Elbe hinauf, als gerade Ebbe war, und als wir bei Blankenese anlangten, geriethen wir auf eine Sandbank, wo wir so fest sassen, dass wir bei dem heftigen Winde Alles fürchten mussten. In diesem gefährlichen Augenblick sahen wir ein Amerikanisches Schiff mit vollen Segeln auf uns zukommen. Wir hatten Laternen ausgehängt, damit die ankommenden Schiffe uns sehen und nicht mit dem unsrigen zusammenstossen sollten. Der Amerikaner sah uns, warf jedoch erst seine Steng., d. i. er liess seine Segel nicht fallen, sondern fuhr schnell an uns vorbei. Der Lootse, der an Bord dieses Schiffes war, kannte die Fahrt besser als der unsrige. Wir mussten auf der Sandbank sitzen bleiben und geduldig die zurückkehrende Fluth abwarten, mit welcher wir endlich wieder flott wurden. An demselben Tage legten wir bei Altona vor Anker. Der grösste Theil der Mannschaft wurde noch vor Abend verabschiedet, nachdem Jeder seinen verdienten Lohn empfangen hatte. Ich und zwei andere Matrosen erhielten für einige in grossen Gefahren geleistete Dienste eine ausserordentliche Belohnung, die für Jeden 10 Thaler betrug. Alsdann stiegen wir ans Land, küssten die Erde und gingen aus einander, nachdem wir freundlich Abschied genommen hatten."

Die Britische Fischerei. — Die Grönlandsfahrt vom Festlande aus hörte, wie oben gesagt, in der Zeit der Französischen Oberherrschaft gänzlich auf. Von Gross-Britannien dagegen, das seine schützenden Kriegsschiffe auch hier zur Hand hatte, wurde sie fortgesetzt, ja die Englische Regierung war klug genug, Holländische Unternehmer und Holländisches Kapital für den Betrieb von England und Schottland zu gewinnen, indem ihnen alle Vortheile geboten wurden, welche dem Gewerbe, wenn von den Britischen Unterthanen unternommen, zu Gute kamen. Dadurch sicherte sich England die Erhaltung dieses Seegewerbes. In der Zeit von 1810 bis 1818 einschliesslich segelten von England 824 Schiffe nach Grönland und der Davis-Strasse aus, von Schottland 361. Die Zahl der Schiffe, welche von Schottland ausgingen, stieg in dieser Zeit über das Doppelte. Hull, London, Aberdeen, Leith, Whitby, Peterhead und Dundee waren die meist betheiligten Häfen. Der Erfolg war reich lohnend; 392 Schiffe von England brachten in der Periode von 1814 bis 1817 einschliesslich allein 3348 Walfische mit, ausserdem zahlreiche Seehunde, Bären und Walrosse. Der Ertrag an Thran belief sich auf 35.824 Tons und an Fischbein auf 1806 Tons. Von Schottland brachten in derselben Zeit 194 Schiffe 1682 Walfische; 96 Tons Thran und über 4 Tons Barten kamen durchschnittlich auf jede Reise jedes Schiffes.

Ganz besonders ergiebig war das Jahr 1814, wo auf jedes beim Fischfang betheiligte Schiff beinahe 19 Fische und über 159 Tons Thran kamen. Die „Resolution" von Peterhead, Kommandeur Souter, brachte 44 Fische und es ging der Bruttoworth der Fischerei dieses Schiffes, die Prämie eingerechnet, die enorme Summe von £. 11.000.

Aufschwung der Deutschen Fischerei nach dem Sturz der Französischen Herrschaft. — Man darf sich hiernach nicht wundern, dass, sobald durch den Sturz Napoleon's die Meere wieder frei wurden, sich die Grönlands-Flottillen auch von der Weser und Elbe wieder in Bewegung setzten. Die ersten Jahre nach der Franzosen-Herrschaft waren überhaupt eine Zeit des Aufschwunges des Bremer Ein- und Ausfuhr-Handels nach Nord-Amerika, Cuba, Haiti und die daraus gezogenen Gewinne wirkten belebend auf andere Geschäftszweige ein. Im Frühjahr 1814 fuhren von der Weser sieben Schiffe, die 14½ Fische mitbrachten. Hamburg sendete 1815 doch wieder vier, Altona Ein Schiff aus, die mit ziemlich gutem Fange heimkehrten. Überall an der Schleswig-Holsteinischen Elbküste, in Glückstadt, Elmshorn, Ütersen, Itzehoe, Brunsbüttel, Bardenfleth, bildeten sich Kompagnien mit einem oder ein paar Grönlandsfahrern, und zwar meistens durch

Betheiligung von Landleuten. In Glückstadt verdoppelt sich in der kurzen Zeit von 1815 bis 1818 die Zahl der Grönlandsfahrer. Sie steigt von 7 auf 17, welche eine Tragfähigkeit von 1368 Commerz-Lasten haben.

Auch Holland beginnt wieder die arktische Fischerei, die Regierung kommt mit beträchtlichen Geldunterstützungen zu Hülfe, indem sie die bedeutende Prämie von 5000 Gulden für jedes leer zurückkommende Schiff bestimmt; es entstehen drei Kompagnien, allein es fehlt an der früher in so grosser Zahl zur Verfügung stehenden, der Fischerei kundigen und tüchtigen Mannschaft; Missgeschick kommt noch hinzu und im Jahre 1828 sehen wir als letzten schwachen Versuch nur noch ein Schiff, von der Harlinger Kompagnie ausgerüstet, von Holland nach Grönland aussegeln.

Vergleichende Statistik der Britischen Fischerei 1830 bis 1868. — Dem Aufschwung folgt überhaupt bald wieder ein starker Rückgang, die nachfolgende statistische Übersicht giebt darüber genauere Auskunft. Für die Periode 1815 bis 1834 berechnete man die jährliche Durchschnittszahl Britischer Schiffe, welche im Walfischfang in Grönland und der Davis-Strasse beschäftigt waren, auf 116 Fahrzeuge. Ich gebe hier eine Vergleichung der Britischen Fischerei in der Grönländischen See, der Davis- und Cumberland-Strasse aus drei verschiedenen Jahren, wobei ich, der nachfolgenden Darstellung über die Fischerei der Gegenwart vorgreifend, das vorige Jahr, 1868, mit aufgenommen habe.

Häfen	1830		1857		1868	
	Schiffe	Tons	Schiffe	Tons	Schiffe	Tons
Peterhead . . .	13	3.720	30	8.397	12	2.948
Fraserburg . . .	—	—	5	1.245	2	549
Aberdeen . . .	10	3.035	6	1.482	1	239
Dundee . . .	9	3.033	4	1.394	12	4.618
Kirkcaldy . . .	5	1.597	3	1.058	1	452
Borrowstoness . .	—	—	1	357	—	—
Hull	33	11.009	11	2.805	2	530
Whitby . . .	2	686	—	—	—	—
Newcastle . . .	3	1.103	—	—	—	—
Berwick . . .	1	310	—	—	—	—
London . . .	2	642	—	—	—	—
Montrose . . .	4	1.302	—	—	—	—
Burntisland . .	1	280	—	—	—	—
Leith	7	2.426	—	—	—	—
Greenock . . .	1	316	—	—	—	—
Insgesammt	91	29.459	60	16.738	30	9.336

Die Zahl der betheiligten Plätze hat sich also seit 1830 von 15 auf 6 vermindert, die Zahl der Schiffe auf ⅓ der Zahl im Jahre 1830, die Zahl der Tons auf kaum ¼ der Zahl von 1830. Nur die Walfischflotte von Dundee hat sich gemehrt. (Die Zahlen sind durchaus zuverlässig.)

Rückgang der Fischerei; Einzelheiten aus dieser Zeit. — Die Unergiebigkeit des Fischfanges, der geringere Werth des

Thranes, dem fortdauernd im Gas, in den vegetabilischen und später in den mineralischen Ölen gewaltige Konkurrenten entstehen, die immer grösser und vielseitiger werdende Entwickelung des Seehandels durch Erleichterungen des Verkehrs, welche anderweitig eine lohnende Beschäftigung der Schiffe bewirken, das sind Ursachen des Rückganges. Wenn auch später die Mode trotz der gewaltigen Produktion der Südsee-Fischerei den Preis eines der Fang-Erzeugnisse, der Barten, wesentlich erhöhte, so ist die Grönlands-Fischerei doch bis heute fortwährend zurückgegangen. Namentlich in Hamburg sinkt das Gewerbe mehr und mehr. In der fünfjährigen Periode 1816 bis 1820 incl. kamen dort von Grönland zusammen 53 Schiffe an, in Bremen 40. Einzelne Jahre waren glücklich. Im Jahre 1821 z. B. war der Fang zweier Bremer Schiffe, „Hanseat", Kommandeur Harm Haake, und „Bremen", Kommandeur Albert Haake, besonders reich, sie brachten zusammen 18 Fische mit und es betrug der Werth des Fanges beider Schiffe über 37.000 Thlr. Das Schiff „Der Patriot Gloystein" musste einige Fässer Bier und Brod leeren, um den Speck bergen zu können. Das Schiff „Der Hanseat" musste ebenfalls wegen des ausserordentlichen „Segens" nicht nur seine Bier- und Brodfässer benutzen, sondern ihm wurden noch 40 Fässer an Bord geschickt.

Noch einige Berichte aus dieser Zeit über die Schicksale unserer arktischen Fischerei heben wir heraus.

Am 17. März 1825 wurde das Schiff „Der Patriot Gloystein", Kommandeur Johann Haake, zuletzt auf 65° N. Br. von Kommandeur Albert Haake, seinem Bruder, gesehen. Kommandeur Albert Haake sah einen Sturm voraus, reffte die Segel und drehte bei. „Der Patriot Gloystein" segelte weiter. Bald stellte sich der Sturm auch wirklich ein und von dem „Patriot Gloystein" wurde nie wieder Etwas gehört noch gesehen. Ohne Zweifel ist das Schiff mit seiner ganzen Bemannung von 46 Mann bei Jan Mayen gescheitert. Im folgenden Jahre, am 18. April, ging der „Harpunier" auf 69° N. Br. an der Robbenküste im Eise bei einem Sturme aus Ostsüdosten verloren. Die „Bremen", welche erst in Grönland war, dann am 25. Juni Kap Farewell passirend erst am 26. Juli auf dem Hauptfischplatz in der Davis-Strasse angelangt war, gerieth auf der Heimkehr fünf Mal bei Borkum an Grund und musste in Delfzyl einlaufen, von wo sie erst im folgenden Jahre nach der Weser kam.

1831. Die gänzliche Muthlosigkeit für die Grönländischen Unternehmungen, so wie die schlechte Beschaffenheit der beiden Schiffe „Hanseat" und „Bremen" erforderten den öffentlichen Verkauf und der „Hanseat" wurde zu 1605 LThlr., das Fleth zu 455 LThlr., die „Bremen" zu 1070 LThlr., das Fleth zu 330 LThlr. verkauft (!).

1851. Der „Neptun" ging am 14. Mai mit 7000 Robben und einem Fisch im Eise verloren. Mannschaft gerettet.

1857. Der „Eisbär", Bremer Flagge, kam im April 1857 bei Wardö auf den Strand. Mannschaft gerettet.

Für die folgenden Perioden ergiebt sich nachstehendes Verhältniss, wobei die nicht jedes Jahr erfolgten Fahrten nach der Davis-Strasse mit inbegriffen sind.

Von Grönland kamen an:

	in Hamburg	in den Weser-Häfen
1821 bis 1830 incl.	25 Schiffe,	51 Schiffe,
1831 „ 1840 „	29 „	23 „
1841 „ 1850 „	32 „	126 „
1851 „ 1860 „	16 „	114 „
1861 „ 1863 „	4 [1]	43 „

[1] Die Fischerei Hamburg's schliesst schon mit dem Jahre 1861, die in den Jahren 1862 und 1863 aus Grönland gekommenen Schiffe waren nicht auf den Fischfang gegangen, sondern brachten Kryolith.

IV. Die heutige Fischerei Europa's zwischen Grönland und Spitzbergen und in der Davis-Strasse. Die Deutschen Fischerei-Unternehmungen im Grossen Ocean („Südsee"), in der Bai von Ochotsk und in der Bering-Strasse.

Wir sind in unserer Betrachtung zu der letzten Vergangenheit und der Gegenwart gelangt.

Überblicken wir die Entwickelung der letzten 30 bis 40 Jahre, so finden wir, dass in Europa mehr und mehr der Unternehmungsgeist für die arktische Fischerei schwindet. Nur Norwegen zeigt in der letzten Jahresreihe einen Fortschritt. Die Fischerei Englischer und Schottischer Häfen in der Grönländischen See geringer. Vor etwa 40 Jahren hatte sie in Folge der Entdeckungen von Ross und Parry in den nordwestlichen Revieren einen bedeutenden Aufschwung genommen, im Jahre 1831 aber traf sie ein furchtbarer Schlag, indem ein grosser Theil der Englischen Fahrzeuge (19) im Eise der Melville-Bai vernichtet wurde. Die Zahl der beim Fischfang betheiligten Häfen ist ebenfalls weit geringer als früher, nur Dundee schickt noch jetzt eine grössere Anzahl Dampfer auf den Robbenfang nach Grönland (wir gebrauchen hier diesen Ausdruck immer im Sinne der Fischer, welche darunter die See bei Ost - Grönland und Spitzbergen verstehen). Sodann gehen dieselben Dampfer, nachdem sie den Robbensegen abgeladen, nach der Davis-Strasse, um bis weit nach Norden hinauf Walfische zu fangen. Die Einführung der Dampfer für diese Grossfischerei datirt aus dem Jahre 1858. Die Fischerei Dundee's stützt sich bekanntlich hauptsächlich auf die daselbst emporgeblühte Jutefabrikation, welche nach Yeaman's Mittheilungen in dieser Zeitschrift das weitaus bedeutendste Manufakt Dundee's ist. Die Anwendung des Walfisch- und Seehundsthranes vor dem Spinnen der Fasern ist unentbehrlich; beide grosse Erwerbszweige stützen und tragen sich also gegenseitig. Dundee bedarf zum Zwecke dieser Fabrikation jährlich 2200 Tons Thran, was gegen 21.000 Bremer Tonnen ausmacht. Auch in Deutschland ist die Jutefabrikation in der Entwickelung begriffen, aber die an der Weser noch immer aufrecht erhaltene Deutsche Grossfischerei wird ihren Bedarf an Thran wohl nicht in dem Maasse decken, wie diess in Schottland der Fall ist. Das in Dundee's Fischerflotte angelegte Kapital beträgt weit über Ł. 200.000. — Die Schleswig-Holsteinischen und Holländischen Häfen scheiden aus den Grönlands-Unternehmungen fast ganz aus, Hamburg ebenfalls. In Dänemark wurde eine neue Fischereigesellschaft gegründet, deren Betrieb leider bis jetzt ein ungünstiger war. Der Robbenschlag wird mehr und mehr Hauptsache.

Seit den dreissiger Jahren tritt die sogenannte Südseefischerei, in welcher die Amerikaner schon lange Zeit hindurch Bedeutendes leisteten, auch für die Europäischen Unternehmungen in den Vordergrund. Sie erstreckt sich auf das ganze Gebiet des Stillen Meeres, das Bering-Meer und das Polar-Meer jenseits der Bering-Strasse, die Gründe um Aljaska und die Bai von Ochotsk, während die antarktischen Regionen nur einzeln besucht werden. Die Betheiligung Europa's an dieser Fischerei gipfelt Anfangs der funfziger Jahre, sinkt aber rasch und jetzt haben die direkten Expeditionen von Fischerfahrzeugen aus Europa nach der Südsee meines Wissens ganz aufgehört.

Wir werfen nun zunächst unseren Blick auf einige Gegenstände und Verhältnisse, welche bisher noch nicht berührt wurden, die aber beleuchtet werden müssen, wenn das von uns zu entwerfende Bild des ganzen Betriebes in neuer und neuester Zeit ein einigermaassen vollständiges sein soll.

Gegenstände des jetzigen Fischfanges in den arktischen Meeren Europa's: der Grönländische Walfisch und andere Walarten, der Eisbär, das Walross und der Seehund. — Ohne auf das schwierige und, wie die neuesten Diskussionen zwischen zwei berühmten Naturforschern, den Herren J. E. Gray und Van Beneden, zeigen, noch immer streitige Kapitel der Klassifikation der Cetaceen näher einzugehen, müssen wir doch hier zum Verständniss des Folgenden Einiges in Beziehung auf die Gegenstände des Fanges aufführen. Wir stützen uns dabei hauptsächlich auf Scoresby und die in

9 *

freundlichster Weise uns gegebenen Mittheilungen des Captain David Gray in Peterhead, des bekannten Englischen Fischerkapitäns, und berücksichtigen dabei zugleich, was uns aus den mündlichen Mittheilungen hiesiger Kapitäne bemerkenswerth erschien.

Die Walthiere, welche in der Grönländischen See und in der Davis-Strasse Gegenstand des Fanges, sind folgende:

1) der Gemeine oder Grönländische Walfisch (Balaena mysticetus),
2) der Rorqual, bei den Engländern the Finner genannt (Balaenoptera boops).
3) der Weisse Wal (Beluga, Delphinopterus leucas).
4) der Narwal (Monodon monoceros),
5) der Bottlenose der Englischen Fischer.

1. Der für den Fang wichtigste und bedeutendste ist der unter 1 aufgeführte Grönländische Walfisch, von den Englischen Fischern „the Black" oder „Greenland Whale" genannt: seine gewöhnliche Länge ist 50 bis 60 Engl. Fuss, und wenn er ausgewachsen ist, liefert er 14 bis 20 Tons Thran. Nach Scoresby misst ein ausgewachsener Walfisch hinter den Finnen 30 bis 40 Engl. Fuss im Umfange. Der Kopf hat gewissermaassen eine dreieckige Gestalt, der untere Theil, dessen bogenförmige Aussenlinie durch die Form der Kinnlade bestimmt wird, ist flach und misst 16 bis 20 Fuss in der Länge, 10 bis 12 Fuss [1]) in der Breite. Die Unterlippe, welche 15 bis 20 Fuss lang, 5 bis 6 Fuss hoch ist und die Höhlung des Mundes bildet, sitzt an der unteren Seite der Kinnlade fest, steigt unter einem Winkel von etwa 80 Graden aufwärts und hat von vorne gesehen die Gestalt der ersten Hälfte des Buchstabens U (so wie er geschrieben wird). Die obere Kinnlade, die den Schädel einfasst, ist an der vorderen Seite unterwärts gebogen, so dass sie die Stirn und die oberen Theile der Mundhöhle schliesst, und ist von der Oberlippe schuppenartig auf beiden Seiten überdeckt. Die Finnen oder Flossen, zwei an der Zahl, liegen zwischen einem Drittel und zwei Fünfteln der Länge des Thieres, von dem Maul an gerechnet, und ungefähr 2 Fuss hinter dem Mundwinkel. Sie sind 7 bis 9 Fuss lang und 4 bis 5 Fuss breit.

Der Schwanz, der auf jeder Seite 80 bis 100 Q.-Fuss Fläche hält, ist ein furchtbares Werkzeug zur Bewegung und Vertheidigung. Seine Länge beträgt nur 5 oder 6 Fuss, aber seine Breite 18 bis 24 oder 26 Fuss.

Der Rachen enthält anstatt der Zähne zwei lange Reihen von Barten oder Fischbein, die an den Seiten des Schädels festsitzen. Sie sind im Allgemeinen der Länge nach gekrümmt, obwohl sie bisweilen gerade gehen, und geben dem oberen Theile des Rachens eine bogenförmige Gestalt. Sie sind unmittelbar von den Lippen bedeckt, die an dem unteren Theil der Kinnlade festsitzen, und schliessen zwischen ihren äussersten Enden die Zunge ein. Jede Reihe besteht aus mehr als 300 einzelnen Stücken oder Blättern;

die längsten sitzen ungefähr in der Mitte und von da nehmen sie nach beiden Seiten hin immer mehr ab. 15 Fuss ist die grösste Länge des Fischbeins, 10 bis 11 Fuss die mittlere Grösse und 13 Fuss ist eine Länge, die man schon selten findet. Die grösste Breite, die es an dem Theile hat, welcher im Gaumenfleisch festsitzt, beträgt 10 oder 12 Zoll. Die Blätter, welche die beiden Reihen von Fischbein ausmachen, laufen parallel, mit ihrer breiten Seite gegen einander gekehrt, in einem Abstand von zwei Dritteln eines Zolles (die Dicke des Blattes mitgerechnet), und gleichen einem Paar Sägen in einer Schneidemühle. Die inneren Ränder sind mit Fransen von Haaren besetzt und der äussere Rand eines jeden Blattes, einige wenige an einem jeden Ende der Reihe ausgenommen, ist unterwärts gekrümmt und abgeplattet, so dass gegen die Lippen eine glatte Fläche gekehrt ist. Bei den jungen Walfischen ist das Fischbein nur wenige Zoll lang; erreicht die Länge desselben 6 Fuss und darüber, so giebt der Fisch schon eine ziemliche Menge Thran. Die Farbe des Fischbeins ist bräunlich-schwarz oder bläulich-schwarz, bisweilen ist es der Länge nach weiss gestreift [1]). Wenn es eben gereinigt ist, so zeigt die Oberfläche ein hübsches Farbenspiel. Ein grosser Walfisch giebt bisweilen anderthalb Tons Fischbein. Wenn das „Probeblatt", das grösste von der ganzen Reihe, 7 Pfund wiegt, so kann der ganze Ertrag auf eine Tonne geschätzt werden, und so nach Verhältniss. Das Fischbein ist in dem Schädel in eine Art von Fuge eingelassen. Alle Blätter derselben Reihe sind durch das Gaumenfleisch verbunden, in welches das dicke Ende derselben hineinreicht. Das Gaumenfleisch ist weiss, faserig, zart und geschmacklos. Es schneidet sich wie Käse und hat das Aussehen des Inneren einer Kokusnuss.

Unmittelbar unter der Haut liegt der Speck oder das Fett, das den ganzen Körper des Thieres nebst den Flossen und dem Schwanze umkleidet. Die Farbe desselben ist gelblich-weiss, gelb oder roth, an sehr jungen Thieren ist es immer gelblich-weiss. Bei manchen alten gleicht es in seiner Farbe dem Fleisch des Lachses. Es schwimmt in Wasser, daher die im Verhältniss zu seinem Gewicht enorme Schwimmkraft des Fisches. Die Dicke desselben rund um den Körper ist zwischen 8 und 10 bis 20 Zoll, sie ist sowohl an verschiedenen Theilen als bei verschiedenen Thieren verschieden. Die Lippen bestehen fast ganz aus Speck, die Zunge besteht vorzüglich aus einer weichen Art von Fett, das weniger Thran giebt als ein anderer gleich grosser Theil des Specks. In der Mitte und gegen die Wurzel der Zunge ist das Fett mit muskelartigen Fibern durchzogen. Der übrige Theil des Unterkopfes, ausser der Kinnlade, besteht

---

[1]) Die Fusse sind hier immer Englisches Maass.

[1]) Siehe die später folgenden Mittheilungen über die Fischbein-Fabrikation in Deutschland.

fast ganz aus Fett und auch der Schädel ist mit einer beträchtlichen Schicht desselben bedeckt. Die Flossen bestehen aus Speck, Sehnen und Knochen und der Schwanz enthält einen dünnen Überzug von Speck. Der Thran scheint in dem Speck in kleinen Zellen enthalten zu sein, die durch ein starkes Netz von sehnigen Fasern verbunden sind. Diese Fasern scheinen, indem sie an der Oberfläche dicht zusammengehen, die Substanz der Haut zu bilden. Der Thran wird durch die Hitze herausgetrieben und geht grossentheils von selbst aus den zerschnittenen Speckstücken heraus, wenn der sehnige Theil des Specks in Fäulniss übergeht. Der Speck und das Fischbein sind allein die Gegenstände, um derentwillen der Walfisch gefangen wird. Das Fleisch und die Knochen werden zurückgelassen, ausgenommen bisweilen die Kinnladen. Der Speck hat, so lange er frisch ist, durchaus keinen unangenehmen Geruch. Die Menge Thran, welche ein Walfisch liefert, steht gewöhnlich in einem bestimmten Verhältniss zu der Länge seiner längsten Barten. Man hat die folgende Tabelle über dieses Verhältniss nach einem mittleren Anschlage aufgestellt:

Länge der Barten in Fussen	1	2	3	4	5	6	7	8	9	10	11	12
Ertrag an Thran in Tons	$1\frac{1}{2}$	$2\frac{1}{4}$	$2\frac{3}{4}$	$3\frac{1}{4}$	4	5	$6\frac{1}{2}$	$8\frac{1}{2}$	11	$13\frac{1}{2}$	17	21

Dass bisweilen Ausnahmen hiervon vorkommen, versteht sich von selbst. So erzählt Scoresby, dass einmal ein Walfisch von $2\frac{1}{2}$ Fuss Fischbein beinahe 10 Tons Thran gab, dagegen ein anderer mit 12 Fuss Fischbein nur 9 Tons. Indessen sind solche Beispiele sehr selten.

Von einem grossen Walfisch, der 60 Fuss lang und 70 Tons schwer ist, wiegt der Speck etwa 30 Tons, die Knochen des Kopfes, das Fischbein, die Flossen und der Schwanz 8 bis 10 und der übrige Theil des Rumpfes 30 bis 32.

Das Fleisch eines jungen Walfisches hat eine rothe Farbe, und wenn es vom Fett gereinigt, auf dem Rost gebraten und mit Pfeffer und Salz gewürzt wird, so schmeckt es wie derbes Rindfleisch; dagegen sieht das Fleisch von alten Walfischen beinahe schwarz aus und ist überaus grob. Von der ungeheueren Masse von Muskeln, die den Körper umgeben, dient ein grosser Theil zur Bewegung des Schwanzes. Der Schwanz besteht vornehmlich aus zwei netzartigen Lagen von sehnigen Fibern, die dicht in einander geflochten sind und sehr wenig Thran enthalten. In der Mitte laufen die Fibern nach allen Richtungen, in den übrigen Theilen sind sie geordneter. Diese Substanz wurde besonders in Holland in den Leimsiedereien benutzt.

Die meisten Knochen des Walfisches sind sehr porös und enthalten eine grosse Menge Thran. Die Kinnladen, die 20 bis 25 Fuss lang sind, werden, wie gesagt, öfter mitgenommen, und zwar wegen des Thranes, der aus ihnen heraustränfelt, wenn das Schiff in ein wärmeres Klima kommt. Die äussere Oberfläche der meisten porösen Knochen ist dicht und fest. Die Rippen sind fast durchgehends dicht, aber der Schädel ist beinahe eben so porös wie die Kinnladen.

2. Der Rorqual, Englisch the Finner genannt, 90 bis 100 Fuss lang, geringer an Thranergiebigkeit, ist neuerdings besonders von Norwegen aus Gegenstand des Fanges geworden. Ich habe mich bemüht, Näheres über diese Walart und namentlich den Werth des Fanges von dorther zu erfahren, indessen ohne genügenden Erfolg, so dass ich nur abschreiben müsste, was Scoresby über diese Walart sagt. Ich ziehe es daher vor, auf das Werk desselben und zwar auf Band I, S. 482, zu verweisen. Von Deutschen Fischern wird diese Walart eben der geringeren Thranergiebigkeit wegen nicht gefangen. Die Deutsche Fischerei beschränkt sich vielmehr lediglich auf den unter 1 aufgeführten „Grönländischen Walfisch".

3. Der Weisse Wal, ungefähr von derselben Grösse wie der Narwal, liefert auch eben so viel Thran. Er wird besonders in der Cumberland-Strasse von den Englischen Whalern mit Hülfe der Eingeborenen getödtet.

Nur der Grönländische Wal und der Finner haben Barten.

4. Der Narwal. Derselbe ist nach Captain D. Gray's Mittheilungen 12 bis 15 Engl. Fuss lang und liefert $\frac{1}{8}$ bis $\frac{1}{6}$ Ton Thran. Einen nicht unbedeutenden Handelswerth (150 Thlr.) hat bekanntlich der 9 bis 10 Fuss lange Zahn des „Eenhoorn", wie unsere Seeleute diese Walart nennen. Der „Hudson" fing im Jahr 1860 zwei Narwale.

5. Der Bottlenose-Wal, 15 bis 20 Engl. Fuss lang, liefert $1\frac{1}{2}$ bis 2 Tons Thran.

Es mag hier noch der Schwertfisch als einer der ärgsten Feinde des Grönländischen Walfisches, des Bottlenose und des Narwal erwähnt werden. Nicht selten sind Grönlandsfahrer Zeugen davon gewesen, dass eine Heerde Schwertfische auf einen Walfisch der erstgenannten Art Jagd machte und ihn tödtete [1]). Auch Seehunde werden von den Schwertfischen gejagt und Kapitän Gray erzählt mir ein Beispiel, wo ein Seehund sich, von einem Schwertfisch gejagt, auf ein Schiff zu flüchten suchte.

Dass die Grönlandswale Wanderungen, entweder um Kap Farewell herum oder durch irgend eine noch unentdeckte Strasse im Norden Grönland's, von der Spitzbergen-See nach der Davis-Strasse und umgekehrt unternehmen, dafür ist ein Fall bekannt, obgleich Kapitän Gray mir nicht das Schiff und das Jahr angeben kann, in welchem es sich ereignete, dass ein bei Spitzbergen harpunirter Fisch in der Davis-Strasse — in einer und derselben Saison — getödtet wurde. Im Jahr 1863 tödtete Kapitän Gray in der Grön-

[1]) Captain Gravil von dem Englischen Schiff „Diana" sah eine solche Jagd 300 miles östlich vom Kap Farewell.

ländischen See einen grossen Wal, in dessen Körper noch eine Schiessharpune stak, datirt: Newcastle 1839. Ohne Zweifel war dieser Fisch in der Davis-Strasse harpunirt worden, denn von Newcastle aus sind die Grönlandsfahrten schon früh eingestellt worden, während sie nach der Davis-Strasse noch bis in die neuere Zeit fortgesetzt wurden. Die Barke „Kate" tödtete 1866 einen kleinen Wal unter 78° 30′ N. Br. (Länge nicht angegeben), in dessen Körper eine Eskimo-Harpune stak.

Ähnliche Zeichen der Wanderungen der Wale, und zwar vom Europäischen Eismeere nach der Bering-Strasse und umgekehrt, sind durch Scoresby und Andere bekannt geworden.

Die Jagd auf Eisbären. — Über die Jagd des Eisbären, des Königs unter den Vierfüssern der Polargegenden, wie ihn Scoresby nennt, das Folgende. Er ist bekannt genug, findet sich fast in jedem Zoologischen Garten, und an naturgeschichtlichen Beschreibungen über dieses Thier ist kein Mangel. Nur wenn die Gelegenheit sich als besonders günstig erweist und weder Robben noch Fische in Sicht sind, wenn das Schiff an einem Felde ruhig vor Anker liegt und hier oder auf einer an dem Boot vorübertreibenden Scholle der meist nur vereinzelt vorkommende Eisbär (Ursus maritimus) unbeweglich sitzend einem gutgezielten Schusse Erfolg verspricht, war und ist er ein Gegenstand der Jagd. Die Eisbärenjagd ist unter allen Umständen mit Gefahr verbunden. „Die auf die Eisbärenjagd ausgehen, müssen mindestens 4 bis 5 Mann stark sein, um einander beizuspringen, wenn der Erste, welcher auf das Thier anschlägt, das Missgeschick haben sollte, zu fehlen. Man zielt am besten auf die Ohren oder die Brust." So sagen die alten Holländischen Fischerberichte, indem sie manche Anekdote über heisse, mit Bären bestandene Kämpfe hinzufügen. Aus neuerer Zeit ist folgende von Martins in seiner „Reise von Spitzbergen zur Sahara" wieder mitgetheilte Anekdote von Admiral Nelson, der bekanntlich seine erste Probe als Seemann im Eismeer ablegte, bemerkenswerth. Nelson machte als Midshipman die Polarexpedition von Phipps mit. Ganz allein nahm er es einst mit einem Eisbären auf, und als man den schmächtigen, zarten Jüngling fragte, wie er so waghalsig sein könne, sich mit einem so furchtbaren Thiere zu messen, antwortete er einfach: „Ich wollte sein Fell meinem Vater mitbringen."

Barents und seine Leute hatten auf ihrer Fahrt und beim Aufenthalt auf Nowaja Semlä manchen Strauss mit den Eisbären zu bestehen, eben so Cook 1788 bei Spitzbergen. Es ist schwieriger, den Bären auf dem Eise zu jagen als im Wasser. Naht er sich dem Boot, so haben die Leute die Beile bereit, um ihm die Tatzen, wenn er sie etwa auf den Bord des Bootes legen sollte, abzuhacken. Die Vervollkommnung der Schusswaffen kommt auch der Bärenjagd sehr

zu Statten und diess erwies sich im Jahre 1868 besonders bei den Bärenkämpfen, welche die Leute des Dampfers „Albert" bestanden. Der Eisbär wird allein seines Felles wegen gejagt, das je nach der Grösse 15 bis 20 Thlr. werth ist. Eins der vom „Albert" mitgebrachten Eisbärenfelle mass in seiner grössten Länge etwa 9 Fuss. Der vorjährigen Bärenjagden der Mannschaft des „Albert" ist in dem früher abgedruckten Bericht über die vorjährige Polarreise dieses Schiffes gedacht worden. Indessen will ich hier noch die kurze, aber äusserst lebendige Schilderung einer Eisbärenjagd mittheilen, welche der Königl. Preuss. Marine-Ingenieur Brix in seinen „Skizzen aus dem nördlichen Eismeer nach Tagebuchaufzeichnungen" giebt. Brix machte im Jahre 1852 eine Grönlandsfahrt auf dem Bremer Schiff „Neptun" mit und schildert seine Eindrücke in äusserst frischer und lebendiger Weise, so dass das in der Form von zwei Vorlesungen gedruckte Büchlein Jedem zur anregenden Unterhaltung zu empfehlen ist.

„Siehe! wer unterbricht plötzlich die Einförmigkeit der Winterlandschaft? Warum stürzen sich die vereinzelten Robben in jäher Hast in die Fluth? Lärmend und schreiend erhebt sich das Volk der Luft und umkreist mit ängstlichem Flügelschlage das Schiff. Schwerfällig, plumpen Schrittes bewegt sich auf dem Eise der langgestreckte Leib des Königs der nördlichen Quadrupeden. Eine Eisbärin, wie sich bei näherer Betrachtung zeigt, gefolgt von zweien Jungen, nähert sich uns. „Das ist ein Fang, der lohnt; seid bereit zur Jagd! Dort jene von Eistrümmern gebildete Wand ist wie geschaffen, uns ihren argwöhnischen Blicken zu verbergen." Schnell ist der Köder hingeworfen und von den scharfen Nasen der Thiere gewittert. Die Jungen, vorschnell, versuchen der Alten vorauszueilen, ein sanfter Schlag mit der Pranke der Mutter, der sie einige Schritte zurückwirft, belehrt sie, dass sie die Gesetze der Höflichkeit übertreten haben. Aller Vorsicht, welche die Mutter anwendet, ungeachtet und alles Misstrauens zum Trotz zieht es sie jedoch immer näher zu dem herrlich duftenden Fischspeck. Da kracht ein Schuss durch die Stille; das eine der beiden Jungen stürzt zusammen. Durch den Knall erschreckt wendet sich die Mutter zur Flucht; doch gewahrend, dass nur einer der kleinen Bären ihr folgt, kehrt sie zurück, beschnuppert das blutende Liebling und von seinem leisen Wimmern zur Rache entflammt wendet sie sich gegen uns, die wir unsern schützenden Wall verlassen haben. Bald aufgerichtet auf den Hinterbeinen schreitend, bald wieder schwer auf die Vorderfüsse niederfallend, stürzt sie sich auf ihre Feinde. Aus grösserer Nähe fährt ihr ein zweiter Schuss entgegen, verwundet zuckt sie zusammen, doch aufs Neue stürzt sie sich vorwärts. Von zwei Seiten mit Lanzen angefallen, wird sie, wenn sie dem einen der Angreifer zuwendet, die entgegengesetzte Seite unbeschützt lassen und dort den Todesstoss empfangen. Mit lang aus dem weit geöffneten Rachen herunterhängender Zunge, dampfendem Athem und rollenden Augen läuft sie, ein Bild der blinden Wuth, die verkörperte Rache, schrecklich anzusehen, in ihr Schicksal, das sie bald ereilt und nach kurzem Kampfe zum todten Jungen bettet, dem sich endlich auch das letzte Glied der Familie zugesellt, welches unwissend, was zu thun, neugierig dem Kampfe zugeschaut hat."

Höher stellt sich der Werth des Eisbären, wenn es gelingt, sich seiner lebend zu bemächtigen. Im Jahre 1867 brachte der „Hudson" einen alten und einen jungen lebendigen Bären mit, im Jahre 1868 fand ich auf dem Deck des eben angekommenen Dampfers „Bienenkorb" ebenfalls einen jungen lebendigen Bären im Käfig eingesperrt. Die Juli-Sonne, welche ihre brennenden Strahlen auf seinen schmutzig-gelben Pelz ergoss, stimmte ihn offenbar sehr unbehaglich. (Derselbe war für den Oberpräsidenten der Provinz Hannover bestimmt, ist aber bald — wenn ich nicht irre, im Zoologischen Garten zu Hannover — gestorben.) Ein ausgewachsener lebendiger Eisbär wird mit 100 bis 150 Thlr. bezahlt. Das Einfangen eines Bären geschieht vom Boot aus mittelst einer geschickt um den Hals des Thieres zu werfenden Schlinge; durch zwei eiserne Ringe, die an der Aussenseite des Bootes befestigt sind, wird dann das Tau durchgezogen und der Bär so lange angepresst festgehalten, bis ihm vom Schiffe aus ein stärkeres Tau umgeschlungen ist, mittelst dessen er auf das Schiff hoch aufgewunden und in den grossen eisernen Käfig, den jedes Grönlandsschiff für solche Fälle auf Deck hat, eingelassen wird; dort sitzt er dann wohl verwahrt, von Zeit zu Zeit mit Seewasser überschüttet und mit Fleisch gefüttert, bis er bei der Rückkehr in dem milderen Klima zu leiden beginnt. Er wird dann möglichst bald verkauft, seinem neuen Eigenthümer, einem Händler mit wilden Thieren, oder, wenn ihm gleich das bessere Loos lächelt, einem Zoologischen Garten zugeführt, wo ihm ja immer eine sorgsame, seiner Polarnatur möglichst entsprechende Behandlung und Verpflegung zu Theil wird.

Dass übrigens die „Grönländer" von der Weser die Begegnung mit dem Polarbären nicht scheuen, mag aus folgenden Zahlen der Eisbärenjagden einiger der Bremer Grönlandsfahrer hervorgehen. Seit 1852, bis wohin zurück ich schriftliche Notirungen darüber vorfinde, wurden in Ganzen durch die von der Weser ausgehenden Schiffe 156 Eisbären als Jagdbeute mitgebracht. Im Jahr 1857 war diese Jagd besonders ergiebig, denn es brachten mit:

Schiff „Weser"	. . . . . .	13 Bären.
„ „Grönland"	. . . . .	3 „
„ „August"	. . . . .	4 [1]) „
„ „Delphin"	. . . . .	6 „
„ „Elsfleth"	. . . . .	4 „
		30 Bären.

1859 brachte die „Hannover"	. . .	10 Bären.
1863 „ „ „Weser"	. . .	10 „
1865 „ der „Hudson"	. . .	7 „

Auch die Schiffe, welche nach der Davis-Strasse oder, wie unsere Deutschen Seeleute kurzweg sagen, nach der „Strasse" fahren, bringen öfter Bären mit. So wird noch im vorigen Jahre berichtet, dass der Schottische, am 2. Nov. heim gekommene Schraubendampfer „Polynia" zwei lebendige Bären mitbrachte und deren eine grosse Zahl tödtete.

Das Walross und seine Jagd durch die Grönlandsfahrer. — Von der Jagd auf das Walross giebt uns Dr. Hayes in seinem Polar-Reisebericht eine höchst anziehende Schilderung. Noch im vorigen Jahrhundert gab es bei Spitzbergen solche ungeheure Heerden, wie sie Hayes am 3. Juni 1861 auf 78° N. Br. und 73 bis 74° W. L. antraf. Holländische Fischer tödteten im Jahr 1767 auf Moffen-Eiland 2200 Walrosse, die am Ufer überrascht und denen der Rückweg dadurch abgeschnitten wurde, dass man die Leichen der getödteten Thiere als einen Wall zwischen der Heerde und dem Meere aufstapelte. Gegen das Walross ist die Lanze, nicht die Harpune die richtige Waffe. Jetzt gehen noch einige Fahrzeuge von Norwegen (Tromsöe) auf den Walrossfang an der Ostküste von Spitzbergen, während die Russen sich seit etwa 1830 von Spitzbergen zurückgezogen haben und diese von Spörer uns so anschaulich in seinem Werk über Nowaja Semlä geschilderte Jagd noch bei Nowaja Semlä betreiben. In der Bering-Strasse ist das Walross sehr häufig.

Schiffe von der Weser auf die Walrossjagd bei Spitzbergen. — Auch von der Weser aus sind wiederholt Schiffe expedirt worden, um auf und bei Spitzbergen Walrosse und Renthiere zu jagen, nebenher auch zu diesem Zweck die Nester der Eidergans auszunehmen. Es hat sich aber dieses Geschäft als durchaus nicht lohnend erwiesen. Die „Aurora", ein kleines Fahrzeug von 49 Last, bemannt mit 18 Mann, wurde für Hannover'sche Rechnung zuerst am 17. April 1860 expedirt. Sie kehrte Mitte November mit dem geringen Fange von 70 Walrossen und einer Partie Robben zurück, welche zusammen 120 Tonnen Thran lieferten. Carlsen, ein zu diesem Zweck engagirter Norweger, kommandirte die „Aurora", welche 1861 vom 15. März bis 9. Oktober abwesend war und nur 6 Walrosse, 83 grosse Robben, 2 Eisbären, 10 Renthiere und 21 Pfund Daunen mitbrachte. Die „Aurora" fuhr noch vier Jahre für ein Bremer Haus nach Spitzbergen; in den beiden letzten Jahren war Kapitän Hagens Kommandeur.

Ehe wir den Seehundsfang, welcher noch jetzt einen wesentlichen Theil der Englischen, Deutschen, Norwegischen und Dänischen Grönlands-Unternehmungen ausmacht, besprechen, holen wir Einiges nach. Es betrifft hauptsächlich die grösseren oder geringeren Chancen des Fischfanges und auch des Robbenschlages im Grönländischen Meere, je nach der Lage und Beschaffenheit des Eises, so wie den sonstigen Witterungsverhältnissen.

Chancen des Fischfanges je nach Eis- und Witterungsverhältnissen. — Die Verbreitungszone des Walfisches ist durch Maury, der in seinem berühmten Werke „Physische Geographie des Meeres" nach sorgfältigen Ermittelungen, aus einer grossen Zahl von Whaler-Logbüchern, das Gebiet des Walfisches im Ganzen bestimmte, bezeichnet und im Allgemeinen dahin angegeben, „dass die tropischen Gegenden des Oceans dem eigentlichen Walfisch gleichsam ein Feuermeer sind, durch welches er nicht hindurch kann und in welches er nie eindringt". Er sagt weiter: „Auch die Thatsache wurde an den Tag gebracht, dass dieselbe Art Walfische, welche längs der Küsten Grönlands, in der Baffin-Bai &c., gefunden wird, auch im nördlichen Stillen Ocean

---

[1]) Unter ihnen ein lebendiger.

und um die Bering-Strasse vorkommt und dass der Walfisch der nördlichen Hemisphäre von dem der südlichen sich wesentlich unterscheidet." Ob aber der bow-head der Bering-Strasse wirklich genau dieselbe Art wie der Grönländische Wal ist, darüber vermochte ich mir noch keine Gewissheit zu verschaffen. In unserem Falle handelt es sich vorzugsweise um den „gemeinen Grönländischen Walfisch" (Balaena mysticetus). In den arktischen Gewässern Europa's ist der 71. Grad (nach Scoresby) oder nach der Ansicht erfahrener Kommandeure, von welchen ich mündliche, resp. schriftliche Mittheilungen darüber erhielt, der 70. Grad die südlichste Grenze, bis zu der noch, wenn auch selten, Walfische angetroffen werden. Im Allgemeinen gilt bei unseren Fischern die Regel, dass im Frühsommer die Fischerei vorzugsweise auf dem 78. und 79. Breitengrad, dagegen in der „Nátíd", wie sie es nennen, im August, auf dem 73. bis 75. Breitengrad ergiebig sei. Nach des Bremer Kapitäns Westermeyer Erfahrung nimmt der Fisch (unter Fisch ist immer Walfisch in der Grönlandsfahrer-Sprache zu verstehen) sehr häufig seinen Lauf in der Richtung von Südwest nach Nordost. Scoresby macht in seinem, in dieser Beziehung freilich durch die seitdem verflossene Zeit wohl nicht mehr vollgültigen, Werk, das 1820 erschien, ausführliche Mittheilungen, denen wir noch Einiges entnehmen. Im Allgemeinen gilt von Alters her die Regel, dass aus der Farbe des Wassers, dunkelgrün, sich auf reichliches Vorhandensein der Krustaceen, der Nahrung des Fisches, und somit auf die Nähe von Fischen schliessen lasse. Fischerei bei Spitzbergen: Frühzeitig im April reichlich an der Grenze des Eises bei Hakluyt's Headland auf dem 80. Grad N. Br., auch wohl 1 bis 2 Grad südlicher. Im Monat Mai öfter am Rande des losen Eises auf dem 79. Breitengrade grosse Fische. Kleinere an Eisfeldern und öfter in Eisbaien auf dem 80. Breitengrad. Im Juni ist der Fisch am häufigsten und wird zuweilen zwischen dem 75. bis 80. Grad auf jedem Breitengrad getroffen, und zwar sowohl im offenen Wasser als im losen Eis und an Eisfeldern und Flarden, wie auch an dem festen, undurchdringlichen Eis gegen die Küste von Grönland. Die kleineren Fische werden zu dieser Zeit südlicher als im Frühjahr angetroffen, und zwar an den Grenzen des Westeises auf 78 bis $78\frac{1}{2}$° N. Br. Der 78. bis $78\frac{1}{2}$ Grad ist nach Scoresby das unergiebigste Gebiet. Diese Breite ist bei den Englischen Fischern die Grenze zwischen der Fischerei „northward" und der Fischerei „southward".

Auf der Breite zwischen 77 und $77\frac{1}{2}$° wird überhaupt selten ein Fisch gefangen, daher nennen sie die Engländer „the dead latitude", die Deutschen „dat dowe Water" (das taube Wasser). Die Breiten werden von unseren Kommandeuren kurzweg mit „up de eene, up de twee" (auf der Eins, auf der Zwei) &c. bezeichnet. Die Fische wech-

seln nach Scoresby in Folge der Nachstellungen ihre Reviere. Wenn man sie eine längere Zeit ungestört liesse, würden sie wahrscheinlich zu den Küsten und Baien von Spitzbergen und der Nachbarinseln zurückkehren.

Wenn zwischen der Bären-Insel und Spitzbergen das Osteis sich mit dem Grönländischen Eis verbunden hat und sich auf diese Weise eine geschlossene Eismasse bildet, dann sagt der Fischer: „Das Eis liegt breit, es ist ein Südeisjahr". Dieses „Südeis", wo der Fisch zu suchen ist, schützt ihn vor südwestlicher Dünung, doch lässt sich nicht unbedingt sagen, dass der Fisch die Dünung vermeide. Liegt das Eis dagegen schmal, dann sind die Aussichten für die Fischerei schlecht. Das Gebiet ist dann zu gross und die Fische sind schwer zu erreichen. Doch gilt diess, wie wir sehen werden, nicht immer. Die Fischerei ist gewöhnlich nach einem strengen Winter gut, wenn also das Eis sehr südlich liegt. Dann kommen, sagt L. Bahre in seinen 1838 geschriebenen Skizzen, auch die Fische, welche zwischen Spitzbergen und Nowaja Semlä leben, heraus und zum Vorschein, zur grossen Freude der Harpuniere, welche diese, die kürzer, dicker, heller von Farbe und leichter zu fangen sein sollen als die im Westeis, zum Unterschied Südeis-Fische nennen. Manche dieser Gattung bleiben an den Küsten von Grönland; so sagen die Kommandeure, welche deren habhaft wurden, den leichten Fang des dickeren, weicheren Speckes des Südeis-Fisches, oder eigentlichen Fisches von Osten her, nicht genug rühmen können. Die Farbe dieser Gattung sei sehr hell, sagen sie, die des Westeis-Fisches sammt-schwarz, die grauen müssten die Bastarde sein. Der Fisch von Osten liebt das kleine zerbrochene Eis, der von Westen, welcher, wie sie meinen, südlich um Kap Farewell Reisen nach der Davis-Strasse macht, sucht das grosse Eis.

Das Eis soll einem Südeis-Jahr im Frühjahr etwa auf folgende Weise sich gelagert finden: „Einige Meilen südlich vom Kap Farewell auf Island, so dass die Hälfte dieser Insel umschlossen ist, von hier ein wenig westlich, von Jan Mayen auf Kap Lookout von Spitzbergen, 40 bis 48 Engl. Meilen südlich von demselben, und dann streicht es östlich auf Nowaja Semlä" oder gar auf Lappland, häufiger ist Bären-Eiland auch innerhalb des Eisgebiets. Im Frühjahr bricht das Eis an der Westküste Spitzbergens auf und wird durch nordöstliche Winde auf das an den Ostküsten von Grönland sich ablagerude sogenannte Westeis geschoben, so dass hierdurch ein Bassin entsteht, in welchem ziemlich frei umhergesegelt werden kann; doch ist es oft sogar schwierig, zu demselben zu gelangen und die Passage durch einen Damm zusammengeschobenen Eises, der südlich vom Kap Lookout an sich westlich nach dem festen Eis hinzieht, zu suchen.

Deutlicher spricht sich noch Scoresby über die Grenzen und Lage des Polareises bei den Fischrevieren in der Grönländischen See aus. Er sagt: In einer „open season", wenn also ein ununterbrochenes Fahrwasser längs der Westküste von Spitzbergen bis nach Hakluyt Headland sich erstreckt, dehnt sich ein 20 bis 30 Seemeilen breiter Wasserkanal zwischen dem Lande und dem Eise bis zum 79. oder 80. Breitengrade aus, indem er sich allmählich der Küste nähert. Durch Stürme und Strömungen erleidet die Grenze und Beschaffenheit des Eises verschiedene Veränderungen, die besonders in der Nähe der Küste deutlich werden, da man von dieser aus am besten das Hervortreten oder Zurückgehen der Eislinie bemerken kann.

Scoresby und Gray über Eis und Fischreviere in verschiedenen Jahren. — Scoresby macht uns ausführliche Mittheilungen, wie verschieden sich die Verhältnisse in einer Reihe von Jahren — 1803 bis 1822 — gestalteten. Ich gebe hier Einiges daraus, indem ich die neueren Erfahrungen des Captain D. Gray anschliesse.

1803 war „an open season", Mitte April freie Schifffahrt bis zum 81. Grad, die Fischerei aber schlecht.

1804. Mitte Mai eröffnete sich den Schiffen eine Passage zu den nördlichen Stationen, die Fischerei war leidlich gut. Eben so war sie es 1805, wo gegen Ende April bis zum 78. Breitengrad die Schifffahrt frei war. Die Rückfahrt aus dem Eise war leicht.

Das Jahr 1806 war ein Südeis-Jahr. Die Eisbarrière war so ausgedehnt, dass es nur drei Schiffen gelang, sie zu durchdringen, sie erstreckte sich von 75,20 Grad bis 79,30 Grad. Jenseits derselben war eine offene See in einer Ausdehnung von 30 bis 50 Engl. Meilen von Süd nach Nord. Scoresby's Schiff segelte hindurch und zwar zuletzt etwa 300 Englische Meilen nordöstlich, ohne das Ende dieser offenen See zu erreichen. (Bei dieser Gelegenheit erreichte er die hohe Breite von 81° 30′ bei 19° Ö. L.)

Das Jahr 1807 war wiederum ein Südeis-Jahr. Der glücklichste Fischfang war auf dem 75. und 76. Breitengrad.

1808 war „an open season". Das vorhandene Eis gewährte genügenden Schutz, ohne die Fischerei zu hemmen. Walfische waren in Menge vorhanden und die Fischerei ungewöhnlich gut. Bei der Rückkehr bot sich auf dem 74. Breitengrad den Schiffen ein erhebliches Hinderniss dar. Es war eine Eisbarrière von losem Packeis, die sich von dem Westeise über 100 Engl. Meilen östlich bei einer durchschnittlichen Breite von 10 bis 20 Seemeilen ausdehnte; nur wenige Schiffe erzwangen den Durchgang, der grösste Theil der Fischerflotte umfuhr dieses Hinderniss an seinem östlichen Rande.

1809 war wiederum ein Südeis-Jahr.

Das Jahr 1810 war ähnlich dem von 1804.

Im Jahr 1811, einem Südeis-Jahre, konnten die Schiffe erst gegen Ende Mai durchdringen und die Fischerei war durchgängig gut.

1812. In diesem Jahre sperrten Eisfelder von furchtbarer Stärke die Schifffahrt. Das Eis lag von dem östlichen Packeise (von Point Lookout bis Cherry Island, also vom Süden Spitzbergens zu der Bären-Insel) in nordwestlicher Richtung nach dem festen Westeise herüber; viel offenes Treibeis bedeckte den südwestlichen Rand dieser kolossalen Eismasse und schützte so die Eisfelder und Flarden vor der zerstörenden Seedünung. Dieser Eiswall war einer der furchtbarsten von allen, die überhaupt von Scoresby in der Polarsee angetroffen wurden. Alle Versuche der Schiffe, denselben vor dem Ende des Maimonats zu durchdringen, wurden mit der augenscheinlichsten Gefahr unternommen und waren alle vergeblich. Nachdem eine Woche lang ruhiges, mildes Wetter gewesen, lösten sich die Felder von einander und es eröffnete sich eine Strasse für die Schiffe in einer Ausdehnung von 60 Engl. Meilen, welche in eine bis zum Lande offene See führte. Bemerkenswerth war es, dass man gerade in diesem Sommer die ausserordentlichen Veränderungen beobachten konnte, welche mit dem Polareis vor sich gehen, denn während, wie bereits mitgetheilt, im Anfang das Packeis ausgedehnt und von furchtbarer Stärke sich zeigte und auf diese Weise den Schiffen die Fahrt nach den nördlichen Fischrevieren verwehrte, so fanden die Schiffe bei ihrer Rückkehr im Juli nicht das mindeste Hinderniss, vielmehr war die See offen vom 79. Breitengrad bis zum Atlantischen Ocean.

Das Jahr 1813 war ein schlechtes Fischjahr. Die Schiffe konnten schon Mitte April bis jenseits des 80. Breitengrades vordringen.

Im Jahr 1815 war wiederum eine „open season".

Der Sommer von 1817 wird von Scoresby als besonders bemerkenswerth wegen der grossen Ausdehnung des offenen Meeres bezeichnet. Scoresby sah in diesem Jahre Ostgrönland und wurde nur durch einen Nebel verhindert zu landen. Im Monat Juni vereinigte sich das nördliche Landeis mit dem Westeis auf dem 79. Breitengrad und dehnte sich südöstlich bis nach Point Lookout aus. In der Gegend, wo sich das Landeis mit dem Westeis vereinigte, war die Fischerei theilweise glücklich.

Im Jahr 1818 waren die Verhältnisse ähnlich, die Fischerei mässig.

In den beiden Sommern 1817 und 1818 war die Grönländische See zwischen dem 74. und 80. Breitengrade auf einer Fläche von etwa 2000 Q.-Meilen frei von Eis.

Im Jahr 1818 wieder waren zwei Schiffe in der Nähe der östlichen Küste von Grönland.

Für die beiden Jahre 1820 und 1821 bemerkt Scoresby in seinem „Journal of a Voyage to the Northern Whale fishery, including Researches and Discoveries on the eastern coast of West-Greenland, made in the Summer of 1822, in the ship Baffin of Liverpool" Folgendes:

„Im Jahr 1820 erlangte ich eine volle Ladung, vornehmlich in jener Gegend, vom 74. bis hinunter zum 71. Grade; auch verschiedene andere Schiffe machten einen glücklichen Fang in demselben Eise und im Angesicht des West-Landes (Grönlands). Im folgenden Jahr hinderte uns ein grosses und dichtes Eisfeld, der Küste von Grönland näher zu kommen, als dass wir sie eben erblickten, und der Fang schlug überhaupt fehl; nur wenige Schiffe, die eine günstigere Öffnung im Eise gefunden hatten, waren durch die Eisschranken hindurch gekommen und hatten eine erträgliche Ladung erhalten."

Im Jahr 1822 fischte Scoresby wieder an der Ostküste von Grönland und führte seine bekannten Landungen und Küstenuntersuchungen aus. — Diess die Andeutungen Scoresby's.

Wenn dereinst einmal die Aufgabe gelöst wird, während einer längeren Reihe von Jahren die Lage und Beschaffenheit der Eisränder des Polarbassins allsommerlich zu verschiedenen Zeitpunkten zu bestimmen und ihren Zusammenhang mit den Strömungs- und Windrichtungen wie den Temperaturverhältnissen anzugeben, erst dann werden manche scheinbare Widersprüche aufgedeckt und die Kenntniss aller dieser Verhältnisse wird keine so lückenhafte mehr sein. Die zahlreichen Grönlandsfahrer, welche auch noch in diesem Jahrhundert in den Europäisch-arktischen Gewässern jährlich kreuzten, hätten ein werthvolles, reiches Material zu dieser Kunde fast mühelos liefern können, allein, wie bemerkt, wenige Kommandeure hatten — die Einsicht der noch vorhandenen Schiffsjournale beweist diess — Etwas von dem unermüdlichen Beobachtungs- und Forschungstriebe Scoresby's. Wir sagen: Material hätten sie dann immerhin genug beschaffen können, wenn sie auch nicht im Stande waren, dasselbe, so wie der mit einem durchdringenden Geiste und reichen Kenntnissen ausgerüstete Mann, selbstständig wissenschaftlich zu verarbeiten und zu einem so werthvollen Werke, wie die Arctic regions, zu gestalten.

Ich schliesse diesen Abschnitt mit folgenden, hierher gehörenden, werthvollen Mittheilungen des Captain D. Gray. Dieselben setzen besonders die gegenwärtigen Verhältnisse auseinander.

Nach Captain David Gray's mir in freundlichster Weise persönlich gemachten Mittheilungen (aus Peterhead vom 24. Nov. 1868) sind die besten Fischgründe bei der Spitzbergenküste: vom 80° N. Br. und 2° W. L. bis zum 79° 30′ N. Br. und 1° W. L.; ferner 78° 40′ N. Br. bei 2° W. L., vom 76° N. Br. zu 10° W. L.; vom 75° N. Br. zu 12 bis 14° W. L., vom 74° N. Br. zu 15 bis 16° W. L., vom 73°

N. Br. zu 15 bis 17° W. L. und vom 73° N. Br. bis herab auf 70° N. Br. bei 17 bis 20° W. L. Captain Gray sagt, dass die Walfische nach und von den Bänken bei Spitzbergen und Grönland kommen und gehen, je nachdem sie das Eis und Nahrung entsprechend finden. Captain Gray bestätigt, dass die beste Walfischsaison bei Spitzbergen immer diejenige der closed years ist, wenn nämlich das Eis eine geschlossene Linie bildet, welche bei dem Grönlandeis etwa auf 76° N. Br. beginnend bei der Bären-Insel vorüber bis zum Nordkap läuft. Allein die Ergiebigkeit der Gründe bei Grönland hängt davon nicht ab. Die Gründe verlegen sich je nach der Jahreszeit, und zwar ganz erheblich in einem und demselben Sommer. Captain Gray fügt hinzu, dass unter „banks" die Stellen verstanden werden, wo die Walfische hinreichende Nahrung finden. Es ist damit nicht gesagt, dass das Meer auf diesen Stellen nicht eben so tief sei, wie an anderen. (Die Übersetzung in „Gründe" wird von vorn herein dieses Missverständniss abschneiden.) Im vergangenen Sommer (1868) war aussenseits nur an eisfreien Stellen des Meeres Nahrung für die Fische, vom 80. bis 70. Grad herab, daher die geringe Zahl gefangener Fische. Captain Gray findet keinen Unterschied gegen früher in der Zahl der Fische bei Grönland, in grossen Mengen sah er sie nie und hundert ist die höchste Zahl, die er jemals in Einem Sommer sah, wobei es wahrscheinlich ist, dass er manche unter diesen mehr als ein Mal sah. Längere Zeit hindurch hat er die Beobachtung gemacht, dass er keinen Fisch fing, der nicht schon vorher einmal harpunirt war. Dadurch wird die Annahme begründet, dass die Zahl der Fische in diesen Gewässern nicht gross ist. Captain Gray erwähnt auch, dass, seitdem er auf der Fischerei ist, er nicht mehr als sechs alte Walfische mit Jungen gesehen hat. Entweder also vermehren sie sich nur wenig oder sie suchen irgend eine unbekannte Zuflucht für ihre Jungen. Genug, die Fische besuchen nicht die Baien von Spitzbergen oder Grönland und Captain Gray hat sie nie dicht bei Land gesehen.

Auf die Frage in Beziehung auf die Fischerei zu verschiedenen Zeiten des Sommers in verschiedenen Polhöhen antwortet mir Captain Gray: Wenn das Eis östlich vom Meridian von Greenwich und näher der Küste von Grönland sich erstreckt, pflegen sich die Walfische bei Spitzbergen aufzuhalten. Wenn aber das Eis bedeutend westlich von dem genannten Meridian sich erstreckt, finden sich nur kleine Fische und noch dazu spärlich südlich vom 75. Grad. Im Frühsommer gehen nach Captain Gray die Fische nördlich, so weit das Polareis sich öffnet; die kleinen Fische verschwinden immer um Mitte Juni in den Tiefen des Polareises. Anders ist es mit den grösseren Fischen, man sieht sie ihren Lauf im Mai und Juni öfter südlich nehmen;

wenn diess aber eintritt, so ist die Wahrscheinlichkeit vorhanden, dass sie wiederum zurückkehren, bevor sie im Herbste südlich gehen.

Die Oldenburgischen Fischereiunternehmungen. Allgemeines. — Die Oldenburgische Wesergegend, von der Natur mehr begünstigt, hat sich in Seehandelsunternehmungen besonders in neuerer Zeit regsamer gezeigt als die Hannöver'sche. In den fruchtbaren Wesermarschen des Stedinger- und des Stadlandes war die Bevölkerung zahlreicher. Der Fischfang, welcher hier seit alter Zeit in der Weser und den beiden auf dieser Seite mündenden Nebenflüssen, der Hunte und Ochtum, betrieben wurde, war besonders ergiebig. Brake und Elsfleth lagen weiter herab nach der Mündung des Stromes als Vegesack und sie wurden daher — vornehmlich Brake — für die grösseren Seeschiffe in neuerer Zeit und bis zur Gründung Bremerhafen's fast ausschliesslich als Ein- und Ausgangshäfen benutzt. Die Bauernhöfe liegen vielfach dicht hinter dem Weserdeich. Von diesem herab schaute der junge Mann schon als Knabe die Kauffahrer mit geschwellten Segeln stromabwärts nach unbekannten Gestaden jenseits des Meeres ziehen oder er sah sie mit reicher Ladung in den Hafen zurückkehren und liess sich von den Matrosen, von „Unkel Jan" oder „Hinrik", die bestandenen Abenteuer und Gefahren erzählen. Wenn nun so in Manchem schon früh die Neigung zum Seeleben erwachen mochte, so traten später noch greifbarere Motive hinzu, welche die Wahl des Seemannsberufes begünstigten. Durch verschiedene Verordnungen und Gesetze — die erste Bestimmung datirt von 1831 — gewährte die Regierung den Oldenburgischen Seeleuten grosse Erleichterungen in der Erfüllung ihrer Militärpflicht, ja unter Umständen befreite sie dieselben von dieser ihnen lästigen Fessel so gut wie gänzlich [1]). Ferner wies das bestehende ländliche Erbrecht Einem der Söhne eines Bauern den Hof ganz zu, während es die übrigen auf verhältnissmässig geringe Abfindungen beschränkte. Wenn sich daher Viele ausser Stande sahen, selbstständig eine bäuerliche Wirthschaft zu betreiben, so zogen sie es vor, „Fahrensleute" zu werden, zur See zu gehen, anstatt als Knechte im elterlichen Hause zu bleiben oder gar einem Fremden ihre Dienste zu leihen.

So sehen wir schon früh unter den Kapitänen der Seehandelsflotte der Weser viele Oldenburger. Mit Hülfe von Freunden und Verwandten, die einen Theil des aus der ergiebigen Landwirthschaft gewonnenen Kapitals in Schiffsparten anlegten, übernahmen Manche selbstständig die Führung von unter ihrem Namen eingetragenen Seeschiffen. Dadurch kam nun auch der Schiffsbau an der Oldenburgischen Weserseite in Blüthe.

[1]) Durch das Rekrutirungsgesetz vom 27. August 1861 wurden alle Befreiungen und Begünstigungen in dieser Beziehung aufgehoben.

Verschiedene kleinere Unternehmungen. — Vereinzelt sehen wir schon vom Jahr 1823 an Schiffe, von Oldenburgischen Häfen ausgerüstet, auf die Fischerei bei Grönland gehen: von Brake in den Jahren 1823 und 1824 der „Robbe" auf Robben-, Walross- und Renthierjagd, von 1832 bis 1837 alljährlich ein bis zwei Schiffe (Concordia, Azaria, Elise, Friederike Auguste); 1841 bildet sich in Elsfleth eine Gesellschaft, welche ein Schiff auf den grossen Fischfang bei Spitzbergen ausrüstet. Aber alle diese Unternehmungen hatten nicht viel zu bedeuten und waren auch vom Glücke wenig begünstigt. Anfang der vierziger Jahre beginnen aber grössere Gesellschaftsunternehmungen; 1843 tritt die „Stedinger Kompagnie" ins Leben, welche den Fischereibetrieb 19 Jahre fortsetzte, in einzelnen Jahren ausserordentlich günstige Ergebnisse erzielte, in anderen wiederum grosse Verluste erlitt, ohne dass ihr auch nur ein Schiff verloren ging, und sich endlich im Jahre 1862 auflöste, ohne dass, wie sich später ergeben wird, für die Theilnehmer sich ein Verlust herausstellte, wenn man von Beginn bis zu Ende Gewinn und Verlust in einer Gesammtrechnung mit einander vergleicht.

Ein von Anfang bis zu Ende unglückliches Unternehmen war die von den Kaufleuten Borgstede und Schiff in Elsfleth mit einem Aktienkapital von 12.000 Thlr. errichtete „Elsflether Kompagnie für Robbenschlag und Walfischfang". Zur Unterstützung desselben betheiligte sich die Regierung mit fünf Aktien à 200 Thlr. Am 22. März 1844 lief das von der Kompagnie ausgerüstete, bereits 15 Jahre alte und in der Kauffahrtei wohl kaum mehr zu gebrauchende Brigschiff „der Nordstern", Kapitän J. Dittmer, welches mit Ausrüstung 16.253 Thlr. gekostet hatte, aus, brachte indessen in diesem und dem nächsten Jahre nur sehr geringen Segen mit nach Haus. Im Jahre 1846 brachte „der Nordstern" sogar nur 80 Robben mit, machte bei der Rückkehr in der Nordsee auch noch Havarie und musste deshalb in Bergen einlaufen, wobei 2203 Thlr. Kosten aufliefen. Bei Regulirung der Sache musste jeder Aktionär noch 45 Thlr. 30 Groten nachzahlen, „womit denn", wie der Amtmann von Elsfleth sich in seinem Bericht an die Regierung ausdrückt, „dieses unerfreuliche Geschäft sein Ende erreichte".

Die Stedinger Kompagnie. — Anders, wie bemerkt, stellten sich die Dinge bei der am 26. Dez. 1842 gegründeten „Stedinger Kompagnie". Die durch die Statuten geschaffene Organisation war eine sehr zweckmässige und als geschäftsführender Direktor trat ein durchaus sachkundiger und energischer Mann, Herr F. E. von Buttel in Brake, ein. Das Aktienkapital betrug zuerst nur 9000 Thlr. Der Grossherzog bezeigte seine Theilnahme durch Zeichnung von 10 Aktien. Es wurde in Bremen die Bark „Pauline" an-

10 *

gekauft und schon im ersten Jahre, 1843, liess sich der Betrieb recht gut an.

Das auf den Robbenfang ausgerüstete Schiff „Pauline" brachte einen Reingewinn von 1686 Thlr. 37 Groten, somit auf jede Aktie einen Überschuss von ca. 18¾ Proz. Die Gesellschaft, vergrössert durch den Hinzutritt neuer Aktionäre, richtete sich eine eigene Thranbrennerei ein und kaufte ein zweites Schiff, den „Julius und Eduard", nunmehr „August", von 180 Bremer Roggenlast. Letzterer wurde auch auf den Fischfang ausgerüstet. Das gesammte Aktienkapital betrug nun 27.500 Thlr. in 275 Aktien à 100 Thlr.

Das Jahr 1845 brachte keinen Gewinn, das Jahr 1846 sogar Verluste.

Auszüge aus Schiffsjournalen von 1846. — Die Fischerei lieferte 1846 gar keinen, der Robbenschlag nur einen spärlichen Ertrag. Es heisst im Journal des „August" unter Anderem:

„Am 8. April war der „August" bei Jan Mayen. Peilten die Insel Westnordwest bei einer Distanz von 12 bis 14 Seemeilen. Am 9. waren wir bei einem grossen Robbenfelde, steuerten Südwest, um einen Pack (ein verkürzter Ausdruck für Packeis, manche Grönlandsfahrer brauchen auch dafür das Plattdeutsche „Backs", d. i. Klumpen), schweres Eis, zu umgehen, und hatten gegen Abend das Missgeschick, nur noch eine Meile von dem Robbenstapel entfernt einzufrieren. Am 10. war das Schiff in derselben Lage und die Leute mussten eine Meile zu Fuss nach den Robben gehen. Abends kamen sie mit 500 Robben wieder. Am folgenden Tage war diess nicht mehr ausführbar, weil das Eis durch Dünung hie und da lose geworden war und Viele unterwegs durchbrachen. Am nächstfolgenden war es möglich, mit einem Theil der Boote in eine Bucht hineinzuarbeiten, die Mannschaft brachte von 80 Robben mit; dabei war sie, da inzwischen starker Nebel eintrat, der grossen Gefahr ausgesetzt gewesen, dass das Schiff nicht wieder erreichen zu können.

„Darauf wurde das Schiff im Eise bei starkem Nebel zwischen die gefährlichen Klippen an der Nordost-Küste von Jan Mayen getrieben. Sie lagen in der Great Wood Bay (groote houd baay), an der Südostseite, im mittleren Theile der Insel, kaum eine halbe Meile von dem Segelfelsen (derselbe wird bekanntlich wegen seiner Gestalt von den Holländern sail-klip, von den Engländern sail-rock genannt). Der Wind war südöstlich, das Schiff wurde durch den Druck von 20 bis 40 Fuss dicken Eisstücken nach dem steilen Felsen-Ufer hingedrängt, bis endlich am 21. April der Wind westlich lief. Nach 30stündiger Arbeit gelang es nun, aus dem Eise zu kommen. Sie steuerten jetzt dem Robbenstapel zu, allein die Alten waren inzwischen weggezogen und die Jungen ebenfalls nach verschiedenen Richtungen hin zu Wasser gegangen". — Die Fischerei war schlecht, weil, wie der Kommandeur berichtete, der Winter gelind war und die Fische das zwischen den schweren Eisstücken liegende einjährige Eis durchbrechen konnten, um Luft zu holen. Man konnte unter solchen Umständen nicht an die Fische kommen.

Zur Winterzeit wurden, wenn möglich, die Schiffe der Kompagnie nach England befrachtet.

Das Jahr 1847 war ein günstiges. Der „August" machte eine so ergiebige Robbenjagd, dass er vom Fischfang aus Rücksicht auf Raummangel absehen musste. Er brachte 7541 Robben, welche 970 Tonnen Thran lieferten, die „Pauline" 2720 Robben und 467 Tonnen Thran. Beiden Schiffen war in Grönland durch einen heftigen Sturm und schweren Seegang noch die ansehnliche Menge von 4500 Stück Robbenfellen, zum Theil auch noch mit dem Speck, vom Verdeck weggespült worden. Der Brutto-Ertrag beider

Schiffe war 29.281 Thlr. und es konnte bei einem Netto-Überschuss von ca. 15.000 Thlr. auf jede Aktie (im Betrage von 100 Thlr.) eine Dividende von 30 Thlr. bezahlt werden.

Bedrohung der Fischerei durch den Krieg mit Dänemark 1848/49. — Der Krieg mit Dänemark in den Jahren 1848 und 1849 bereitete der gesammten Rhederei des zur See machtlosen Deutschlands bekanntlich schwere direkte und indirekte Verluste. Durch die Umsicht der Direktion und durch Glück wurden die zur Zeit des Ausbruchs des Krieges schon in den Grönländischen Gewässern weilenden Fischerfahrzeuge der Gesellschaft vor dem Schicksal bewahrt, das so manche Deutsche Handelsschiffe als gute Prise nach Kopenhagen führte. Der Energie des geschäftsführenden Direktors, welcher überhaupt mehr und mehr die Seele des ganzen Unternehmens wurde, gelang es, in Hamburg eine Vereinbarung der meisten Grönlandsrhedereien an der Elbe und Weser zu Stande zu bringen. Sofort brach ein schnell segeludes Fahrzeug nach den Grönländischen Gewässern auf und benachrichtigte die dort weilenden Deutschen Schiffe, im Ganzen 16, von der Gefahr, welche sie bei ihrer Rückkehr Seitens der in den Deutschen Strommündungen kreuzenden Dänischen Kriegsschiffe bedrohte. Das Fahrzeug erhielt den Auftrag, die Schiffe möglichst direkt aufzusuchen und zu warnen, wenn diess nicht vollständig möglich, sie indirekt, durch von ihm angesprochene andere Schiffe, warnen zu lassen und auf diese Weise das Einlaufen der Deutschen Schiffe in Schottische Häfen zu bewirken, bevor sie, weiter südlich, dem Feinde als Beute verfallen mussten. Es gelang, den „August" rechtzeitig zu benachrichtigen, und dieser fand in Lerwick (Shetland-Inseln) eine sichere Zuflucht; die „Pauline", welche nicht benachrichtigt werden konnte, hatte das Glück, auf direkter Rückreise — mit der ihr drohenden Gefahr gänzlich unbekannt — mitten durch die Blockade hindurch, vom Feinde dennoch unbemerkt, auf die Weser heim zu kommen, während beinahe gleichzeitig mehrere andere Grönlandsfahrer, z. B. der „Neptun" und die „Grönland" (wie unter den Schiffsnachrichten bereits mitgetheilt) von den Dänen aufgefangen und nach Kopenhagen gebracht wurden. Der Kostenantheil der Gesellschaft für die Entsendung des Warnungsschiffes betrug 40 Thlr. und gerade der „August", welcher dadurch rechtzeitig die erforderliche Kunde empfangen hatte, brachte den werthvollsten Fang mit.

In diesem für die Deutsche Rhederei unheilvollen Jahre konnte die Gesellschaft ihren Aktionären noch immer eine Dividende von 12½ Proz. auszahlen und es blieb dabei ein Vermögensbestand von 28.256 Thlr. = 102¾ Thlr. auf jede Aktie.

Aufnahme schiffbrüchiger Grönlandsfahrer und Verfahren der Englischen und einer Deutschen Regierung in solchem

Falle. — Der „August" hatte auf dieser Fahrt sechs Mann eines kleinen, von Hooksiel im Oldenburgischen (Jeverland) ausgerüsteten Robbenfängers, „Adelheid", übergenommen, unterwegs verpflegt und mit nach Hause gebracht. Die „Adelheid" war ein kleines Fahrzeug, das von einer Kompagnie (Direktoren D. G. F. Focken, D. Fimmen und H. J. Lubinus in Hooksiel) im Jahre 1846 zu dem Preise von 4000 Thlr. angekauft und seitdem auf den Robbenschlag ausgesandt worden war. Die „Adelheid", 37 Kommerzlast gross, geführt vom Kapitän Carsens, strandete auf einem der Riffe bei Jan Mayen. Das Bremer Schiff „Hannover", Kapitän Hashagen, war in der Nähe und die gesammte Besatzung der „Adelheid" wurde vom „Hannover" aufgenommen. Der Kapitän gab sodann, wie es Grönländischer Brauch, einen Theil der Mannschaft, wie es eben passte, an andere Schiffe ab, brachte die Übrigen mit nach Hause und versah ausserdem die Leute noch mit etwas Geld. Es waren dadurch den Rhedern des „Hannover" (Lange und Grave) 144 Thlr. Unkosten erwachsen, welche sie natürlich von der Hooksieler Kompagnie reklamirten. Diese gab den Bescheid, dass die Kompagnie nicht schuldig sei, diese Unkosten zu zahlen, da die Regierung dergleichen Leistungen an Schiffbrüchige und Hülfsbedürftige erstatte. Die Regierung aber gab den Bescheid, dass die Annahme und Behauptung, dass die Grossherzogl. Regierung alle für schiffbrüchige Oldenburger im Auslande gemachten Verwendungen erstatte, auf einem Irrthum und Missverständniss beruhe. Die Stedinger Kompagnie hatte mit ihrer Rechnung für Beköstigung von sechs Mann der „Adelheid" während 80 Tage an Bord des „August" gleiches Resultat. Als Gegenstück dient das Verfahren der Englischen Regierung im folgenden gleichen Falle. Der „August" nahm im Jahre 1849 sieben Mann von einem verunglückten Englischen Grönlandsfahrer auf, verpflegte und beköstigte sie 9, resp. 16 Wochen. Dafür empfing die Gesellschaft von der Englischen Regierung eine Vergütung von ½ Thlr. für den Mann und Tag. Ich habe diese beiden Beispiele angeführt, weil sie in ihrem Gegensatze beredt genug die damalige Hülflosigkeit Deutscher Schiffe in See im Vergleich zu der Flagge anderer Nationen illustriren.

Glänzendes Ergebniss von 1853. — Blättern wir die Jahresberichte der Gesellschaft bis zu dem der Auflösung vorhergehenden letzten Betriebsjahre durch, so finden wir das glänzendste Ergebniss im Jahre 1853. In diesem betrug der Bruttowerth des Fanges 35.605 Thlr. und es konnte eine Dividende von 65 Proz. an die Aktionäre bezahlt werden.

Auflösung der Gesellschaft. — Ungünstige Jahre waren besonders 1856 und 1858. In letzterem Jahre erlitt der „August" Havarie im Eise, und da die Versicherung sich

nicht auf im Eise erlittene Beschädigungen erstreckt [1], mussten die Unkosten auch diese aus dem Säckel der Gesellschaft bezahlt werden. 1863 — der Direktor war inzwischen verstorben — löste sich die Gesellschaft auf. Die Oldenburgische Regierung machte sich bei Beendigung des Unternehmens für ihre 20 Aktien à 100 Thlr., mit welchen sie daran betheiligt war, eine Rechnung, wonach sich im Ganzen, ohne Berechnung von Zinsen, ein Gewinn von 995 Thlr. 3 Sgr. 4 Pf. ergab.

Die Bemannung der Grönlandsfahrer war und ist, je nach der Grösse der Schiffe und der dadurch bedingten grösseren Zahl der Boote, verschieden, 40 bis 50. Die Tragfähigkeit der Fahrzeuge, welche auf Fischfang und Robbenschlag ausgehen, variirte in den vierziger Jahren zwischen 100 und 250 Last, während für Robbenschlag allein kleinere Fahrzeuge bis zu 60 Last herab benutzt wurden.

Die Abfindungsweise der gesammten Bemannung besteht noch jetzt im Wesentlichen auf dem alt-Holländischen System: in einem Antheil am Brutto-Ertrage des Fanges, in der Monatsheuer und dem Handgelde. Ein Theil fährt halb auf Part, halb auf Heuer, es sind diess Halbpart-Fahrer. Diesen so wie den allein auf Heuer Fahrenden, den sogenannten Monatsgästen, wird das Handgeld als Betrag eines Monats angerechnet.

Die jetzigen Sätze an der Weser ergeben sich aus einigen später folgenden Notizen in Betreff des „Hudson", und ausserdem theile ich in einer Anlage die Musterrolle des Dampfers „Albert" für die Fahrt 1867 mit. Verglichen mit den an der Weser im Jahre 1843 geltenden erscheinen die Sätze fast durchgängig nicht unerheblich höher.

Der Robbenschlag.

Überblick. — Es sind die Küsten und Inseln von West-Grönland, Neu-Fundland, Neu-Schottland und gewisse Theile des Europäischen Eismeeres östlich von Grönland, wo noch heute zu vielen Tausenden der Seehund geduldig den Todesstreich empfangen muss, um des Thranes und Felles wegen, die er liefert. Für die Grönländer ist der Seehundsfang der wichtigste Erwerbszweig. Nach Rink [2] und Whymper beträgt die Zahl der von den Eingeborenen an der Westküste Grönlands jährlich getödteten Robben wohl 100.000 Stück, von welchen etwa 50.000 Felle nebst Speck, im Werthe von etwa 100.000 Thlr. durch die Dänische Handelsgesellschaft in den Handel kommen. Im vorigen Jahre (1868) dürfte

---

[1] Ein Paragraph in den Versicherungs-Bedingungen der Bremer Assekuranz-Kompagnien lautet dahin: „Bei Versicherungen auf das Kasko eines nach Grönland oder der Davis-Strasse bestimmten Schiffes bezahlen die Kompagnien keine Schäden, die das Schiff im Eise und während der Zeit des Fanges leidet, ausgenommen gänzliches Verunglücken."

[2] Dr. Rink's, Inspektors der Dänischen Kolonien in Süd-Grönland, treffliches, von A. v. Etzel übersetztes Werk über Grönland.

sich der Robbenfang in Europa und West-Grönland etwa wie folgt gestellt haben:

Durch 5 Deutsche Schiffe	17.000 Stück.
durch 5 Dänische „ angenommen auf . . .	5.000 „
„ 15 Norwegische „	63.750 „
„ 22 Britische „	51.000 „
Im Ganzen durch 47 Schiffe	136.750 Stück.
Dazu in Grönland etwa . .	100.000 „
	236.750 Stück.

Der Handelswerth dieses gesammten Fanges würde sich, wenn man die Hälfte des Fanges in Grönland für den dortigen Verbrauch abrechnet und Thran und Fell der Robbe durchschnittlich zu 3 Thlr. Preuss. annimmt, auf 560.250 Thlr. stellen. (Der Seehundsfang durch Russische Fahrzeuge bei Nowaja Semlä scheint sehr unbedeutend. Im Jahr 1865 belief sich die Zahl der durch die Leute dieser Fahrzeuge getödteten Robben auf 26. Dort ist, wie Spörer im Ergänzungsheft „Nowaja Semlä" ausgeführt hat, der bis zum Jahre 1840 von den Russen auch auf Spitzbergen betriebene Walrossfang die Hauptsache. Nach einer Mittheilung in Erman's Archiv zur Kunde von Russland liefen von acht Küstenorten des Weissen Meeres im Jahr 1865 auf Fischfang und Jagd bei Nowaja Semlä 15 Fahrzeuge mit 122 Mann aus. Sie erbeuteten unter Anderem 600 Walrosse mit 6350 Pud Thran. Auch dort herrscht das Partensystem, der Eigenthümer behält vom Gewinn $^{14}/_{26}$, der übrigen $^{12}/_{26}$.)

Eine besondere Gattung, die Pelzrobben, war mit Hülfe der Eingeborenen auf den Inseln der Anadyr Sea einer der einträglichsten Artikel des im Ganzen wenig lukrativen Betriebes der Russisch - Amerikanischen Gesellschaft. Dort waren und sind es allein die sehr werthvollen Pelze dieses Thieres, derentwegen die Jagd auf Robben betrieben wird, während der Speck unverwerthet bleibt. Nach dem Übergang der Besitzungen der genannten Kompagnie an die Vereinigten Staaten haben sich die Amerikaner dieses Betriebes bereits bemächtigt und zwei dahin von New London gesandte Schiffe sind nach den letzten Nachrichten mit werthvollem Fange auf der Rückkehr begriffen. Neben einem Amerikaner ist ein Deutscher, Herr Pflüger aus Bremen, bei diesem Unternehmen betheiligt. Es sollen nach den in Amerikanischen Zeitungen gemachten Angaben nicht weniger als 40.000 Stück Pelze erbeutet sein, die, nachdem sie weiter bearbeitet, einen hohen Handelswerth haben (angeblich 6 bis 10 Thlr. das Stück).

Hamburg, Altona, Glückstadt, Elmshorn. — Elmshorn sendet jetzt noch Ein Schiff, die „Flora", auf den Robbenschlag, und zwar soll diess Schiff schon seit 1818 fahren. Das ist der Überrest des einst blühenden Betriebes. Hamburg rüstete im Jahre 1720 an eigene Schiffe für den Robbenschlag aus, deren Zahl zehn Jahre später schon 28 war; Glückstadt beginnt mit diesem Betrieb 1740, Altona

1765. Letzteres hat 1768 bereits 13 Schiffe zu diesem Zweck. Erst später werden Robbenschlag und Fischfang zugleich von einem und demselben Schiffe betrieben. Am stärksten von den Elbhäfen war noch in diesem Jahrhundert Glückstadt betheiligt: 1807 nahmen Englische Kreuzer die Hälfte seiner Grönlandsflotte weg und 1818 sandte es doch schon wieder 16 Fahrzeuge auf den Robbenschlag.

Die Weserhäfen betreiben den Robbenschlag seit 1720, zuerst als Nebengewerbe, während derselbe später bei der geringeren Ergiebigkeit des Fischfanges mehr uud mehr Hauptsache wird. Vergleicht man die guten Jahre des Robbenschlages in dem vorigen und in diesem Jahrhundert, so kann man darnach auf keine Abnahme schliessen; denn während 1760 19 Hamburger Robbenschiffe 44.722 Robben brachten, betrug im Jahr 1850 der Segen der von der Weser ausgegangenen 12 Schiffe 48.800 Robben. In neuester Zeit waren 8- bis 10.000 Stück der grösste Erfolg eines einzelnen Schiffes von der Weser (1844, 1847, 1850, 1864).

Vier Schiffe sind es, welche jetzt noch von der Weser aus die Grönlandsfahrt unterhalten: der „Hannover" (Kommandeur W. Lübbers), 237 Last gross, bisher unter Hannöver'scher, später unter Preussischer Flagge, Rheder: die Herren J. Lange, Schiffsbaumeister und Rheder in Grohn bei Vegesack; der „Hudson" (Kommandeur J. H. Westermeyer), 229 Last gross, Rheder: die Herren B. Grovermann & Komp. in Bremen, Bremer Flagge, beides ältere Schiffe; sodann der „Albert", ein vor drei Jahren neu erbauter hölzerner Schraubendampfer (Kommandeur H. Hashagen), 328 Last gross; endlich der Schraubendampfer „Bienenkorb", früher Segelschiff „Weser" (Kommandeur Hagens), 186 Last gross, beide bisher unter Hannöver'scher, später unter Preussischer Flagge. Die vorjährige Reise des „Albert" ist in den „Geograph. Mittheilungen", und zwar in dem vorläufigen Bericht über die Deutsche Nordpol-Expedition, nach einem Bericht des Verfassers in der Weser-Zeitung bereits geschildert, die Reise des „Bienenkorb" bot nichts besonders Bemerkenswerthes. Wir wollen zur Schilderung der jetzigen Betriebsweise des Robben- und Walfischfanges die Reise des „Hudson" wählen, welcher in der vorjährigen, dem Fischfang ungünstigen Saison (1868) so glücklich war, wenigstens Einen grossen Fisch von etwa 50 Fuss Länge zu erlegen, der 150 Tonnen Thran und 1300 Pfd. Barten lieferte und also allein einen Werth von ungefähr 4500 Thlr. repräsentirt.

Jetzige Einrichtungen. Sitten und Gebräuche an Bord eines Bremer Grönlandsfahrers. — Über Einrichtung und Bemannung des „Hudson", so wie die jetzigen Sitten und Gebräuche an Bord der Grönlandsfahrer schicken wir einige Bemerkungen voraus.

1. *Der „Speckschneider" des „Hudson".* — Der „Hudson"

hat im Ganzen eine Besatzung von 50 Mann. Der seemännische Theil dieser Bemannung stammt zumeist aus der Niederweser-Gegend, besonders aus der Oldenburgischen Geest; der „Speckschneider" (Offizier), welcher diess Mal zuerst den Fisch anschoss, ist z. B. aus Ganderkesee, vier Stunden von Bremen. Er ist ein in seinem Fache wohl erfahrener und durchaus nicht ungebildeter Mann, der, als er dem Knabenalter kaum entwachsen war, zur See ging, in Ost- und West-Indien war und unter Anderem auch als Vollmatrose auf einem Englischen Kriegsschiffe, das in den Chinesischen Gewässern kreuzte, Dienste that. Jetzt ist er schon seit einer Reihe von Jahren in der Grönlandsfahrt. Als ich ihn besuchte, war ich erstaunt, ihn, den viel erfahrenen Walfischjäger, auf einmal als — Musikus wieder zu finden. Er geigte lustig darauf los, während sein Sohn ihn auf einem gewaltigen Blasinstrumente, der Tuba, zu begleiten versuchte. In der Unterredung theilte er mir mit, dass er im Winter „Tanzmusik mache", sein eigentliches Instrument sei aber weder Violine noch Tuba, sondern der Brummbass. So spielt er denn im Winter den Oldenburger Bauernburschen und Mädchen lustig und unermüdlich zu frohem Reigen auf. Wenn aber der Februar herangekommen ist, dann tritt der Postbote in sein sauberes, wenn auch kleines Häuschen und bringt einen Brief von „Kummdeer" (Kommaudeur), dass es Zeit ist, „anzumustern für Grönland". Dann wandern Brummbass und Tuba in die Ecke, die Kiste wird gepackt und fort geht's nach Bremerhafen und von da durch die wogende See ins Eismeer, um dort den Walfischen und Eisbären „Eins aufzuspielen". Solch eine Sommerfahrt in den Winter hinein lohnt, wenn das Glück einigermaassen wohl will, ihm, der als Speckschneider einen der höchsten Antheile hat, immerhin 3- bis 400 Thlr.

2. *Die Mannschaft.* — Im Januar findet Seitens des Kommandeurs die Annahme der Mannschaft Statt, wobei die Unterzeichnung der Musterrolle (des Seedienst-Kontraktes) beglaubigt wird. Diese Beglaubigung geschieht in Bremen und im Oldenburgischen durch den Wasserschout, im Hannöver'schen durch den Notar. Wir bemerken hier, dass auf dem „Hudson" die Bemannung sich wie folgt klassifizirt:

a. Offiziere: 1) Kommandeur, 2) Steuermann, 3) Speckschneider, 4) Speckschneidersmaat, 5) und 6) erster und zweiter Harpunier, 7) Bootsmann, welcher die Obhut des Tauwerkes hat, 8) Oberküper, welcher die Aufsicht über alles Fasswerk hat, 9) der Schiemann, welcher das Fasswerk zu verstauen hat, 10) der Zimmermann. Jeder Offizier, den Schiemann und Oberküper ausgenommen, ist nöthigenfalls auch Harpunier.

b. Die Mannschaft zerfällt in Seeleute und Nichtseeleute,

welche letztere, abgesehen vom Rudern, nicht zu den eigentlichen Seemannsarbeiten, sondern nur beim Robbenschlag, Abmachen des Fisches &c. verwandt werden. An dem für die Abfahrt bestimmten Tage oder am Abend vorher muss die gesammte Mannschaft an Bord sein.

3. *Bau und Einrichtung des „Hudson" für die Eisfahrt und die Fischerei.* — Der „Hudson" ist, wie alle Grönlandsfahrer, für die Eisfahrt besonders ausgestattet. Er ist aussen vom Kiel bis zu den Berghölzern mit einer zweiten Plankenhaut (Doppelung) geschützt. Ausserdem ist er noch mit einer „Eisschürung", welche vom Vordersteven bis zur Mitte reicht, versehen. Ferner schützt das Schiff der eiserne Steven, welcher durch die eisernen „Maulbänder" mit dem Holzsteven fest verbunden ist. Am Bug, vom Steven nach hinten, befinden sich 20 Fuss lange eiserne Schienen, die „Bugbänder". Dem Inneren geben die vom Zwischendeck nach unten reichenden starken Holzbänder ebenfalls eine erhöhte Festigkeit. Der „Hudson" hat acht Fangboote, ein jedes zu sechs Mann. Die Boote sind schmal und scharf gebaut, etwa 25 Fuss lang und aus Eichenholz. Ein jedes Boot, wenn es nach Ankunft an der Walfischküste zum Fang bereit gemacht ist, hat ein „Stell Leinen", fünf an einander gesplisste, hinten und in der Mitte in Buchten eingeschorene Leinen, jede zu 120 Faden à 6 Fuss Bremer Maass, somit 3600 Fuss Leinen. Der 20 Faden lange, unmittelbar an der Harpune befestigte Vorgänger liegt in einem Tubben vorn, links von den Walfischleinen. Das Ende der Leinen liegt über die „Doffen", die Sitze im Boot, weg, vorn über die „Plicht", die Spitze des Bootes, durch die „Klüse", die gusseiserne Nase des Bootes. Mittelst einer Öse wird sie an den Vorgänger befestigt.

4. *Die Fanggeräthe: Harpune und Lanze.* — Das Wichtigste für einen guten Erfolg der Fischerei ist neben der Tüchtigkeit, Behendigkeit und Ausdauer der Mannschaft der Muth und die Kaltblütigkeit des Harpuniers. Um aber seiner Sache einigermaassen gewiss zu sein, muss er Vertrauen zu seiner Waffe, der Harpune, haben. Die bekannte Form der Harpune hat sich im Laufe der Zeit im Grönländischen Fischfang wenig geändert. Man unterscheidet die Hand- und die Schiessharpune (whale gun, auch gun-Harpune genannt). Schon im vorigen Jahrhundert sind, wie wir gesehen haben, Versuche mit einer in England von einem Schmied erfundenen Schiessharpune gemacht, aber erst neuerdings, seit Captain Mauby bedeutende Verbesserungen angebracht hat, ist die Schiessharpune allgemeiner in Anwendung. Vor einer Reihe von Jahren liess sich Herr Philipp Rechten aus Bremen auf eine vervollkommnete Schiessharpune in England Patent ertheilen und jetzt ist namentlich der Büchsenfabrikant Cordes in Bremerhafen schon seit längerer Zeit mit Aufertigung verbesserter

Schiessharpunen und Walfischkanonen beschäftigt. In einer Anlage theile ich ein Schreiben des Herrn Cordes an mich über die Erfindung mit. Die Herren Cordes und Rechten haben sich neuerdings in Bezug auf Verwerthung ihrer verbesserten Fanginstrumente associirt, Herr Rechten ist nach Amerika gegangen, um die Erfindung dort zur Anerkennung zu bringen. Herr Rechten ist ein ausgezeichneter Schütze und war nach den neuesten Nachrichten im Begriff, von Provincetown mit einem dortigen Whaler auf den Fischfang in der Südsee zu gehen. Um den Gang unserer Betrachtung nicht abzulenken, erwähnen wir hier nur Folgendes:

Bei der bisherigen, namentlich in England gebräuchlichen Walfischkanone war die Einrichtung der Art, dass der Vorgänger, d. i. die Leine oder der Kupferdraht, mittelst eines in dem gespaltenen Schaft der Harpune hängenden Bügels an die Harpune von aussen befestigt war. In dem Moment, wo die Harpune herausfliegt, führt der an dem oberen Ende des gespaltenen Schaftes ruhende Bügel zurück bis an das geschlossene Ende der Harpune und nimmt nun den unmittelbar an ihn befestigten Vorgänger mit. — Neben der Schiessharpune dient aber noch immer die mit einem hölzernen Schaft versehene 2½ Fuss lange Handharpune mindestens als Aushülfe [1]). Schliesslich sei hier erwähnt, dass von der Dänischen Fischerei - Gesellschaft im vorigen Jahre beim Walfischfang Dynamitgranaten, und zwar, dem Berichte des Direktors Kapitän Hammer nach, mit gutem Erfolg, verwandt wurden.

In der Mitte des Bootes liegen 1½, hinten 3½ Leinen, letztere sind mit einem „Kleid", einem hölzernen Deckel, bedeckt, damit der sparsame Raum noch benutzt werden kann. Auf diesem Deckel hat der Bootssteuerer seinen Stand. Ist die Harpune geschossen, so springt der Bootssteuerer zurück und reisst das Verdeck auf, damit die Leine ihren freien Lauf habe.

5. *Proviant und Speisezettel.* — Die Kombüse (Kochheerd) befindet sich im Zwischendeck, im Logis des Volkes. Das Schiff nimmt Proviant auf 7 bis 8 Monate mit. Brot, Fleisch, Hülsenfrüchte und Kaffee sind die Hauptbestandtheile der Nahrung, daneben als Getränk süsses Bier. Branntwein wird in der Regel nur selten verabreicht. Hier ist die Speisekarte der Woche an Bord des „Hudson":

Montag Schelde-Gerste und gesalzenes Ochsenfleisch; Dienstag gelbe Erbsen und Speck; Mittwoch grüne Erbsen und Ochsenfleisch; Donnerstag graue Erbsen und Ochsenfleisch; Freitag Sauerkohl und Schweinefleisch; Sonnabend weisse Bohnen und Pudding (Sackkuchen); Sonntag graue Erbsen und Ochsenfleisch, und so geht es in der folgenden Woche wieder in der reizenden Abwechselung zwischen Grau, Grün und Gelb fort, so dass es nicht zu verwundern ist, wenn auch die Mannschaft zuweilen nach etwas Anderem verlangt. Da thun nun

[1]) Bei Hamburg in Vegesack verfertigt. Ferner werden noch jetzt von Honolulu aus Walfischleinen aus Bremen bezogen, und zwar aus der Reepschlägerei von A. H. Lahmann Sohn, die ein vorzügliches Fabrikat liefern soll.

zwei oder Mehrere zusammen und machen eine „Pottjemaatschaft", eine Topf-Association, ein Piekenick; nämlich ein Jeder hat gewöhnlich noch für sich einen besonderen kleinen Vorrath an Lebensmitteln. Vor Allem wird der Kaffeetopf nie kalt. Wer von der Wache kommt, muss heissen Kaffee haben.

6. *Wachen.* — Der Tag ist in sechs Wachen getheilt, eine jede währt vier Stunden und es befindet sich immer ein Drittel der Mannschaft auf Wache. Die vier Stunden Wache werden wiederum in halbe Stunden = ein Glas (Sanduhr) eingetheilt, eine Stunde also ist gleich „zwei Glasen". Von 4 bis 8 Uhr ist die Morgenwache, von 8 bis 12 Uhr die Vormittagswache, von 12 bis 4 Uhr die Nachmittagswache, von 4 bis 8 Uhr die Abendwache, von 8 bis 12 Uhr die erste Wache, von 12 bis 4 Uhr die zweite Wache. Um auf die Walfischjagd, welche in erster Linie von der Wachmannschaft aufzunehmen ist, vollständig gerüstet zu sein, tritt, wenn das Schiff „auf der Fischerei" ist, noch eine Ersatzwache, die „Jöllwacht", ein. Für die ersten zwei Stunden einer jeden Wache wird sie von den Mannschaften der vorhergehenden Wache übernommen, für die letzten beiden Stunden von den Mannschaften der nächstfolgenden Wache.

Die durch einen kleinen Ofen heizbare Kajüte des Kommandeurs liegt im Hintertheil des Zwischendecks, daneben weiter nach vorn die Koje des Steuermanns. Das Logis der Offiziere noch weiter nach vorn. Hinten im Zwischendeck steht die grosse Waffenkiste, welche das bei der Fischerei und dem Robbenschlag an Waffen und Geräthen Erforderliche: Harpunen, Robbenschläger, Messer, Beile, Harpunkanonen &c., enthält. Im Vordertheil des Zwischendecks finden wir in zwei Reihen über einander die Kojen (das Logis) der Mannschaft. Je zwei und zwei schlafen zusammen.

Der „Hudson" auf der Robbenküste. — Wir wenden uns nun zunächst zum Robbenschlag. Der „Hudson" verliess die Weser am 21. Februar. Am 8. März befand er sich auf 71° 18' N. Br. und 3° 8' W. L., nach Nordwest durch Eisstreifen hindurchsegelnd. Am 9. gegen Abend erblickte man Nordwest zu West auf etwa 20 Meilen Abstand den Beerenberg von Jan Mayen-Eiland. Am 14. harter Wind und Sturzsee'n, ein Theil der Schanzbekleidung schlug weg. Das Schiff gelangte Anfang April auf die Robbenküste; wie bereits bemerkt, lagen in diesem Jahre die Robben westlich und nördlich von Jan Mayen auf 72° N. Br. und 2° Ö. L. Verschiedene Fahrzeuge waren bereits zur Stelle. Am 11. begann der „Enterfall" (das Schlagen der jungen Robben) Nachmittags 3 Uhr, Abends 11 Uhr waren 901 junge Robben an Bord und am 12. 8 Uhr Abends war die Zahl der von der Mannschaft des „Hudson" geschlagenen und an Bord gebrachten Robben 2171.

Segen des „Hudson". — An verschiedenen Tagen gelang es dem „Hudson", im Ganzen 5400 junge Robben zu schlagen, welche 620 Tonnen Thran geliefert haben. Der Preis des Thranes war 22½ Thlr. Gold die Tonne, die Felle waren das Stück 1 Thlr. 8 Groten (1 Thlr. 7 Sgr.) werth. Im Ganzen betrug der Bruttowerth des Segens des „Hudson" in diesem Jahre (5400 Robben und ein Fisch) 23.983 Thlr. Davon geht jedoch, abgesehen von allen sonstigen Unkosten, hinsichtlich des Thranes reichlich ein Viertel als Antheil der Mannschaft ab.

Der „Hudson" segelte dann auf die Fischerei und sichtete bereits am 5. Mai Spitzbergen. Ehe wir ihn dahin begleiten, widmen wir den Robben noch einen Abschnitt.

Zeit und Ort. — Jetzt treten die Grönlandsfahrer von der Weser und Elbe gegen Ende Februar, spätestens in den ersten Tagen des März ihre Reise an; früher, wo der Robbenschlag noch nicht betrieben wurde, erfolgte die Abfahrt zwei Monate später. Die Schiffe halten zunächst nordwestlich, dann nördlich, zwischen Hitland (Shetland) und Norwegen, durch den „Trichter" in die „Spanische See". Der Kurs wird, wenn die Eisgrenze es zulässt, östlich von Jan Mayen genommen, wobei diese Insel, wenn das Schiff auf ihrer Höhe angekommen, bei freilich um diese Zeit seltenem hellen Wetter gesichtet wird. Je nachdem Wind und Wetter günstig oder ungünstig sind, erreichen die Schiffe die Höhe dieser Felseninsel in frühestens acht Tagen bis spätestens vier Wochen. Auch die Dampfer suchen hierher möglichst nur mit Segelkraft zu gelangen, da sie die Kohlen demnächst auf der Robben- und Waltischküste noch sehr nothwendig bedürfen. Befindet sich das Schiff etwa um den 18. März auf dem 72. Breitengrade und ist noch kein Eis in Sicht, so wird auf das Eis zu gehalten. Es gilt, das sogenannte Bai-Eis (nach Anderen Boje-Eis) zu erreichen. Dieses Eis bildet sich in der Regel erst um eben die Zeit, zu welcher die Schiffe in diesen Breiten erscheinen. Es ist daher junges Eis in einer Stärke von einigen Zoll bis zu 1 Fuss, in Schollen von der Grösse einer kleinen Tischplatte. In diesem Bai-Eis findet das Schiff Schutz vor Stürmen, da es den Seegang bedeutend mildert, es dient als schwimmende Wellenbrecher. Wenn das Bai-Eis sich bildet, so erscheint die Fläche des Meeres wie von Schmalz übergossen. Es bilden sich zunächst kleine runde Stücke von der Grösse eines Tellers. Bei scharfer Kälte sind diese Flocken schon am folgenden Tag Eisplatten von circa 6 Fuss Breite. Die nächsten 14 Tage bis drei Wochen werden nur dem Robbensuchen und Robbenschlag gewidmet. Es ist die Zeit, wo Männchen und Weibchen auf Nahrung ausgehen, welche letztere bekanntlich vorzugsweise in kleinen Fischen, Weich- und Krustenthieren besteht. In manchen Jahren bildet sich kein Bai-Eis, dann müssen die Robben auf dem schweren Polar-Eise gesucht werden. Etwa um den 22. bis 24. März „setzen sich" die Robben und die Weibchen

werfen. Letztere suchen vorzugsweise zu diesem Zwecke das etwas schwerere Bai-Eis auf. Zur Zeit des Werfens befindet sich das Männchen bei dem Weibchen, zuweilen sind auch zwei Männchen bei einem Weibchen. In der Regel wirft das Weibchen nur Ein Junges, welches es, wenn es nicht beunruhigt wird, 17 bis 18 Tage säugt. Die Jungen entwickeln sich ausserordentlich schnell und sind nach drei bis vier Wochen schon speckreich genug, um eine gute Beute abzugeben. Die Werfzeit dauert ungefähr bis zum 5. April, vier bis fünf Tage später verlassen die männlichen Robben den „Stapel" (die Engländer gebrauchen nach Scoresby den Ausdruck „shoal", die Holländer ehedem das Wort „schole") und ziehen in nordöstlicher Richtung fort. Die Weibchen bleiben noch eine kurze Zeit bei den Jungen zurück, dann verlassen auch sie die Stelle und ziehen in derselben Richtung, welche die Männchen einschlugen, ab. Die Jungen, ihrem Schicksal überlassen, bleiben noch einige Tage ohne Nahrung, dann entschliessen auch sie sich, zu Wasser zu gehen, und rutschen vom Eise hinab. Ist das Wetter nur einigermaassen günstig und ist namentlich kein Schneegestöber, das sich bei südlichem Wind in die sogenannten „Hundshaare" (scharfe, stechende Schneeflocken) verwandelt, so erfolgt zunächst der „Euterfall", d. h. das Tödten der Robben auf dem Eise mittelst des Robbenschlägers.

Die Robbenküste, der Robbenschlag. — Das Gebiet der Robbenjagd, wenn man anders das Abschlachten der meist geduldig herhaltenden Thiere so nennen darf, ist ein ungeheuer grosses, denn die Robbenküste, welche freilich keine Küste ist, sondern aus See und Eisfeldern besteht, umfasst 6- bis 8000 Q.-Meilen. In diesen Gegenden trifft man die Robben in ungeheueren Heerden, welche nach den Berichten von Yeaman oft 20 bis 30 Engl. Meilen breit sein sollen. Die Engländer nennen solche Heerden „Seehundshochzeiten" (seals-weddings) oder „Seehundswiesen" (seal-meadows). Der Kommandeur mit dem Fernrohr oben aus dem Krähennest lugend hat die Robbenheerden zuerst entdeckt. Der Ruf „Over all!" ertönt. Die Mannschaft wirft sich in ihr Kostüm für den Robbenschlag. Dieses besteht aus grauem Leinenzeug; um den Leib wird ein Riemen gegürtet und in diesen das Buffmesser gesteckt. Vor Allem aber versieht man sich mit Tauwerk und dem „Robbenknüppel" (einem starken Stock mit eiserner Spitze, Hammer und Haken). Bald liegen die Boote zu Wasser, die Mannschaften stürzen hinein, und mit lautem Ruf „Holulu!" aufs Eis. Das Schlagen der Robben auf dem Eis beginnt. Wenn die Robben getödtet sind, wird der Leib vom Halse an mit dem Buffmesser aufgeschlitzt und das Fell sammt der Speckhaut abgezogen. Die Schiffsjungen, und später alle Mann, ziehen die Felle der „Hunde", wie die Robben in der Grönländischen Sprache heissen, mittelst der Taue nach dem Schiffe, wo der sogenannte Doktor (der Barbier) sie in Empfang zu nehmen und, bevor sie ins Flenssgat kommen, sogleich zu zählen hat. Der Rest des Thieres, die sogenannte Krenge, bleibt, eine Beute der Vögel und Eisbären, auf dem Eise liegen. Die Ergiebigkeit des Robbenschlages ist wesentlich dadurch bedingt, dass der günstige Moment rasch benutzt wird. Die Mannschaft muss fortwährend flink bei der Hand sein. 500 bis 600 Robben können in einem Tage von der Mannschaft eines Schiffes von 180 Lasten geschlagen werden. Die Schwierigkeit für die Mannschaft, von Scholle zu Scholle springend das Schiff wieder zu erreichen, ist nicht gering.

Die Boots- oder Slupenjagd ist bequemer, sie wird vorzugsweise angewendet, wenn sich zwischen den Schollen viel offenes Wasser findet. Man springt aus den Booten auf die Schollen, schlägt die Robben auf dieselbe Weise, nimmt sie vorläufig ins Boot und bufft sie auf der ersten besten grösseren Scholle ab. Das Trennen des Felles vom Speck geschieht bei Gelegenheit an Bord durch die Offiziere. Bei dieser Arbeit wird nach alt-Holländischem Brauch Reih' um ein „Lütjer" genommen [1]), auch wohl gelegentlich zur Aufheiterung ein Gesang angestimmt. Das Fell wird auf einem Holzgestell festgehakt, der Speck abgetrennt und vorläufig in eine Balje geworfen. Die Küper haben dann den Speck in die im Unter- und Mittelraum befindlichen Fässer (oder eisernen Tanks) zu packen. Die Kunst des richtigen Loslösens des Speckes unter vollständiger Schonung des Felles ist nicht schnell zu lernen, besonders davon hängt der Werth der Felle ab. Wie ich höre, hat der Rheder des „Albert" durch eine kleine Modifikation im Partgeld die Leute an der möglichsten Schonung des Felles interessirt, was einen guten Erfolg gehabt hat. Die Felle werden mit Seesalz eingesalzen, nochmals gezählt und weggelegt. Gegen Ende April ist die Zeit des eigentlichen Robbenschlages vorüber. Alte Robben sind selten zu erreichen, denn sie sind sehr auf ihrer Hut; von den Norwegischen Schiffen, deren Leute treffliche Schützen sind, werden indess noch manche geschossen. Der Werth einer jungen Robbe (Speck und Fell) ist $2\frac{1}{2}$ bis 3 Thlr., während die alten den doppelten Werth haben.

Verwendung der Robbenfelle. — Das Fell wurde bekanntlich früher vorzugsweise zu der Anfertigung von Tornistern und Koffern gebraucht, jetzt verwendet man es in England auch zur Schuhfabrikation, indem es zu diesem Zwecke gespalten wird. Ferner werden, wie man mir sagt, sogar Handschuhe, Tapeten und Unterbeinkleider daraus verfertigt. Auf der Londoner internationalen Ausstellung 1862 sah

---

[1]) Die Holländer tranken bei dieser Gelegenheit den Schnaps aus Näpfen. Auf manchen Deutschen Schiffen soll es Brauch oder vielmehr Missbrauch gewesen sein, die Schnapskruke mit ins Boot zu nehmen, oder sie hing an einer Leine vom Schiff herunter.

---

man lackirtes Robbenleder. Der amtliche Bericht des Bevollmächtigten des Deutschen Zollvereins bemerkt darüber: „England hat Proben von lackirten Robbenfellen geliefert. Sie gefallen dem Auge; der Lack ist schön und glänzend, jedoch mit dem Deutschlands nicht zu vergleichen. Dieser Fabrikationszweig scheint bestimmt, rücksichtlich seiner Solidität sowohl als seines ermässigten Preises in kommerzieller Hinsicht eine bedeutende Rolle zu spielen." (Auch Walrossleder, dessen man sich in den Messerschmiedewerkstätten und bei der Pumpenfabrikation bedient, war in der Dicke eines Daumens von Englischen Fabrikanten ausgestellt.) Die Ausbeute des Robbenschlages an Thran wird auf eine Tonne von zehn jungen Robben durchschnittlich angenommen. Die Robbe ist im Allgemeinen von unseren Küsten her bekannt und es bedarf deshalb keiner weiteren Beschreibung. Oft genug wird sie der aus dem Inneren des Landes in der Sommerzeit nach den Bade-Inseln Kommende gesehen haben, wie sie sich auf den „Platen", den von der Ebbe frei gelegten kleinen Sand-Inseln, sonnten und in possierlichen Bewegungen mit einander spielten. Für die Eskimos, die Bewohner Grönlands, sind sie eine äusserst wichtige Thiergattung. Sie liefern ihnen Nahrung, Kleidung und Beleuchtung. Die Eskimos verstehen es, die Felle wasserdicht zu machen, und ein solcher Seehundsfell-Anzug ist bei den Walfischfängern ein gesuchter Artikel, weil der Thran daran nicht haftet.

Die verschiedenen Robbenarten. — Martins („Von Spitzbergen zur Sahara") unterscheidet unter den auf Spitzbergen vorkommenden Robben folgende drei Arten: Phoca barbata, Fabr., Phoca groenlandica, Fabr., Phoca hispida, Erxleben.

Quennerstedt unterscheidet die Grönlandsrobbe (in verschiedenen Färbungen, je nach dem Alter) und die sogenannten Klappmützen und Malmgren bezeichnet in der wissenschaftlichen Beilage des Werkes „Svenska Expeditioner till Spetsbergen och Jan Mayen utförda under åren 1863 och 1864" folgende drei: Cystophora cristata, Erxl. (Schwedisch: Klapmyts); Phoca barbata, Fabr. (Schwedisch: Storkobbe, Blåkobbe) und Phoca groenlandica, Müll. (Schwedisch: Grönlandssäl). Rink unterscheidet in West-Grönland fünf Seehundsarten. Die Klappmütze ist leicht dadurch von ihren, wie man sieht, mit verschiedenen Namen von den Naturforschern belegten Kollegen zu unterscheiden, dass sie, die überhaupt kräftiger gebaut ist, durch zwei bewegliche Hautlappen zur Seite der Nase kenntlich ist. Die Sattler (Plattdeutsch: Sodler), welcher Art die grösste Mehrheit der geschlagenen Robben angehört, haben den Namen von einem durch die Farbe sich auszeichnenden Fleck auf dem Rücken. Von den Klappmützen ist ein Exemplar (Fell und Speck) wohl 10 bis 12 Thlr. werth. Die Jungen der Klappmützen nennen die Seeleute „Blaumantjes". Die Landrobbe, welche sich vorzugsweise an den Küsten Grönlands und der Inseln, namentlich Spitzbergens, vorfindet, wird selten erlegt. Ein bei dem Fischfang betheiligter Bremer Rheder, Henr. Schröder, Friedrich's Sohn, giebt in einem Bericht vom Jahre 1843 Folgendes an:

„Der Preis der Robbenfelle ist sehr verschieden und richtet sich darnach, ob es

blonde, weisse, halbweisse,	junge Robben,
Klappmützen, Greise, mittlere, blaue,	mittlere Robben,
Sattler, Sattlerweibchen	alte Robben

sind." Diese Unterscheidungen nach Grösse und Farbe des Felles bestehen noch fort. Über den Preis vergleiche man weiter unten die Mittheilungen aus Norwegen.

Robben, die bereits im Wasser waren, können nicht geschlagen, sondern müssen geschossen werden. Gegen Ende April oder Anfang Mai wird nach der Walfischküste gesegelt (auch schlechtweg die „Fischerei" genannt). Unterwegs werden noch einzelne Robben vom Treibeis „abgesucht". Gegen den 10. Mai haben die jungen Robben die vorauswandernden alten Robben in der Regel wieder erreicht. Die alten Robben werden mit der Büchse geschossen, gehen aber, wenn sie am Rande des Eises getroffen werden, unter und dann verloren.

Die Wanderungen der Robben und andere Einzelheiten. — Hier nun noch Einiges, was Quennerstedt (Anteckningar &c. S. 177) zum Theil aus eigener Erfahrung über die Wanderungen der Robben mittheilt. Der Grönlands-Seehund ist ein sehr geselliges Thier und man trifft ihn in grossen Schaaren immer nur an einigen wenigen Punkten. Dieser starke Geselligkeitstrieb ist besonders lebhaft zur Zeit der Ernährung der Jungen. Dieser Trieb ist überhaupt ein hervorstechender Zug mancher Thierarten der hochnordischen Zone. Neben den unermesslichen Schaaren von Seehunden, die mit ihren Jungen ruhend auf dem Eise angetroffen werden, führen uns diess die Felseilande, wo zahllose Vögel dicht neben einander nisten, lebhaft vor Augen. Bekanntlich unternimmt der Grönländische Seehund von den Küstenstrecken seines gewöhnlichen Aufenthaltes zu gewissen Jahreszeiten weite Wanderungen. Von Grönland, wo die Robbe ein wesentliches Existenzmittel der Einwohner ausmacht, wandert sie jährlich zwei Mal, von März bis Mai und von Juli bis August, aus. Von Islands Küste verschwindet sie nur periodenweise, und zwar das erste Mal im Monat März. Diese erste Auswanderung, welche auf allen Küstenstrecken, wo diese Art Robbe vorkommt, die bei weitem umfangreichste ist, geschieht zu dem Zwecke, weit vom

Lande auf dem Treibeis die Jungen zu werfen. Diese Wanderungen erinnern also an die Reisen der Zugvögel zu ihren Brutplätzen im Frühjahr. Vom westlichen Grönland geht die Wanderung vermuthlich nach der Baffin-Bai und den Eismassen der Davis-Strasse. Das sogenannte Mittel- oder Pack-Eis der Walfischfänger und der grossartige Robbenfang, welcher in der Gegend von Neu-Fundland getrieben wird, steht hiermit wahrscheinlich in Verbindung [1]. Die ausserordentliche Menge Robben, welche nach dem Jan Mayen-Eis heraufkommen, scheinen sich an den Küsten des ganzen Eismeer-Bassins zwischen dem östlichen Grönland, Island, Spitzbergen und Nowaja Semlä zu sammeln. Nach der Meinung der Robbenjäger käme die Hauptmasse aus dem Meere um Nowaja Semlä bei der Büren-Insel vorüber. Es ist durchaus nicht unwahrscheinlich, dass die Robbe einen Ruheplatz auf dem Treibeis sucht, welches im Frühjahr stets in grossen Massen um Bären-Eiland angetroffen wird. Quennerstedt sah auf seiner Reise nach Spitzbergen im Jahre 1858 hier im Anfang Juli Schaaren von Grönlandsrobben, die gewiss zu dieser Zeit auf dem Rückweg begriffen waren. Bei der Wanderung geht die Robbe auf das Jan Mayen-Eis, und zwar an die nördliche Seite desselben, wobei sie vorzugsweise Bai-Eis oder dichteres und glatteres Pack-Eis sucht. Man hat sie oft auf diesen Wanderungen beobachtet, in grossen Schaaren von Norden kommend und gleich grossen Fischzügen die Oberfläche des Meeres auffurchend.

Von den jungen Robben vermag nach Quennerstedt die Mannschaft eines einzigen Fahrzeuges oft an einem einzigen Tage mehr als 1000 zu schlagen.

Wechselnde Lage der Robbenküste je nach der Lage des Eises, den Winden und Strömungen. — Der Robbenschlag geschieht gewöhnlich zwischen 72 und 73° N. Br. und 0° bis 2° W. L. Diess Terrain verschiebt sich jedoch natürlich in den verschiedenen Jahren bei der ungleichen Lage und Beschaffenheit des Eises. Die Fischer haben folgende Regel: Wenn das Eis sehr westlich liegt, das will sagen: wenn es sich nicht weit von Grönland aus erstreckt, so hat man die Robben weit im Westen und auf einem südlicheren Breitengrad (zuweilen sogar herab bis zum 69. und 68. Grad) zu suchen. Im entgegengesetzten Falle liegen die Robbenfelder mehr östlich und auf nördlichen Breiten. Kapitän Westermeyer vom Schiff „Hudson" traf im Jahre 1868 die Robben auf 2° Ö. L. und 72° N. Br. Er bezeichnet mir

---

[1] Nach Berichten von Walfischjägern, welche in der Davis-Strasse überwinterten, ziehen dort die Robben bei Eintritt des Winters in ungeheueren Mengen südwärts bis in die Gegend der New Foundland Bank. Bei der Insel Bello Isle zweigt sich eine Abtheilung ab. Diese bleibt theilweise bis zum Juni im Golf von St. Lawrence. Bei ihrer Rückwanderung nach Norden werden grosse Schaaren die Beute der Fischer an der Küste, von Kap Charles bis zum Golf von St. Lawrence.

die Differenzen der Lage der sogenannten Robbenküste je nach den Eisverhältnissen als zwischen 68 und 74° N. Br. und 2° Ö. L. bis 16° W. L. variirend.

Nördliche Winde sind die vortheilhaftesten, weil sie das Eis zertheilen, südliche und östliche pressen dagegen die mit dem Strom von Nordosten in südwestlicher Richtung herabtreibenden Eismassen zusammen. Dieser Strom, welcher die kalten Gewässer des Eismeeres nach Süden entführt und dem es die auf gleicher Breite mit dem Nordkap belegene Insel Jan Mayen zu danken hat, dass sie ein Klima besitzt, welches wohl eben so rauh ist wie das des nördlichen Spitzbergen, wird schon von den ältesten Zeiten des Fischfanges an erwähnt. Dass er die angeführte Richtung hat, ergiebt sich aus verschiedenen bekannten Fällen, wo Fahrzeuge im Eis fest froren und ins Treiben kamen.

Zorgdrager trieb im West-Eise im Jahre 1698 in 18 Tagen vom 77½° N. Br. auf 75¼° und einige Walfischfänger trieben sogar im Jahre 1777 von dem 76° N. Br. und 5. bis 6° Ö. L. herab bis zum 62° N. Br. und auf den 40° W. L. in einer Zeit von 108 Tagen. (Vergleiche hierbei die oben von uns mitgetheilten Fälle der „Sara Cecilia" und der „Wilhelmina".) Dass Schiffe auf diese Weise auf längere oder kürzere Zeit fest gerathen und dadurch des Fanges verlustig gehen, gehört zu den gewöhnlichen Erscheinungen, dagegen ist der Verlust des Schiffes im Allgemeinen seltener, und zwar in Folge des stärkeren Baues der Fahrzeuge und der grossen Erfahrung in der Eisfahrt, welche langjährige Gewohnheit den Schiffsführern gegeben hat. Doch sollen während eines in dieser Hinsicht besonders unglücklichen Jahres nicht weniger als 14 Fahrzeuge im Eise theils völlig verloren, theils mit grösserer oder geringerer Beschädigung zurückgekehrt sein [1]). Ein Englisches eisernes Fahrzeug, so wurde berichtet, drückten die Eismassen so schnell zusammen und es sank in einer so kurzen Zeit, dass die Besatzung desselben sich nur mit genauer Noth auf das Eis retten konnte.

Es kommt zuweilen vor, dass die alte Robbe ihr Junges zu vertheidigen sucht. Auch hat man ab und zu beobachtet, dass, wenn die Robben auf dem Eise ruhen, einige aus der Schaar, wie diess auch bei anderen Jagdthieren zu geschehen pflegt, Wachtdienste leisten. Wird dieser Wachtposten auf die nahende Gefahr aufmerksam und hat er noch Zeit genug, ins Wasser zu kommen, so folgen die anderen ihm bald nach. Ganz dasselbe berichten auch die Robbenfänger von der Weser. Die Aufmerksamkeit des Jägers ist daher vor Allem auf diese Wachtposten gerichtet. Wie die Robben

während des Ruhens unaufhörlich das Haupt erheben und sich umsehen, hat Quennerstedt oft beobachtet. Der Knall des Schusses und das plötzliche Zusammensinken der tödtlich getroffenen Thiere scheint die anderen nicht zu beunruhigen; wälzt sich aber das verwundete Thier im Todeskampfe auf dem Eise herum, dann fallen sofort wenigstens die nächstliegenden ins Wasser.

Walfischfang des „Hudson"; Besuch bei Kapitän Westermeyer und Mittheilungen desselben. — Wir kehren zum „Hudson" zurück und lassen Kapitän Westermeyer erzählen. Kapitän Westermeyer's Wohnung erreichen wir — um den Leser auch in das Daheim eines Deutschen Walfischfängers einzuführen — von Bremen in ¾ Stunden. Der Bahnzug führt uns in einer Viertelstunde auf der Geestebahn nach Burg-Lesum, von wo wir bequem auf dem Deiche an der Seeschiffe tragenden und von den Tiden berührten Lesum hinschlendern. In einer halben Stunde ist Kapitän Westermeyer's Behausung erreicht. Sie gehört zu dem Fischerdorf Lesumbrook [1]). Gegenüber erhebt sich die Hügelkette von St. Magnus, geschmückt mit eleganten Landhäusern, dunklen Parks und freundlichen Gärten, welche Bremer Kaufleuten in der Sommerzeit die gesuchte Ruhe und Erholung vom Geschäft bieten. Gleich vom Deich treten wir in die Hausflur, werden von der Hausfrau freundlich bewillkommt und durch Kapitän Westermeyer in seine behagliche Häuslichkeit eingeführt. Viele von den alten Kommandeuren, die zum Theil noch die letzte schwunghafte Periode der Grönlandsfahrt mit durchmachten, wohnen hier in dieser Gegend, in den Dörfern Mittel- und Niederbüren an der Weser und drüben in Vegesack, Löhnhorst, Borchshöhe, Schönebeck u. a.

Kapitän Hashagen vom Dampfer „Albert" wohnt z. B. in Borchshöhe bei Vegesack, Kapitän Hagens vom Dampfer „Bienenkorb" in dem unweit Lesumbrook gelegenen Weserdorfe Mittelbüren. Zwei mächtige Walfischkinnbacken bilden das Eingangsthor zu Hashagen's Garten. Drüben jenseits der Weser, etwas weiter herauf, sind ebenfalls viele Grönlandsfahrer zu Hause. Wir nennen nur Hasenbüren, ein Bremer, und Altenesch, ein Oldenburger Dorf. Wir stehen hier also gleichsam auf klassischem „Grönländer-Boden". Von hier aus wurde auch das sogenannte „Bauernschiff" im Jahre 1832 entsandt, eine Unternehmung, bei welcher sich vorzugsweise bäuerliche Grundbesitzer jener Gegend betheiligt hatten, in der löblichen Absicht, zahlreichen durch den Rückgang des Fischereibetriebes brodlos gewordenen Familien Verdienst zu verschaffen. Kapitän Westermeyer fährt bereits 26 Jahre nach Grönland, d. h. auf den Wal-

---

[1]) Quennerstedt meint hier offenbar das Jahr 1777, wo ein sechstägiger Orkan die Eisfläche vor Ost-Grönland auf 160 miles von Westen nach Osten aufriss, vier Schiffe zerstörte und einige 50 Boote mit den Mannschaften — 600, und zwar Engländer und Hamburger — zum grossen Theil vernichtete. Scoresby, I, 513.

[1]) Dasselbe Dorf, bei welchem 1669 ein Finnfisch gefangen wurde, s. S. 4.

fischfang bei Grönland, denn am Land war er nie, weder in Spitzbergen noch in Grönland. Gleichwohl war er im letzten Jahre der von unserer Nordfahrt so mühevoll umworbenen Ostküste von Grönland (d. h. in der Seemannssprache West-Grönland) näher als die übrigen Deutschen Fischerfahrzeuge [1]). Er hat also einen guten Theil seines Lebens in den Polarregionen verbracht, auch hat er schmerzliche Opfer, wie sie jene schwierige Schifffahrt leider von Zeit zu Zeit fordert, zu beklagen, denn sein Vater blieb (verunglückte) in Grönland und noch vor einigen Jahren verlor er dort seinen ältesten, 18jährigen Sohn, der die erste Reise mitmachte. Von der durch den Frost glatten Rehling ausgleitend fiel dieser in die See und konnte von dem sofort zu Wasser gelassenen Boot nicht gerettet werden. Dass aber echtes Seemannsblut in den Westermeyers fliesst, mag daraus hervorgehen, dass der heranwachsende zweite Sohn wahrscheinlich in einem der nächsten Jahre seine erste Fahrt nach Grönland machen wird. Kapitän Westermeyer, das Schiffsjournal zur Hand nehmend und eine Karte der Europäischen Polarregionen vor uns ausbreitend, erzählt [2]):

Es war am 18. Juli, Morgens 8½ Uhr, der „Hudson" auf etwa 72° N. Br. und 17° W. L. (An dem Tage, wo ein Fisch gefangen, ist keine Zeit für die Ermittlung der Breite und Länge, die betreffende Rubrik wird dann nach altem Brauch durch einen grossen, mit der Feder gezeichneten Fischschwanz ausgefüllt.) Wir steuerten in losem Eise westlich über. Der Kommandeur lag oben im Krähennest, auslugend nach Fischen. Das Krähennest (crows-nest) ist ein unentbehrliches Requisit auf allen Grönlandsfahrern. Es besteht aus einer 85 Fuss über Deck „am grossen Bramtop" angebrachten Tonne, etwa von der Grösse eines Oxbofftfasses, die dem Kommandeur oder ersten Offizier als eine Art Wachtthurm dient. Zu dem Ende ist sie oben offen, unten im Boden mit einer Fallthür versehen, durch welche der Kommandeur oder Offizier auf der Jakobsleiter (einer mit Stäben versehenen Strickleiter) hinein steigt. Im Krähennest, das ausser noch mit Segeltuch umkleidet, ist ein Sitz angebracht, Sprach- und Fernrohr sind zur Hand. Hier bringt der Kommandeur oft lange Stunden zu, bald die Lage und Bewegung des Eises beobachtend, bald nach Robben oder Fischen lugend. Die Laufplanken werden hinten auf Deck über die Rehling gelegt. Von hier aus haben die Offiziere auszustehen, wenn das Schiff zwischen Eis steuert. Das Wetter leidlich, man hatte von Zeit zu Zeit etwas Dünung. Da von fern jene dunkle Masse, von Zeit zu Zeit blitzende Wasserstrahlen, ein Fisch in Sicht! Auf Deck ertönt der Ruf: „Fisch vorut!" (Diess verändert sich natürlich darnach, wo der Fisch gesehen wird, da heisst es bald: „Fisch in Lee!" „Fisch leeward!" oder: „Fisch steuerbord!" „Fisch backbord!" oder endlich: „Fisch vorut!" „Fisch achter ut!") Mit „Over all!" wird sofort die ganze Mannschaft lebendig. So wie sie eben sind, Einzelne vielleicht nur halb bekleidet, stürzen sie zu den Booten. Zwei Boote werden sofort gestrichen (zu Wasser gelassen). Pfeilschnell durchschneiden sie die Fluthen in der Richtung nach dem Fisch, der seinen Lauf verändert und dadurch einem inzwischen erst gestrichenen Boot die erste Chance giebt. Mit kräftigen Ruderschlägen arbeitet das Boot in rastloser Jagd durch die Wogen dem Fisch nach. Eine halbe Stunde schon lag das Boot, gefolgt von sechs anderen, die Führung behaltend, da endlich gelingt es, dem Fisch auf 20 Schritt nahe zu kommen. Jetzt ein Schuss! und siehe, Meister Engelbert hat den Fisch fest, der sofort in die Tiefe geht und in 5 Minuten die 3600 Fuss Leinen ausläuft. Vom Fallboot weht die sofort aufgesteckte

Gösche [1]), zum Zeichen, dass der Fisch fest ist (blau mit weissem Kreuz, beim „Albert" roth und weiss. Köhler nennt diese Fahne die „Blutfahne" und erzählt, dass, wenn nicht sofort, nachdem sie erschienen, Alle in die Boote gesprungen, die Zaudernden sich auf dem Schiffe Zurückbleibenden in ihre Boote hinabgeworfen und von den schon im Boote Sitzenden in kreuzweis über einander gelegten Rudern empfangen worden wären). Schon übernahm das zweite, pfeilschnell herangeschossene Boot die weitere Verfolgung, seine Leinen an die auslaufenden, splissend auf dadurch das erste Boot, die Fallsluppe, vom Fisch frei machend. Wohl gegen eine halbe Stunde verging, ehe der erschreckte Fisch, vom heftigen Lauf schon etwas ermüdet, wieder auftauchte. Nach einiger Zeit gelang es auch diesem Boot, mit einer zweiten Harpune, dem dritten Boot, mit einer dritten Harpune den Fisch fest zu machen, und dieses letzte Boot kam dem Fische nahe genug, um ihm noch eine Handharpune beizubringen. Nach 1½stündiger Jagd war der Fisch durch vier Harpunen und eine vom letzten Boot ihm beigebrachte Lanze völlig ermattet und es folgte der letzte Akt des blutigen Schauspiels, der Todeskampf des gewaltigen Thieres. Mit mächtigen Schlägen (der Wallfischfänger nennt sie „de Doodsläge") peitschte der Wal die schäumende, von Blut und Thran gefärbte See. In diesem entscheidenden Moment haben sich alle Boote in gemessener Entfernung zu halten, wenn sie nicht Gefahr laufen wollen, dass ihr Boot kentern und ihnen mindestens ein unwillkommenes Seebad, wenn nicht noch Schlimmeres, bereitet werde. Vor zwei oder drei Jahren passirte diess einem Boot der „Hudson", das, nachdem es den Fisch gelanzt, nicht flink genug bei Seite gekommen war. Glücklicher Weise wurden alle Mann gesund herausgefischt. Hat der Fisch seine „Doodsläge" gethan, dann neigt sich der gewaltige Körper zur Seite, er ist todt. In diesem Augenblick erschallt von den Booten ein dreimaliges kräftiges „Hurrah!", das von der Mannschaft des Schiffes, wenn letzteres nahe genug ist, kräftig beantwortet wird. Die Boote umgeben den Fisch, ziehen Harpune und Lanze heraus, binden die Flossen über dem Bauch zusammen, das letzte Boot befestigt im Schwanze, der zu diesem Zweck an vier verschiedenen Stellen durchbohrt wird, ein Bugsirtau und nun geht es langsam und unter eintönigem Gesang und „Hoiboh!" der seltsame Leichenzug nach dem Schiffe, wo der Fisch langseit gelegt und befestigt wird. Um 1½ Uhr Mittags war alles dies geschehen und um 11½ Uhr Nachts hatten wir, so heisst es im Journal, den Fisch über Bord, worauf die Mannschaft todmüde zur Ruhe begab. Ist es noch Zeit, so wird nach dieser beschwerlichen Arbeit oft noch geschafft (gegessen), eine süsse Biersuppe ist dann bei dem Volke besonders beliebt. Den Prozess des Flenssens schildern wir hier noch näher.

Das Flenzen oder Flenssen musste diess Mal unter Segel vor sich gehen, da der Wind nach dem Eise zu wehte und das Schiff sonst besetzt worden wäre. Wenn die Witterungsverhältnisse zu zulassen, sucht sich das Schiff mit Eisankern (den Neushaken) an einem Eisfelde, einer Flarde, fest zu machen, um dann ganzen Prozess mit Sicherheit zu vollziehen. Zuweilen erlauben Sturm und Seegang das Flenssen vorläufig noch gar nicht und das Schiff hat dann Tage lang den Fischkoloss zur Seite, was nicht ohne Gefahr ist. Zunächst ist aber der Fisch, welcher etwa 50 Fuss lang war und als stärksten Durchmesser 18 Fuss maass, durch Taue, die mittelst Haken am Kopf und am Schwanz eingreifen, befestigt. Speckschneider und Speckschneiders-Maat begeben sich in langen Stiefeln, die mit „Eiskrahben" (Eisspuren) versehen sind, aus dem Boot auf den Kopf des Fisches, erster und zweiter Harpunier und Steuermann in demselben Kostüm gehen auf den Rumpf. Alle fünf sind mit langstieligen Beilen, den sogenannten Speckspaten, versehen. Sie beginnen nun den Speck 3 Fuss breit streifenweise herauszulösen, indem sie die Haut (welche bis zu ¾ Zoll dick) und den Speck, der bis zu 1½ Fuss dick ist, durchhauen. An den Streifen werden Gienen angehakt, die „Taljen" (Flaschenzüge), deren Kloben je drei oder zwei Rollen enthalten. Eine zweischeibige und eine dreischeibige, die Kenter-

[1]) Laut Journal 4. Juli, Morgens 4½ Uhr, sahen sie auf 73° 53′ N. Br. und 14° 31′ 30″ W. L. die Insel Pendulum nordnordwestlich auf circa 16 Meilen Distanz, am folgenden Tage Nachmittags nordwestlich die Insel Shannon auf circa 15 Meilen Distanz.

[2]) Nachstehender Bericht beruht theils auf mündlichen Mittheilungen, theils auf Auszügen aus dem Journal.

[1]) Die Grönlandsfahrer haben ihre eigenen Signale, welche Scoresby, Band 11, S. 524, ausführlich angiebt, darunter „the bucket", ein auf Reifen gespanntes Stück getheerter Leinwand, und „the jack", die Gösche oder Fallflagge. Die Korrespondenz der Boote mit dem Schiff wird beim „Hudson" auch durch Segelstellung unterhalten: wenn die Boote backbord aufrudern sollen, wird die Backbordschote, wenn steuerbord, die Bramschote aufgeheit. Sollen sie weiter rudern, so werden die beiden Vor-Bramschoten aufgeheit. Sollen die Boote zurückkehren, so wird die Flagge im Schau aufgehisst. Bei Nebel wird durch Blasen oder Schiessen signalisirt.

gien, in der Mitte und eine dreischeibige, die Nasengien, auf dem Hinterdeck. Je ein Block der Gienen ist an der Topkette, die vom Vorzum grossen Top reicht, befestigt und der Läufer der Kentergien wird um die Ankerspille gelegt. Darauf dreht die Mannschaft im Takte und unter fröhlichem Gesang die Spille, allmählich und unter Beistand der Offiziere auf dem Fisch, welche mit ihren Messern tüchtig nachhelfen, lösen sich die Speckstreifen los. Nur in der Mitte bleibt ein Streifen Speck, das Kenterstück (Mittelstück, Prutstück) und mit Hülfe dieses am Fischkörper noch fest-sitzenden Theiles wird der Fisch, sobald die eine Seite vollständig abgespeckt ist, umgedreht (gekentert). Nun beginnt der Prozess des Flenssens von Neuem, bis der Fisch nur noch ein roher, unförmlicher Fleischklumpen ist. Das Fischbein wurde vom Speckschneider aus den Kinnbacken herausgelöst. Man lässt dann den aller werthvollen Theile beraubten Fischkadaver treiben, der eine Beute der Haie, Bären und Vögel wird. Letztere, die Lummen, die Malmucken, ziehen gewöhnlich schon während des Flenssens heran, lassen sich auf dem Fischkörper nieder und sind so begierig, Stücke von dem Fischspeck abzuzerren und zu picken, dass sie sich oft haufenweise greifen und schlagen lassen. Die Kunst des geschickten Ablösens der Barten besteht hauptsächlich darin, möglichst tief vom Nasenbein zu trennen, denn die grössere Länge der Barten erhöht ihre Brauchbarkeit und verleiht ihnen grösseren Werth. Daher die Unterscheidungen in Untermaassbarten, Maassbarten (Barten von 6 Fuss Länge) und Übermaassbarten. Das Auslösen geschieht mittelst 1 bis 2 Fuss langer ein- oder zweischneidiger Bartenmesser. Die grösste der Barten war 11 Fuss lang, 10 Zoll breit und ¾ Zoll dick. Die etwa 18 Fuss lange Zunge wurde in vier Stücken auf Deck geholt, der Schwanz ganz heraufauf und wird erst später in sechs oder acht Stücke getheilt. Die Kinnbacken werden ebenfalls übergeholt und in den Wanten (den starken Masttauen) aufgehängt. In untergestellten Baljen (Trögen) wird die aus ihnen austropfende fettige Substanz aufgefangen und es ergab diess noch circa 1 Tonne Thran. Später beginnt das „Inmaken" (in die Fässer machen) des Speckes. Auch diess ist eine längere Prozedur. Der Speck war in Würfel geschnitten und mit der ⁵/₄ Zoll dicken Haut in den Raum geworfen worden. Beim „Inmaken" wird aus und von den Leuten ein Speckkönig (Smeerkönig) gewählt. Dieser steigt in den Raum und wirft mit der Speckgahel (Speckforke) den Speckwürfel auf Deck. Bei der nun beginnenden Arbeit des Kleinmachens des Speckes und Einfüllens desselben in die eisernen Fässer (Tanks) im Raum sind die Rollen fest vertheilt. Die Harpuniere lösen die Schwarte vom Speck, der Speckschneider reinigt den letzteren von etwa anhängenden Fleischtheilen. Der Schwanz wird in so viel Stücke getheilt, als Haublöcke vorhanden sind; diese Stücke werden dann auf die Haublöcke gelegt und die Steurer der acht Boote zerlegen (kappen) nun den Speck mittelst des Kappmessers in kleinere Stücke. Der Speck kommt in Tröge (Baljen). Mittelst aus Segeltuch verfertigter Schläuche (Lullen) wird dann der Speck in die leeren Fässer (Tanks) im Raume geleitet, welche Arbeit der Lullenkneifer hat, während der „Farkentreiber" den Speck noch den Schläuchen zutreibt.

In der Regel rechnet man 20 Quardeelen Speck und 60 Tonnen Thran auf einen mittelgrossen Walfisch. Die Slupe, welche den Fisch festschiesst, erhält eine Prämie von 7 Gulden, davon fallen auf den Harpunier 2 Gulden. Besteht der im Ganzen von dem Schiff heimgebrachte Segen aus 400 Tonnen Thran und darüber, so erhalten die Offiziere und Partfahrer 1 Anker, die Slupensteuerer ¾ Anker und die Halbpartfahrer ½ Anker Thran. Der Kapitän erhält ein Fischgeld von 10 Thalern, das nach dem Thran berechnet wird, wobei es gleichviel ist, ob Robben- oder Fischthran. Für jede 60 Tonnen Thran wird ein Fischgeld von 10 Thalern vergütet. Derjenige, welcher den Fisch festgeschossen hat, erhält ausser seinem Antheil an der Bootsprämie ein Fischgeld von 5 Thalern, der Speckschneider erhält ein Schneidegeld von 6 Thalern bei Fischen mit Maassbarten (6 Fuss und darüber lang), bei Fischen mit Untermaassbarten die Hälfte.

Norwegens arktische Fischerei. — Es ist hier nicht der Ort, den grossen Fischfang Norwegens in seinem ganzen Umfange näher zu besprechen, da unsere Betrachtung auf die Fischerei im Eismeere beschränkt ist. Wenn Norwegen

an dieser letzteren nur einen verhältnissmässig geringen und im Vergleich zu seinem Stockfisch- und Häringsfang unbedeutenden Antheil nahm, so ist das leicht erklärlich, wenn man an die hohen Kapitalauslagen und an die Unsicherheit des Ertrages denkt. Beide Umstände mussten dem geldarmen Lande, welches freilich wohl die trefflichsten Mannschaften für nordische Fischerfahrten besitzt [1]), die Theilnahme erschweren. Die jetzt mit einigen zwanzig kleineren Fahrzeugen von den nördlichen Häfen, namentlich von Hammerfest und Tromsö aus, bei Spitzbergen betriebene Walrossjagd scheint niemals ganz unterbrochen gewesen zu sein.

Der Norwegische Robbenfang bei Jan Mayen. — Der Robbenschlag bei Jan Mayen wurde erst im Jahre 1846 wieder aufgenommen, und zwar von den südlichen Häfen. Es wurden drei Fahrzenge ausgesandt, eins derselben, „Habe", kommandirte Srend Foyn von Tönsberg [2]), einer der Veteranen der Norwegischen Nordfahrer. Durch Glück und Erfahrung ist es ihm gelungen, im arktischen Fischfange ein ziemlich bedeutendes Vermögen sich zu erwerben. Überhaupt waren in den ersten Jahren die Schiffe glücklich. Foyn auf dem Dampfer „Elieser" fing z. B. in einem Jahre 16.400 Robben im Werth von 40.000 Spezies.

1867 waren Schiffe in der Grösse von 62 bis 147 Kommerzlasten von folgenden Orten betheiligt:

Von Tönsberg 8, von Christiania 3, von Drammen 1, von Sande-Fjord 1, von Holmestrand 1, von Frederikhall 1, von Purmerende (Niederlande) 1,

zusammen 16. Darunter waren zwei Schraubendampfer, „Elieser" und „Isbjörne". Die Besatzung verproviantirte sich zum grössten Theil selbst.

Inzwischen bin ich in den Stand gesetzt worden, hier eine vollständige Übersicht des Norwegischen Robbenschlages der letzten fünf Jahre, 1864 bis 1868, zu geben. Ich bin dafür dem Herrn Kiaer, Chef des Statistischen Bureau's in Christiania, und dem Herrn Jakob Melsom in Tönsberg zu Dank verpflichtet. Sie enthält, wie man sieht, die wichtigsten Punkte vollständig und darf in so fern als ein Muster bezeichnet werden.

---

[1]) Der Dorschfang Norwegens an den Lofodden beschäftigte im Jahre 1867 über 28.000 Fischer und Seeleute, was beinahe die Hälfte der Gesammtzahl der Norddeutschen Seeleute ausmacht. Er lieferte beiläufig erwähnt, einen Brutto-Ertrag von über 3¼ Millionen Spezies.

[2]) Herr Foyn, der für eigene Rechnung fuhr, erzielte im Jahre 1847 740 Tonnen Thran, im Jahre 1848 1140 Tonnen Thran, im Blokadejahr 1849 1100 Tonnen Thran. Herr Foyn sandte im Jahre 1867 an ein Hamburger Haus circa 4000 Tonnen Thran. Die Norwegische Tönder (250 Pfund Brutto) ist der Bremer Tonne (216 Pfund Netto), wenn man das Netto-Gewicht vergleicht, ziemlich entsprechend.

Angabe über den Robbenfang des südlichen Norwegen bei Jan Mayen während der letzten 5 Jahre.

Jahr	Zahl der Schiffe	Tragfähig-keit in Kom-merz-Lasten	Zahl der Besatzung	Werth der Schiffe	Aus-rüstungs- und Unter-haltungs-kosten à 48 Spezies-Thaler per Last	Kapital-Ver-minderung à 3 Prozent	Zinsen des Kapitals à 5 Prozent	Zahl der Seehunde		Werth der Seehunde	¼ Antheil für die Besatzung	Gewinn für die Rheder
			Mann	Spez.-Thlr.	Spez.-Thlr.	Spez.-Thlr.	Spez.-Thlr.	junge	alte	Spez.-Thlr.	Spez.-Thlr.	Spez.-Thlr.
1864	16	1699	714	265.000	81.552	7.950	13.250	23.364	24.723	152.000	25.333	23.915
1865	16	1699	714	257.000	81.552	7.710	12.850	41.758	18.724	172.500	28.750	41.638
1866	16	1763	728	272.000¹)	84.624	8.160	13.600	39.576	8.106	144.000	24.000	13.616
1867	15	1641	688	257.000	78.768	7.710	12.850	59.931	23.292	247.000	41.166	106.506
1868	15	1641	684	249.000	78.768	7.470	12.450	49.533	14.224	184.284	30.714	54.882

¹) In diesem Jahre waren zwei dieser Schiffe mit Dampfkraft versehen, daher die Steigerung im Werth.

Tönsberg, den 26. Oktober 1868.

Unterzeichnet: Jakob Melsom.

Das Ergebniss der letzten beiden Jahre und namentlich des Jahres 1867 stellt sich hiernach als ein recht günstiges heraus. Denn während 1864 16 Schiffe einen Reingewinn für die Rheder im Betrage von nur 23.915 Spezies, 1866 eben so viel Schiffe gar nur 13.616 Spezies Netto für die Rheder erzielten, stellte sich das Ergebuiss im Jahre 1867 auf 106.506 Spezies bei nur 15 Schiffen. Das relativ günstige Ergebniss des Norwegischen Robbenschlages ·im Vergleich zu dem der Deutschen und Englischen Schiffe ist dadurch zu erklären, dass die Norweger die Robben in grösserer Zahl weiter nordöstlich als jene suchten und fanden.

Ergebnisse der Walross- und Seehunds-Jagden der Norweger bei Spitzbergen in der neuesten Zeit. — Über diesen Gegenstand empfing ich ebenfalls ein Schreiben des Herrn Kiaer aus Christiania, welches ich hier vollständig mittheile. Die Angabe in Betreff der Fahrzeuge auf den Robbenfang stimmt nicht ganz überein mit der eben mitgetheilten des Herrn Melsom. Diese letztere ist die zuverlässigere, ich gebe aber die Übersicht unverändert, so wie ich sie empfing, da die Abweichung für die Vergleichung und das Gesammt-Resultat unwesentlich ist.

„In Veranlassung Ihrer im Schreiben vom 5. v. M. an das Departement des Innern der Königlich Norwegischen Regierung gerichteten Anfrage über Norwegische Expeditionen im nördlichen Eismeere und Ferneres habe ich die Ehre, Folgendes mitzutheilen:

„Sämmtliche Produkte des Norwegischen Grossfischfanges (Eismeer-Expeditionen) gehen zollfrei in Norwegen ein; es wird auch kein Zoll erlegt, wenn sie in fremden Schiffen eingeführt werden.

„Die Anzahl der ins nördliche Eismeer expedirten Norwegischen Schiffe ist folgende gewesen:

Jahr	Nach Spitzbergen von Tromsö und Hammerfest	Auf Seehundsfang ins nördliche Eismeer vom südlichen Norwegen
	Anzahl	Anzahl
1863	18	14
1864	21	13 (16 nach Melsom)
1865	23	16
1866	21	18 (16 „ „ „)
1867	23	16 (15 „ „ „)
1867	Anzahl Tons 800 Mannschaft 250	Anzahl Tons 3.600 Mannschaft 660

„Ausserdem wurden im südlichen Norwegen 1867 auf Seehundsfang zwei Holländische Schiffe ausgerüstet. Von den zum Seehundsfang ausgerüsteten Norwegischen Fahrzeugen war eins ein Dampfschiff und zwei hatten Hülfs-Dampfmaschinen, die übrigen waren Segelschiffe.

„Auf Walfischfang im nördlichen Eismeer wurde 1867 und 1868 ein Dampfschiff ausgerüstet. Die Ausbeute der Expeditionen nach Spitzbergen von Tromsö und Hammerfest besteht namentlich in Seehunden und Walrossen; für Tromsö wird das Resultat als zufriedenstellend angegeben, für Hammerfest (dessen Expedition im verflossenen Jahre doppelt so gross wie die von Tromsö gewesen ist) war die Ausbeute 1864 24.000 Spezies, 1865 18.000 Spezies, 1867 20.500 Spezies. Über die Ausbeute des Seehundsfanges wird genauere Angabe erwartet; vorläufig wird folgende Notiz über die Ausfuhr von Seehunds-Fellen, Seehunds-Speck und Thran von den Städten, welche derartige Expeditionen ausrüsten, mitgetheilt.

Jahr	Seehundsfelle Stück à ⁹/₁₀ Spez.-Thlr.	Speck Tönder à 12 Spez.-Thlr.	Thran Tönder à 14 Spez.-Thlr.
1863	25.121	3.156	590
1864	41.867	2.976	546
1865	66.627	5.839	1.255
1866	52.231	3.637	1.375
1867	65.805	7.743	4.346

Christiania, den 16. Oktober 1868.

A. N. Kiaer, Chef des Statistischen Bureau's."

Den Walfischfang betreibt allein Herr Foyn in Töns-berg, seit vier Jahren, aber erst im letzten Jahre mit gutem Erfolge, und zwar ist es eine Art der Finnfische, auf welche er in der Nähe des Nordkaps und bei der Bären-Insel Jagd macht. Er bediente sich dabei der Cordes'schen Granat-Harpune und es gelang ihm im vorigen Jahre, 30 Wale zu erlegen, die immerhin einen Werth von 18.000 Thalern Preussisch gehabt haben mögen.

Die Gefahren und Abenteuer der Norwegischen Spitz-bergenfahrer schildert Quennerstedt ziemlich eingehend, indem er mehrere Berichte über Schiffbrüche bei Spitzbergen mit-theilt. So wurden die Fahrzeuge „Karl Johann", „Fortuna" und „Die Brüder" im August 1850 in Walter Thymen-Strasse vom Eise zerstört und es gelang nur einem Theil der Mannschaft, sich auf einem verlassenen Fahrzeug nach Norwegen zu retten. — Ferner wird in dem Bericht über die Schwedische Expedition 1864 nach Spitzbergen eine merkwürdige Überwinterungs-Geschichte Norwegischer Wal-rossjäger an der Crossbai (79° 7 bis 15' N. Br. und 10° 11' bis 10° 44' Östl.) erzählt. 24 Leute arbeiteten sich, nachdem ihre Fahrzeuge gescheitert, in Booten dahin, wo sie in den beiden dort vorhandenen Hütten Zuflucht und einige Lebensmittel fanden. Ein von Parry's Expedition stammen-des Dépôt von Lebensmitteln kam ihnen sehr zu Statten und es gelang, durch Seehunds- und Renthierjagd den wei-teren Bedarf zu decken. Ein grosser Theil der Mannschaft erkrankte am Skorbut, doch nur drei starben daran; der Genuss von frischem Robbenblut erwies sich als bestes Heilmittel dagegen.

Umfahrung Spitzbergens durch einen Norwegischen Wal-rossjäger. — Dass Deutsche Walfischjäger in neuerer Zeit, ihrem Fange nachgehend, eine Umschiffung der ganzen Spitzbergischen Inselgruppe, also auch um Nordostland, von Süden oder Norden kommend unternommen hätten, darüber habe ich Nichts erfahren können. Der Norwe-gische Walrossjäger Karlsen unternahm mit der Brig „Jan Mayen" eine solche im Jahre 1863. Den 2. August pas-sirte er die nördlichste oder nördlich von Nordostland gelegene Insel, die kleine Tafel-Insel, wobei sie nach Norden das Meer eisfrei fanden, den 9. August waren sie bei der Walross-Insel, immer die an dieser Seite der Insel-gruppe meist ergiebigere Walrossjagd betreibend, fuhren südlich bei der grossen Insel vorbei, unter der Ostküste von Nordostland, bekamen dann Gillisland, eine mit hoch auf-steigenden Bergen besetzte und von Fjords tief eingeschnittene Insel, in Sicht; nach der Schätzung Karlsen's lag es auf 79° 5' N. Br. und waren sie nur 8 Seemeilen davon ent-fernt. Beim Eingang in Walter Thymen-Fjord hatten sie es noch immer nordöstlich in Sicht; den 20. segelten sie

an den Ryk-Is-Inseln bei Stans-Foreland vorüber, passirten Süd-Ostland und nahmen ihren Kurs nun auf Norwegen.

Die von Dänemark aus betriebene arktische Fischerei. — Die theilweise bereits erwähnte Dänische Fischerei im Euro-päischen Meer hat, so scheint es, niemals ein zufrieden-stellendes Resultat für die Unternehmer gegeben. Nur der von den Dänischen Kolonien in West-Grönland an bestimm-ten Stationen mit Hülfe der Eingebornen betriebene Wal-fischfang war zu Zeiten im vorigen Jahrhundert erfolgreich und bedeutend, jetzt ist er gering. In neuerer Zeit wur-den von der Insel Bornholm einige Fahrzeuge auf den Robbenschlag ausgerüstet. Der letztere grössere Versuch, von Kopenhagen aus Walfischfang im Eismeere zu betrei-ben, begann im Jahre 1866.

Die Dänische Fischerei-Gesellschaft wurde zu Ende des Jahres 1865 mit einem Aktienkapital von 180.000 Reichs-banko-Thalern (circa L. 20.000) gegründet. Zu Ende des Jahres 1866 wurde das Kapital um 55.000 Reichsbanko-Thaler vergrössert, auf 235.000 Reichsbanko-Thaler ge-bracht. Nach den brieflichen Mittheilungen, welche mir durch den Vorstand der genannten Gesellschaft im Septem-ber 1868 von Kopenhagen wurden, hatte die Gesellschaft zu jener Zeit einen Doppel-Schraubendampfer von 216 Tons Reg., einen kleinen Hülfsdampfer von 6 Tons, zwei Schoner von zusammen ca. 90 Kommerz-Lasten und zwei Jachten von zusammen ca. 40 Lasten. Die Gegenstände des Betriebes waren Seehundsfang im Frühjahr, Walrossfang und Wal-fischfang (letzterer namentlich an der Ostküste von Island), ferner Dorschfang. Die Ergebnisse des Betriebes in den Jahren 1866 und 1867 waren die folgenden: Im Jahre 1866 Bruttowerth des Fauges 14.578 Thaler 2 Mark 13 Schilling Unterbilanz nach Abzug des Kasko 60.000 Thaler; im Jahre 1867 Brutto-Ertrag 65.599 Thaler 5 Mark 12 Schilling, Unterbilanz 30.000 Thaler. Also trotz der viel besseren Ausbeute im Jahre 1867 er-gab sich doch ein Verlust von 30.000 Thalern. Die Aus-gaben, namentlich der Betrag der Partgelder, waren sehr be-deutend. Bis zum Anfang September vorigen Jahres war das Betriebs-Ergebniss besonders schlecht, der Seehunds-fang misslang vollständig, auch der Walfischfang war schlecht, er belief sich im Ganzen auf sechs Walfische (wahrscheinlich von den kleineren Arten, denn sechs mittel-grosse Grönländische Walfische würden ein gutes Ergebniss gewesen sein). Zu der Zeit, wo mir diese briefliche Mit-theilung gemacht wurde, stand die Auflösung der Gesell-schaft in Aussicht. Die Aktien wurden nur zu 10 Prozent ihres Nominalwerthes notirt. Seitdem ich diese Mitthei-lung empfangen, hat die Generalversammlung der Gesell-schaft zu Kopenhagen Statt gefunden. Der von dem Direk-tor der Gesellschaft, Kapitän Hammer, gegebene Bericht stimmt mit den obigen Mittheilungen. Der Werth des gesammten Fanges war nur 27.404 Thaler (Dänisch). Der Robbenfang war schlecht. In den Fjorden an der Nordostseite von Island herrschten ungewöhnliche Strömungsverhältnisse vor, die nach der Meinung des Kapitän Hammer mit den Erderschütterungen des vorigen Jahres zusammenhingen und den Walfischfang gänzlich störten. (Die Amerikanischen Walfischjäger in der Bering-Strasse und dem Ochotsk-Meer stellen eine ähnliche Vermuthung für die entgegengesetzte Erscheinung auf, dass die bis Anfang September sehr unergiebige Fischerei schliesslich dadurch sehr lohnend wurde, dass ganze Züge von Fischen, vom Norden her kommend, erschienen und dass die Fische, welche nach der Meinung der Kapitäne „von Grönland durch das offene Polarmeer" kamen, sehr zahm waren und sich leicht fangen liessen.) Gegenüber den misslichen Betriebs-Ergebnissen verlor die Gesellschaft aber doch nicht den Muth zur Fortsetzung der Unternehmung. Diese wurde vielmehr für dieses Jahr dadurch gesichert, dass man beschloss, für 70.000 Thaler Prioritäts-Aktien auszugeben, und dass von diesem Betrage sofort 51.000 Thaler gezeichnet wurden.

Versuch von Amerikanern, in Island einen Walfischereibetrieb zu begründen. — Von besonderem Interesse ist der Bericht über den Versuch des Walfischfanges mit der Raket-Harpune, welcher von zwei Amerikanern, Lilliendahl und Roys, in Island gemacht worden ist. Dieselben liessen sich 1865 unter 65° 18′ N. Br. am Seidis-Fjord nieder. Sie betrieben den Fischfang mit zwei Schiffen, der Barke „Reindeer" von New York, unter Amerikanischer Flagge, und dem kleinen Schraubendampfer „Visionary", welcher, in Schottland erbaut, unter Dänischer Flagge fuhr. Er führte, auf den Fang ausgehend, ein Paar Walfischboote im Schlepptau. Einen jeden gefangenen Fisch schleppte der Dampfer in den Fjord herein zum Abflensen. Im ersten Jahre lieferte der Betrieb keine günstigen Ergebnisse, im folgenden Jahre wurden 20 Walfische gefangen, darunter 6 Buckel-Wale. Im Ganzen wurden 900 Tönder Thran gewonnen. Am Lande war eine Dampf-Thrankocherei eingerichtet. Im Winter 1865/66 wurde der Holländische Schooner „Jan Albert" in Dundee zum Schraubendampfer eingerichtet, und zwar unter dem Namen „Liteno". Die Besatzung bestand aus Amerikanern, Dänen, Schotten, Russen und einem Polynesier. Man benutzte ferner zwei kleine eiserne Dampfer, die in Glasgow und resp. in Liverpool erbaut waren, „Vigilant" und „Stegpiregder". Ende September hatten die drei Schiffe nach der Angabe 40 Wale kleinerer Art gefangen, welche im Ganzen 23- bis 2400 Tönder Thran lieferten. Diese Unternehmung des Captain Roys ist aufgegeben worden, weil sie sich nicht bezahlt machte. (Mittheilung aus New Bedford.)

Schottische Fischerei in Grönland und der Davis-Strasse. — Wie früher („Geogr. Mitth.", Jahrg. 1867, S. 418) mitgetheilt, sind es Schottische Häfen, welche noch jetzt zwischen Grönland und Spitzbergen, vorzugsweise aber in der Davis-Strasse, der Baffin-Bai und den an der Amerikanischen Seite sich anschliessenden Armen des Polarmeeres einen ziemlich bedeutenden Walfischfang betreiben.

Im Jahre 1868 [1]) waren in diesem Betriebe beschäftigt: von Peterhead 12 Schiffe, unter ihnen vier Dampfer in der Grösse von 200 bis 295 Tons, während die Segelschiffe eine Grösse von 130 bis 380 Tons haben; von Fraserburgh zwei Segelschiffe von 292 und 297 Tons; von Dundee 11 Dampfer und ein Segelschiff mit einem Gesammtgehalt von 4618 Tons. Die einzelnen Dampfer variiren zwischen 278 und 455 Tons. Kirkaldy war noch durch einen Dampfer von 452 Tons vertreten, Hull schloss im Jahre 1868 vorläufig seine Grönlandsfahrten, denn die beiden Fahrzeuge, welche dieser einst in der Walfischerei so bedeutende Platz noch in diesem Jahre aussandte, der Dampfer „Ravens Craig" von 452 Tons und das Segelschiff „True Love", sind nun aus der Fahrt genommen, da die Unternehmung sich für die Rheder unvortheilhaft erwiesen hat; eben so scheiden die beiden Schiffe von Fraserburgh aus. Im Ganzen waren also, wie schon früher angegeben, im Jahre 1868 39 Schiffe zu einem Gehalt von 8397 Tons von Schottland aus im Walfischfang beschäftigt.

Blicken wir auf das Ergebniss des Schottischen Robbenschlages und Walfischfanges im letzten Jahre, so erinnern wir uns zunächst, dass ein Theil der vorbezeichneten Flotte auf Robbenschlag und Fischfang zwischen Grönland und Spitzbergen, ein anderer Theil, besonders die Dampfer von Dundee, zuerst auf den Robbenfang bei Jan Mayen geht, dann nach dem Heimathshafen zurückkehrt und gegen Mitte Mai sich nach der Davis-Strasse auf den Fischfang begiebt, dass endlich ein Theil in der Cumberland-Strasse fischt, beziehungsweise zum Zweck der Fischerei an der Küste zeitig im Frühjahr, unter jenen Breiten überwintert.

Die 15 Schiffe, welche auf Robben- und Fischfang bei Grönland waren, brachten nur drei Fische, 51.863 Robben und im Ganzen 637 Tons Thran, was durchschnittlich für jedes Schiff noch nicht 3500 Robben und 42½ Tons Thran

---

[1]) Nachstehende statistische Daten sind auf Grund der Mittheilungen des Captain D. Gray von mir zusammengestellt. Ausrüstung und Einrichtung der Schottischen Walfischfahrer sind seiner Zeit von Herrn Yeaman schon kurz angegeben. Die „Eclipse", Captain Gray, z. B. hat bei einer Grösse von 434 Tons Gross-Register im Ganzen, den Kapitän mit eingeschlossen, 54 Mann, darunter 7 Harpuniere, 7 Bootssteurer &c. An Fischerei-Geräthen wurden unter Anderem 48 Walfischleinen, 40 Lanzen, 36 Gun-Harpunen, 36 Hand-Harpunen bei 8 Booten mitgenommen. Die „Eclipse" geht nur nach Grönland, nicht nach der Davis-Strasse, und ist auch jetzt (März 1869) wieder dahin abgegangen; mit ihr 7 andere Schiffe.

ergiebt. Zehn Schiffe kehrten völlig leer zurück, einzelne dagegen, wie der „Alexander" (mit 11.200 Robben und 130 Tons Thran), waren glücklich. Im Ganzen war es also ein schlechtes Resultat. Besser war es in der Davis-Strasse, von wo zehn Dampfer mit 104 Walen bei einem Thran-Ertrag von 880 Tons (nahe an 2½ Millionen Thaler werth) zurückkehrten, während von der Cumberland-Strasse vier Schiffe mit 22 Walen und 880 Weissen Walen zurückkehrten, unter ihnen zwei, welche überwinterten und daher 18 Monate aus waren. Ein fünftes Schiff überwinterte gegenwärtig. Beiläufig sei erwähnt, dass ein Londoner Haus, Messrs Anthony Gibbs & Son, eine Sommer-Niederlassung zum Zweck des Bergbaues und des Fischfanges am Exeter-Sund unterhielt. Dieselbe ist im vorigen Jahre aufgegeben worden, nachdem sich ein Verlust von 10- bis 12.000 L herausgestellt hat. Der in der Regel sehr glücklich fischende Dampfer „Camperdown" brachte 1868 19 Walfische (150 Tons Thran und 11 Tons Barten). Die Berichte über die vorjährigen Reisen mehrerer Schottischer Whaler liegen mir vor.

Während des Druckes erhalte ich aus Schottland noch einige dankenswerthe Notizen, welche ich summarisch hier mittheile, besonders deshalb, weil sie die ausserordentliche Verschiedenheit der Fischerei-Erträge in verschiedenen Jahren darthun. Es handelt sich um die Erträge der von Dundee betriebenen Fischerei im Grönlandsmeere und in der Davis-Strasse in den Jahren 1867 und 1868. Der Brutto-Ertrag der Grönlandsfischerei 1868 belief sich auf L 9363 15 s. Nach Abzug sämmtlicher Parten blieb die Summe von L 3203 15 s. Die Schiffe wurden theils von Kompagnien, theils von Einzelnen ausgerüstet. Während 1867 in der Davis-Strasse von den Dundee'r Schiffen nur 2 Wale gefangen wurden, betrug dieser Fang 1868 von acht Schiffen 79 Wale! Der Bruttowerth dieses Fanges war L 49.780. Davon gingen L 12.320 für Antheile ab und blieben somit L 37.460, dazu der Ertrag der Grönländischen Fischerei ergiebt zusammen L 40.663 15 s. Für Versicherungen und Provisionen der Schiffe — die zwei verlorenen bleiben hierbei ausser Rechnung — geht die Summe von L 25.200 ab; es bleiben also noch L 15.463 15 s., wovon wiederum noch ein Betrag für Reparaturen der Schiffe abgehen würde. 1867 war der Bruttowerth des Robbenfanges L 32.069, der des Walfischfanges nur L 1777 10 s., die Unkosten waren L 51.660, somit ein Verlust von L 17.813.

Schwierigkeiten der Fischerei in der Davis-Strasse. — Die eigenthümlichen Schwierigkeiten, welche sich den auf den Fischfang in jenen Strassen und Baien ausgehenden Fahrzeugen durch Eis, Winde und Strömungen bieten, sind von Hayes in seiner Polarreise auseinandergesetzt worden.

In der Mitte der Strasse treiben Eismassen (Berge, Felder und Flarden), welche der Fischer Mittel-Eis (middle ice) oder kurzweg „the pack" nennt, und zwar zuweilen bis hinab an die Grenze des Polarkreises. Stets in Bewegung, bald nach dieser, bald nach jener Richtung, pressen sie sich je nach den Winden und Strömungen oder zerstreuen sich und öffnen auf diese Weise der Schifffahrt schmale oder breitere Bahnen. An irgend einer Stelle muss aber dieses Mittel-Eis von den Schiffen „genommen" werden, denn die Fischerei beginnt an der Küste von West-Grönland bei der Insel Disco mit dem East Side fishing und bei Kap York (der Grenze der geographischen Melville-Bai, während die Melville-Bai der Walfischfänger einen grossen Theil der Baffin-Bai mit begreift) oder etwas höher hinauf müssen die Schiffe das Landwasser der Amerikanischen Seite zu gewinnen suchen. Bei ungünstigen Verhältnissen bringen die Schiffe Wochen und selbst Monate auf dieser Fahrt zu und in der Regel ist sie sehr gefährlich. Erst im August ist durch die doppelte Einwirkung der Polar-Strömungen[1]) und der Sonne das Mittel-Eis an Masse und Stärke am erheblichsten verringert. Die Whaler müssen früher durchgehen. Im vorigen Jahre unternahmen die Schiffe diese Fahrt meist schon gegen Ende Juni, ohne auf Schwierigkeiten zu stossen. Ein an Bord des Dampfers „Narwhal" geführtes Tagebuch sagt: „So viel freies Wasser hatte man seit 20 Jahren nicht gesehen". Diese Erscheinung wurde den fortwährend vorherrschenden Nordost-Winden zugeschrieben. Gleichwohl", so heisst es dort weiter, „sind wir unseres Schiffes nicht für eine halbe Stunde sicher, so lange wir durch die Melville-Bai gehen. Alle schlafen angekleidet. Jedermann an Bord hat seine Sachen gepackt und bei der Hand, um sie, wenn nöthig, sofort aufs Eis werfen zu können" &c. Der Dampfer „Wildfire", Captain Hay, war nicht so glücklich als der „Narwhal". Nachdem er bei Hare Island und in der Nordost-Bai bis zum 3. Mai gekreuzt, unternahm er schon um diese Zeit die Fahrt nach dem „Westlande", das Schiff wurde aber am 12. an der Schraube durch Treibeis schwer beschädigt, musste in der Dänischen Kolonie Holsteinborg reparirt werden, ging von Neuem aus, bekam wiederum ein schweres Leck und musste am 17. Juli als vollständiges Wrack verlassen werden. Ein gleiches Schicksal traf den neu erbauten eisernen Dampfer „River Tay"[2]) (von 510 Tons Register), welcher seine erste Reise nach der Davis-Strasse machte, nachdem er im Frühjahr in Grönland mit Erfolg auf dem Robbenschlag gewesen war. Der „River

[1]) Bei Kap York vereinigt sich der um Kap Farewell herum nordwärts fliessende Polar-Strom mit dem aus dem Smith-, Jones- und Lancaster-Sund kommenden und beide Ströme nehmen ihren Weg südwärts, an Labrador und Neu-Fundland vorüber.
[2]) Herr Yeaman erwähnte in seinem Bericht diesen Dampfer als im Bau begriffen.

Tay" hatte Lerwick [1]) am 12. Mai verlassen und war nach einer schnellen Reise von nur 19 Tagen schon am Eise (auf 63° 20′ N. Br. und 59° W. L.). Zwar kam das Schiff glücklich am 24. Juni zur Ponds-Bai, am 17. August aber bei Agnes Monument steuerbords in schwere Kollision mit dem Eise und sank trotz angestrengtester Arbeit an den Pumpen. Man konnte eben noch rechtzeitig zu einem Eisfelde dampfen, um das Nöthigste und alle Menschenleben zu bergen. (Versicherter Werth des Schiffes L 7000.) Der „River Tay" war zu L 19.000 (nach der Angabe des Dundee Advertiser vom 26. Okt. 1868) versichert. Diese Erfahrung spricht also wiederum gegen die Verwendung eiserner Schiffe in arktischen Gewässern. Ausserdem ging noch ein als Kohlentender mit hinauf gesandtes Schiff, die „Columbia", 100 Miles vom „Ostlande" (West-Grönland) entfernt verloren [2]).

Die Hauptfischplätze waren im vorigen Sommer auf der Westseite die Ponds-Bai, Coutts Inlet, die Scott- und die Home-Bai. Im Laufe der Jahre haben sich die Züge der Schiffe mehrfach verändert. Wenn es jetzt als das Zweckdienlichste zur Gewinnung einer möglichst grossen Menge Thran erachtet wird, die grösseren Dampfer erst auf den Robbenschlag bei Jan Mayen gehen und dann den Rundlauf Ost und West der Davis-Strasse machen zu lassen, gingen die Schiffe Anfangs der dreissiger Jahre im April weg, und zwar zuerst nach der Küste von Labrador oder der Cumberland-Strasse, zur „Südwest-Fischerei". Sie kreuzten dann nach der Ostküste der Strasse und fischten in der Nordost- und Südost-Bai und in Hornsund. Im Juli gingen sie durch die Baffin-Bai hinüber nach Lancastersund, zuweilen auch in die Barrow-Strasse hinein. Auf der Rückkehr wurden dann die noch jetzt frequentirten Fischplätze der Ponds-Bai, Home-Bai u. a. aufgesucht. Die Entdeckungsreisen von Ross und Parry und die Berichte über reiche Fischgründe in den höheren Breiten, besonders im Nordwesten der Baffin-Bai, hatten wesentlich dazu beigetragen, dass die Fischerei wieder ergiebiger wurde, und es liegt darin wiederum ein Beweis, dass die Polar-Expeditionen auch eine hohe praktische Bedeutung haben.

Katastrophe im Jahr 1830 in der Melville-Bai. — Wenn man von dem Walfischfang in jenen Gegenden spricht, darf man die Katastrophe des Jahres 1830 nicht unerwähnt lassen, wo 20 Schiffe — 19 Englische und ein Französi-

sches — im Mittel-Eis bei der Melville-Bai verloren gingen. Dieses Ereigniss versetzte den arktischen Fischerei-Unternehmungen seinen empfindlichsten, lange Zeit nachwirkenden Schlag. Wir finden es ausführlich in dem zu Edinburg (Oliver & Boyd) erschienenen Werke „Discovery and Adventure in the Polar Seas and Regions, by John Leslie, Robert Jameson and Hugh Murray" [1]) beschrieben, und zwar auf Grund verschiedener Schiffsjournale und der Mittheilung von Augenzeugen. Hinsichtlich der Einzelheiten verweisen wir daher auf diesen Bericht.

Die Scene war bei Kap York (75° N. Br.). Südwestliche Stürme hatten in der Zeit vom 19. bis 26. Juni furchtbare Eismassen gegen das hier bedeutend vorspringende Land getrieben. Die Schiffe waren in verschiedenen Abtheilungen zerstört, sie wurden zum Theil völlig zertrümmert, zum Theil schwer beschädigt.

Merkwürdiger Weise ging bei den Schiffbrüchen nicht Ein Menschenleben verloren, Alle, etwa 1000 Mann, retteten sich aufs Eis. Sie konnten auch noch Lebensmittel genug bergen und kampirten nun bis Ende Juli auf dem Eise. Ich kann mir nicht versagen, wenigstens eine charakteristische Stelle des Englischen Berichtes hier zu citiren:

„So waren sie wie ausgesetzte in dem ödesten Theil der Erde, ohne sichere Aussicht der Rückkehr noch auch der Existenz. Gleichwohl ist der Geist der Britischen Seeleute so elastisch, dass, nachdem der erste Schrecken vorüber war, sie sich, in dem Gedanken, jetzt ihre eigenen Herren zu sein, der Freude hingaben. Unglücklicher Weise befanden sich bedeutende Quantitäten Wein und Spirituosen unter dem Bergegut und es begann nun ein allzu lustiges Leben mit Tanz und Gesang, wobei die heiteren Franzosen den Reigen anführten. Daher der Name „Baffin Fair". Die Französischen Matrosen meinten, in ihrem Leben niemals so vergnügt gewesen zu sein wie hier auf den öden Eisflächen der Baffin-Bai. Von einer Zeltgruppe zur anderen wurden Exkursionen gemacht und man stellte einen regelmässigen Verkehr zwischen den nördlichen und südlichen Abtheilungen der Flotten her, den man scherzweise die Nordische Post nannte."

Am 21. Juli konnten einige Schiffe den ersten Versuch wagen, sich aus dem Eise herauszuarbeiten. Die Seeleute der verlorenen Schiffe waren auf die übrigen vertheilt worden. Ende August bis 10. September kamen die Schiffe endlich auf die andere Seite und glücklich in offenes Wasser. Der Verlust und Schaden an Schiffen und Schiffsinventar betrug L 142.600.

Es heisst in dem Bericht des Bremer Schiffes „Hanseat", Kapitän Harm Haake, wie folgt:

---

[1]) Auf den Shetland-Inseln pflegen die Schiffe ihre Mannschaft zu vervollständigen. Nach einer mir freundlichst von Herrn Sheriff A. Mure gewordenen Mittheilung nimmt in Lerwick oder einem anderen Platze der Shetland-Inseln jedes Schiff noch ungefähr 25 Mann an.

[2]) Der Brief des Kapitäns mit dieser Nachricht nahm einen merkwürdigen Weg. Er ging mit einem Kryolith-Schiff von Ivikät nach Philadelphia und von da nach Schottland.

---

[1]) Die letzte Ausgabe ist, wenn wir nicht irren, 1857 erschienen.

„In der Melville-Bai, Mitte Juni, kam das Eis durch starke Stürme aus Südwesten in eine solche Pressung, dass der Kommandeur täglich Gefahr lief, das Schiff zertrümmert zu sehen. Er musste eine Zeit lang mit dem Volke auf dem Eise kampiren, da durch den Druck der furchtbaren Eismassen die Nähte im Schiffe, die Deckplanken zollweise aus einander standen, das Schiff im Kreuz verbogen war und selbiges voll Wasser lief. In einer Runde von wenigen Meilen um ihn wurden 19 Schiffe zerdrückt, wovon mehrere dicht vor seinem Angesicht. Schon hatte er sich entschlossen, seine Mannschaft, die um 20 Englische Matrosen, welche sich zu seinem Schiffe geflüchtet hatten, vergrössert und schon länger auf Rationen gesetzt war, nach den Dänischen Kolonien zu schicken und selbst mit einigen Wenigen an Bord zu bleiben, um dort sein ferneres Schicksal zu erwarten, als den 14. September eine Spalte ins Eis kam, die sich nach und nach erweiterte und es ihm möglich machte, mit ausserordentlicher Anstrengung sich hindurch und endlich auf freies Wasser zu arbeiten. Das Schiff hatte bedeutend gelitten und war so leck, dass es nur mit der grössten Mühe durch Pumpen oben erhalten werden konnte. Der Kommandeur liess es durch seine Leute so viel als möglich kalfatern und am 26. Oktober kam das Schiff glücklich auf der Weser an. Dem Kommandeur", so fügt der Bericht hinzu, „gereicht es zur grossen Ehre, dasselbe noch übergebracht zu haben, denn von manchem andern nicht so energischen Mann wäre es gewiss verlassen worden."

Ein ähnliches Abenteuer bestand im Juli 1862 das Bremer Schiff „Hudson" mit mehreren Englischen Schiffen, von welchen letzteren zwei verloren gingen. Nachdem sie fünf Wochen im Eise festgesessen und oftmals Angesichts der drohenden Gefahr sich auf das Eis hatten flüchten müssen, gelang es bei günstigem Winde, und indem durch Sprengen des Eises mit Pulver nachgeholfen wurde, freies Wasser zu gewinnen. Der „Hudson" kam erst am 12. Okt. auf der Weser an.

Bei dieser Gelegenheit mag noch erwähnt werden, dass der „Hudson" im Sommer 1860, um nach Walfischen zu suchen, nördlich von Nowaja Semlä vordrang und ohne erhebliches Hinderniss die Breite von 78° 54′ und 57° 18′ Ö. L. erreichte (am 18. Juli). Das Eis fand sich nach der Aussage des Kapitäns Brummerhop grösstentheils leicht.

Unvergessen wird die Leidensgeschichte des Englischen Schraubendampfers „Diana" sein, welcher in der Baffin-Bai Anfangs September 1866 zuerst auf dem 72. Grad, etwa bei Kap Liverpool, besetzt wurde und bis zum 17. März 1867 im Eise eingeschlossen blieb, wobei die Mannschaft durch Hunger und Kälte den furchtbarsten Leiden ausgesetzt war und ihnen zum Theil unterlag. Das zuletzt von dem Dampfer „Intrepid" gesehene Schiff hatte man in England längst aufgegeben, als Schiff und Mannschaft im elendesten Zustande in Roenessvoe (Hebriden) aukamen. Das Schiff war Mitte September von der Clyde-Bai bis nach der Frobisher-Bai (8 bis 9 Grad) im Eise herabgetrieben. Zuletzt war es den Leuten gelungen, zum Theil ebenfalls mit Hülfe von Sprengungen, frei zu kommen, und sie legten dann noch auf der Heimreise 1800 Engl. Meilen auf dem halbwracken Schiffe zurück.

Noch ist der *Fischerei der Amerikaner in der Hudson-Bai und Cumberland-Strasse* zu gedenken. Die Amerikanische Fischerei in den nördlichen Breiten auf dieser Seite des Amerikanischen Kontinents ist verschwindend gering im Vergleich zu ihrem, Hunderte von Schiffen zählenden, Betriebe im Atlantischen und Stillen Meere, so wie in den arktischen Gewässern Asiens und des westlichen Amerika. Sie beschäftigt nach der mir vorliegenden Liste des New Bedford Whaleman noch neun Schiffe von im Ganzen 1073 Tons, hauptsächlich von New London. Im Jahre 1867 zählte die Amerikanische Hudson's Bay and Cumberland Inlet Fleet noch 19 Schiffe, darunter einen Dampfer. Ein Theil dieser Flotte, 13 Schiffe, kehrte mit einem Faugergebniss von 4708 barrels Walfischthran und 81.940 Pfd. Fischbein zurück, während sechs überwinterten. (Der Dampfer ging verloren.) Im Jahre 1868 bestand diese Flotte aus 12 Schiffen. Ein Schiff ging verloren, sieben überwinterten jetzt dort. Diese Fischerei hat, wenn sie auch nicht eben sehr ergiebig ist, einige Vortheile im Vergleich zu derjenigen im Pacific: Reparaturen in fremden Häfen, die immer kostspieliger, kommen nicht vor, ferner sind in der Regel die Beschädigungen an Schiff, Tauwerk, Segel &c. geringer, die Kupferung des Schiffes ist nicht erforderlich, endlich können keine Desertionen von Offizieren und Mannschaften vorfallen, weil die Schiffe nirgends als da, wo sie fangen oder überwintern wollen, anlegen. Die Amerikanische Fischerei wird hauptsächlich bei Southampton-Island, Cape Fullerton, und Northumberland-Inlet betrieben. Die Dauer der Reisen ist 6 bis 18 Monate, der Durchschnittsertrag eines Fisches 100 bis 120 barrels Thran.

Ehedem, als die Vereinigten Staaten noch Englische Kolonie waren, um die Mitte des vorigen Jahrhunderts, war ein ziemlich bedeutender Betrieb, Walfisch- und Robbenfang, Seitens der Amerikanischen Kolonisten mit Hülfe der Eingeborenen bei Neu-Fundland, an der Küste von Labrador und am Golf von St. Lawrence und die Englische Regierung half durch Prämien, Zollfreiheit &c. nach, so dass die Zahl der Schiffe bis auf 300 stieg (1767). Schon früher, Ende des 17. Jahrhunderts, war der Walfischfang weiter südlich, von der kleinen Insel Nantucket, in Angriff genommen und damit waren die Anfänge zu dem Amerikanischen Walfischfang gemacht, die im Betrieb, die Unternehmungen aller anderen Nationen an Umfang und Erfolg weit zurückgelassen hat. Ein Überblick auf diesen grossartigen Betrieb und die Mittheilung des Antheils, welchen Deutsche Seestädte und Deutscher Seehandel daran nehmen, soll meine Betrachtung schliessen.

V. Die Fischerei-Unternehmungen in der Südsee, im Atlantischen Ocean und in den arktischen Gewässern Asiens und Amerika's.

Hervorragender Antheil der Nord-Amerikaner an dieser Fischerei. — Was die Holländer einst in der Grönlandsfischerei waren, das sind die Nord-Amerikaner heute auf unvergleichlich ausgedehnteren Meeresgebieten in weit grossartigerem Maassstabe. In Hinsicht auf die Menge der verwendeten Fahrzeuge, auf Zahl der Mannschaft, auf Ausbildung und praktische Erfahrung in dem Betriebe, endlich auf Ausdauer und glückliche Erfolge kann sich im Gebiete dieser Grossfischerei kein anderes Volk auch nur entfernt mit ihnen messen.

Der Überblick über die Amerikanische Fischerei und den Antheil, welchen die Nationen Europa's und namentlich die Deutschen an jenem Betriebe haben, mag durch eine Skizze eingeleitet werden, welche mir ein Deutscher Landsmann, Herr M. E. Pechuel aus Zöschen bei Merseburg, in freundlichster Weise zur Verfügung gestellt hat. Herr Pechuel hat im Jahre 1865 auf dem Amerikanischen Schiffe „Massachusetts" von New Bedford als Whaler das Stille Meer und die Bering-Strasse besucht, kennt also den Betrieb aus eigener Praxis und theilt hier nun seine Beobachtungen in Bezug auf die Wale jener Gewässer mit.

Briefliche Mittheilung des Herrn M. E. Pechuel über seine Erfahrungen in Bezug auf den Fischfang in der Südsee und Bering-Strasse. — Die Kenntnisse, welche ich während meiner Reisen über die Wale und deren Fang erlangt habe, stelle ich Ihnen sehr gern zur Verfügung, und zwar so, dass ich meine eigenen Erlebnisse und Beobachtungen wiedergebe, wie ich sie in meinem Tagebuche verzeichnet finde, und mich nur dann auf das Gebiet der Theorie wage, wenn ich das Aufstellen einer solchen verantworten kann.

Allgemeines. — Eine genaue Kenntniss der physischen Geographie der See ermöglicht allein eine Bestimmung bezüglich der Verbreitung der Wal-Arten, da die letztere lediglich von klimatischen Verhältnissen abhängt, in so fern die Temperatur des Wassers und das Vorkommen der nöthigen Nahrung dadurch bedingt werden.

Wo Küsten- und Bodenformationen auf die Strömungen der See einwirken, sie ablenken und theilweise zum Kreislauf zwingen, werden sich auch grössere Futtermengen ansammeln und dort wird man auch die Cetaceen zu suchen haben; sollte man sie, wie häufig, auch noch anderweit antreffen, so lässt sich annehmen, dass sie nur eine sogenannte „Passage" machen, d. h. dass sie einem unzureichend gewordenen Weideplatze zum anderen ziehen.

Letzteres ist denn auch den alle Meere durchstreifenden Walfischfängern wohlbekannt, und findet einer derselben einen besonders ergiebigen Fangort, so hütet er sich wohl, seine Entdeckung zu verrathen. Seltsame Mythen cirkuliren unter den „Speckjägern" über das fabelhafte Glück mancher Kapitäne und das Abenteuerliche des Gewerbes reproducirt sich wieder in phantasiereichen Sagen, die fortleben werden, so lange die Wale uns Thran liefern.

Das Blasen der Wale. — Über das „Blasen" der Cetaceen habe ich ganz spezielle Beobachtungen anzustellen Gelegenheit gehabt. Sie treiben keine Wasserstrahlen aus, sondern nur Luft, welche aber durch den von dem gewaltig ausströmenden Athem mit fortgerissenen feinen Wasserstaub sichtbar gemacht wird.

Bei allen Repräsentanten der grossen Familie habe ich es allerdings in nächster Nähe gesehen, dass unmittelbar nach dem Auftauchen und beim ersten Ausstossen des Athems zuvörderst etwas Wasser aufspritzt, doch muss dieses von aussen in die Blasröhre eingedrungen sein, da es zuerst und zwar in breiter unbestimmter Form ausgeworfen wird, während die nachfolgende Duustsäule des eigentlichen Athems stets in bestimmter Form und Richtung aufsteigt. Noch deutlicher zeigt es sich, wenn der Wal tödtlich verwundet ist und nun Blut auswirft. Der dicke rothe Strahl oder auch Doppelstrahl zeigt sich konform mit der vorher bemerkten Athemsäule; das, wie ich annehme, zufällig ausgeworfene Wasser thut es niemals, sondern scheint einfach als lästiger Eindringling ausgehustet zu werden. Der ganze Prozess wird uns in jeder Badeanstalt veranschaulicht, wenn ein Schwimmer sich während des Schwimmens die Nase ausbläst.

Auf den oft gemachten Einwurf, dass, wenn auch in kalten Breiten der verdichtete Athem sichtbar sei, diess doch in den Tropengegenden nicht gut möglich wäre, lässt sich entgegnen, dass ein Unterschied in der Dauer der Sichtbarkeit ganz entschieden bemerkbar ist, ein Unterschied, der bedingt wird durch Grösse der Dunstsäule, Temperatur und Wind. Warme und trockene Luft wird die Wassertheilchen leichter verschwinden lassen als kalte oder feuchte Luft. Der Athem des Potwales zeigt sich in buschiger und niedriger Form und, weil meist nur in warmen Gegenden, verfliegt schnell; der Athem der hoch blasenden Bartenwale, die meist kalte Breiten frequentiren, ist viel länger sichtbar und ich erinnere mich windstiller Tage im nördlichen Eismeer, an welchen der ausgestossene Athem in kleine Wölkchen geballt minutenlang über dem blasenden Thiere hing. Beobachten wir das Dampfrohr einer Fabrik unter verschiedenen Witterungsverhältnissen, so werden sich ähnliche Erscheinungen zeigen.

Betonen möchte ich nur in Bezug auf das Blasen aller Cetaceen, dass der Athem nicht so sehr durch die von Lokaleinflüssen abhängende Verdichtung sichtbar gemacht wird, sondern von vorn herein schon sichtbar ist durch den von innen mitfortgerissenen Wasserstaub. Diese Überzeugung wurde mir aufgedrungen durch die Thatsache, dass der Dunststrahl unmittelbar über dem Blasloch am deutlichsten hervortritt, während bei Statt findender Verdichtung derselbe gerade an den Ausströmungspunkte am wenigsten bemerkbar sein müsste.

Die Frage, wo der beigemengte Wasserstaub herkommt, beantwortet sich von selbst bei einem Thiere, dessen Fresswerkzeuge nur unter Wasser gebraucht werden. Diese Eigenthümlichkeit mag auch dazu dienen, die Angaben vieler glaubwürdiger Beobachter, dass sie einen wirklichen Wasserstrahl gesehen hätten, zu erklären; ehe ich die Letzteren einer Ungenauigkeit zeihe, möchte ich annehmen, dass einzelne der Cetaceen gestrandet und geängstigt sich, wie man so sagt, verschluckt haben und dann das eingedrungene Wasser theilweise durch die Blaslöcher auswarfen.

Erwähnenswerth möchte hier einige Beobachtungen sein, die ich im arktischen Meere gemacht habe, und zwar nur in Bezug auf den „Bogenkopf", Balaena mysticetus. Viele dieser Thiere, in einem geschützten Wasserloche zwischen dem Eise liegend und im Gefühle der Sicherheit und Sättigung langsam und ruhig athmend, vielleicht schlafend, hatten trotz der niedrigen Temperatur gar keinen sichtbaren Athem. Ich hörte sie, sah auch den riesigen Kopf in nächster Nähe, konnte aber trotz des gebrauchten Fernrohres keine Spur von etwa ausgestossenem Dunst erkennen. Solche Fälle ereigneten sich nur bei Windstille und klarem, sonnigen Wetter.

Andererseits habe ich den Mysticetus circa 15 Fuss hoch blasen sehen (als verglichen mit dem Bootsmast) und zwischen beiden Extremen liegen so viele Möglichkeiten, dass häufig auch der erfahrenste „Ausguck", durch das Blasen auftauchender Robben verleitet, momentan getäuscht wird. Einmal hatte ich das seltene Glück, einen Mysticetus „fütternd" zu beobachten. Er mochte eine Schiffslänge von uns entfernt sein und durch zwischen uns und ihm liegendes Eis gesichert schob er sich langsam an der spiegelglatten Oberfläche des Wassers entlang, „scooping", wie die Walfischfänger es nennen. Ich sah, wie sich das grosse Maul nach unten aufklappte und die umherschwimmende Nahrung „aufschaufelte"; langsam sich schliessend, quoll durch die Zunge verdrängt das überflüssige Wasser über den Rand der ungeheueren Unterlippe, Wirbel an der Oberfläche der See erzeugend. Dieses beobachtete ich fünf Mal, während der Wal, dessen Oberkopf nicht unter Wasser ging,

in dieser Zeit acht Mal blies, und zwar die gewöhnliche Athemsäule, ruhig und langsam, ohne jeden Wasserstrahl.

Die kleinen, so häufig am Schiffe spielenden Delphine blasen ihrer Kleinheit angemessen ganz so wie ihre riesigen Vettern; da sie meist nur die einzigen Repräsentanten der Walfischfamilie sind, welche von Vielen gesehen werden, so beweisen gerade hier die vielen widersprechenden Angaben, dass es nöthig ist, sehen zu lernen, um beobachten zu können.

Die Wal-Arten. — Die geographische Verbreitung der Cetaceen macht es möglich, drei Hauptgruppen anzunehmen, und auf das schon am Anfang dieser Mittheilung Gesagte Bezug nehmend will ich mich in den Schranken meiner eigenen Erfahrung halten.

Sie zerfallen demnach in:

1) Wale, welche nur in warmen Gewässern leben,
2) Wale, welche nur in kalten Gewässern leben,
3) Wale, welche in beiden leben.

Der Gruppe 1 gehört der Potwal, Physeter macrocephalus, an.

Die Gruppe 2 zerfällt in zwei Unterabtheilungen[1]:

2a. Der sogenannte Echte Bartenwal (right whale), Balaena australis? Er hält sich zwischen den Tropen- und den Polar-Meeren auf.

2b. Der sogenannte Bogenkopf (bow-head), Balaena mysticetus. Er hält sich nur in den Polar-Meeren, vorzüglich in der Nähe des Eises auf oder in von dort kommenden Strömungen.

Beide Arten gehen nie von einer Hemisphäre zur anderen, weil sie die heisse Zone nicht passiren können. Zur Gruppe 3 gehören viele Arten der Finnfische (fin-back) und der blutdürstige Drescher oder Mörder, Delphinus orca. Sie sind die echten beutegierigen Vagabonden; Finnfische sowohl als auch Mörder sah ich nicht nur in den Tropen-, sondern auch in den Polarmeeren. Gefangen habe ich sie nie.

Der Walfischfänger verfolgt hauptsächlich drei Arten der Cetaceen:

1) den Potwal,
2) den Echten Bartenwal (right whale),
3) den Bogenkopf (bow-head),

ausserdem noch den Hump-back, Devil-fish, Black-fish &c., welche ich wohl gesehen, aber, den Black-fish ausgenommen, nie gefangen habe.

---

[1] Bei dieser Mittheilung des Herrn Pechuel sei es mir gestattet, ein Paar Worte von Gray, dem berühmten Englischen Zoologen, zu citiren. In Beziehung auf die geographische Vertheilung der Right Whales liegt nach Ansicht Dr. J. E. Gray's — On the geographical Distribution of the Balaenidae or Right Wales. Annals of natur. History. London, Nr. 4, 1868 — noch kein genügendes Material vor, um zuverlässige Angaben zu machen. Dass der Wal der Bering-Strasse derselbe sei, der in der Baffin-Bai gefangen wird, ist nach Gray's Abhandlung noch nicht ausser allem Zweifel. Captain Roys glaubt es (Maury Whale-charts). Gray unterscheidet folgende zehn Arten Balaenae: 1) Balaena mysticetus, Grönland; 2) Balaena biscayensis, Küste von Spanien; 3) Balaena australis und 4) Balaena Temminckii, beim Kap der Guten Hoffnung; 5) Balaena antipodarum, Neuseeland; 6) Balaena australiensis und 7) Balaena marginata, an den Küsten Australiens, letzterer nur durch einige Blätter Fischbein bekannt; 8) Balaena japonica, von Japan; 9) Balaena nodosa, an der Küste von Nord-Amerika; 10) Balaena cisarctica, der black-whale der Ostküste der Vereinigten Staaten, vielleicht derselbe wie Balaena nodosa.

Meine Erfahrungen beschränken sich auf die drei erstgenannten Arten und sind folgende:

Der Potwal. — Der Potwal ist der nobelste und gefährlichste unter allen Walen. Er weiss nicht nur seinen mächtigen Schwanz äusserst wirksam zu gebrauchen, sondern attakirt auch, gleich einem Widderschiff, was ihm in den Weg kommt, (sein kolossaler Kopf scheint eigens dazu geschaffen zu sein) und zermalmt in seinem langen, doch schmalen Maul ein Boot mit grösster Leichtigkeit. Ich habe einen dieser Burschen ein solches Fahrzeug mit seinen Kinnladen vollständig vernichten sehen (zwei solcher Fälle wurden im September v. J. von einer Valparaiso-Zeitung berichtet).

Die Potwale gehen meistens in Schulen, die 10 bis 30 Stück zählen, wenn aber viele Weibchen (welche geringer sind) unter der Aufsicht einiger mächtiger „Schulmeister" schwimmen, so mag deren Zahl, wie ich einmal selbst gesehen habe, weit über 100 betragen. Alte griesgrämige Bullen sondern sich, wie das ja auch bei anderem Wilde Statt findet, häufig ab und gehen ihren eigenen Weg.

An einem der letzteren machte eins unserer Boote fest, der Wal tauchte vertikal hinab, und ehe wir unseren Kameraden zu Hülfe eilen konnten, das heisst, ehe wir eine Strecke von circa 200 Fuss überruderten, um unsere Leinen auszuspleissen, waren deren Leinen, 2100 Fuss lang, abgelaufen und mit dem Thiere auf Nimmerwiedersehen verschwunden. Das Ganze konnte nicht drei Minuten in Anspruch genommen haben und wir alle waren so überrascht durch diesen plötzlichen Abschied, dass wir verblüfft einander anschauten.

Wenn in Schulen beisammen, hauptsächlich an schönen, klaren Tagen, scherzen die Potfische auf die wunderlichste Weise. Mit dem Kopf nach unten stehend, so dass der Schwanz zum Wasser herausragt, schlagen sie mit demselben schnell vier bis acht Mal vor- und rückwärts, ein gewaltiges Getöse verursachend, oder sie springen auch vollständig aus dem heimischen Element heraus, so dass der Riesenleib momentan in seiner ganzen Grösse sichtbar ist. Derartige Sprünge, von solchen Ungethümen ausgeführt, sind wunderbar anzuschauen. Ähnliche Spiele oder vielleicht auch nothwendige Reinigungs- und Vertheidigungs-Maassregeln habe ich bei allen Cetaceen beobachtet, nur dass die mehr plump gebauten und auch fauleren Echten Bartenwale sich viel ungeschickter anstellen. Überhaupt sind alle mit Zähnen versehene Wale, da sie ihre Beute erhaschen müssen, aus natürlichen Ursachen viel gewandter als diejenigen, welche bloss Fischbein zum Durchsieben des Wassers haben.

Der Potwal ist schlank und mit Ausnahme des kolossalen Kopfes sehr gelenkig, sein Querschnitt ist ein Oval mit der grössten Axe von oben nach unten, während bowhead und right whale mehr rund, dick und kurz sind. Seine grösste Länge wird 70 Fuss wohl niemals überschreiten, doch sind mir vielfach fabelhafte Maasse angegeben worden.

Grosse Potwale. — Der berühmteste Potfisch ist wohl New Zealand Tom, eine Grösse, die mehr Berechtigung zur Existenz hat als die hier und da auftauchende Seeschlange. Ich habe seine Bekanntschaft nie gemacht, er soll wenigstens 300 Fass besten Thranes immer noch zu retten gewusst haben, sein Rücken ist mit Harpunen so gespickt, dass er einem Stachelschwein ähnelt, und manches schöne Boot, viele tausend Faden Leinen, das Andenken manches durch ihn verunglückten „Speckjägers" lassen ihn als einen sehr theuren und noch immer zu erringenden Preis erscheinen. Sein Name besagt, wo seine Hauptstation ist, und er geht immer allein; gewiss ist, dass das Schiff „Adonis" ihn einst in Gemeinschaft mit vielen anderen Schiffen jagte. Eine ganze Flotte von Booten verfolgte den braven Burschen, aber der unermüdliche Tom zerstörte neun davon vor dem Frühstück und zwang die anderen, vom Kampfe abzulassen. Solche „fechtende Wale" haben sich an vielen Orten einen berühmten Namen gemacht, ähnlich wie ein „Hauptschwein" oder ein „Kapitalhirsch" unserer Forsten im Munde der Nimrods fortleben.

Gefahren und Abenteuer bei der Fischerei. — Einem höchst interessanten Kampfe, der überdiess von merkwürdigen Nebenumständen begleitet war, wohnte ich nördlich von den Sandwich-Inseln bei, 30° N. Br. und 165° W. L. Bei vollständiger Windstille erschienen plötzlich an 60 Potwale dicht am Schiff, meistens kleine Weibchen, von mehreren riesigen „Schulmeistern" begleitet. Hier sah ich zum ersten Mal Gruppen von sechs bis zehn in wohlgeordneten Reihen schwimmen. Wir machten an einem der Schulmeister fest, die anderen verschwanden wie immer sofort. Es war am frühen Morgen, vier Boote waren auf dem Kampfplatz und trotz aller Anstrengungen gelang es uns nicht, auch nur noch eine einzige Harpune anzubringen.

Sobald der Wal das Eisen (die Harpune) fühlte, spie er ein ungefähr mannsgrosses Stück eines eben gefangenen Cephalopoden aus und ging unter Wasser. Sein baldiges Wiedererscheinen war das Signal zum allgemeinen Angriff, doch wusste er meisterhaft zu attakiren und so meisterhaft zu attakiren, dass wir auf eigene Rettung bedacht sein mussten. Das Ganze, wenn auch recht gefährlich, erschien uns dennoch sehr komisch und die Betheiligten, animirt, zogen wie die Griechen mit heroischem Geschrei zum Kampfe, nur um im nächsten Augenblick zu beweisen, dass die Vorsicht der beste Theil des Muthes sei. Wir waren ohne Frühstück vom Schiffe weggerudert und am Mittag war der Hunger unser unwillkommener Gast, aber „Bill", wie ihn die Leute nannten, war nicht gewillt, uns seinen Speck zu überlassen. Nach jedem hitzigen Gefecht zog er sich in die unergründliche Tiefe zurück und wir mussten mehrere Male die Leinen anderer Boote zu Hülfe nehmen, um ihm bis über 3000 Fuss tief nachzugehen. Er attakirte wie ein Widderschiff auch wirklich unser Boot, hart von unten treffend, dann wieder fuhr er seitwärts oder auf dem Rücken liegend mit weit gesperrtem Rachen auf uns los oder „fegte" mit dem breiten Schwanz das Wasser. Jeder Annäherungsversuch von unserer Seite hatte eine wüthende Attake zur Folge und demgemäss eine schmähliche, lächerliche Flucht. Das günstige Wetter gestattete dem Kapitän, vom Schiff aus Alles zu beobachten und die längste Zeit des Unter-Wasser-Bleibens zu bestimmen, sie betrug 1 Stunde 20 Minuten. Keine Täuschung möglich! „Bill" attakirte, schnaufte, peitschte das Wasser und tauchte den lieben langen Tag; am Abend mussten wir „schneiden", ihm noch 500 Fuss der besten Manilla-Leinen mit auf den Weg geben und ohne Speck zum Schiff zurückkehren.

Nächsten Tages kam ein anderes Schiff desselben Weges, sah „Bill" mit Leine und Harpune, glaubte, ihn halb gefunden zu haben, machte fest an ihm, hatte zwei Boote zerschlagen, einen Mann getödtet und verlor eine ganze Leine.

Das ist das Letzte, was ich von ihm gehört habe.

Noch Mancherlei könnte man erzählen, da immer neue Abenteuer bestanden werden, doch will ich hier nur bemerken, dass der Fang, wenn auch gefährlich, doch nicht immer so langwierig ist.

Der Potwal macht gewöhnlich 3 bis 5 Miles die Stunde, doch mag seine Schnelligkeit sich bis zu 14 Miles steigern, also der besten Fahrt eines Seedampfers gleichkommen. Wenn ungestört, bleibt er sehr lange an der Oberfläche, athmet bemerkenswerth ruhig in gleichen Zwischenzeiten und stösst eine niedrige buschige Dunstwolke aus, circa 45 Grad nach vorn geneigt und etwas nach links. Wegen dieser eigenthümlichen Form kann man sich beim Sichten dieser Wale auch selten in der Art irren. Die Manier des Blasens überhaupt dient dem Walfischfänger als Erkennungszeichen auch für eine Distance von Meilen, eben so die besondere Form des Schwanzes, sollte derselbe über Wasser erscheinen, und schliesslich die Form des Rückens, ob glatt, ob mit Buckel oder Finne. Der Speck des Potwales mag am Rumpf 4 bis 8 Zoll dick sein, während der obere Theil des ungeheuren Kopfes aus einem einzigen elastischen Fettpolster besteht. Die untere Kinnlade allein enthält bis 7 Zoll lange Zähne, welche in der oberen Kinnlade in entsprechende Vertiefungen eingreifen. Die Zahl will ich auf 48 angeben, vielleicht auch 52, da einige stets verkümmert und die hinteren meist sehr abgenutzt sind, wir auch nicht immer die ganzen Kiefer an Deck nahmen.

In kürzester Weise will ich hier noch eines höchst interessanten Vorfalles erwähnen, wie ich ihn nur das eine Mal zu beobachten Gelegenheit hatte.

Ich hatte Schiffbruch gelitten an einem Korallenriff in den Westindias und an einem prachtvollen, ruhigen Nachmittag wurden ich und meine Leidensgefährten durch ein von der See kommendes Getöse aufgeschreckt. Ungefähr 1½ Meilen von uns entfernt zeigte sich auf dem spiegelglatten Meere „weisses Wasser" und von dort kam auch der Lärm. Meine Genossen waren keine Speckjäger und das Wort „Seeschlange" machte die Runde. Mein Standpunkt war sehr niedrig und trotz des Fernrohres konnte ich nicht so viel erkennen, als ich wünschte. Hohe Wassersäulen wurden aufgeworfen, Schaum und Gischt spritzten umher und dazwischen zeigten sich hier und da schwarze glänzende Leiber. Zeitweilig trat eine kurze Pause ein und dann begann das seltsame Spektakel von Neuem. Ich erinnerte mich an den Todeskampf eines mächtigen Wales. Plötzlich sprang ein grosser Fisch aus dem Wasser, wendete sich in der Luft und fiel schwerfällig mit dumpfem Schlage zurück. Ein zweiter und dritter folgten, mehrere zu gleicher Zeit, alle auf derselben Stelle. Die Fische mochten an 20 Fuss lang sein; der weiss glänzende Bauch, der grell gegen den schwarzen Rücken abstach, vor Allem aber die lange schlappende Rückenfinne lösten mir sofort das Räthsel. Es waren die gierigen Mörder oder Drescher (Del-

phinus orca), welche einen ihrer eigenen Vettern umbrachten. Der Kampf war ein furchtbarer. Kamen sie an die Oberfläche, so war das Getöse wahrhaft erschreckend. Mehrere Male sah ich den Schwanz des Wales, es musste ein riesiges Thier sein; ich glaubte daran einen Potwal zu erkennen, kann es aber nicht bestimmt behaupten. Von Zeit zu Zeit trat Ruhe ein oder vielmehr der Kampf setzte sich unter Wasser fort, zog sich aber mehr und mehr seewärts und entschwand schliesslich ganz unseren Blicken. Unsere unglückliche Lage machte es uns unmöglich, viel zu sehen oder uns dem Schauplatz mittelst eines Bootes zu nähern, und so ist diess Alles, was ich über den seltsamen Vorgang sagen kann.

Ein anderes Mal fanden wir, in der Bering-Strasse treibend, einen todten Mysticetus, der keine Verletzung von Menschenhand zeigte, dem aber die linke Unterlippe und die Zunge ausgerissen oder abgefressen waren. Der Leichnam war frisch und zeigte keine weiteren Spuren angethaner Gewalt, obgleich ich während des Abspeckens sorgfältig Alles überwachte. Seit mehreren Tagen schon hatten wir Delphinus orca gesehen und Kapitän und Offiziere bedankten sich schmunzelnd bei den Mördern für das reiche Geschenk.

Der right whale und der bow-head. — Ich gehe nun über zu den zwei Arten der Wale, welche in kalten Gewässern gefangen werden und welche der Walfischfänger als right whale und bow-head unterscheidet.

Trotz des hitzigen Streites, der von Fachleuten über die Identität beider Arten geführt worden, ist die Frage noch immer unentschieden, und wenn meine hier folgenden Angaben Etwas zur Aufklärung des streitigen Punktes beitragen könnten, würde ich mich genügend belohnt finden.

Den right whale der Südsee (Balaena australis) habe ich nie das Glück gehabt zu fangen und ihn, wenn auch zu verschiedenen Malen, doch nur flüchtig gesehen. Ich kann deswegen nichts Wohlbegründetes über ihn sagen, von Gehörtem oder Vermuthetem zu sprechen, könnte nur störend wirken, und ich enthalte mich über ihn aller Angaben. Ob also der right whale, der eigentliche Bartenwal der Südsee, mit dem right whale des Nordens identisch ist, weiss ich nicht, wohl aber mag ich behaupten, dass auf der nördlichen Hemisphäre zwei zwar sehr ähnliche, dennoch aber verschiedene Arten von Bartenwalen gefangen werden, und zu ihrer Bezeichnung will ich die Terminologie der Amerikanischen Walfischfänger beibehalten:

1) Der bow-head, Balaena mysticetus, kommt nur im hohen Norden und zwar in der Nähe des Eises vor, niemals aber in der südlichen Hemisphäre.

2) Der right whale (Balaena australis?), kommt in der gemässigten Zone der nördlichen Hemisphäre vor und ist vielleicht identisch mit dem der Südsee.

Ich habe im Norden beide Arten gesehen, verfolgt und gefangen und kann folgende Verschiedenheiten constatiren.

Meine Erfahrungen in nördlichen Gewässern beschränken sich auf den Stillen Ocean, die Bering-Strasse und den damit zusammenhängenden Theil des Polarbassins. Während der bow-head so weit nördlich geht, als er offenes Wasser findet, — ich habe ihn selbst bis über den 72. Grad hinaus verfolgt und dort unter dem Eise verschwinden sehen — hält sich der right whale stets südlich von der Bering-Strasse, hauptsächlich in der Nähe der Aleuten. Dort habe ich ihn auch gefangen.

Die Speckjäger erkennen beide Arten meilenweit an der Verschiedenheit des Athemstrahles und des Schwanzes.

Der bow-head bläst hoch und vertikal, der Doppelstrahl ist selten bemerkbar und fliesst meist in einen einzigen zusammen. Der right whale bläst stets einen deutlichen divergirenden Doppelstrahl, circa 45 Grad nach vorn geneigt, der rechte meist kleiner als der linke. Auch möchte ich sagen, dass er schärfer und mehr puffend bläst als der faulere, lang gezogen athmende bow-head. Doch mag zufällige Aufregung die Ursache hiervon sein.

Die Form des Schwanzes ist ebenfalls ein Unterscheidungszeichen. Das Ruder des bow-head ist schön geschwungen, beide Hälften bilden einen Halbmond; der right whale hat zwei Blätter, seitwärts stehend, auch Kurven bildend, aber die Enden liegen mit dem Mittelpunkte in gerader Linie.

Beide Wal-Arten gebrauchen nur den Schwanz zu ihrer Vertheidigung, während es aber der bow-head meistens wohl nur zufällig thut, wird der right whale der Bösartigkeit beschuldigt, und da er auch viel gewandter ist, wird er mehr gefürchtet.

Der bow-head hat, wie sein Name (Bogenkopf) besagt, einen langen, dünnen, schön gebogenen Oberkiefer, von welchem an beiden Seiten dachförmig divergirend die langen (10 Fuss 8 Zoll, selbst gemessen), dünnen Barten herabhängen und durch die hoch hinauf reichenden Unterlippen verdeckt werden; der Oberkiefer des right whale ist kürzer und unförmlicher, hat nach vorn zu einen sehr charakteristischen Buckel (das sogenannte „bonnet", welches getrocknet verhärtetem Kautschuk gleicht und sich gut zu Stockgriffen &c. verarbeiten lässt), ist nicht sehr gebogen und an ihm hängen viel kürzere, aber dickere Barten.

Endlich ist die Figur des right whale noch kürzer und dicker als die des bow-head.

Den right whale habe ich stets in kleinen Schulen beisammen gesehen, den bow-head niemals. Letzterer zieht seinen eigenen Weg, doch gehen viele meist in derselben Richtung. Ein sonderbarer Anblick ist es, die riesigen, tonnenähnlichen, schwarzen Köpfe zwischen dem Eise einhergleiten zu sehen; kein Lüftchen regt sich, das Wasser spiegelglatt und man hört nun nah und fern das lang gezogene Hu f—f—f, Hu f—f—f der blasenden Thiere, alle Einen Kurs steuernd, auf- und niedertauchend, kommend und gehend in stundenlanger Prozession.

In der Nähe der Herald-Insel vom Eise besetzt mussten wir unthätig einer solchen „Passage" beiwohnen, sie dauerte beinahe 15 Stunden, und da ich mir selbst den „Ausgucks" zum Zählen anhielt, kann ich die Anzahl der bow-heads, die uns während dieser Zeit nordwärts passirten, auf beinahe 400 angeben.

Wenn ich nicht fürchten müsste, dass diese Mittheilung zu lang würde, könnte ich noch vieles Interessante erzählen; in nächster Zeit werden aber einige Artikel über die Abenteuer beim Walfischfang speziell in der „Gartenlaube" erscheinen und ich will schliesslich nur noch ein Weniges über die Stimme der Wale sagen.

Wirkliche Töne habe ich von ihnen nie vernommen. Obgleich ich viele Arten von Delphinen selbst harpunirt habe, kann ich mich doch nicht erinnern, sie jemals schreien gehört zu haben oder „quieken" gleich einem Schwein, wie oft beschrieben wird. Sie schnappen wohl nach Luft, aber wenn diess auch hörbar wird, so beweist es doch noch nicht das Vorhandensein einer Stimme. Auch bei allen grösseren Cetaceen habe ich nie dergleichen gehört; einmal, nachdem ein festgemachter Mysticetus untergetaucht war und gleich einem Stein tief unten still lag, vernahm ich, was ich mit dem nicht sehr euphonischen Ausdruck „Murksen" bezeichnen will, zu sieben verschiedenen Malen. Der Offizier sagte mir, dass dieser Laut öfters gehört würde, für mich war es der einzige Fall.

Mittheilungen eines Amerikanischen Whalers, des Herrn Kapitän Seabury von New Bedford, vom 1. Februar 1869. — Während des Druckes meiner Arbeit empfing ich durch freundliche Vermittelung eine Reihe werthvoller und interessanter Mittheilungen, Antworten auf verschiedene von mir gestellte Fragen von dem genannten Herrn, welcher eine langjährige Erfahrung in der Spermfischerei besitzt. Ich entnehme daraus hier und an einer späteren Stelle Einiges, das als Ergänzung der vorstehenden Mittheilungen des Herrn Pechuel dienen kann.

Zunächst bestätigt Kapitän Seabury, dass die grossen männlichen Potwale die Neigung haben, sich zu vereinsamen. Die Schulen sind zahlreich, wenn die Fische klein, weniger zahlreich, wenn die Fische gross sind. Über die Grösse von 70 bb. hinaus findet man gewöhnlich nur zwei bis drei Fische beisammen. Die Schnelligkeit der Wale giebt Seabury auf 5 bis 6 Miles in der Stunde an. Die Fische halten, im Wasser auf- und niedertauchend, einen festen Kurs ein. Ein grosser Wal bleibt 40 bis 50 Minuten unter Wasser, in einem Fall blieb ein grosser Wal eine Stunde unten. Auf der Oberfläche des Wassers bleiben die grösseren Fische in der Regel eine Viertelstunde, während welcher Zeit sie vielleicht 45 Strahlen (Spouts) von sich geben. Der Spout des Potwales ist dick, buschig und nach vorn geneigt, der des Finnwales gerade und dünn, der des right whale doppelt und bis zu 10 Fuss hoch, der des humpback niedriger und dünner. Ausserdem sind die bei klarem Wetter bis auf 12 Miles sichtbaren „breaches" — das Auftauchen der Fische mit 2/3 ihrer Länge aus dem Wasser — Erkennungszeichen des Vorhandenseins von Fischen, endlich die gewaltigen Schaumwellen der „top-tails", der Schwanz-schläge. Als höchste Länge des Pot- und des Recht-wales giebt Seabury ebenfalls 70 Fuss an, grösster Umfang 45 Fuss. — Als grössten Thransegen eines Potwales giebt Seabury aus seiner Erfahrung 120 bb. an. Die im Grossen Ocean beim Äquator bis auf 135° W. L. gefangenen Wale liefern relativ die grösste Menge Thran. Im Karaibischen Meere und im Golf von Mexiko, ferner im Atlantischen und im Indischen Ocean sind die Potwale kleiner.

Geschichtlicher Rückblick auf den Nord-Amerikanischen Walfischfang. — Man hat die Whaler die Nomaden des Meeres genannt. In der That, der Kapitän eines solchen Schiffes steht freier und selbstständiger da als der eines Kauffahrers. Dieser hat die Aufgabe, die ihm anvertrauten Güter möglichst schnell und sicher von Hafen zu Hafen zu bringen. Anders der Whaler: Fischgründe zu suchen, Fische zu fangen, gleichviel, wo und wie, ist seine Aufgabe. Noch heute durchstreifen die Amerikanischen Whaler so ziemlich alle Meere, ihre Reviere reichen von den Inseln des Indi-schen Meeres bis zur Ochotsk-Bai und diesseits des Ameri-kanischen Nord-Kontinentes von der Hudson-Bai und Cumber-land-Strasse bis tief südlich in den Atlantischen Ocean hinab zu den Falkland-Inseln. Plätze in Chile und Kalifornien und der Landenge von Panama, auf Celebes und Japan, an den Küsten Süd-Amerika's und Afrika's, auf den zahllosen Inseln des Stillen Meeres sind ihre Erfrischungsplätze und Stationen. Man darf dreist behaupten, dass gerade der Wal-fischfang das unvergleichliche Mittel war, um in den Ameri-kanern jenen kühnen Seefahrergeist zu entwickeln, welcher sie kennzeichnet. Selbstständig, unabhängig von allen Anderen, fassten sie das Gewerbe auf; die Fischerei bei Nantucket, Kap Cod, Neu-Fundland, war die erste Schule. Die Sperm-fischerei von Nantucket begann schon um das Jahr 1712. Nachdem ein Fischer von Nantucket zufällig in eine Schule von Spermfischen gerathen und einen aus der Schaar ge-tödtet, begann man, Schiffe von 40 Tons für diese Fischerei zu bauen „to whale out in the deep", auf die Walerei auf hoher See, im Gegensatz zu der bisherigen Küsten- (Baien-) Fischerei. Drei Schiffe wurden auf sechs Wochen aus-gerüstet. Der Fischspeck wurde erst nach der Rückkehr ausgekocht.

Funfzig Jahre später, in den Jahren 1771 bis 1775, besassen die Seeplätze des Staates Massachusetts allein 183 Schiffe für den Fang im Nord-Atlantischen Ocean (bei den Azoren und den Inseln des Grünen Vorgebirges) und 120 grössere Fahrzeuge für die Fischerei im Süd-Atlantischen Ocean, bei Brasilien und in der Le Maire-Strasse (mit den Falkland-Inseln als Station). Diese Zeit war es, wo Burke im Englischen Parlament die berühmten Worte über den maritimen Unternehmungsgeist der Amerikaner sprach. Ein

Englisches Schiff, die „Emilia", von der Südsee-Firma Enderby in London drang zuerst um Kap Horn vor und beutete an der Westküste von Amerika bis dahin noch unberührte Gründe aus. Vier Jahre später wird von Frankreich eine energische Anstrengung gemacht, um sich einen Antheil an den grossen Fischerei-Unternehmungen zu sichern. Ludwig XVI. lässt in Dünkirchen sechs Süd-seefahrer ausrüsten und bemannt sie zum Theil mit ge-übten Fischern von Nantucket. In der That gelingt es mit Hülfe von ausserordentlichen Begünstigungen, diesen Betrieb in Französischen Plätzen einzubürgern. Die Fran-zösische Regierung studirte den Gegenstand sehr ernsthaft und hatte einen Gelehrten, den Grafen de Reste, mit der Abfassung einer wissenschaftlichen Untersuchung über den Walfischfang beauftragt. Da bricht die Revolution aus und zerstört diese Keime.

In gleicher Weise schädigend hat der Amerikanische Unabhängigkeitskampf auf die grosse Fischerei von Massa-chusetts gewirkt, das vor den Kriegen mit England an 300 Schiffe im Walfischfang beschäftigte; 134 von diesen Fahrzeugen wurden damals vom Feinde genommen. Erst im Jahre 1792 begannen in New Bedford, dem jetzigen Centrum des Amerikanischen Walfischfanges, die Fischerei-Unternehmungen; Boston tritt allmählich zurück, seitdem sehen wir bis Anfang der 50er Jahre, mit alleiniger Aus-nahme der Kriegsjahre 1813 bis 1815, einen steten Auf-schwung im Amerikanischen Walfischfang. Wir haben in der Beilage eine Übersicht des Amerikanischen Walfisch-fanges aus den Jahren 1848 bis 1868 gegeben und führen hier nur einzelne Daten an, um diesen Aufschwung zu illustriren.

Im Jahre 1830 wurden durch Amerikanische Schiffe in Amerikanischen Häfen eingeführt 106.829 Fässer Spermöl und 86.292 Fässer Thran, im Jahre 1837 durch 240 Schiffe 182.566 Fässer Spermöl und 215.200 Fässer Thran. Der Werth des Südseefanges wurde allein auf D. 5.000.000 ge-schätzt. Im Jahre 1846 sehen wir 735 Amerikanische Fahrzeuge mit einem Gehalt von 233.189 Tons im Wal-fischfang beschäftigt, die höchste Zahl, welche je er-reicht wurde; seitdem hat sie sich erheblich vermindert. In den Jahren 1862 bis 1865 erlitt nämlich der Amerikani-sche Walfischfang durch die südstaatlichen Korsaren grosse Verluste.

Im J. 1856 war die Zahl der Amerikanischen Whaler 670 mit einem Gehalt von 220.000 Tons. Das darin angelegte Kapital betrug an D. 20.000.000. Die Zahl der beschäf-tigten Mannschaften war über 20.000, wenn man 30 für ein Schiff, 24 für eine Barke, 20 für eine Brigg, 18 für einen Schooner rechnet. Der Ertrag der Fischerei allein im Nord-Pacific war in der Periode 1847 bis 1861 D. 140.000.000.

Im Jahre 1866 dagegen, nach der Revolution, finden wir nur noch 263 Fahrzeuge mit zusammen 68.536 Tons. Am 1. Januar 1869 hat sich der Bestand der Amerikanischen Whalerflotte wieder auf 336 Fahrzeuge von zusammen 74.519 Tons gehoben. Neuerdings hat sich S. Francisco direkt bei der Walerei und zwar mit sechs Schiffen betheiligt.

Wenn auch der Betrieb sich jetzt weit von seinem Kulminationspunkt (im Jahre 1846 betrug, wie gesagt, der Tonnengehalt der Fahrzeuge 233.189 Tons) entfernt hat, so spricht doch, in Ermangelung einer zuverlässigen Übersicht der Reinerträge des Geschäftes, die Thatsache, dass im Jahre 1866 vier Häfen (Tisbury, Wellfleet, Newburyport in Massachusetts und Groton in Connecticut) in diesem Betrieb sich neu aufgethan und dass in der Kreuze 1867/68 zwei Plätze ihre Flotten um einige Schiffe vermehrt haben, dafür, dass ein merklicher Rückgang noch nicht bevorsteht, dass diese Fischerei noch immer ein grossartiger Volkserwerbszweig Nord-Amerika's ist.

Die Whalerflotten. — Man pflegt die Amerikanischen Walfischflotten je nach den Richtungen und Kursen, welche sie auf ihrer Fischerei steuern, einzutheilen in:

1. Die North Pacific, zerfällt in die Arctic (Bering-Strasse), die Ochotsk- und die Kodiak- und die Bristol-Bai. Diese fischen alle nördlich von den Sandwich-Inseln auf right whale und bow-head.

2. Die North Atlantic, kleinere Schiffe, die auf 18 Monate ausgerüstet werden und im Atlantischen Ocean nördlich von der Linie fischen.

3. Die Baffin-Bai, Hudson-Bai und Cumberland Inlet-Flotte, fischen auf bow-head und white whale in den durch diesen Namen bezeichneten Baien und Strassen.

4. Die Indian Ocean, fischen im Indischen Meer, von den Küsten Ost-Afrika's bis zu den östlichen Inseln des Indischen Archipels, bei Mauritius, den Sechellen, Philippinen, Karolinen, Japan, auf Spermfisch, mit Kema auf dem östlichen Theile von Celebes als einer der wichtigsten Flottenstationen. Es sind grössere Schiffe bei durchschnittlich dreijähriger Reisedauer. Pacific wird nur als eine unbestimmte Bezeichnung hingestellt für alle übrigen Whaler, die später eine dieser Routen einschlagen. Es sind diess Alles nur Andeutungen, welche wegen des Zusammenhanges der arktischen Fischerei mit der Grossfischerei im Stillen Meere gemacht werden müssen. Denn dieselben Schiffe, welche im Sommer ihre Season in den nordischen Breiten haben, gehen im Winter und dem zeitigen Frühjahr in den südlichen Breiten auf den Fischfang, um da ihre Zwischenkreuze (between season) zu halten. In Anlage F. habe ich eine Übersicht der Fischplätze der verschiedenen Flotten, sowie der Durchschnittsgrösse der gefangenen Fische nach Kapitän

Seabury's Mittheilungen gegeben. Zugleich verweise ich auf Maury's Whale Charts von 1853, No. 68 ff.

Die North und South Atlantic Spermwal-Flotte ist bei weitem die zahlreichste: 150 Schiffe. Die North Pacific-Flotte umfasst 68 Schiffe, darunter sieben nicht Amerikanische (Arctic Ocean 41, Ochotsk-Meer 8, Kodiak- und Bristol-Bai 19) neben vier Handelsschiffen, das sind solche, die Thran und Barten im Handel mit den Eingeborenen eintauschen; die Indian Ocean-Flotte besteht aus 35 Schiffen, endlich die Hudson-Bai- und Cumberland Inlet-Flotte aus 12 Schiffen.

Umfang und Werth der Amerikanischen Walfischerei. — In einer Anlage habe ich die neueste Übersicht des Bestandes der Amerikanischen Whalerflotte nach der Grösse und dem Tonnengehalt, so wie nach den einzelnen Häfen gegeben. Es sind 19 Häfen mit 336 Fahrzeugen von zusammen 74.519 Tons betheiligt. Davon fallen auf New Bedford allein 50.628 Tons. Darnach sind Provincetown mit seiner vorzugsweise den Atlantischen Ocean durchkreuzenden Spermwal-Flotte (5079 Tons) und New London (3969 Tons) am stärksten betheiligt. Die Grösse der Schiffe der New Bedford-Flotte ist meist 3- bis 400 Tons, diejenige der Flotte von Provincetown 50 bis 140 Tons. Der grösste Whaler der Amerikanischen Flotte ist ein Schiff von 478 Tons, der kleinste hat 50 Tons. Über die Brutto-Erträge habe ich ebenfalls eine Übersicht nach den Einfuhren der letzten 20 Jahre zusammengestellt und zugleich den Gesammtwerth für jedes Jahr nach den in den Jahresberichten der New Yorker Handelskammer angegebenen Durchschnittspreisen berechnet. Dieser Gesammt-Bruttowerth variirt zwischen 5 und 10 Millionen, im vorigen Jahre war er 5½ Millionen Dollars.

Südseefischerei Englands und Frankreichs. Prämien. — Englands Betheiligung an der Südseefischerei war im Vergleich zu dem Walfischfang Nord-Amerika's mässig, jedoch wurden von Englischen Fischern neue Fischgründe aufgesegelt: 1819 die noch jetzt ergiebigen Walfischgründe bei Japan (nach Bennett durch das Britische Schiff „Syren"), später im Indischen Ocean und bei Neu-Seeland; noch später wurde an der Küste Kaliforniens und Mexiko's, so wie in dem Ochotskischen Meere gefischt. Erst im Jahre 1848 war es einem Amerikaner, dem Kapitän Roys[1]), vorbehalten, die Bering-Strasse als Fischer zu durchsegeln und in dem während jenes Sommers weithin eisfreien arktischen Meere neue, bis heute mit Erfolg ausgebeutete Fischplätze aufzufinden.

---

[1]) Es ist mir unbekannt, ob es derselbe Kapitän Roys ist, welcher jetzt, wie mir Kapitän Hegemann vom Schiff „Julian", Ende Februar 1869 von Honolulu als Passagier in Bremen angekommen, erzählt, auf der Vancouver-Insel eine Walfischerei zu gründen im Begriff steht.

Zu Anfang der 30er Jahre betrug die Zahl der auf den sogenannten Südsee-Walfischfang (welcher auch die nordische Fischerei bei Sibirien und Kalifornien mit umfasste) gehenden Britischen Fahrzeuge zwischen 30 und 40. Die Schiffe nahmen ihren Weg nach den verschiedenen Fischrevieren entweder um das Kap der Guten Hoffnung oder um Kap Horn, je nachdem sie den Fang im Indischen Ocean oder auf den Fischgründen Südwest-Amerika's und Polynesiens betreiben wollten. Die Englischen Kolonien beginnen, sich durch Ansiedler mehr und mehr zu beleben, und die Küsten- und Baienfischerei wird in Angriff genommen. Heut zu Tage wird die Spermfischerei von Neu-Seeland aus auf kleinen Fahrzeugen betrieben, in Melbourne war eine Fischerei-Gesellschaft in der Bildung begriffen, am schwunghaftesten ist aber der Betrieb von Tasmanien, von wo der Walfischfang mit 25 Schiffen von zusammen 5746 Tonnen Gehalt betrieben wird. (Ich weiss nicht, in welchen Breiten und welche Art Cetaceen gefischt wird.)

Frankreichs Südseefischerei wurde im Jahre 1817 wieder aufgenommen, und zwar durch einen Amerikaner, Herrn J. Winslow. Er eröffnete nach langer Unterbrechung die Französische Südseefischerei am 2. April 1817 mit dem Schiffe „Massachusetts". In den 20er Jahren war die Zahl der Französischen Whaler sechs bis acht. In den Jahren 1831 bis 1844 variirte die Zahl zwischen 16 (1831) und 44 (1837); in der Zeit von 1845 bis 1855 war die höchste Zahl der in einem Jahre aus Havre auf den Walfang ausgesandten Fahrzeuge neun, sie sank immer weiter herab und im Juli 1868 legte der einzige und vorläufig auch letzte Whaler der Französischen Marine, aus der Bering-Strasse kommend, in dem Hafen von Havre bei (s. die Tabelle über die Erträge der Französischen Walfischerei bis 1868, Anlage B, 3). Dieser Rückgang war möglich, trotzdem die Regierung die Grossfischerei überhaupt und besonders diesen Betrieb auffallend begünstigte! 1819 ward den auf die Walerei ausgehenden Französischen Schiffen bei der Abfahrt wie bei der Rückkehr eine Prämie von 60 Francs für die Tonne bewilligt, unter Beschränkung bis auf 40 Frcs., je nachdem die Bemannung zum grösseren Theil oder nur zur Hälfte aus Franzosen bestand. Später, in den Jahren 1832 bis 1836, ward diese Prämie etwas modificirt, 1841 finden wir Prämien von 35 und 25 Frcs., die 1851 wieder auf 70 Frcs. bei der Abfahrt und 50 Frcs. bei der Rückkehr eines Whalers gesetzt werden, ausserdem noch eine Supplementar-Prämie von 15 Frcs. per Quintal Thran, und zwar für die nordische Fahrt bei mindestens 30monatlicher Abwesenheit und wenn das Schiff in höheren Breiten gefischt hatte. (Die genauen Bestimmungen über die in Frankreich geltenden Prämien habe ich der erwähnten Tabelle angefügt und bin für die Mittheilung derselben, so wie der Erträge der letzten Jahre dem Rheder Herrn Winslow in Havre zu grossem Dank verpflichtet.)

Deutsche Südseefischerei. — Ende der 30er Jahre begannen die an Kapital und Unternehmungsgeist erstarkten Hansestädte, und zwar zuerst Bremen, dann Hamburg, die Südseefischerei.

Hamburg rüstete den ersten Südseefahrer 1844 aus und im folgenden Jahre expedirte eine Kompagnie, welche sich inzwischen gebildet hatte, zwei Schiffe. Später folgen einzelne Unternehmungen von Stettin und Wolgast (nach der Südsee und Kamtschatka).

Inzwischen haben sich Handel und Verkehr in der Südsee gewaltig entwickelt.

Kalifornien, das bis dahin wenig bekannte Indianerland, wird durch die Entdeckung unerschöpflicher Goldlager das Endziel zahlloser Abenteurer und Ansiedler und bevölkert sich mit beispielloser Schnelligkeit durch Einwanderer von Ost-Amerika und Europa. Es wird dadurch ein reich lohnendes Absatzfeld für die Landbauprodukte der fruchtbaren Südsee-Inseln, welche zugleich durch Eröffnung des Verkehres mit China und Japan aus blossen Erfrischungsplätzen der Walfänger zu wichtigen Stationen an Weltverkehrsstrassen werden.

Handelshäuser, besonders auf Honolulu und Lahaina, vermitteln und erleichtern die Verbindungen, und es erweist sich immer mehr als vortheilhaft, die Fahrzeuge von der Fischerei nach den Sandwich-Inseln zurückkehren zu lassen und von dort wieder auszurüsten, den Segen aber in Handelsschiffen nach Bestimmung des Rheders zu verladen, ähnlich wie in der ersten Periode der Spitzbergen-Fischerei. Fischerfahrzeuge von Deutschen Kaufleuten fahren unter Hawaïischer und Oldenburgischer Flagge. Der nationale Nutzen der Grossfischerei, in so fern sie der Nation im entscheidenden Augenblick seetüchtige und an Gefahren gewöhnte Mannschaften zur Verfügung stellt, ging damit freilich zum Theil verloren.

Eine Zeit lang war Bremen unter den Deutschen Seeplätzen der Mittelpunkt für die Südseefischerei-Unternehmungen. Es wurden an der Weser Fahrzeuge für fremde Rechnung ausgerüstet und expedirt und in einzelnen Fällen übernahmen Bremer Kapitäne das Kommando von aus fremden Häfen auf die Südseefischerei gesandten Fahrzeugen, so z. B. in Rotterdam. Ein Deutscher Gelehrter, Dr. C. W. L. Glogor in Breslau, schrieb im Jahre 1847 eine Broschüre: „Der Walfischfang und seine Beförderung in Deutschland als vaterländische Zeitfrage". Er wies auf die Bedeutung dieses Betriebes für Deutschlands maritimen Aufschwung hin, allein damals waren die Verhältnisse noch lange nicht darnach angethan, dass eine Deutsche Regierung sich für dieses wichtige Seegewerbe hätte thatkräftig interessiren können und dass das Kapital des Deutschen Binnenlandes in einer Seeunternehmung gewagt worden wäre.

Erschwerungen der Deutschen Fischerei durch fremde Zölle. — Die Seestädte blieben ganz und gar auf sich angewiesen. Dabei bestanden in Gross-Britannien, den Vereinigten Staaten von Nord-Amerika und in Frankreich hohe Schutzzölle zu Gunsten der nationalen Fischereien [1]). Im Jahre 1838 beispielsweise betrug der Einfuhrzoll auf Thran von fremder Fischerei in den Vereinigten Staaten 6 Thlr., in England 16 Thlr. für die Bremer Tonne. In Frankreich war damals der Zoll so hoch, dass die Französische Fischerei dadurch thatsächlich ein Monopol hatte.

Daneben bestanden in Frankreich die Prämien, und zwar von einem solchen Betrage, dass ein Schiff wie die „Virginia", jener erste Bremer Südseefahrer, bei der Rückkehr 36.000 Frcs. Prämie erhalten haben würde. Wie wichtig die Förderung der eigenen Südseefischerei war, ergab die Thatsache, dass im Jahre 1837 die Einfuhr von Südseethran in Bremen 39.000 Tonnen zu einem Kapitalwerth von etwa 600.000 Thlr. betrug. Bremen erhob von Südseethran einen Eingangszoll von 8 Groten auf jede Tonne. Die Bremer Südseefahrer machten beim Senate wiederholte, aber immer vergebliche Anstrengungen, damit sie den selbsterbeuteten Segen zollfrei in Bremen einbringen könnten. Das Motiv des Senates für die Ablehnung war die Rücksicht auf die Aufrechthaltung des freien Handels; die im Wege des Handels eingeführten Erzeugnisse würden durch eine solche Begünstigung in ungerechter Weise benachtheiligt werden. Die bis dahin aus früherer Zeit her noch in Kraft gebliebene Befreiung des Fischsegens der Grönlandsfahrer vom Eingangszoll wurde gleichzeitig aufgehoben und es wurde dadurch die Fischerei fremder Nationen mit der Bremischen in Bezug auf die Einfuhr völlig gleichgestellt. In den Vereinigten Staaten bestand, wie gesagt, ein hoher Zoll auf die Erzeugnisse der fremden Fischerei, 33 Proz. vom Werth; noch jetzt beträgt dort der Einfuhrzoll auf den von fremden Fischereien gewonnenen Thran 20 Prozent vom Werth, während die nationalen Fischerei-Erzeugnisse frei eingeführt werden.

Differenzielle Behandlung Deutscher Schiffe bei Einfuhr des angebrachten Segens in den Zollverein. — Nach der noch jetzt zur Anwendung kommenden „Bekanntmachung des ehemals Königlich Hannöver'schen Finanz-Ministeriums, betreffend die zollfreie Einlassung der Produkte der vereinsländischen Seefischerei" (Hannover, den 19. Februar 1859), gehen gesalzene Fische, Fischthran, Fischspeck, Fischbein, Walrath, Seehundsfelle und die Erzeugnisse der Küsten-

fischerei zollfrei ein, wenn die betreffenden Fische &c. von den Mannschaften vereinsländischer Fischerfahrzeuge auf dem Meere selbst gefangen sind und wenn die Erzeugnisse der Fischerei, so weit nicht die besondere Art der Zurichtung eine Ausnahme erfordert, von den Mannschaften auf dem Meere zugerichtet, bezichungsweise verarbeitet sind. Zu diesem Zweck findet eine Kontrole Seitens des betreffenden Zollamtes über die Ausrüstung der Fahrzeuge Statt, und es haben zu diesem Zweck die Führer der Fahrzeuge sowohl beim Ein- wie beim Ausgang eine Reihe näher bezeichneter Angaben an Eides Statt zu machen. Dagegen zahlen noch jetzt die Erzeugnisse der auf Bremischen Schiffen betriebenen arktischen Fischerei beim Eingang in den Zollverein einen nicht unerheblichen Zoll, und zwar für Fischthran 15 Sgr., für Robben- und Fischspeck 10 Sgr., für Robbenfelle 10 Sgr. per Centner (Barten sind zollfrei). Bei der jetzigen politischen Verfassung Nord-Deutschlands ist diese Zollerhebung eine abnorme. Es geht offenbar nicht an, die von nationalen Schiffen gewonnenen Fischerei-erzeugnisse wie eine aus der Fremde kommende Waare zu behandeln.

Die Beseitigung der Zölle auf die Einfuhr der Erzeugnisse der von Bremen, Hamburg und Altona betriebenen Grossfischerei Seitens des Deutschen Zollvereins in Aussicht. — Von einem Bremer Rheder ist denn auch im vorigen Jahre eine Eingabe an den Bundeskanzler gerichtet worden, in welcher „um Beseitigung dieser differenziellen Behandlung der in Bremen registrirten Norddeutschen Schiffe gegenüber den von Geestemünde ausfahrenden" gebeten wird. Unter Anderem wird darin gesagt:

Eine Fortdauer dieser differenziellen Behandlung der hierselbst registrirten Norddeutschen Schiffe sei offenbar ein Gegensatz zu der verfassungsmässigen Einheit der Deutschen Kauffahrteiflotte und widerspreche dem Geiste der neuen Zollvereinsorganisation, welche die Zollausschlüsse eben so wohl wie das Zollgebiet umfasse. Der Zweck der Zollfreiheit sei Beförderung der nationalen Fischerei und eben deshalb müssten die unter Norddeutscher Flagge fahrenden hier registrirten Schiffe eben so behandelt werden wie die von Geestemünde ausgehenden.

In der am 11. September v. J. ertheilten Antwort des Herrn Präsidenten, des Bundeskanzlers, wird denn auch zugesagt, „dass dem Bundesrathe des Zollvereins in dessen nächster Session ein Antrag vorgelegt werden solle, durch welchen Bremen, Hamburg und Altona mit ihren Freihäfen in dieser Beziehung den Freihafenplätzen Brake und Geestemünde gleichgestellt würden".

Deutsche Fischerfahrten nach der Südsee. — In Bremen waren es vorzugsweise nordische Häuser, welche die Grönlandsfahrt fortsetzten, während die Südseefischerei zuerst

---

[1]) Jetzt sind diese Zölle in Gross-Britannien ganz beseitigt, in Frankreich erheblich erniedrigt.

durch Handelshäuser, welche ihre wichtigsten Verbindungen mit Nord-Amerika haben, betrieben wurde [1]). Einen allmählichen Übergang von der Atlantischen zur Südseefischerei, eine Zwischenstufe, welche wie in Nord-Amerika zu jenem grossartigen Betriebe vorbereitet, finden wir nicht. Der neue Betrieb erfordert sogleich gewaltige Kapitalauslagen. Es zeigen sich anfänglich grosse Schwierigkeiten, die erforderliche in der Grossfischerei geübte Bemannung zu beschaffen. Die Grönlandsfahrer waren kaum dazu geeignet, denn bei der Eröffnung des Betriebes waren die Hauptfischplätze in den südlichen Breiten und der Betrieb war vielfach ein anderer. Eine Vorschule zur Heranbildung tüchtiger Fischerleute, wie sie die Amerikaner in der ergiebigen Küstenfischerei hatten, existirte an dem wegen seiner Seehandelsbedeutung vor Allem in Betracht kommenden Theil der Deutschen Küste, an der Nordsee, nur in sehr unbedeutendem Maasse. Allein bald hatte sich der Deutsche Seemann in diesem Betriebe heimisch gemacht und zeigte sich ausdauernd und tüchtig. Eine längere Zeit hindurch waren die Bremer Südseefischerei-Unternehmungen meist glücklich, so dass sogar aus den Kreisen der Bremer Handwerker heraus eine Südseefischerei-Kompagnie sich bildete. Sie sandte am 3. Mai 1847 das Schiff „Bremen", Kapitän Geerken, auf den Fischfang in der Südsee und an die Küste von Kalifornien aus, löste sich aber später wegen finanzieller Misserfolge auf. Überhaupt erweist sich doch auf die Dauer dieser Betrieb als zu unsicher in seinen Ergebnissen, zu weit hinaus angelegt, zu schwierig von Europa aus zu betreiben. Die Mitbewerbung der ersten Fischer der Welt, der Nord-Amerikaner, später auch der Plätze in der Südsee (Süd-Australien, Tasmanien) und Chile's hat die grossen Vortheile besserer Gelegenheit voraus. Nach reichlich 20jähriger Dauer wird, wie gesagt, der Betrieb der Fischerei direkt von Europa aus unter jedesmaliger Rückkehr der Fahrzeuge nach der Heimath, eingestellt.

Das Bremer Pionierschiff „Virginia". — Das erste Schiff, welches in Bremen für die Südseefischerei ausgerüstet wurde, war die „Virginia", 200 Last gross, Kapitän J. D. Krudop; Rheder war das Handlungshaus Gloystein & Gevekoht. An Bord waren in der Südseefischerei erfahrene Amerikaner. Ende September 1836 traf man bei der Brasilianischen Insel Trinidad die ersten Wale. Der Kurs wurde um das Kap der Guten Hoffnung genommen und am 30. Dez. im Indischen Meere die höchste Breite, 41° 23′ S. Br., bei 48° 23′ Ö. L. erreicht. Am 10. Febr. 1837 legte die „Virginia" nach einer ununterbrochenen Reise von 197 Tagen bei der Robben-Insel vor dem Schwanenflusse, Swan River (West-

Australien) vor Anker. Ein Englischer Bericht vom Schwanenflusse vom 21. Febr. 1837 lautet unter Anderem dahin:

„In diesen Gewässern befinden sich eine unermessliche Menge Walfische; das Schiff „Japan", Kapitän Hill, erst 18 Monate von London abwesend, hat schon 2200 Fass eingenommen; wird indessen von England aus nicht thätiger an diesem Fange Theil genommen, so werden wohl die Nord-Amerikaner jetzt, da sie hier Erfrischungen haben können, den meisten Nutzen davon ziehen; ein Schiff von Bremen ist zu gleichem Zweck hier eingetroffen" &c.

In Freemantle entlief der erste Harpunier, ein Amerikaner. Am 20. Febr. ging die „Virginia" wieder unter Segel und kreuzte nun längere Zeit Fische suchend bei Neu-Seeland, namentlich in der Cloudy-Bai. Später verweilte das Schiff mit anderen Walfischfängern in der Insel-Bai, reparirte dort und nahm Erfrischungen (Wasser, Fleisch, Gemüse &c.) ein.

Am 23. April 1838 wurde die Rückreise nach Bremen um Kap Horn angetreten und am 15. August langte die „Virginia" nach einer Abwesenheit von 25 Monaten mit einem Segen von 2800 Tonnen Thran und 20.000 Pfd. Barten wieder auf der Weser an. Neben diesem Segen brachte die „Virginia" eine Merkwürdigkeit mit, die, wie die ganze Unternehmung, damals grosses Aufsehen in Deutschland erregte. Es waren zwei Neuseeländer, welche Harpuniere gewesen und als besoldete Matrosen die Reise nach Europa gemacht hatten [1]).

Seit dieser Pionierreise der „Virginia" segelten im Ganzen 43 Schiffe von Bremen in direkter Hin- und Rückreise auf den Südseefischfang. Während die ersten auf zweijährigen Reisen nur im südlichen Grossen Ocean fischten, wurden später die Reisen auf die Gründe an der Kalifornischen Küste, bei Kamtschatka und jenseit der Bering-Strasse ausgedehnt. Vierzig von diesen Unternehmungen geschahen für Bremer Rechnung, drei wurden für Russische Plätze hier ausgerüstet. Das letzte Schiff, welches von der Weser auf Südseefischerei segelte, um mit dem gewonnenen Segen wieder heimzukehren, war die „Republik" des Hauses D. H. Wätjen & Co. Das Schiff war beinahe vier Jahre aus.

Auf die Expeditionen nach den arktischen Küsten Asiens und West-Amerika's zum Zweck des Tauschhandels will ich nur hinweisen. Das Pionierschiff war die „Rhena" von Emden, Kapitän Millers. Die Reise ist uns durch E. Mohr's anziehende Schilderung bekannt. Es folgten später mehrere Deutsche Unternehmungen dieser Art. Ein Deutsches Haus in Honolulu hatte während einiger Jahre eine Pelzhandel-Niederlassung in Petropawlowsk.

---

[1]) Das Haus C. A. Heineken & Co. in Baltimore und Bremen rüstete seinen ersten Südseefahrer 1837 in Baltimore aus.

[1]) Das „Ausland" brachte die eingehende Schilderung eines Besuches bei diesen Wilden, welche sich längere Zeit im Hause des Bootsmanns der „Virginia", Meinke, in Iprump bei Delmenhorst aufhielten.

Über mehrere Reisen von Bremer Schiffen liegen mir Journale und eingehendere Berichte vor und aus diesen soll hier noch Einiges mitgetheilt werden.

Die Südseekreuze der „Averik Heineken", Kapitän Schneider, eines in New Bedford gekauften Schiffes, das 1838 bis 1839 seine erste Fischerfahrt von der Weser unter Kapitän Sletsen mit Amerikanischem Volke gemacht hatte und für Rechnung von C. A. Heineken fuhr. Am 10. April 1840 kam das Schiff in See, am 14. Dover passirt, am 27. Mai auf 22° 4′ W. L. die Linie passirt, am 6. Juni bei Trinidad, am 6. Juli auf 40° 9′ S. Br. und 31° 54′ W. L. der erste Fisch gefangen. Vom 12. bis 19. schwere Stürme, am 19. Mitt. auf 38° 2′ S. Br. und 76° 2′ Ö. L., Abends die Insel St. Paul erblickt. Am 20. August die Küste von Neu-Seeland erblickt (134 Tage in See) und bei Kap Räkōou vor Anker gegangen. Bis Januar 1840 wird nun mit gutem Erfolg auf right whale und Spermfisch gefischt und zwar von 32 bis 44° S. Br. und von 160 bis 171° W. L. Am 16. in der Akaroa-Bai vor Anker gegangen, Kartoffeln eingenommen, Kapitän und Frau und Leute wiederholt am Lande; bis dahin waren 20 Fische gefangen. Am 27. Januar 1841 wird wieder in See gegangen und 94 Tage, bis zum 30. April, auf 43 bis 45° S. Br. und 175 bis 179° Ö. L. gefischt, 24 Fische gefangen. Sodann folgt Baifischerei in der Port Kuba-Bai mit Booten bis Anfang August (das Schiff folgt den Booten unter Segel), 13 Fische gefangen. Den 24. August wieder in See gestochen, Fischerei bis 23. Oktober unter 33 bis 35° S. Br. und 178 bis 170° W. L. Am 23. wird der 68. Fisch gefangen und damit ist das Schiff aufgefüllt. Auf der Rückreise wird in Talcahuano noch 14 Tage gerastet und von dort in 133 Tagen die Weser erreicht. Ankunft in Bremerhaven den 6. Mai 1842.

Es wurden noch in den letzten Jahren mehrere Südseefahrer auf einer Bremischen Werft (von Bosse in Burg an der Lesum) erbaut. Die Amerikanische Fischereiliste (New Bedford Whalemen's shipping list vom 19. Januar 1869) führt unter Bremen noch die Schiffe „Eagle" (nach dem Kodiakgrund) und „Count Bismarck" (nach dem arktischen Meere), beide befehligt von Deutschen Kapitänen, mit einem Segen von 170 und resp. 600 Barrels Thran und 3000, resp. 9500 Pfd. Barten auf. Für ein hiesiges Haus waren in den letzten Jahren mehrere Schiffe, die unter Oldenburger Flagge fuhren, von Honolulu aus mit der Südseefischerei beschäftigt, und zwar theils nördlich der Bering-Strasse, theils auf dem Kodiakgrund (bei der Halbinsel Alaska). Das letzte dieser Schiffe, der „Julian", ist, nachdem es an der vorjährigen Arctic-Kreuze noch Theil genommen und erst am 23. Okt. 1868 die Bering-Strasse passirt, nunmehr verkauft und es ist ungewiss, ob der Betrieb von diesem Hause wieder auf-

genommen wird. Von einem dieser Rheder wird mir mitgetheilt, dass neun Jahre hindurch durchschnittlich drei Schiffe für Rechnung dieses Hauses in der Südseefischerei beschäftigt waren und dass der Brutto-Ertrag in dieser Zeit sich in runder Summe auf mehr als 880.000 Thlr. belief.

Weshalb die Süd-Atlantische Spermfischerei, welche noch im vorigen Jahre von Provincetown mit einigen 50 Schoonern schwungvoll betrieben wurde, nicht auch von Nord-deutschen Plätzen in Angriff genommen wurde, ist nicht abzusehen. Dieser Betrieb erfordert ein weit geringeres Kapital als die grosse Fahrt und die Deutschen Plätze liegen dafür gleich günstig.

Mittheilungen Deutscher Walfischfänger über ihre Reisen 1864 bis 1867. — 1. Kapitän Mammen vom Oldenburgischen Schiff „Oregon" auf Spermfischfang im Grossen Ocean und nach dem Ochotsk-Meer.

Zuerst wird der Kurs Südwest genommen, nach der Linie, auf Spermfischfang und bei den Salomon-Inseln vorgesprochen. Von da nach den Ladronen, um Feuerung und Lebensmittel einzunehmen (süsse Kartoffeln und Schweinefleisch, eingetauscht gegen Kattun und Tabak). Bei den Ladronen Anfang März. Von da nach der Küste von Japan, wo im Osten von der Insel Spermfischfang betrieben wird. Es wird für ein paar Tage in Hakodade oder Yokuhama eingelaufen. Ende April nach dem Norden, um wo möglich gegen den 1. Mai in der Ochotsk-See zur Frühjahrsfischerei (Eisfischerei) zu sein. Die Schiffe gehen dort zunächst nach der Jonas-Insel, wo bow-heads zu treffen sind, eben so in den Baien (die Grosse und Kleine Schantar-Bai). Die Schiffe streifen an der Küste des Ochotsk-See hin und durchsuchen diese Baien nach Fischen. Sie halten sich hier bis Anfang Oktober auf, sodann Rückfahrt nach Honolulu, wo sie Anfang oder Mitte November wieder eintreffen. (Die Amerikanischen Whaler pflegen häufig, um Thran zu verschiffen, nach San Francisco zu gehen.)

Ein anderer Kurs namentlich der Amerikanischen Walfischfänger ist folgender: Mitte Dezember gehen die Schiffe nach der Küste von Kalifornien auf den Fang des Kalifornischen Wals der „Grey-backs" und kehren Mitte März nach Honolulu zurück, nehmen Lebensmittel ein, löschen Thran und gehen dann nach der Bering-Strasse, wo die gewöhnliche höchste Breite 72° 50′ ist, während die gewöhnlichen Grenzen der Whalerstreifzüge in Ost und West Kap Jakan und Kap Lisbourne sind; je nach den Verhältnissen des Eises gehen sie zuweilen weiter westlich oder östlich.

Auf ein Barrel Thran rechnet man 14 Pfd. Barten. Die durchschnittliche Thranergiebigkeit eines mittelgrossen bow-heads ist 70 bis 110 Barrels (à 216 Pfd. netto).

2. Kapitän Lübber's Mittheilungen vom Oldenburger Schiff „Julian". Zunächst von Honolulu im Januar nach Christmas

Islands, von da nach Pleasant Island. Hier gute Spermfisch-gründe. Dann nach der Gilbert-Insel, die Linie passirend, auf Spermfischerei. Bis dahin ist die Reisedauer von Hono-lulu 14 Tage bis drei Wochen. Dann nach den Sperm-Walgründen bei New Ireland, welche an der Nordseite am ergiebigsten sind. Starke südliche Strömung. Wieder über Pleasant nach Ualan; Tauschhandel mit den Wilden: frisches Wasser, Holz, Schweine gegen Tabak und etwas Geld. Sodann an der Nordseite der Karolinen nach Guam zu, der südlichsten der Marianen. Hier wird eingelaufen und es werden Fleisch und Kartoffeln eingenommen.

Bei Guam ist Fang von hump-back-Walen. (Diese Wale müssen in seichtem Wasser gefangen werden und liefern 20 bis 40 Barrels.) Von Guam bei der Bonin-Insel vorbei, Spermfische suchend, durch die Sangar-Strasse nach Hako-dade. Einige Schiffe gehen hier auf right wale-Fischerei. In Hakodade, Mitte oder Ende April, werden Kartoffeln und Fleisch eingenommen (der „Julian" des Kapitän Lübber nahm 100 Barrels). Mitunter geben die Schiffer hier an andere Amerikanische Schiffe Thran ab. Die ganze Flotte geht nur bis zum Kap Navarin, hier theilt sich die Ochotsk-Flotte von der die Bering-Strasse passirenden Arctic-Flotte ab.

Schiffe, welche an der Westküste Japan's auf right whale fischen, gehen durch die La Peyrouse-Strasse gleich in die Bai von Ochotsk.

Die Arctic-Flotte geht westlich oder östlich von der Bering-Insel. Auf etwa 58 bis 60 Grad Treibeis (loses Eis und Eisberge). Bei Kap Navarin bow-head-Fischerei.

Die bow-heads gehen nicht weiter südlich als das Eis, also in der Regel bis zum 58. Grad, sie gehen aber mit dem Eis, wenn dasselbe weiter südlich treibt, weiter. Bei Point Providence, gewöhnlich Plover-Bai, ist der bow-head Mitte oder Ende Juni und Anfangs Juli. Anfangs Oktober Rückkehr nach Honolulu durch den Amuchta-Pass (zwischen den Aleuten-Inseln Seguam und Amuchta).

Die beiden Arctic-Kapitäne, welche ich zuletzt sprach, schildern mir die erstaunliche Menge von Walrossen, welche man selbst jenseits der Bering-Strasse trifft. Die Mannschaft des „Julian" tödtete in ihren Mussestunden, d. h. wenn keine Gelegenheit zur Fischerei war, deren 60.

Bau und Einrichtung Deutscher Südseefahrer. — Die an der Weser für die Südseefischerei in den letzten Jahren erbauten Fahrzeuge [1]) weichen in so fern von den Grönlands-fahrern ab, als sie viel schärfer gebaut sind. Die von Honolulu fahrenden Schiffe sind lediglich für den Fischfang bestimmt. Den Transport des Thranes nach Europa ver-mitteln Handelsschiffe und auf diese Weise wird das in den Fischerfahrzeugen angelegte Kapital nicht durch die lange Hin- und Herreise unnöthig brach gelegt. Es kommt nicht so sehr darauf an, dass die Schiffe eine grosse Ladung ber-gen können, weil sie doch selten in einer Season „voll" werden, sondern darauf, dass sie schnell segeln, namentlich beim Winde gut manövriren, damit sie auf der Jagd ande-ren Schiffen, die mit am Platze sind, voran kommen, damit sie auch kühner sich dem Eise und der Leeküste nähern.

[1]) In Beziehung auf diese Bemerkungen bin ich dem Herrn Schiffs-baumeister J. Bosse in Burg, auf dessen Werft mehrere Südseefahrer gebaut wurden, für freundliche Auskunft verbunden. Auch in Bremen wurde noch vor zwei Jahren ein Südseefahrer, der „Graf Bismarck", auf der Knickman'schen Werft erbaut.

können; die Buge werden nicht wie bei den Grönländern mit eisernen Bändern und Platten geschützt, sondern sie werden gekupfert, was bei den Grönlandsschiffen nicht ge-schieht. (Eisen und Kupfer vertragen sich bekanntlich im Seewasser nicht.) Dagegen werden die Steven vorn mit ge-gossenen Metallplatten versehen, die Buge bis etwas wei-ter als zum Fockmast mit eichener Doppelung belegt. Das Schiff wird bis zur Wasserlinie (beladen) mit einer starken Kupferhaut versehen.

(Der an der Lesum unweit Bremen vor einem Jahre neu erbaute „Wilhelm I." [Barke von 237 Last] hat ausser der Bugdoppelung noch eine Spikerhaut von 1 bis 1½ Zoll Stärke unter dem Kupfer, und zwar um das ganze Schiff, damit, wenn das Eis Platten abreissen sollte, das Schiff doch noch eine Zeit lang durch die Spikerhaut und den darunter liegenden Filz gegen Wurmfrass geschützt sei.)

Während die Grönlandsfahrer den Speck zurückbringen, welcher dann am Lande ausgekocht wird, kocht man be-kanntlich auf den Südseefahrern den Speck an Bord aus. Zu dem Zwecke befindet sich auf dem Deck hinter dem Fockmast ein gemauerter Ofen, in welchem in kupfernen Töpfen der Speck ausgeschmolzen wird. Das Mauerwerk ist mit eisernen Knieen auf den Balken verbolzt und es bleibt einige Zoll Zwischenraum. Im Thranbrennen wird dieser letztere beständig voll Wasser gehalten, um das Anbrennen des Decks zu verhüten. Der Speck wird mittelst einer Maschine (mince-Maschine) zerstückt. (Geheizt wird mit dem ausgebratenen Speck, den Greven, mit Holz wird nur angeheizt.) Die übrige Einrichtung weicht nicht viel von derjenigen der Grönlandsfahrer ab. Ausser den Krähnen — der „Wilhelm I." hat zehn Krähne für fünf Boote, drei am Backbord, zwei am Steuerbord — hat der Südsee-fahrer zwischen Gross- und Besanmast einen sogenannten Galgen, worauf die Reserve-Schaluppen gelegt werden. Hin-ter dem Besanmast bis zum Heck ist ein Überbau für die Kombüse, Kajüten-Eingänge und sonstige Räumlichkeiten; wegen der Thrankocherei kann die Kombüse nicht in der Mitte des Schiffes stehen. Sonst ist das Deck bis zum Bratspill im Bug frei, um möglichst Platz für die Arbeit und vorläufige Unterbringung eben gefüllter Fässer zu haben. An die Reling ist eine Planke gebolzt, an welche die ge-füllten Fässer vor dem Verstauen in den Raum gelascht werden. Der Grossmast ist stärker als gewöhnlich, auch mit einer Spanne Wanten extra versehen, denn an ihm wird das Takel befestigt, womit beim Abspecken des Fisches letzterer gekentert wird, in der Weise, dass der Speck ähn-lich wie ein Apfel abgeschält und in langen Streifen auf Deck gewunden wird. Wenn stürmische See ist, so kommt es dabei sehr auf den grossen Mast an. Das Schiff hat ein festes Zwischendeck von 6½ Fuss Höhe. Die Kajüte und Kammer für den Kapitän befinden sich hinten, weiter nach vorn ist eine zweite Kajüte und Schlafkammer, so-dann am Steuerbord eine Kammer für 7 Harpuniere. Der übrige Zwischenraum ist bis zum Bug frei und darin be-findet sich das Volkslogis für 25 bis 30 Mann. Im Raum ist nichts Besonderes als der Bug, der durch verschiedene so-genannte eiserne Schlangen und Bänder gegen den Andrang des Eises verstärkt ist; die Stütze und der Balken sind mit Rillen versehen, in welche starke Schotten geschoben wer-den, um das Übergehen der Fässer zu verhindern. Die

Kosten der Herstellung eines Südseefahrers von der Grösse der Bark „König Wilhelm I.", auf der Werft so weit fertig geliefert, als es bei Kauffahrern gebräuchlich ist, stellen sich auf 125 bis 130 Thaler per Last, wozu noch die Kupferung mit Spikerhaut (3500 Thaler) und die Kosten der gesammten Ausrüstung für die Fischerei kommen, die immerhin 8000 Thaler betragen mögen. Früher rechnete man die Ausrüstung eines Schiffes von 300 Last für die Südsee auf zwei Jahre, Alles in Allem, also auch einschliesslich des Proviants, auf 25.000 Thaler.

Art und Weise des Fischereibetriebes in der Südsee [1]). Bemannung. Boote. Antheil. Wie die Schottischen Fischerdampfer für die Fahrt nach der Davis-Strasse auf den Shetland-Inseln ihre Mannschaft vervollständigen, so thun es auch die Südseefahrer, und zwar an verschiedenen Stationen, in noch weit grösserem Maassstabe. Kanaken und Neuseeländer, überhaupt Polynesier, Chilenen [2]), Peruaner, Bewohner der Kapverdischen Inseln, Portugiesen werden unterwegs angenommen und die Plätze auf den Sandwich-Inseln bilden ein stehendes An- und Abmusterungs-Bureau für die Südseefischer. Leute, die sich auf ein an Bord nothwendiges Handwerk verstehen, werden vorzugsweise gern genommen. Die Bemannung ist auf Antheil am Bruttowerth des Fanges angewiesen. Es scheint diese Vergütungsweise beim Walfischfang zu allen Zeiten und auf allen Meeren bestanden zu haben. Dieser Antheil (lay oder outlay) variirt auf Deutschen Schiffen von 1 Tonne Thran auf 15 bis herab auf 1 Tonne Thran von 140 Tonnen. Die foremasthands, d. i. die Leute vor dem Mast, Matrosen, Leichtmatrosen, Zimmermann, Koch und sonstige Handwerker, welche in dem kleinen dreieckigen Logis wohnen, das den vordersten Theil des Zwischendecks einnimmt, haben $1/_{140}$ von jeder Tonne Thran und auch einen verhältnissmässigen Antheil an den Barten. Letzterer Antheil ist auf den Grönlandsfahrern nicht gebräuchlich. Der Harpunier (boatsteerer) bezieht $1/_{40}$ bis zu $1/_{60}$, in einzelnen Fällen bis zu $1/_{30}$, die Steuerleute $1/_{35}$, der Ober-Steuermann $1/_{15}$ bis $1/_{18}$. In Amerika berechnet man jetzt den Gesammtbetrag des lay auf 38 Prozent vom Netto-Ertrag des Fanges. Der Kapitän erhält eben so viel und ausserdem einen „Bonus", eine Prämie, je nach dem Fange bis zu 1000 Dollars. Ein erfahrener, im Fange glücklicher Kapitän macht freilich selbst seine Bedingungen, so z. B. erhielt ein bewährter Walfänger, Captain Ellen aus New Bedford, $1/_{10}$ vom Brutto-Ertrage. Handgeld wird in der Regel nicht gegeben, es müsste denn grosser Mangel an Leuten sein. Die von Honolulu auf den Walfischfang ausgehenden Deutschen Schiffe rüsteten sich auf zehn Monate bis ein Jahr aus. In der Regel waren sie mit 42 Mann besetzt. Sie hatten 4 bis 5 Boote, jedes bemannt mit 6 Mann: Boatsteerer, Harpunier und ausserdem 4 Mann. Die Besatzung zerfällt in die Steuerbords- und Backbords-Wache. Der Wachtdienst ist in die Morgen-, Mittag-, Abend- und Mitternachts-Wache eingetheilt. Der erste Steuermann kommandirt das Steuerbords-Boot, der zweite das Backbords-Boot, der dritte das

Weiss-Boot, der vierte das Bug-Boot. Jeder Boots-Kommandeur wählt sich seine Mannschaft. Der Bootssteurer hat im Boote seinen Platz vorn und wirft das „Eisen" mit in den Fisch, und zwar aus freier Hand. Ein tüchtiger Harpunier hat noch auf 24 Fuss einen sichern Wurf. Wenn der Wal fest ist, springt der Bootssteurer nach hinten, um das Boot zu steuern, und der Mann am Steuer nimmt den Platz desselben ein, um im günstigen Falle den Fisch zu lanzen. Die Boote sind 6 Englische Fuss breit und 30 Fuss lang, aus Cedernholz und mit fünf Duften (Doffen), d. i. Ruderbänken, versehen.

Art und Weise des Betriebes von New Bedford. — Nach der Mittheilung des Herrn Kapitän Seabury betrug in früheren Jahren das in einem Walfischfahrzeug angelegte Kapital bis zu 60.000 Doll., je nach der Grösse und Beschaffenheit des Schiffes und der Zeit, für welche es ausgerüstet wurde, und zwar: Schuner, Briggs und Barks für den Atlantischen Ocean für ein Jahr ausgerüstet. Durchschnittspreis eines Schuners 6000 Doll., Ausrüstung 6000 Doll., zusammen 12.000 Doll. Durchschnittspreis einer Brigg oder Bark 10.000 Doll., Ausrüstung 7000 Doll., zusammen 17.000 Doll. Für den Süd-Atlantischen Ocean oder für eine $2\frac{1}{2}$ bis 3 Jahre dauernde Reise: Barks von 1000 bis 2000 Bb. Tragfähigkeit. Durchschnittspreis des Schiffes 12.000 Doll., Ausrüstungskosten 12.000 Doll., zusammen 24.000 Doll. Für eine Reise von drei Jahren bis 42 Monaten Schiffe von 1500 bis 3500 Bb. Tragfähigkeit. Durchschnittspreis eines Schiffes 14.000 Doll., Ausrüstungskosten 19.000 Doll., zusammen 33.000 Doll. Um den Anschlag für die jetzigen Verhältnisse zu bekommen, ist ein Zuschlag von 50 Prozent zu machen. Die durchschnittlichen Unkosten während der Reise waren in früherer Zeit etwa 12.000 Doll. und sind jetzt etwa 50 Prozent des Anlagekapitals bei Reisen auf nordische Walerei, 20 Prozent bei den übrigen Reisen zu machen.

Die Amerikanischen Walfischfahrzeuge gehören meist einzelnen Personen, zuweilen dem Kapitän, Offizieren und Mannschaft gemeinschaftlich. Wenn Mehrere ein Schiff besitzen, so wählen diese eine Person aus ihrem Kreise, welche die Ausrüstung des Schiffes besorgt und als Agent fungirt; oder es ist auch umgekehrt der Fall, dass ein Agent, welcher ein Schiff auszurüsten wünscht, zu seinen Freunden geht, die Miteigenthümer an anderen Schiffen sind, und sie veranlasst, zu erklären, dass sie einen oder mehrere Antheile an dem auszurüstenden Schiffe nehmen. Sind die Antheile alle untergebracht, so kauft der Agent, dem es freigestellt bleibt als Miteigenthümer zu betheiligen, ein Schiff und rüstet es für die Fahrt aus, indem er sich von den einzelnen Betheiligten den auf sie muthmasslich fallenden Antheil der Ausrüstungskosten vorauszahlen lässt, und nachdem das Schiff in See gegangen unter Empfang von $2\frac{1}{2}$ Prozent Commission Abrechnung giebt. Die Bemannung stellt sich: auf 15 Mann bei einem Schuner mit zwei Booten, auf 21 bis 23 Mann bei einem Schuner oder Schiffe mit drei Booten, auf 30 Mann bei einem Schiffe mit vier Booten.

Die Fischereigeräthe. — Die Harpune besteht aus einem armdicken, 3 bis 4 Fuss langen hölzernen Pfahl oder Stiel von Hickory- oder Eichenholz, auf welchem der kaum fingerdicke, 2 Fuss lange eiserne Harpunenschaft befestigt ist.

---

[1]) Wir behalten diesen Ausdruck bei, weil er einmal gebräuchlich geworden ist, obwohl er seine Bedeutung durch das spätere Vordringen in die nördlicheren und arktischen Gewässer verloren hat.
[2]) Talcahuano betreibt auch selbstständig den Spermfischfang, und zwar mit 10 bis 12 Schiffen.

Die Spitze ist entweder ein doppelter Widerhaken oder ein bewegliches Blatt, das zurückklappt und sich, wenn der Fisch vorwärts schiesst und dadurch das Eisen angezogen wird, quer vor die Wunde legt. Die Einrichtung des Aufrollens der Leinen im Boote ist ähnlich wie bei den Grönlandsfahrern. Jede Schaluppe hat 1500 bis 2400 Fuss Leinen. Die Lanze besteht aus eben solchem Pfahl wie die Harpune. Der Schaft vom besten Eisen ist 6 bis 7 Fuss lang. Ein rautenförmiges, haarscharfes, hohl geschliffenes Blatt bildet die Spitze. Zum Zurückziehen sitzt an der Lanze eine dünne, 30 bis 40 Fuss lange Leine, der Lanzenwarp.

Amerikanisches Fischrecht. — Noch haben wir ein paar Worte über das in der „Südsee" (alles nach dem Gebrauch darunter zu Begreifende mit einbegriffen) geltende Recht zu sagen. Es weicht wesentlich von dem Grönländischen ab. Fundamentalsatz ist nicht, wie dort, das Festmachen des Fisches und die Fortdauer der Verbindung mit dem Schiff, sondern das erste Eisen (Harpune) entscheidet über den Besitz des Wales. Die Verfolgung des Fisches, so lange er nicht fest, ist völlig frei, wenn auch ein Boot dieselbe zuerst begann. Wenn die Leine des fest gewordenen Bootes bricht, der Fisch entflicht, später aber dieser Fisch von dem Boote eines anderen Schiffes getödtet wird, so muss das zweite Schiff seine Beute aufgeben, wenn sich der erste Eigenthümer rechtzeitig meldet und seinen Anspruch durch die im Körper steckende Harpune, welche die Marke des Schiffes trägt, nachweist. (Umgehungen durch Herausschneiden des fremden Eisens finden natürlich häufig Statt.) Meldet sich der Eigenthümer während des Einschneidens des Fisches, so lautet die Regel: Alles, was schon binnenbords ist, gehört dem zweiten, Alles, was noch aussenbords ist, dem ersten Schiff. Nach diesem Usance-Recht werden alle Streitigkeiten unter den Fischern selbst entschieden und nur selten erfolgt die Anrufung eines Gerichtshofes. Ein solcher Fall trug sich aber doch in der Kreuze 1867 im Ochotsk-Meere zu. Die Mannschaft des Oldenburger Schiffes „Oregon" tödtete einen Walfisch, dabei war ihr aber auf irgend eine Weise die Mannschaft des Amerikanischen Schiffes „Richmond" behülflich. Der „Oregon" nahm den Fisch ganz über, der „Richmond" erhob aber Anspruch darauf. In Honolulu stellte der Kapitän des „Richmond" deshalb Klage an und der Richter erkannte beiden Parteien je Eine Hälfte des Fisches zu. Bei dieser Gelegenheit wurde der Werth eines mittelgrossen Walfisches auf 150 Barrels Thran und 2000 Pfund Fischbein geschätzt, was nach den damaligen Preisen 7500 Dollars ergab. Die Einzelheiten dieses Rechtsfalles habe ich, da Kapitän Mammen nun längst wieder auf der Südsee schwimmt und ich erst nach seiner Abreise von hier Kunde von diesem Fall erhielt, nicht in Erfahrung bringen können.

Glänzende Walerkreuze im Ochotsk-Meere 1854. — Neben der Kreuze im Sommer 1849 in der Bering-Strasse war das Jahr 1854 in dem Ochotsk-Meer eine der glänzendsten Whaler-Seasons. Es nahmen mehrere Deutsche Schiffe daran Theil. Die Fischerei in diesem, zum grossen Theil von steilen Felsenküsten umgebenen, buchtenreichen Meere ist, wie einst die Fischerei bei Spitzbergen, Baienfischerei. Wir haben das Eigenthümliche dieser Fischerei bereits kennen gelernt. Auf Walgründen in offener See bleibt das Schiff unter Segel, erst wenn Fische in Sicht, werden die Boote gestrichen.

So ist es in der Regel noch jetzt im Grönländischen Meere und theilweise auch bei der Fischerei in der Davis-Strasse, so auch im arktischen Meere jenseit der Bering-Strasse, auf den Kodiak-, Bristolbai- und den Californischen Gründen und besonders auch im Spermfischfang. Im Ochotskischen Meere liegen die Schiffe vor Anker. Beim Morgengrauen brechen die Boote auf. Nach allen Richtungen durchkreuzen die kleinen weissbeschwingten Segler die Bai, es bleiben von der Mannschaft nur die Schiffshüter zurück. Die Walgründe im südwestlichen Theil des genannten Meeres, in der Grossen und Kleinen Schantarbai, sind ein Hauptsammelplatz der Walfänger. Man rechnete z. B., dass während der Hauptmonate, Juli und August, in dem am meisten von den Walern frequentirten Theil der Schantarbai nicht weniger als 6 bis 7 Wale täglich in jenem Jahre getödtet wurden. Tausende von Walen belebten die Gewässer der Bai, welche eine seltsame Scenerie zeigte: auf dem Meere zahlreiche Schiffe, unbeweglich an ihren Ankern, da und dort treibend die weisslich-rothe Fleischmasse eines Karkass (eines abgespeckten Fisches), dessen faulende Substanz weithin die Luft verpestet, dazwischen die beweglichen Boote, hie und da das aufregende Schauspiel des Kampfes eines dieser Boote mit einem Wal vor einem Parterre vieler anderer als aufmerksamer Zuschauer, am Lande hie und da luftige Hütten in Kegelform, aus Baumstämmen und Tannenzweigen zum Übernachten der durch Nebel an der Rückkehr verhinderten Walfänger von ihnen selbst erbaut; bei Nacht das Meer und die felsige Küste öfters grell beleuchtet durch Waldbrände, welche die Walfischleute aus Muthwillen, um sich an dem zauberhaften Anblick zu ergötzen, selbst anzünden, oder aus dem Dunkel hervorleuchtend das Deck eines kochenden Walfängers, die schwarzen Gestalten in geschäftiger Thätigkeit um die weithin leuchtende Flamme des brodelnden Thrankessels.

Jetzt ist die Ochotsk-See lange nicht mehr so ergiebig und im vorigen Jahre besuchten sie nur noch acht Walfänger. Sehr wesentlich zur Ausrottung der Wale trägt der Umstand bei, dass, wo Gelegenheit dazu ist, das Walkalb zuerst getödtet wird, um sich der Alten zu versichern, welche nicht leicht ihr Junges verlässt. Auch im arktischen Meere jenseit der Bering-Strasse hat die Fischerei gewaltig abgenommen. Im Jahre 1849, ein Jahr nach Eröffnung dieser Gründe, gingen 154 Schiffe dahin und brachten 200.000 Barrels Thran und 2½ Millionen Pfund Barten mit, im Jahre 1868 waren nur 41 Schiffe dort beschäftigt, welche 35.000 Barrels Thran und 575.200 Pfund Barten mitbrachten, unter ihnen das Deutsche Schiff „Julian" mit gutem Fange.

Erläuterungen zu den Anlagen. — Wir haben noch einige Erläuterungen zu den Anlagen zu geben, so weit wir solche nicht schon in unserer bisherigen Betrachtung eingeflochten haben. Was zunächst die statistischen Tabellen betrifft (Anlage A), so haben wir in der Übersicht 1 die Ergebnisse der Hamburger Grönlands-Fischerei in drei verschiedenen Jahren des 17. Jahrhunderts mitgetheilt.

Tabelle A. 2 zeigt den Gang der Grönlands-Fischerei von Hamburg und Bremen in den Jahren 1700 bis 1789, und zwar nach der Zahl der Schiffe, der Schiffsverluste, der Zahl der gefangenen Fische und des Ertrages an Speck. Es war nicht möglich, diese Tabelle weiter fortzuführen, weil das Material dazu fehlte, und hier bemerke ich gleich, dass die Vollständigkeit und Vielseitigkeit der Tabellen durch den vielfach mir entgegentretenden Mangel an zuverlässigem statistischen Stoff leider sehr beschränkt wurde. Die hier in Rede stehende Tabelle zeigt, dass in der ersten Periode Bremen die Hälfte der Zahl der Hamburger Schiffe hatte. Bremen's Fischerei übersteigt die Zahl der Hamburger Schiffe in der Zeit von 1720 bis 1729, fällt dann aber bedeutend herab. In ähnlichem Verhältniss steht meist auch der Ertrag.

Tabelle A. 3 stellt die vorhandenen Daten über die nordische Fischerei von Gross-Britannien, den Niederlanden und den Norddeutschen Häfen nach der Zahl der Schiffe, der Schiffsverluste und des Ertrages aus der Periode 1670 bis 1799 zusammen. Sie zeigt das Übergewicht Hollands in diesem Betriebe und ergiebt ferner, dass in der ältesten Periode die Norddeutschen Häfen eine halb so starke Grönlandsflotte besassen als die Holländer.

Tabelle A. 4 giebt die Übersicht des Betriebes von der Weser aus. Sie ist die relativ vollständigste, indem sie die Zahl der Schiffe, im Ganzen 1554, die Schiffsverluste, die Erträge und Schwankungen in den Preisen von Thran und Barten bis auf die neueste Zeit, so weit die Daten zu erlangen waren, angiebt. Bemerkenswerth ist die kleine Zahl der verlorenen Schiffe gegenüber der oft betonten Gefahr der Eisschifffahrt.

Tabelle A. 5 enthält einige Daten über die Grönlands-Fischerei von Altona und Glückstadt.

Die nächsten drei Tabellen zeigen die Einfuhr von Thran und Barten von Hamburg und Bremen in den letzten fünf Jahren. Sie sind bei Einsicht der in Anlage E. gegebenen Mittheilungen über den Thranhandel von Bremen und Hamburg und die Deutsche Fischbein-Fabrikation zu vergleichen.

Endlich folgen noch einige Übersichten über die sogenannte „Südsee-Fischerei".

Tabelle B. 1 giebt eine Übersicht der Brutto-Erträge des Walfischfanges von den unter Nordamerikanischer Flagge fahrenden Schiffen in den letzten zwanzig Jahren, von 1849 bis 1868, wobei die Gesammt-Brutto-Erträge nach den in den Jahresberichten der New Yorker Handelskammer für jedes Jahr angegebenen Durchschnittspreisen von mir berechnet wurden.

Tabelle B. 2 giebt den Bestand der Amerikanischen Walfischflotte am 1. Januar 1869 nach Zahl und Tonnengehalt der Schiffe und der Betheiligung der einzelnen Häfen.

In Tabelle B. 3 habe ich Übersichten über die Französische Walfischerei gegeben, so weit ich das Material erhalten konnte, und zwar von 1836 bis 1868.

Tabelle B. 4 giebt eine Übersicht über die von der Weser aus betriebene Südsee-Fischerei aus den Jahren 1836 bis 1859.

Daran reihen sich noch unter B. 5 Daten über die Brutto-Erträge dreier Deutscher Südseefahrer aus den Jahren 1861 bis 1868 an, welche von Honolulu aus fuhren.

Anlage C enthält die Musterrolle des Grönlandfahrer-Dampfers „Albert" vom 17. Februar 1867.

Anlage D enthält eine Mittheilung über die vom Büchsenfabrikanten Cordes in Bremerhaven verbesserte Schiessharpune und Bombenlanze.

Anlage E enthält Mittheilungen über Thranbereitung, Thranhandel und Fischbein-Fabrikation in Deutschland.

Endlich Anlage F enthält die Mittheilung des Kapitän Seabury über die früheren und jetzigen Walfischplätze der Amerikanischen Walerei.

Die beigefügte Karte dient als Erläuterung zum vorstehenden Text.

Rückblick und Schlusswort. — Wir haben die Deutschen Fischerei-Unternehmungen in ihren verschiedenen Entwickelungsstadien durch drei Jahrhunderte bis auf die Gegenwart verfolgt und gefunden, dass unsere Nation, obwohl ohne nationalen Schutz und Zusammenhalt, in diesem recht eigentlich oceanischen Betriebe hinter anderen Nationen nicht zurückgestanden hat. Der Rückgang der arktischen Fischerei ist jetzt ein allgemeiner. Aber auch schon früher traten solche Perioden ein und wir haben gesehen, dass in Folge des Vordringens in unbekannte Regionen neue reiche Walgründe entdeckt wurden und die Fischerei dann immer einen neuen Aufschwung nahm. Erst 21 Jahre sind verflossen, seitdem einer der reichsten Walgründe, das Meer jenseit der Bering-Strasse, zuerst ausgebeutet wurde. Man kann es als wahrscheinlich hinstellen, dass die Entdeckung bis dahin unbefahrener Theile des arktischen Meeres auch neue Fischgründe eröffnen wird, die, wenn nur einigermaassen zugänglich, bald der Tummelplatz von Walfängern werden würden.

Schon in der Einleitung habe ich bemerkt, es sei nothwendig, dass unsere Nation ein volles Verständniss für ihre nautischen Interessen gewinne. Küste und Binnenland dürfen sich nicht mehr fremd gegenüber stehen, sie müssen mehr und mehr sich als organisches Ganze erkennen. Vielleicht erweist es meine Arbeit, die bei dem Mangel an zusammenhängenden Berichten über die Deutsche Grossfischerei nichts weniger als mühelos war, dem in dieser Beziehung bereits erwachten Streben förderlich. Die „Geographischen Mittheilungen" haben, unbeschadet ihres internationalen Charakters, für die Hebung der national-maritimen Interessen, wie Jedermann bekannt, stets wacker gekämpft, sie sind daher der rechte Platz für eine solche Arbeit.

Wenn diese letztere hie und da zu ausführlich erscheinen sollte, so bemerke ich, dass ich gesucht habe, verschiedenen Ansprüchen möglichst gerecht zu werden. Ich verflocht Verwandtes und Individuelles in den in sich an einer gewissen Einförmigkeit leidenden Stoff, um ihn schmackhafter zu machen. Dem verehrten Leser, welcher, ohne viel zu überschlagen, bis hierher, zum Ende, gelangt, sage ich meinen aufrichtigen Dank für seine Geduld.

Bremen, am 16. März 1869.

Moritz Lindeman.

Anlagen.

A. 1. Ergebnisse der Hamburger Grönlands-Fischerei in den Jahren 1669, 1678, 1689.

Anno 1669.

Directeurs.	Schiffe.	Kommandeurs.	Angekommen.	Fische.	Quardeel Speck
Sr. Carel de Vlieger & Hend. Pender	de Mackereel	Peter Eysen	21. Aug.	6	330
	Abrah. offer Sand	Claas Hubens	21. „	8	450
	de Paradys	Riewert Cornelissen	21. „	3½	230
	de Zeemann	Gerrit Pieterse	8. Juli	13	650
	St. Pieter	Abraham Harmans	10. „	10	660
	de Hoop	Carste Rickmers	13. „	11	600
	de Liefde	Simon Claase	21. „	4	190
Sr. Albert Meyer	de Christina	Michel Jense	2. „	9	550
	St. Jan Evangelist	Jan Jacobs	21. „	5	154
	de Hoop	Rieke Nannings	21. „	6	320
	de Liefde	Jan Hamman	21. „	9	520
		Joh. Engelsmann	30. „	4	220
	St. Jan Baptist	Mattys Pieters	31. „	13	898
Sr. Paul J. Schomaker	de Vergulde Valk	Pieter Dirks	21. Aug.	9	438
	Koning David	Cornel. Michels	21. „	9	516
	de Paradys	Franz Dirks	2. Okt.	3½	158
Sr. H. G. Backer de Ouden	St. Jan Baptist	Jacob Ericks	25. Juli	12	570
	de Liefde	Jan Pieters	21. Aug.	5	260
Sr. H. G. Backer de Jongen	de Abraham	Roloff Volkers	19. Juli	13	630
	St. Jan Evangelist	Boy Carstens	4. Aug.	8	417
	St. Jacob	Jacob Floors	4. „	6	350
Sr. Vaase Geerkens	St. Jan Baptist	Cornelis Pieters	13. Juli	11	620
	de Moscoviter	Junge Mangels	13. Aug.	9	550
	St. Jacob	Roloff Adrianse	21. „	6	330
Sr. Lucas Koenen & Comp.	de Maria	Jan Hanse	12. Juli	9	600
	de Engel Gabriel	Jan Pieters	21. Aug.	4	158
Sr. Hans Beck	de Kaiser Conradus	Puwel Moy	21. „	8	450
	St. Jacob	Jan Mayen	31. „	4	230
Sr. Hans von Hecken	de Liefde	Peter Jaspers	21. „	3	175
	de Hoop	Pieter C. Kraft	21. „	7	426
Sr. Claas Witte	de Hoop	Pink	5. Sept.	4	220
Sr. Cornelis Noten	de Liefde	Cornelis Zeemann	31. Aug.	10	580
	de Oude Tobias	Jan Jurgens	21. „	3	163
Sr. Simon Claase	de Neptunus	Jacob Zeemann	3. „	4	180
Sr. Hendr. Janse Rüpke	de Kronenborg	Cornelis Nannings	21. „	7	420
	de Nachtigaal	Pieter Pieters	31. „	1	50
Sr. Paul Gowers	St. Jacob	Lambert Claase	21. „	5	264
		37 Schiffe gevangen tesamen		262	14.527

Comt door de Bank 7 Fisch uud 393 Quardeel Speck.

Anno 1678.

Directeurs.	Schiffe.	Kommandeurs.	Fische.	Quardeel Speck.
Sr. Carel de Vlieger & Comp.	de Mackereel	Jan Mayen	genommen.	
	de Paradys	Jacob Jacobs	11	550
	de witte Baer	Jan Peters	2	100
	de Bloompott	Jochim Boy	verunglückt.	
	de Liefde	Jan Cornelissen	13	550
	de Kuff Johanna	Cornelis Peters	3	170

Directeurs.	Schiffe.	Kommandeurs.	Fische.	Quardeel Speck.
Sr. Jan Wreede	St. Jan Evangelist	Matthies Peters	19	760
	de Pelican	Jan Peters	16	603
	de Oranieboom	Peter Peters	15½	690
	de Liefde	Jan Hamman	15	568
	de Wienberg	Jan Dittmers	14½	551
	de Rulandt	Jan Jacobs	8	336
Sr. Herm. G. Backer	de Abraham	Jan Floris	1	72
	St. Jan	Lübbert Volkers	3	150
	de Hoop	Areud Peters	7	306
	de Heilige Landt	Erick Jacobs	17	710
Sr. Ammon Andressen	de witte Swaen	Vincent Janssen	1	72
	de Stadt Hamborg	Jochim Dreyer	12	675
	de Prophet Daniel	Jan Teyssen	5	304
	de Salomon	Jurgen Mangels	5	240
Sr. Paul J. Schomaker	de Koning David	Cornelis Michelsen	15	556
	de Valk	Michel Fredericks	10	580
	de Charitas	Peter Dirks	16	615
Sr. Jochim Jarchau	de Patriarch Abraham	Erick Rickmers	17	750
	de Patriarch Jacob	Jacob Fredericks	10	336
	St. Nicolaus	Roloff Volkers	17	650
Sr. Geert H. Backer	Salomon's Gericht	Tonnies H. Backer	6	300
	de Abraham	Dirk Meyer	7	336
	St. Anthony	Jasper Jacobs	8	306
Sr. Coordt Jastram	de Nordsteeren	Jacob Wormes	12	500
	de Kaiserrinne	Jochim Vydt	1½	72
	de Wapen v. Bergen	Hinrich Vaess	21	750
Sr. Bartelt Jenkel	St. Michel	Litte Martens	7	220
	de Perell	Berend Boys	13	380
Sr. Peter H. Backer	St. Jan Baptist	Rör Janssen	3	105
	de Liefde	Jacob Ericks	2	86
Sr. Franz Schleyer	de Wienberg	Peter Loorens	18	700
	St. Jan Baptist	Jan Schinkel	13	350
Sr. Conrad Koenen & Comp.	de goude Leu	Jürgen Roloffs	10	440
	de Sara	Hinrich Schuldt	9	400
Sr. Lucas Koenen & Comp.	St. Maria	Jan Dirks	6	240
	de jonge Zeemann	Jacob Zeemann	9	370
Sr. Hinrich de Jager	de Paradys	Carsten Rickmers	16	600
Sr. Jan Hans Rüpke	de Nachtigaal	Roloff Rickmers	8	326
Sr. Hans Gowers	St. Jacob	Jan Peters	4	150
Sr. Hans Beck	de Hector	Hilke Schram	verunglückt.	
Sr. Jan Jasp. de Rüscher	de 3 Helden David's	Peter Loorens	11	500
Sr. Bastian Cöeler	de Salomon	Boy Schwen	9	384
Sr. Franz Sabell	de Fortuyn	Hinr. Lübbers	1	46
Sr. Hinrich Schuldt	de Franciscus	Jan Sontte	8	328
Sr. Jannes Waldvagel	de Fortuyn	Peter Carsteus	6	260
Sr. Hans Gowers	St. Peter	Matthies Kock	6	640
Sr. Cornelis A. Zeemann	de Kayser Cunradus	Corn. A. Zeemann	10	450
Sr. Peter Burmeester	St. Elisabeth	Jan Steffens	9	300
Sr. Isaac Rausch	St. Peter	Jan Claassen	17	594
		55 Schiffe gevangen tesamen	504½	19.657

Comt door de Bank 9⅖ Fische und 357½ Quardeel Speck.

Anno 1689.

Directeurs.	Schiffe.	Kommandeurs.	Angekommen.	Fische.	Quardeel Speck.
Sr. Carel de Vlieger	St. Peter	Peter Carstens	13. Aug.	1	64
	de witte Baer	Carsten Andresseu	13. „	—	—
	de witte Peerdt	Jacob Jacobs	24. „	3	150

Directeurs.	Schiffe.	Kommandeurs.	Angekommen.	Fische.	Quardeel Speck.
Sr. Carel de Vlieger	de Paradys	Jochim Boy	9. Sept.	—	—
	de Fortuyn	Jan Christens	22. „	—	—
	de Justitia	Peter Looreus	4. „	—	—
Sr. Jan Wreede	St. Jan Baptist	Frederick Dirks	4. „	2	102
	de Pelican	Riewert Jacobs	1. „	2	76
	de Liefde	Marten Haussen	verunglückt.		
	de Wienberg	Jan Dittmers	28. Aug.	—	—
Sr. Ammon Andressen	de Koning Salomon	Otte Plump	24. „	1	60
	de Prophet Daniel	Jan Teyssen	verunglückt.		
	de Prophet Jonas	Rör Rickmers	11. Sept.	2½	140
Sr. Herm. G. Backer	de Abraham	Arend Peters	7. „	—	—
	St. Jan Baptist	Casper Olderoy	1. „	1	40
	de Galliot de Isaac	Jacob Koch	19. Aug.	—	—
Sr. Herm. Gowers & Comp.	de Hoop	Adrian Dirks	7. Sept.	—	—
	de gecronde Liefde	Jan Peters	8. Aug.	4½	200
	de Haen	Michel Feddersen	24. „	½	27
Sr. Jaques de Rüscher	de 3 Helden David's	Cornelis Loorens	geborgen.		
	de groene Papagey	Hans Janke	8. Aug.	—	—
	de Fortuyn	Hans Haussen	12. „	—	—
Sr. Jan Elias Munster	de Paradys	Carsten Rickmers	gefunden.		40
	de groene boom	Jan Lange	16. „	2	90
	de Boers	Peter Andressen	7. Sept.	—	—
Sr. Geert H. Backer	Salomon's Gericht	Jan Heere	10. „	1	50
	St. Anthony	Jasper Jacobs	11. „	—	—
Sr. Jochim Fock	de Hoop	Peter Loorens	12. Aug.	¼	16
	de Wapen v. Ostfriesland	Jan Schinkel	17. Sept.		
Sr. Herm. Gowers	de Jager	Jan Jacobs	12. „	—	—
	St. Jacob	Jacob Hoffmann	12. Aug.	1	40
Sr. Jeron de Drusina	St. Elisabeth	Nanning Cornelissen	1. Sept.	1	45
	de Soun	Matthies Claassen	12. „	—	—
Sr. Geert Geertsen	de Wapen v. Hamburg	Claas Roodtspraack	9. „	5	170
	de Neptunus	Jan Cornelissen	9. „		
Sr. Peter Gowers	de Vreede	Hans Carstens	28. Aug.	—	—
	de Carsboom	Roloff Dirks	21. Sept.	—	—
Sr. Conr. Koenen & Comp.	de Vreede	Jürgen Cornelissen	13. Aug.	2	85
	de Gideon	Daniel Worms	8. „	1	58
Sr. Paul J. Schomaker	de Koning David	Nanning Nanningsen	22. Sept.	3	150
Sr. Paul Paulssen	de Wapen v. Bergen	Cort Tamsen	12. Aug.	2	90
Sr. Herm. Harbart	de Koning David	Peter Peters	21. Sept.	2	75
Sr. Salomon de Vlieger	de Walvisch	Jan Hinrich	11. Aug.	1	49
			43 Schiffe gevangen tesamen	38¾	1817

Comt door de Bauk $\frac{145}{172}$ Fisch und 43¼ Quardeel Speck.

A. 2. Übersicht über die Zahl der Schiffe und den Ertrag der Fischerei von Hamburg und Bremen in der Zeit von 1700 bis 1789.

Jahre.	Zahl der Schiffe.		Geblieben oder genommen.		Gefangene Fische.		Ertrag an Quardeel Speck.	
	Hamburg.	Bremen.	Hamburg.	Bremen.	Hamburg.	Bremen.	Hamburg.	Bremen.
1700 bis 1709	365	179	39	5	1710	633½	52.540	28.624
1710 „ 1719	373	200	11	4	772¼	658¾	29.266	22.908½
1720 „ 1729	200	227	15	2	726 $\frac{1}{12}$	351⅝	28.658	16.061
1730 „ 1739	253	148	4	6	334⅚	209¾	15.911	9.881
1740 „ 1749	171	51	2	1	444⅚	118½	19.700	4.898
1750 „ 1759	174	17	5	3	407	45½	15.089½	1.483
1760 „ 1769	208	23	2	—	517¼	28	21.077½	784
1770 „ 1779	377	40	9	—	661	118⅝	40.757	2.827
1780 „ 1789	300	53	6	—	1028¼	217½	42.553	4.252

A. 3. Nordische Fischerei von Gross-Britannien, Holland und den Norddeutschen Häfen in Bezug auf die Zahl der Schiffe, Schiffsverluste und Erträge in den Jahren 1670 bis 1799.

Jahre.	Zahl der Schiffe.			Davon geblieben oder genommen.			Gefangene Fische.			Ertrag an Quardeel Speck.			Prozent-Zahlen der verlorenen Schiffe.	
	Grossbrit.	Holland.	Nordd. H. [1]	Grossbrit.	Holland.	Nordd. H.	Grossbrit.	Holland.	Nordd. H.	Grossbrit.	Holland.	Nordd. H.	Holland.	Nordd. H.
1670 bis 1679	—	993	561	—	83	19	—	6.414	3.747½	—	283.396	186.084	8½ %	4 %
1680 „ 1689	—	1932	553	—	113	26	—	10.019	2.376¾	—	395.771	101.295	6 „	5 „
1690 „ 1699	—	955	492	—	82	36	—	4.864	1.129½	—	189.132	13.234	8½ „	8 „
1700 „ 1709	—	1652	544	—	62	44	—	8.537	2.343½	—	301.250	81.164	4 „	8 „
1710 „ 1719	—	1351	573	—	51	15	—	4.645	1.431	—	170.488	52.174½	4 „	2½ „
1720 „ 1729	—	2252	427	—	60	17	—	3.439	1.077$\frac{11}{12}$	—	131.607	44.719	3 „	4 „
1730 „ 1739	—	1839	401	—	27	10	—	4.690	544$\frac{7}{12}$	—	86.939	25.792	1½ „	2½ „
1740 „ 1749	—	1724	222	—	41	3	—	4.127	563⅓	—	192.859	24.598	2½ „	1½ „
1750 „ 1759	556	1649	215	—	36	9	—	7.355	503¼	—	135.725	16.572½	2 „	4 „
1760 „ 1769	459	1620	273	—	29	3	—	5.283	589½	—	98.517	21.861½	2 „	1 „
1770 „ 1779	741	1337	502	—	39	10	—	3.836	889⅚	—	89.378	43.584	3 „	2 „
1780 „ 1789	1284	—	376	—	—	6	—	—	1.306¾	—	—	46.805	—	1½ „
1790 „ 1799	755	—	—	—	—	—	—	—	—	—	—	—	—	—

[1]) Es sind diess Hamburg, Bremen, Altona und Glückstadt.

A. 4. Übersicht über den von der Weser aus betriebenen Fischfang im Grönländischen Meere und in der Davis-Strasse von 1695 bis 1868.

Über die von der Weser aus nach Grönland und der Davis-Strasse unternommenen Ausrüstungen, ursprünglich allein auf den Walfischfang, späterhin einzeln, in neuester Zeit vorzugsweise auf den Robbenschlag, liegt uns eine seit dem Jahre 1695 geführte Liste vor, aus welcher wir in zehnjährigen Perioden nachstehenden Auszug mittheilen.

Perioden.	Zahl der Schiffe.	Davon verloren	Total der gefangenen Fische.	Ertrag an Quardeel Speck.	Thranpreise per Tonne.	Bartenpreise per 100 Pfund.	Tonnen Thran.	Robben.
1695 bis 1700	81	2	370	17.603	6½ bis 16 Thl.	18 bis 85 Thl.	—	—
1701 „ 1710	182	3	671	24.690	9½ „ 25 „	20 „ 45 „	—	—
1711 „ 1720	205	3	687	24.530	9 „ 16 „	26 „ 105 „	—	—
1721 „ 1730	226	3	321	16.461	9 „ 14 „	54 „ 106 „	—	—
1731 „ 1740	138	6	221	10.655	9 „ 16 „	75 „ 140 „	—	—
1741 „ 1750	45	—	113	4.685	10 „ 19 „	59 „ 80 „	—	—
1751 „ 1760	15	1	35	1.633	14 „ 16 „	58 Thl.	—	—
1761 „ 1770	26	—	55	—	13 „ 21 „	50 bis 52 „	7.000	—
1771 „ 1780	40	—	112	—	14 „ 21 „	44 „ 45 „	9.087	—
1781 „ 1790	59	—	213	—	16½ „ 27 „	40 „ 91 „	14.997	—
1791 „ 1800	81	—	267	—	16 „ 27 „	23 „ 49 „	23.555	—
1801 „ 1810	50	—	205	—	16 „ 27 „	—	—	—
1811 „ 1820	51	—	71	—	16 „ 27 „	—	—	—
1821 „ 1830	51	2	143	—	20 „ 29 „	27 „ 37 „	—	—
1831 „ 1840	24	—	58	—	14 „ 21 „	21 „ 80 „	—	45.700
1841 „ 1850	126	—	115	—	—	—	—	298.878
1851 „ 1860	114	—	65	—	—	—	—	185.137
1861 „ 1868	40	—	27	—	—	—	—	60.323
	1554		3749					

A. 5. Grönlands-Fischerei von Altona und Glückstadt in den Jahren 1750/1789 bis 1815/1854.

Altona. Jahre.	Zahl der Schiffe.	geblieben oder genommen.	Gefangene Fische.	Glückstadt. Jahre.	Zahl der Schiffe.
1750 bis 1759	24	1	50¾	1815 bis 1824	116
1760 „ 1769	19	1	44¼	1825 „ 1834	43
1770 „ 1779	42	1	69½	1835 „ 1844	32
1780 „ 1789	23	—	61	1845 „ 1854	30 [1])

[1]) Die letzte Reise zur Grönländischen Fischerei wurde im Jahre 1863 durch das Schiff „Kleiner Heinrich" gemacht.

A. 6. Total-Einfuhr von Thran, Robbenfellen und Walfischbarten in Hamburg in den Jahren 1864 bis 1868.

Jahr.	Thran.		Robbenfelle.		Walfischbarten.	
	Quantum	Werth	Quantum	Werth	Quantum	Werth
	Stekkan à 36 Pfd. netto.	Mark Bco.	Stück.	Mark Bco.	Centner.	Mark Bco.
1864	289.478	3.814.280	57.900	258.250	1.668	501.680
1865	282.787	2.852.980	26.685	63.820	825	278.130
1866	226.909	2.003.810	18.987	53.100	2.211	780.500
1867	309.658	2.802.540	34.681	117.820	2.206	696.590
1868	343.180	2.712.770	(Ctr.) 4.349	219.810	2.413	543.380

A. 7. Einfuhr von Thran in Bremen 1864/68 nach Quantum in Tonnen und Werth in L.-Thlrn.

	1864.		1865.		1866.		1867.		1868.	
	Quantum.	Werth.	Quantum.	Werth.	Quantum.	Werth.	Quantum.	Werth.	Quantum.	Werth.
Gesammteinfuhr	16.081½	425.305	14.235½	363.544	12.873½	321.864	17.255½	405.083	7.732½	172.039
Darunter von Norwegen	1.212	33.769	2.184½	52.827	2.835	64.072	3.644	81.386	1.864½	39.637
„ „ Grönland	1.112	33.697	1.127½	28.540	2.486	62.437	1.770	42.290	2.074½	49.557
„ „ New Bedford							3.255	75.935		
„ „ New York	543	14.290					3.517½	74.500		
„ „ den Sandwich-Inseln . .	9.244	227.828	7.966	205.110	6.560	170.920	2.793	72.969	2.380	49.285

A. 8. Einfuhr von Walfischbarten in Bremen 1864/68 nach Pfund Netto-Gewicht und Werth in L.-Thlrn.

	1864.		1865.		1866.		1867.		1868.	
	Quantum.	Werth.	Quantum.	Werth.	Quantum.	Werth.	Quantum.	Werth.	Quantum.	Werth.
Gesammteinfuhr	238.056	290.894	169.212	238.448	252.722	377.136	181.105	229.627	278.340	286.670
Darunter von New York	154.420	190.059	29.634	45.259	123.702	185.577	89.984	116.862	215.500	222.353
„ „ den Sandwich-Inseln . .	76.229	90.714	118.725	157.723	113.141	168.347	85.137	104.745	49.115	49.683
„ „ Gross-Britannien . . .			16.367	28.285	1.552	2.310	5.984	8.020	4.549	4.458
„ „ Grönland	1.087	1.576	4.138	6.869	14.327	20.902	—	—	1.200	1.200

B. 1. Übersicht über die Brutto-Erträge des Walfischfanges von Schiffen der Vereinigten Staaten in den 20 Jahren 1849 bis 1868.

1849	Spermöl	3.497.710 Doll.	Summa
	Walthran	3.131.000 „	
	Barten	684.330 „	7.313.040 Doll.
1850	Spermöl	2.936.118 „	
	Walthran	3.159.576 „	
	Barten	860.760 „	6.956.454 „
1851	Spermöl	4.078.251 „	
	Walthran	4.656.247 „	
	Barten	1.388.275 „	10.122.773 „
1852	Spermöl	3.105.835 „	
	Walthran	1.856.853 „	
	Barten	629.950 „	5.592.638 „
1853	Spermöl	4.058.658 „	
	Walthran	4.916.155 „	
	Barten	1.978.305 „	10.953.118 „
1854	Spermöl	3.623.886 „	
	Walthran	6.044.920 „	
	Barten	1.378.080 „	11.046.886 „
1855	Spermöl	4.123.199 „	
	Walthran	4.057.531 „	
	Barten	1.218.375 „	9.399.105 „
1856	Spermöl	4.079.427 „	
	Walthran	4.986.828 „	
	Barten	1.555.620 „	10.621.875 „
1857	Spermöl	3.212.118 „	
	Walthran . : . .	5.455.982 „	
	Barten	1.955.955 „	10.724.055 „
1858	Spermöl	3.097.370 „	
	Walthran	3.157.014 „	
	Barten	1.386.540 „	7.640.924 „
1859	Spermöl	2.447.449 „	
	Walthran	2.998.974 „	
	Barten	1.635.273 „	7.081.696 „
1860	Spermöl	3.250.523 „	
	Walthran	2.205.079 „	
	Barten	1.070.120 „	6.525.722 „
1861	Spermöl	2.822.765 „	
	Walthran	1.895.439 „	
	Barten	726.915 „	5.445.119 „

1862	Spermöl	2.453.769 Doll.	Summa
	Walthran	1.899.034 „	
	Barten	610.800 „	4.963.603 Doll.
1863	Spermöl	3.278.773 „	
	Walthran	1.884.497 „	
	Barten	733.125 „	5.896.395 „
1864	Spermöl	3.649.892 „	
	Walthran	2.942.791 „	
	Barten	1.368.810 „	7.961.493 „
1865	Spermöl	2.356.027 „	
	Walthran	3.482.171 „	
	Barten	1.052.895 „	6.891.093 „
1866	Spermöl	2.944.957 „	
	Walthran	2.803.616 „	
	Barten	1.288.525 „	6.037.098 „
1867	Spermöl	3.078.315 „	
	Walthran	2.109.453 „	
	Barten	1.201.676 „	6.389.444 „
1868	Spermöl	2.897.663 „	
	Walthran	1.652.650 „	
	Barten	945.893 „	5.496.206 „

B. 2. Schiffe unter Amerikanischer Flagge, die am 1. Januar 1869 im Walfischfang beschäftigt waren.

	Schiffe u. Barks.	Briggs	Schuner	Gehalt.
New Bedford	173	1	4	50.628 Tons
Fairhaven	3	3	—	1.603 „
Dartmouth	2	—	1	491 „
Westport	10	—	—	1.909 „
Marion	—	2	5	745 „
Distrikt von New Bedford	188	6	16	55.376 Tons
Edgartown	7	—	—	2.396 „
Nantucket	6	1	1	1.351 „
Tisbury	—	1	—	117 „
Provincetown	—	4	50	5.079 „
Wellfleet	—	—	1	135 „
Boston	1	3	6	1.145 „
Beverly	—	1	—	143 „
Salem	2	2	—	671 „
Newburyport	—	—	3	286 „
New London	9	2	9	3.969 „
Groton	—	—	1	148 „
Sag Harbour	3	2	—	996 „
New York	4	1	—	1.233 „
San Francisco	3	2	1	1.414 „
19 Häfen	223	25	88	74.519 Tons

B. 3. Schiffe und Segen der Französ. Walfischerei.

Von Havre segelten auf den Spermfischfang im Atlantischen und Stillen Meer, so wie auf den Walfischfang im Ochotsk-Meer und im arktischen Meer jenseits der Bering-Strasse:

	Ausgesegelt	Eingesegelt	Erträge
1836	13 Schiffe	13 Schiffe	
1837	36 ,,	35 ,,	
1838	19 ,,	19 ,,	
1839	22 ,,	22 ,,	
1840	14 ,,	12 ,,	
1841	25 ,,	23 ,,	
1842	12 ,,	11 ,,	
1843	17 ,,	16 ,,	
1844	18 ,,	15 ,,	
1845	9 ,,	6 ,,	
1846	7 ,,	6 ,,	
1847	6 ,,	6 ,,	
1848	2 ,,	2 ,,	
1849	6 ,,	— ,,	
1850	7 ,,	,,	
1851	8 ,,	7 ,,	
1852	5 ,,	2 ,,	
1853	6 ,,	5 ,,	
1854	9 ,,	6 ,,	
1855	— ,,	3 ,,	

			Quantum des Segens in Kilogramm.
			Thran	Barten
1856	8 ,,	8 ,,		
1857	6 ,,	4 ,,		
1858	4 ,,	4 ,,		
1859	2 ,,	2 ,,	622.500	24.700
1860	2 ,,	3 ,,	310.700	15.900
1861	1 ,,	1 ,,	130.200	2.100
1862	1 ,,	3 ,,	575.500	13.000
1863	2 ,,	2 ,,	215.800	7.800
1864	1 ,,	2 ,,	186.500	
1865	— ,,	— ,,	91.500	2.860
1866	— ,,	— ,,	234.200	10.619
1867	— ,,	— ,,		2.045
1868	— ,,	— ,,	107.000	3.808

Jetzt besteht folgendes verwickelte Prämiensystem in Frankreich:

1. Bei dem Ausgang 70 Frcs. par tonneau, wenn die gesammte Bemannung aus Franzosen besteht, und 48 Frcs., wenn höchstens ein Drittel der Bemannung aus Fremden besteht, diess Alles bis zur Schiffsgrösse von 600 tonneaux. Auch müssen jedenfalls mindestens die Hälfte der Offiziere und Harpuniere Franzosen sein.

2. Bei der Rückkehr 50 Frcs. par tonneau für die erstgenannte Kategorie und 24 Frcs. für die Schiffe mit gemischter Mannschaft. Das betreffende Schiff muss aber nachweisen, dass es im Stillen Meer Kap Horn umfahrend südlich mindestens bis auf dem 62. Breitengrad oder östlich vom Kap der Guten Hoffnung auf 48°—50° S. Br. und 45° Ö. L. v. P. gewesen ist, dabei muss das Schiff durch seinen Fang mindestens halb voll oder 16 Monate auf der Reise gewesen sein. Ausserdem wird noch eine Supplementarprämie von 15 Frcs. für jedes metrische Quintal des gewonnenen Thranes bezahlt: einmal den Französischen Spermfisch-Fahrzeugen im Pacific und dann allen anderen Französischen Walfischfahrern, die mindestens 30 Monate in See waren und dabei den 28° N. Br. überschritten.

B. 4. Resultate der in der Periode 1836 bis 1859 von der Weser nach dem Grossen Ocean &c. ausgerüsteten Schiffe.

Die in der Periode 1836 bis 1859 von der Weser nach dem Grossen Ocean &c. ausgerüsteten Schiffe lieferten folgende Resultate:

	Zahl der Schiffe	Dauer der Reise	Tonnen Thran	Barten
1836	1	— Monat	2.800 [2]	20.000 Pfd.
1837	1	21 Monate	4.500	45.000 ,,
1838	1	18 ,,	4.000	40.000 ,,
1839	2	24 bis 25 ,,	6.700	65.000 ,,
1840	2	22 bis 28 ,,	7.000	70.000 ,,
1841	1	40 ,,	4.000	37.000 ,,
1842	6	27 bis 37 ,,	20.050	181.000 ,,
1843	1	36 ,,	4.000	31.000 ,,
1844	4	29 bis 40 ,,	11.900	90.200 ,,
1845	7 [1]	20 bis 48 ,,	17.800	161.000 ,,

[1] Ein Schiff, „Mozart", auf Christmas Islands verloren.
[2] Hierbei ist zu bemerken, dass in der Südsee vielfach die Schiffe einen Lindeman, die arktische Fischerei der Deutschen Seestädte.

	Zahl der Schiffe	Dauer der Reise	Tonnen Thran	Barten
1846	2	44 bis 48 Monate	7.900	93.000 Pfd.
1847	—	,,		
1848	1	29 ,,	4.000	27.000 ,,

Bruttowerth des eingebrachten Segens

	Zahl der Schiffe	Dauer der Reise	Tonnen Thran	Barten
1849	2	31 bis 33 ,,	240.829 Thlr.	
1850	2	45 bis 54 ,,	188.562 ,,	
1851	3	40 bis 46½ ,,	79.513 ,,	
1852	2	44 bis 45 ,,	123.781 ,,	
1853	—	— ,,		
1854	—	— ,,	153.337 ,,	
1855	1	43 ,,	260.842 ,,	
1856	1	39 ,,	207.538 ,,	
1857	3	Unbekannt, weil die Schiffe nicht nach der Weser zurückkehrten.		
1858	1	44½ Monate	52.290 Thlr.	
1859	—	,,	57.740 ,,	

B. 5. Brutto-Erträge dreier Deutscher Südseefahrer in den Jahren 1861 bis 1868.

Werth von Thran u. Barten

1861 bis 1868 Schiff „Komet" (im Pacific und Arctic, von Honolulu ausgehend)	. . . .	226.612 L.-Thlr.
1864 bis 1867 Schiff „Oregon" (im Pacific und Ochotsk-Meer, von Honolulu ausgehend)	. .	174.357 ,,
1865 bis 1868 Schiff „Julian" (im Pacific und Arctic, von Honolulu ausgehend)	. . . .	207.454 ,,

608.423 L.-Thlr.

C. Musterrolle.

Wir, die Endesunterschriebenen, Schiffsoffiziere und Schiffsvolk, bekennen hiermit, dass wir uns auf nachstehende Bedingungen verheuert haben.

§. 1.

Wir verpflichten uns, mit dem Dampfschiffe genannt „Albert", worauf als Kommandeur fährt H. Hashagen von Leuchtenburg oder wer wegen Sterbefalles sonst an dessen Stelle kommen möchte, zu fahren von der Weser nach Grönland auf den Walfisch-, Walross- und Robbenfang und von da nach der Weser zurück oder wo sonst unser Löschplatz sein wird.

§. 2.

Wir bekennen, von unseren bedungenen Monatsgeldern Jeder für einen Monat erhalten zu haben, und werden die Monatsgelder ihren Anfang nehmen von dem Tage an, wo wir zu See kommen, und sich endigen, wenn wir von dem Kommandeur oder dessen Rheder den Abschied erhalten. Wir Partfahrer aber bekennen, unser bedungenes Handgeld empfangen zu haben, womit wir zufrieden sind, und wollen wir übrigens abwarten, ob und welcher Segen uns wird ertheilt werden.

§. 3.

Wir versprechen sämmtlich, uns nicht anderswo, und wenn auch ein Mehreres und Besseres zu bedingen wäre, zu vermiethen, es geschehe denn mit ausdrücklicher vorgängiger Erlaubniss der Rheder, und wenn Jemand diesem zuwider handeln möchte und schon vorher anderswo vermiethet haben möchte, so soll derselbe aus der Liste der hiesigen Seefahrenden gestrichen und obrigkeitlich bestraft werden.

§. 4.

Wir wollen uns, wenn nicht eine erweisliche Krankheit oder sonstige Unmöglichkeit eintritt, wovon jedoch so bald als nur immer thunlich die Anzeige geschehen muss, zu der uns gesetzten Zeit bei den uns angewiesenen Kähnen mit unseren Sachen einfinden und an Bord des Schiffes begeben; wer aber erst nach der gesetzten Zeit an Bord sich einfinden möchte, soll sich nach der Zurückkunft der Reise ein den Umständen Angemessenes von seinem Verdienst abziehen lassen.

§. 5.

Sobald das Schiffsvolk an Bord sein wird, soll Niemand, weder Offizier noch Matrose, bei 5 Thlr. Strafe von Bord gehen, es wäre denn im Dienste des Schiffes, wie denn auch der Kommandeur nicht anders als zu diesem die Erlaubniss dazu ertheilen darf; bei gleicher Strafe soll Niemand, wo auch immer das Schiff sich befinden mag, ohne Zustimmung des Kommandeurs oder Steuermanns weder vermittelst der Scha-

Theil ihres Segens auf der Reise an irgend einem Platz abladen, so dass diese Zahlen nicht den gesammten Brutto-Ertrag der Bremischen Südseefischerei darstellen.

15

luppe dieses Schiffes noch auf andere Weise von Bord oder auf ein anderes Schiff sich begeben oder Kähne, Leichterschiffe oder sonstige Fahrzeuge an Bord bringen oder kommen lassen.

§. 6.

Wir wollen uns während der ganzen Reise ordentlich und friedfertig betragen, dem Kommandeur und ein Jeder dem ihm vorgesetzten Offizier den gebührenden Gehorsam leisten und auf der Reise im Schiffswerke wie auch in der Fischerei die ihm obliegenden oder besonders anempfohlenen Arbeiten willig und mit dem besten Fleisse verrichten.

Und wie ein Jeder vermöge seines Dienstes und des bei jedem Schiffe befindlichen Artikelbriefes verbunden ist, auf der ganzen Reise nach Vermögen für des Schiffes Erhaltung und Wohlfahrt zu sorgen, so soll besonders, wenn dem Schiffe auf der Weser oder an der Mündung derselben einiger Unfall an Masten, Bugspriet oder sonst begegnen sollte oder dasselbe leck werden sollte, ein jeder Schiffs- oder Zimmermann seine Arbeit zu schleunigster Reparirung unweigerlich leisten, auch durchaus nicht ohne des Kommandeurs Willen, unter welchem Vorwande es auch sei, von Bord gehen oder gar desertiren, oder für seine Arbeit und Hülfe, ehe er Hand an das Werk legt, besondere Belohnung oder Bezahlung fordern, oder zu dergleichen Unternehmen aufwiegeln. Alles bei Vermeidung der schwersten Strafen.

§. 7.

Der Kommandeur verpflichtet sich, der Mannschaft die gewöhnliche Ration, für Jeden wöchentlich 4 Pfd. gesalzenes Fleisch, 1 Pfd. geräucherten oder 1½ Pfd. gesalzenen Speck, 1 Pfd. Butter und 6 Pfd. Brod, zu verabreichen.

Die Mannschaft verspricht, mit obigen Rationen zufrieden zu sein. Sollte jedoch der Kommandeur in etwaigen dringenden Nothfällen die Rationen zu vermindern genöthigt sein, so muss auch ein Jeder von der Besatzung bei Verlust der zu Gute habenden Gage zum Vortheil der Rhederei und vorbehältlich gesetzlicher Bestrafung nach Befinden mit der verminderten Beköstigung sich begnügen.

§. 8.

Wer sich nicht zum Gottesdienste einfindet, soll mit 24 Groten bestraft werden.

§. 9.

Wir wollen unter keinerlei Vorwand unsere Güter oder Kleider, oder was es sonst sei, in Säcken, Kisten oder auf andere Art aus dem Schiffe an Land bringen oder in andere Fahrzeuge geben, wenn nicht der Kommandeur persönlich gegenwärtig und die Säcke &c. vorher, ehe sie von Bord gebracht werden, hat öffnen und visitiren lassen. Wer Etwas von den mitgebrachten Sachen oder vom Tauwerk, Viktualien, oder was es sonst sei, entwendet oder von dem Schiffe unerlaubter Weise entfernt oder wegschafft, soll auf das Schärfste bestraft werden, Anzeige und Überführung des Thäters aber gut belohnt werden.

§. 10.

Falls Jemand vom Schiffsvolk sich unmässig in Trinken von Branntwein oder anderer geistiger Getränke benimmt, so soll es dem Kommandeur freistehen, dem unmässigen Trinker das von demselben mitgebrachte Getränk abzunehmen und darüber nach Belieben zu verfügen. Auch wird ein solcher Trinker bei der Zurückkunft mit der gesetzlichen Strafe belegt werden.

§. 11.

Nach beendigter Reise hat ein Jeder das ihm zukommende Monats- oder Partgeld in dem Hause des Directeurs des Schiffes zu empfangen.

§. 12.

Endlich versprechen wir, und zwar bei Verlust unserer guthabenden Monats- oder Partgelder und Austilgung aus der Liste der hiesigen Seefahrenden, dass wir in allen unseren diesem Kontrakte betreffenden Verpflichtungen betreffenden Fällen auf Verlangen vor dem Königl. Amtsgerichte Blumenthal ohne alle Einreden, wir mögen Untergehörige sein oder nicht, uns stellen und daselbst rechtliches Erkenntniss gewärtigen, auch nach dieser Musterrolle als dem von uns eingegangenen Kontrakte uns richten, und falls wir dieselbe übertreten möchten, uns darnach bestrafen lassen wollen. Es versteht sich von selbst, dass die Partgelder erst nach ausgebranntem Thran ausbezahlt werden.

In der Regel werden 20 Quardeel Robbenspeck oder 60 Tonnen ausgebrannter Thran für einen Wallfisch gerechnet.

Diejenige Schaluppe, aus welcher ein Fisch geschossen und gefangen wird, erhält eine Prämie von 10 Thlr., wovon der Harpunier 4 Thlr., der Schaluppensteuerer 2 Thlr. und den Rest die übrige Mannschaft erhält.

Ist der angebrachte Segen 400 Tonnen und darüber, so erhalten

die Offiziere und Partfahrer einen Anker Thran, die Schaluppensteuerer ¾ Anker und die übrigen Halbpartfahrer ½ Anker Thran. Diejenigen, die keine Vollmatrosen sind, erhalten keinen Thran.

Der Steuermann erhält für einen selbstgeschossenen Fisch mit Maassbarten 15 Thlr., Untermaass die Hälfte.

Der Speckschneider erhält für jeden Fisch mit Maassbarten 6 Thlr. Schneidegeld, Untermaass die Hälfte.

Der zweite Speckschneider erhält für einen Fisch mit Maassbarten 3 Thlr., Untermaass die Hälfte.

Der Bootsmann gleichfalls.

Sollte das Schiff wegen Kriegsgefahr einen fremden Hafen anlaufen, so hat der Kommandeur das Recht, die Mannschaft oder einen Theil derselben zu entlassen, mit Reisegeld, welches der Konsul an Ort und Stelle bestimmt.

So lange das Schiff im fremden Hafen liegt und die Mannschaft nicht entlassen ist, wird die Monatsgage nur zur Hälfte bezahlt. Die Partfahrer erhalten in diesem Falle selbstverständlich keine Monatsgage.

No.	Qualität.	Namen.	Wohnort.	Handgeld. L.-Thlr.	Gage pr. Mann.	Stüber pr. Fass. Fischgeld.
	Kommandeur	H. Hashagen	Leuchtenburg	100		
1.	Steuermann	Joh. Hagens	Mittelsbüren	60		21
2.	Speckschneider	Herm. Högemeyer	Altenesch	47½		19
3.	Speckschneider-Maat	H. Wurthmann	Mittelsbüren	45		19
4.	Bootsmann	H. Weihusen	Altenesch	45		19
5.	Oberzimmermann	Carl Köper	Leuchtenburg	45		19
6.	Harpunier	Joh. Jachens		36		17
7.	"	Joh. Gleistein	Eggestedt	36		17
8.	"	W. Meyer	Schönmoor	36		17
9.	Oberküper	H. Windeler	Huntebrück	36		17
10.	Schümann	Joh. Strodthoff	Schönmoor	36		17
11.	Koch	Andr. Gödeke	Schönbeck	38½		17
12.	Doktor (Barbier)	Franz Kink	Seilingen	25	5	6
13.	Bootsmanns-Maat	Joh. Meyer	Mittelsbüren	26		16
14.	Segelmacher	H. Hillmann	Stenum	22	8	10
15.	Unterzimmermann	Ber. Marschall	Borchshöhe	20	7	9
16.	Unterküper	H. D. C. Bolte	Blexen	10	5	5
17.	Vollmatrose	H. Schröder	Gruppenbüren	20	6	9
18.	"	Fr. Stuhr	Altenhuntorf	20	7	8
19.	"	D. Schröder	Heikenkamp	20	7	8
20.	"	A. Schröder	Ganderkesee	20	7	8
21.	"	D. Butt	Schönbeck	20	7	8
22.	"	F. Hoggemeyer	Altenesch	20	7	8
23.	"	Chr. Vogt	Nordenholt	20	7	8
24.	"	A. Wiechmann	Rahde	20	7	8
25.	"	D. Witte	Altenesch	20	7	8
26.	"	J. D. Schulte	Schönmoor	20	5	4
27.	Leichtmatrose	Joh. de Vries	Nesse	8	4	4
28.	"	V. v. Halem	Elmloh	8	6	7
29.	"	Friedr. Palm	Schönmoor	12	6	8
30.	Vollmatrose	Joh. Wiese	Nütteln	18	7	8
31.	Leichtmatrose	F. Dreeling	Gruppenbüren	10	7	9
32.	Vollmatrose	B. Persius	Horrel	20	5	6
33.	Leichtmatrose	C. L. Beer	Osnabrück	10	5	4
34.	"	Wilh. Schuebow	Schlawe	10	5	4
35.	"	Franz Freye	Seeburg	8	5	4
36.	Unbefahrener	Hinr. Korte	Bockhorn	5	5	1
37.	"	F. Lürssen	Braudorf	5	5	1
38.	"	H. Tope	Bockholt	5	5	1
39.	"	Aug. Dickens	Herzberg	5	5	1
40.	"	H. Reimer	Eggestedt	5	5	1
41.	"	D. Köther		5	5	1
42.	"	B. Strodthoff	Vielstedt	5	5	1
43.	"	H. Niebank	Braudorf	5	5	1
44.	"	D. Hoesloope		5	5	1
45.	"	M. Ohlenbusch	Schönmoor	5	5	1
46.	"	B. Dannemann		5	5	1
47.	"	D. Meyer	Geestendorf	8	5	4
48.	"	Chr. Knacke	Minnigerode	5	5	2
49.	"	Herm. Schröder	Braudorf	5	5	1
50.	"	G. Schröder	"	5	5	1

No.	Qualität.	Namen.	Wohnort.	Handgeld. L.-Thlr.	Lage pr. Mann.	Stüber pr. Fass. Fischgeld.
51.	Unbefahrener	A. Schröder	Braudorf	5	5	1
52.	„	H. Buse	Hinnebeck	5	5	1
53.	„	C. Schwickmann	Gelligehausen	5	5	1
54.	Maschinist	L. Fahrig	Geestemünde	60	30	8
55.	„ zweiter	Georg Vogt	Bremerhafen	20	12	8
56.	Heizer	Wilh. Stiel	Mühlheim	12	12	6
57.	Schmied und Heizer	H. Röptig	Grohn	10	10	2
58.	Junge	Chr. Köper	Leuchtenburg	10	——	2
59.	„	Joh. Gröhn	„	8	—	1
60.	Heizer	H. Althoff	Geestemünde	12	12	6
61.	„	L. Hackelbusch	Fürstenau	12	12	6
62.	Leichtmatrose	H. Römer	Kulenhaum	12	6	6

(Folgen die Unterschriften der Vorigen.)

Register 1316. Dass die in vorstehender Musterrolle unter Nummer 1 bis 8, 10, 11, 13, 15, 17 bis 32, 37 bis 53, 57 bis 59 aufgeführten Personen, so viel sie mir nicht von Person bekannt waren, sich durch ihre Legitimationspapiere ausweisend diese Musterrolle nach geschehener Vorlesung vor mir eigenhändig unterzeichnet haben, wird damit beglaubigt.

Aumund, den 11. Febr. 1867.

Johann Peter Brunkhorst,
(L. S.) Königl. Preuss., vormals Hannöv. Notar.

Geschehen Amt Lehe, zu Geestemünde, den 13. Febr. 1867.

Vor dem unterzeichneten Beamten sind heute erschienen:

1. Der Kapitän Hashagen, wohnhaft zu Leuchtenburg, führend das zu Geestemünde heimathliche Dampfschiff „Albert", Flaggennummer Nr. 2362, Kommerzlasten trächtig; 328 Last.

2. Dessen für folgende Monatsheuer und Part- und Handgeld gedungene Schiffsmannschaft, nämlich:

a. H. D. C. Bolte, 21 Jahre alt, aus Blexen, als Unterküper, für 10 Thlr. Geld Handgeld, 5 Thlr. Heuer und 5 Stüber pr. Fass Partgeld.

b. Carl Louis Beer, 28 Jahre alt, aus Osnabrück, als Leichtmatrose, für 10 Thlr. Handgeld, 5 Thlr. Heuer und 5 Stüber Partgeld.

c. Hinrich Korte, 39 Jahre alt, aus Bockhorn, als Leichtmatrose, für 5 Thlr. Handgeld, 5 Thlr. Heuer und 1 Stüber Partgeld.

d. Wilh. Schwuchow, 27 Jahre alt, aus Schlawe, als Leichtmatrose, für 10 Thlr. Handgeld, 5 Thlr. Heuer und 4 Stüber Partgeld.

e. Franz Freye aus Seeburg, 37 Jahre alt, als Leichtmatrose, für 8 Thlr. Handgeld, 5 Thlr. Heuer und 4 Stüber Partgeld.

f. Dietrich Meyer, 18 Jahre alt, aus Geestendorf, als Leichtmatrose, für 8 Thlr. Handgeld, 5 Thlr. Heuer und 4 Stüber Partgeld.

Es sind denselben die vom Kapitän überreichten Musterungsbedingungen vorgelesen, und verpflichteten sich beide Theile, die Bedingungen pünktlich zu erfüllen.

Vorgelesen, genehmigt. W. Hashagen.
H. D. Bolte.
H. Korte.
Louis Beer,
W. Schwuchow,
Franz Freye.
Dietrich Meyer.

unterschrieben. Beglaubigt:
(L. S.) Ebert, Amtsassessor.

D. Schreiben des Büchsenfabrikanten Cordes in Bremerhaven in Betreff der verbesserten Schiessharpune und Bombenlanze.

Das Rohr ist mit Schildzapfen (früher nicht vorhanden) versehen, welche in einer Gabel ruhen, hat eine Länge von 24 Zoll, im Kaliber von $2\frac{1}{12}$ Zoll und ein Gewicht von circa 100 Pfd. Als Geschosse sind hierzu konstruirt eine Harpune und eine sogenannte Bombenlanze, beide von Eisen. Die Harpune hat eine Länge von 36 Zoll und ist 9 Pfd. schwer. Sie hat vorn die Pfeilspitze, die 5 Zoll lang und deren Widerhaken 5 Zoll auseinander stehen; hieran schliesst sich der Schaft, den das Rohr aufnimmt und der den doppelten Zweck hat, einestheils die Führung im Rohr zu bewirken, anderntheils den Vorgänger (ein $2\frac{1}{2}$-zölliges, 1 Faden = 120 Fuss langes Ende, an welchem die Harpune

befestigt ist) aufzunehmen. Die Bombenlanze ist 16 Zoll lang, $2\frac{1}{4}$ Zoll im Durchmesser und 6 Pfd. schwer, hat eine 6 Zoll lange dreikantige Spitze und einen 10 Zoll langen cylindrischen Theil; dieser ist zur Aufnahme einer Sprengladung von $\frac{3}{7}$ Pfd. Pulver bestimmt, welche durch einen sehr künstlich konstruirten Zünder entzündet wird. Die Geschützladung für Bombenlanze und Harpune ist resp. $\frac{1}{40}$ und $\frac{1}{20}$ Pfd.

Ein Schiessversuch ergab nachstehende Resultate: Das Ziel für die Harpune, eine Fläche von 1 Quadratfuss, war Anfangs 80 Fuss vom Geschütz entfernt; jeder Schuss, der von Cordes selbst gerichtet war, ging durch das Ziel. Nach und nach wurde die Entfernung vergrössert bis auf 112 Fuss, wo noch jeder Schuss das Ziel traf. Die Trefferergebnisse mit der Bombenlanze waren ganz dieselbe. Sehr beachtenswerth war die Präcision des Zünders, denn bei den verfeuerten drei Schüssen variirte die Brennzeit der Zünder nur zwischen 13 und 14 Sekunden. Die Flugzeit für beide Projektile betrug 2 bis $2\frac{1}{4}$ Sekunden.

Diese neuere Einrichtung führt uns gegen die frühere ein kürzeres Geschützrohr und eine kürzere Harpune vor, und in dem letzteren Umstande ist ein Hauptmoment begründet. Die Vortheile liegen für jeden Sachkenner klar auf der Hand. Wie wir oben gesagt, ist das Rohr mit Schildzapfen versehen, deren Achse durch die Seelenachse geht. Bei den früheren Exemplaren dieses Geschützes war die Befestigung des Rohres im Boot derartig gewesen, dass ein Querbolzen und das Rohr dasselbe mit zwei Blättern verband, die auf einem Poller angebracht waren. Hierdurch war der Lagerpunkt bedeutend versenkt, und zwar um die halbe Rohrstärke plus der halben Stärke des Bolzens. Der hierdurch entstehende Nachtheil war ein sehr starkes Bucken, welches, da der Schaft des Rohres mit der Hand gehalten werden muss, dasselbe häufig aus der Richtung brachte und sehr oft Veranlassung zu Fehlschüssen gab. Durch die vorliegende Konstruktion des Rohres mit verglichenem Lagerpunkt wird das Bucken in hohem Grade vermindert und somit auch der Nachtheil des Fehlschiessens bedeutend verringert. Ferner die kürzere, also auch leichtere Harpune senkt sich beim Schiessen nicht so bald als die längere und also auch schwerere; man braucht deshalb auch nicht so viel Elevation und kann aus diesem Grunde auch sicherer richten als sonst; der Fisch wird also in flacherem Bogen, mithin direkter getroffen als früher, was auch die Eindringungstiefe der Harpune vergrössert. Durch die Bombenlanze soll die umständlichere Harpune wo möglich entbehrlich gemacht werden; der wohlgetroffene Fisch soll durch die in seinem Leibe durch $\frac{3}{4}$ Pfd. Sprengladung krepirende Bombenlanze sofort getödtet werden.

Noch eine neue Einrichtung verdient hier Erwähnung: eine Doppelkanone mit denselben Abmessungen wie die oben erwähnte einfache, nur dass das Gewicht um etwa 20 Pfd. grösser ist. Die Absicht ist vollständig zwei einfache Kanonen, für die, wollte man sie wirklich anbringen, man doch keinen Platz haben würde. Der Zweck ist: aus dem einen Lauf, und zwar zuerst, die Harpune, aus dem anderen die Bombenlanze zu schiessen. Auch diese Doppelkanone hat bei den Proben dieselben guten Resultate geliefert wie die einfache.

Aus einem späteren Briefe des Herrn Cordes vom 12. Dez. 1868:

Die zuletzt angefertigten Doppelkanonen für den Walfischfang unterscheiden sich von denen, worüber Sie bereits Kenntniss erhalten, dadurch, dass daran der rechte Lauf mit drei Zügen, welche auf eine Länge von je 25 Fuss eine ganze Drehung der Bombenlanze bezwecken, versehen ist.

Die Harpunen unterscheiden sich dadurch von den Englischen, dass die meinigen derartig eingerichtet sind, dass die Leine mit in das Rohr geschoben wird, wohingegen die Englischen mit einem Drahtbügel (Schenkel) versehen sind, welcher zwischen dem getheilten Ende (zwischen den Seitenstangen, welche in das Rohr gehen) hängt, und an welchem die Leine befestigt ist. Wird daher die Harpune, wenn solche abgeschossen wird, stets etwas aus der ihr durch das Rohr gegebenen Richtung gebracht und auch die Perkussionskraft bedeutend geschwächt. Mit den von mir gelieferten Walfischkanonen hat Herr S. Foyn in Tönsberg laut Mittheilung der Weserzeitung bis zum 15. Mai zehn Finnfische erlegt. Private Mittheilungen sind mir darüber nicht ertheilt worden, nur dass Herr Foyn bei seinem Besuch im September 1866 mir sagte, er hätte im Laufe des Sommers zwölf Finnfische damit geschossen, was ihn damals veranlasst hatte, acht Stück Kanonen nachzubestellen.

Die Doppelkanone nebst Harpunen und Bombenlanzen, mit welcher Herr P. Rechten jetzt nach Amerika gereist ist, ist dieselbe, welche ich in der Pariser Industrie-Ausstellung hatte, und ist seitdem weiter keine Verbesserung daran gemacht, bis auf eine unerhebliche Veränderung an der Harpune.

15 *

E. Mittheilung über Thranbereitung und Thranhandel, so wie über den Handel und die Fabrikation von Walfischbarten.

In Bremen sind folgende Thransorten gangbar: 1. *Archangler*, verbraucht zum Brennen, in Seifensiedereien und Weissgerbereien; 2. *Berger und Tromsöer blanker* oder *Norweger blanker*, wird zum Brennen und zu Schmiere verbraucht. Unter diesem blanken Thran kommt auch Waare vor, welche Importeure als 3. *Medizinalthran* zu verkaufen suchen. Dieser, wenn echt, stammt nur vom Dorsch, jener aber aus der Leber verschiedener Fische. 4. *Berger* und *Tromsöer Leberthran*, sogenannter „Gerberthran", für Lohgerbereien. 5. *Grönländischer Thran*, wird hauptsächlich in Weissgerbereien und auch zum Brennen verbraucht. 6. *New Foundland-Thran*, wird unter Anderem zur Fabrikation lithographischer Tinte verbraucht, welche hauptsächlich in Hannover und Westphalen zum Export nach Frankreich fabricirt wird. 7. *Südsee-Thran*. Verbrauch: vorzugsweise zu Schmiere und ordinären Seifen; Hauptausfuhr nach Frankreich. Grönlands- und Südsee-Thran werden vielfach zur Erleuchtung in Bergwerken verwandt. Hamburg empfängt unter Anderem fast die ganze Thran-Ausbeute vom Weissen und Kaspischen Meere, so wie von Norwegen. Es findet dort noch eine weitere Behandlung des Thranes Statt, um den verschiedenen Bedürfnissen und Gewohnheiten der verschiedenen Länder zu entsprechen. Die Einfuhren von Thran in Hamburg und Bremen während der letzten fünf Jahre sind in Tabelle A. 6 bis 8 mitgetheilt. Auf Grund von Auskunftsertheilungen, welche mir von zwei Deutschen Fabrikanten in sehr dankenswerther Weise gegeben wurden, lasse ich hier Angaben über Handel &c. mit Walfischbarten folgen. Bis in die dreissiger Jahre dieses Jahrhunderts war die Verarbeitung der Walfischbarten eine einfache Sache, indem sich dieselbe beinahe ausschliesslich auf das sogenannte „Reissen". das heisst Spalten der Walfischbarten in Stangen, beschränkte. Diese Stangen wurden sodann der Länge nach abgeschnitten, abgekippt und in Bündel verpackt dem Verbrauche übergeben. Dieser Betrieb war also ein sehr einfacher und es waren auch bei grösserer Ausdehnung des Geschäfts nur wenige Arbeitskräfte erforderlich, auch schon deswegen, weil bis zum Anfang jener Epoche ausschliesslich Grönlands- und Davis-Strasse-Barten verarbeitet wurden, die schon gereinigt, ja mitunter sogar sortirt von den Stapelplätzen bezogen wurden. Hieraus wurden Stäbe zu Regen- und Sonnenschirmen oder schmälere und breitere für Mieder gefertigt, die dann bei der Verwendung durch die Regenschirmmacher, die Schneider oder die Näherin noch die weiter nöthige Zurichtung erhielten.

Bald kamen nun sogenannte Südsee-Barten in den Handel und die Französische und Amerikanische Fischerei im nördlichen Stillen Ocean machte sich immer mehr auch für Fischbein geltend. Walfischbarten mussten jetzt in grösseren Partien, weil von entfernten Märkten, bezogen werden, und nicht nur unsortirt, sondern auch immer ungereinigt. Es kamen nun die verschiedenen Sorten: Arctic-, Ochotsk-, Nordwest-Barten, nach und nach zur Verwendung. Hierdurch so wie durch den Einfluss mancher Mode und auch hauptsächlich durch den Drang, welcher allgemein durch die Industrie ging, dem Verbrauche besser und handsame hergestelltes Material zu liefern, verlor die Fabrikation des Fischbeins ihre Einfachheit, und während in früherer Epoche 10 bis 12 Arbeiter genügten, sind jetzt 50 bis 60 erforderlich, das gleiche Quantum Fabrikat zu liefern, und dazu noch manche mechanische Vorrichtung. In Folge der hohen Preise, welche schon seit einer Reihe von Jahren für rohe Barten bezahlt werden, hat der Verbrauch von verarbeitetem Fischbein bedeutend abgenommen, indem eine Anzahl Surrogate sich billiger herstellen lassen und in manchen Fällen dieselben Dienste thun, wie z. B. der ausserordentlich billige Stahl der Krinolinureifen. Die zur Verarbeitung kommenden Barten sind folgende:

1. Grönländer, auch Arctic- oder Polar-Barten; diese Sorte erreicht die grösste Länge, denn es kommen, wenn auch ausnahmsweise, Barten von 14 bis 15 Fuss Leipziger Maass unter ihnen vor.

2. Ochotsk-Barten, stammen wahrscheinlich aus der Bai dieses Namens, doch scheinen auch kleinere Grönländer Barten so benannt zu werden.

3. Nordwest-Barten, von Mittelgrösse, wie Nr. 2, mit verhältnissmässig stärkeren Blättern als die anderen Sorten. (Vielleicht von Fischen, die bei der Kodiak-Insel und in der Bristol-Bai getödtet wurden?)

4. Südsee-Barten, ist die kleinste Sorte und kam früher auch von Spanien aus unter dem Namen Galicia-Barten in den Handel.

Die von allem Schmutz und von den Haaren befreiten Barten werden in kochendem Wasser erweicht und dann vermittelst des Hobels der Länge nach in Streifen von geeigneter Breite geschnitten. Das Fisch-

bein kommt zum Theil in diesem Zustande zum Verkauf, um von Schneidern, Peitschenmachern und Schirmfabrikanten verarbeitet zu werden, theils wird es in der Fabrik noch weiter fertig gemacht und polirt, wo es dann von Korsetfabriken, Putzmacherinnen und Mützenfabrikanten verwendet wird. Es werden auch polirte Peitschenstöcke, Spazierstöcke und Stricknadeln von Fischbein angefertigt. Die Fischbein-Abfälle werden theils in chemischen Fabriken wie Horn-Abfälle verwendet, theils zur Düngung benutzt. Die feineren Späne werden zum Polstern verwendet, eben so die an den Barten befindlichen Haare. Die Fabrik in Neudietendorf bei Gotha besteht seit 1785. Über den Umsatz lässt sich Nichts sagen, da dieselbe ganz von den Preisen abhängig war, künftig aber selbst bei billigen Preisen wohl gering bleiben wird.

Die Häuser J. M. Dellefant in Augsburg (besteht seit 1790), H. C. Meyer jun. in Hamburg und J. G. R. Lilliendahl in Neudietendorf sind die ältesten Fabriken in Deutschland.

Ausserdem ist noch Folgendes mitzutheilen:

1. Die wirklichen Grönländer Barten sind die spaltbarsten, sie haben den feinsten Wuchs und lassen sich zu aller Waare, welche nicht gepresst wird, verwenden.

2. Polar-, Arctic- und Ochotsk-Barten stehen den Grönländer etwas nach, sind ihnen übrigens sehr ähnlich.

3. Nordwest-Barten sind den Grönländer am unähnlichsten, indem sie sich am besten pressen lassen, was wohl von einem Fett- oder Gallertgehalt herrührt, welcher den Grönländer Barten angeht.

4. Südsee-Barten haben am meisten die Eigenschaft der Nordwest-Barten, sind aber kleiner und gewöhnlich am billigsten. Nr. 1 und 2 sind also am meisten zum Spalten, nicht zum Gepresstwerden geeignet, Nr. 3 und 4 am meisten zum Gepresstwerden und lassen sich weniger gut spalten.

Die äusseren Flächen der Barten werden Schalen genannt, sie sind wenig oder gar nicht porös und besitzen wie beim Stuhlrohr die eigentliche Elasticität, weshalb auch alle Waare mit Schale gesuchter ist als blosse Kernwaare. Das ganz hellgelbe, sogenannte weisse Fischbein kommt selten vor, am meisten noch Barten mit gelbem Längsrand oder Streifen; ganz weisse Barten sind meist klein und kommen nur unter Südsee-Barten vor, öfters in einer Länge von höchstens 1½ bis 2½ Fuss, weit seltener von 5 bis 6 Fuss Leipziger Maass. Der Umstand, dass ganz weisse Barten nur in der Südsee vorkommen, widerlegt wohl die Vermuthung, dass dieselben von Zwergfinnfisch herrühren könnten, dem Herr Martins („Von Spitzbergen zur Sahara", Bd. I, S. 125) nur weisses Fischbein zuschreibt. Es wäre eine Barte von 5 bis 6 Fuss für die Balaena rostrata zu lang. Überhaupt kauft man selten Finnfischbein, da Alles, was unter diesem Namen in den Handel kommt, stets säbelförmig gebogen und wellig gewachsen ist.

Der Hauptstapelplatz für Barten ist New Bedford, in letzter Zeit scheint auch San Francisco seine Walfischflotte zu vergrössern (siehe die Daten über die Amerikanische Fischerei von 1868). Fabrikanten beziehen ihren Bedarf theils von New York, theils von Bremen, Hamburg, Havre oder London, je nachdem der eine oder andere Platz zufällige Vortheile bietet. Die 23 Arbeiter einer der Fabriken könnten per Jahr ganz bequem 120.000 Pfd. Barten in die verschiedenen Sorten des Bedarfs verarbeiten.

Es kommt manchmal vor, dass ein Theil der Barten mit eingeschnittenen oder eingebrannten Marken versehen ist, was für den Fabrikanten sehr nachtheilig ist, weil die Waare, welche aus solchen Stellen geschnitten wird, nicht gebraucht werden kann. Es sei hier nur noch bemerkt, dass unter „weissem" Fischbein hier immer hellgelbes zu verstehen ist. Schneeweisses kommt gar nicht vor.

In Berlin bestehen, wie mir von dorther mitgetheilt wird, zwei Fischbeinfabriken, von welchen jedoch nur eine das ganze Jahr hindurch Arbeiter in der Fischbeinfabrikation beschäftigt, und zwar 20 bis 22, während noch eben so viele bei Arbeiten in Rohr beschäftigt werden. Der Verbrauch dieser einen Fabrik wird mir auf 60- bis 70.000 Stück Barten à 1½ bis 2 Pfund jährlich angegeben. Diese Fabrik ist die grösste in Preussen und besteht bereits über hundert Jahre.

F. Gebiete des Walfischfanges im Atlantischen, Grossen und Indischen Ocean, so wie in dem arktischen Meere [1]).

I. Der right-whale und bow-head (Polarwal, Balaena mysticetus).

In den *arktischen Meeren*, Fischerei auf bow-head: Hudson-Bai (hauptsächlich bei Southampton-Insel und Kap Fullerton) und Davis-Strasse. — Grösse und Thranergiebigkeit der Fische: früher 120 Barrels durchschnittlich (Männchen 100 B., Weibchen 140 B.).

Ochotsk-Meer. Hier kommt zu dem bereits Mitgetheilten noch hinzu: Kreuze: Juni bis Oktober; die Fische lieferten früher durchschnittlich 120 Barrels Thran und bis 1500 Pfund Barten auf 100 Barrels Thran, jetzt durchschnittlich 100 Barrels.

Arktisches Meer jenseit der Bering-Strasse: Ebenfalls mitgetheilt. Gewöhnliche Grenzen der Fischerkreuzen: Point Barrow, Icy Cape und Herald-Insel, so weit das Eis es zulässt. Einzeln überwinterten Fischerfahrzeuge im Ochotsk-Meer so wie in der Plover- und St. Lorenz-Bai. Im Arctic wurden im 1848 Fische angetroffen, die 300 Barrels Thran lieferten, 1300 Pfund Barten auf jede 100 Barrels Thran. Später kleiner.

Im *Atlantischen Ocean.* Fischerei auf right-whale: Früher an

1. der Küste von Brasilien die Brasil oder False Banks zwischen 36 und 55° S. Br. und von der Ostküste von Süd-Amerika bis 30° W. L., besonders auf 38 bis 35° S. Br. und 38 bis 45° W. L.

2. Die Tristan Grounds von 28 bis 42° S. Br. und vom Meridian bis 20° W. L., ferner 34 bis 43° S. Br. und 24 bis 28° W. L., so wie früher besonders der Westküste Afrika's entlang von 22 bis 32° S. Br. und südlich vom Kap.

Ausgewachsene Wale dieser Gründe lieferten: der männliche Fisch 40 bis 60 Barrels Thran bei 300 Pfund Barten auf 100 Barrels Thran, der weibliche Fisch 60 bis 80 Barrels Thran bei 400 bis 600 Pfund Barten auf 100 Barrels Thran. Kreuze (season): von September bis Mai, Hauptmonate: September bis Februar.

Im *Indischen Ocean:* Weiteste Grenzen der Kreuze: Kap der Guten Hoffnung (18° Ö. L.) bis zu 80° Ö. L. und zwischen 20 und 50° S. Br. Dieses Gebiet ist bereits stark ausgefischt; die ergiebigsten Striche waren und sind theilweise noch:

1. Delagoa-Bai (26° S. Br., 32° W. L.).
2. Östlich vom Kap der Guten Hoffnung von 35 bis 38° S. Br. und 30 bis 35° Ö. L.
3. Um Crozet-Islands (45 bis 47° S. Br., 49 bis 52° Ö. L.).
4. Um St. Paul's-Insel (32 bis 38° S. Br., 70 bis 80° Ö. L.).
5. An der Süd- und Westküste von Neuholland und Van Diemensland, bei Kap Leeuwin, im King Georges-Sund. Geographen-Bai.

Die Fische im Indischen Ocean sind durchschnittlich etwas kleiner als im Atlantischen, nämlich Männchen 40 Barrels Thran und 240 Pfund Barten, Weibchen 60 Barrels Thran und 360 Pfund Barten. Kreuze: September bis Mai. In den Wintermonaten in den Baien der Küsten, wo die Weibchen Junge bekommen, sonst „off shore", d. i. vor der Küste. Vielfach ist die Fischerei an Inseln und Felsen, besonders wenn Kelp, eine Seegras-Art, am Grunde wächst.

Im *Süd-Pacific:* An und vor der Küste von Neuseeland, bei den Auckland-Inseln.

a) Vor der Küste von 38 bis 48° S. Br. und 154 bis 162° Ö. L., von Oktober bis März, im Norden beginnend und südwärts kreuzend.

b) Von 36 bis 45° W. L., 160° Ö. L. zu 160° W. L. und bei den Stewart-Inseln vom Lande bis auf 100 Miles von der Küste.

2. An der Küste von Chile früher in 42 bis 47° N. Br. und 75 bis 80° W. L. vom 1. September bis 1. Januar, nach diesem Zeitpunkt Kreuze nördlich an der Küste hin und die Baien durchstreifend bis 35° S. Br. und wieder auf 40° S. Br. bis Mai, zuweilen in den Baien (Conception- und St.-Vincent-Bai). Einige Schiffe überwintern in

[1]) Die Übersichten über die Gebiete des right-whale- und Spermwalfanges sind nach den Mittheilungen des Herrn Captain Seabury in New Bedford vom 1. Februar 1869 entworfen. Sie sollen natürlich nur die wichtigsten Fischerplätze und Stationen bezeichnen. Über die Verbreitung der Wale überhaupt und verschiedene andere auf den Walfischfang bezügliche naturwissenschaftliche Fragen giebt ja Maury in seinem viter Whale-charts eine auf den Daten von mehreren hundert Logbüchern beruhende Auskunft. Diese Whale-charts hatten hauptsächlich auch den Zweck, den Whaler die Mittel in die Hand zu geben, den Fischfang möglichst erfolgreich zu betreiben, sie sind aber jetzt in mancher Beziehung antiquirt. Captain Seabury, welcher bei den mir in dankenswerther Weise gemachten Angaben auch andere Walfischfänger zu Rathe zog, hat leider in den wenigsten Fällen angegeben und auch wohl angeben können, welche Gründe noch jetzt so fischreich sind, wie sie es früher waren.

diesen Baien. Jetzt kreuzen die Schiffe auf diesen Gründen in mixed voyages, nämlich im Winter nordwärts auf Spermfischerei.

Grösse der Fische nicht sehr von den vorhin angegebenen verschieden.

Im *Nord-Pacific:* 1. Nordwestküste (Kodiakgrund) zwischen 50 und 60° N. Br. und 130 bis 160° W. L., vorzugsweise zwischen 55 und 58° N. Br. und 140 bis 152° W. L. Die Zeit der Kreuze ist von April bis Oktober. Die Wale liefern durchschnittlich 125 Barrels, nämlich die männlichen 60 bis 100 Barrels, die weiblichen 100 bis 200 Barrels, Barten, etwa 1000 Pfund auf 100 Barrels; sie sind viel länger als die Südsee-Barten, die Zahl der Blätter ist gegen 200 und von 4 bis 11 Fuss lang. Manche Wale auf diesen Gründen erweisen sich als „dryskins", d. h. bei ihnen liefert der Speck wenig Thran.

2. Bristol-Bai, Fox Islands, bei Kamtschatka und der Anadyrsea. Auf diesen Gründen kreuzen die Schiffe noch jetzt mit vielem Erfolg, namentlich auch vor der Fahrt nach dem arktischen Meer.

3. Bei den Inseln am Eingang zum Ochotsk-Meer, im Japanischen und Gelben Meere. Hier sind die Fische kleiner als auf dem Kodiakgrund, nämlich ein ausgewachsenes Männchen liefert 70 Barrels, ein solches Weibchen 110 Barrels Thran.

II. Der Spermwal.

Allgemeine Verbreitung: zwischen 60° S. Br. und 60° N. Br. Die genaueren Grenzlinien siehe in Maury's Physischer Geographie, auch in Berghaus' Physikalischem Atlas, VI. Abth. 3.

Im *Karaibischen Meere:* Vor Chagres oder Vanquilla und verschiedenen anderen Plätzen jenes Meeres; im Golf von Mexiko und zwischen 28 und 29° N. Br., 89 zu 90° W. L., und die Bahama-Inseln (28 bis 29° N. Br. und 79° W. L.), Charleston Ground (29 bis 32° N. Br. und 74 bis 77° W. L.). Auf diesen Gründen kreuzen im Frühjahr kleine Schiffe, im Winter kreuzen sie mehr nach Süden zu, gegen den Sommer mehr östlich (nach Osten zu kleinere Fische).

Im *Nord-Atlantischen Meere:* Von 36° N. Br. zu 74° W. L., von 32° N. Br. zu 68° W. L., von 28 bis 32° N. Br. zu 48 bis 57° W. L., von 33 bis 45° N. Br. zu 48° W. L. bis östlich von den Azoren, besonders aber auf 40° N. Br. und 40° W. L., so wie auf dem 36° N. Br. und 36° W. L. (the 2 and 40 grounds und the 2 and 36 grounds). Kreuze im Sommer, mitunter bis December. Neuerdings Fischerei von 43 bis 46° N. Br. und 25 bis 32° W. L., von 48 bis 50° N. Br. und 21 bis 24° W. L. Auf dem Western Ground (westlich von den Azoren) Fische häufig nahe bei den Inseln.

Steen Ground: von 31 bis 36° N. Br. und 21 bis 24° W. L. Beste Zeit für die Kreuzen: August bis November. Früher vom Kap St.-Vincent nach der Strasse von Gibraltar, der Küste von Portugal und Spanien entlang und an der Südseite von Teneriffa und dem Lande. In den Wintermonaten nördlich und westlich der Capverdischen Inseln. Ferner von 10 bis 14° N. Br. und 35 bis 40° W. L. im März bis Mai, von 5 bis 7° N. Br. und von 18 bis 20° W. L. im Winter. Bei der Insel Fernando Po.

Im *Süd-Atlantischen Meere:* Früher bei den Alcalas Banks grosse männliche Wale, auf 17 bis 19° S. Br. und von der Küste zu 35° W. L., vor Kap Frio auf 23° S. Br. und von 39 zu 42° W. L. kleinere Wale. Die hier kreuzenden Schiffe gehören meist zu den kleineren. Früher bedeutender, jetzt geringere Spermfischerei an den Küsten von Brasilien und Uruguay von 30 bis 40° S. Br. und 30 Miles bis 4 Grad vor der Küste. Hier auf dem sogenannten River La Plata-Grunde ist die Zeit der Kreuze vom September bis Mai. Von 45 bis 47° S. Br. und von 55 bis 60° W. L.

Ostseite des Atlantischen Meeres: Fischerei längs der Küste von Afrika, bei den Inseln Ascension und St. Helena und südwärts bis zu den Tristan-Inseln. Die wichtigsten Fischplätze sind: 3 bis 23° S. Br. und 9 bis 10° W. L., auf 34° S. Br. und von 2 bis 3° Ö. L. 7° W. L. Kreuze auf diesen Gründen von September bis Mai, nach Norden zu das ganze Jahr. Wale meistens gross, öfter werden solche vor Kap Horn getroffen.

Süd-Pacischer Ocean: Dieses Fischereigebiet beginnt an der Westküste von Süd-Amerika auf 16° S. Br. und reicht herab bis auf 35°, und zwar die Küste bis auf 200 miles ab. Früher Fischerei bei der Insel Chiloe, bei den Inseln Huafo und Ascora auf 44° S. Br., vor der Insel Mocha, vor dem Hafen Talcahuano, um die Inseln Juan Fernandez und Massafuero, auf der Küste hin zu 90° W. L. Kreuze hier und weiter südwärts vom September bis Mai. Meist grössere Fische.

Archer Ground: von 17 bis 20° S. Br. und von 84 bis 90° W. L. Ferner die Küste hinab von der Breite der Panama-Bai (8° N. Br.)

und von der Küste zu 90° W. L. Früher Fischerei auf dem Callao-Grunde bei der Küste von 12 bis 18° S. Br., auch von 10 bis 14° S. Br. und 86 bis 90° W. L. Jetzt fischt hier noch eine kleine Zahl von Schiffen. Fische von allen Grössen, durchschnittlich männliche 40 bis 60 Barrels Thran.

Im Anfang der Spermfischerei im Pacific war eine der besuchtesten Stellen von 5° S. Br. bis 2° N. Br. und von der Küste von Peru bis 93° W. L., einschliesslich der Galapagos-Inseln, wo Schiffe das ganze Jahr hindurch fischen und die grösste Zahl der Fische aus weiblichen mit ihren Jungen besteht, männliche einzeln. Ferner früher vor der Küste, besonders von 4 bis 5° S. Br. und 104 bis 110° W. L. Kreuze das ganze Jahr. Fische von allen Grössen, die Mehrheit junge männliche von 40 bis 60 Barrels. (Fische gehen in Schulen, je grösser der Wal, desto kleiner die Schulen.)

Auf dem *Äquator* von 2° N. Br. bis 2° S. Br., von der West-küste von Süd-Amerika quer nach dem Pacific hinüber, besonders von 110 bis 130° W. L., bei Jarvis Island und der King's Mill-Gruppe. Die Fische am Äquator sind meist sehr klein, gelegentlich ein grosser männlicher Fisch zwischen ihnen. Bei den Marquesas-, den Niedrigen-, den Gesellschafts- und Schiffer-Inseln, den Hervey- und den Viti-Inseln einige Fischerei.

Bei Neuholland, bei Neuseeland, besonders bei French Rock, von Südost zu Südwest, 20 bis 30 Miles Distanz (31° 30' S. Br. und 179° W. L.).

Varques-Grund (25° S. Br. und 170 bis 176° W. L.).

Bei den Sunday-Inseln (29° S. Br., 179° W. L.); ferner auf 36° S. Br. und 165° W. L.

Bei den Three Kings (32° S. Br. und 170 bis 175° Ö. L.).

Beim Lande ostnordöstlich von Monganui zu Ostsüdost von Kap But auf 40 bis 80 Miles vom Lande.

Ferner bei der Stewart-Insel und bei den Snares- und Chatham-Inseln, auf 36 bis 38° S. Br. und 164 bis 166° Ö. L.).

Die Fische, welche bei Neuseeland gefangen werden, sind gross, viele geben 100 Barrels. Die Kreuze im äussersten Süden ist während der Sommermonate und von September bis April auf dem nördlichen der eben angegebenen Gründe, so dass die Schiffe das ganze Jahr hindurch hier fischen, und zwar noch jetzt mit gutem Erfolg. Bei den Schiffer-Inseln und French Rock werden die Schiffe häufig von Orkanen heimgesucht und es werden nach diesen Gründen die besten Schiffe gesendet. Von Neuseeland quer hinüber nach Neuholland, bei Van Diemensland, die Küste von Neuholland entlang, Wreck Reef und um New Island und Bouker-Bai. Ferner bei Salomon Island, New Guinea, New Georgia und der King's Mill-Gruppe. Auf den letzteren Gründen mehr kleine Fische.

Nord-Pacifischer Ocean: Früher kreuzten viele Schiffe bei Kap St. Lucas und dem Golf von Kalifornien (auf 23° N. Br., 110° W. L.), und zwar war der Fischerei hauptsächlich auf 10 bis 15 Meilen von der Küste ab; meist grosse Fische. Kreuze: während der Wintermonate. Nach der Sommerfischerei auf den Japan-Gründen kommen die Schiffe hierher, jedoch wäre auch in der übrigen Zeit Gelegenheit zur Fischerei.

Bei Maria Islands und bei San Blas, an der Mexikanischen Küste, ferner in der Bai von Panama, von der Küste bis auf 90° W. L., von 4 zu 8° N. Br. und von 100 bis 110° W. L. und bei den Sandwich-Inseln während der Wintermonate. Vor Oahu war die Fischerei. Die Japan-Gründe und der Platz bei den Bonin-Inseln lange Zeit hindurch fischreich, sind während von Mai bis November. Die Kreuze ging von 28 bis 38° N. Br. und von 165° W. L. zu 165° Ö. L. und bei den eben genannten Inseln von 10 bis 150 Miles vor der Küste. In der späteren Jahreszeit richten die Orkane (Teifuns) arge Verheerungen unter den Whalerschiffen an. Die Fische waren meist gross, besonders die männlichen, und viele, wie an den Zähnen bemerklich, sehr alt.

Bei den Ladronen- und den westlich gelegenen Inseln.

In der Soloo- und Mindosa-See und bei den East India-Inseln. Hier sind die Fische vorzugsweise kleinere. (Viel ruhiges Wetter und starke Strömungen.)

Indischer Ocean: Vor Point Dauphin bei Madagaskar, im Mozambique-Kanal und bei den Inseln Mauritius und Bourbon, bei den Inseln Rodriguez und der Amarant-Gruppe, bei den Sechellen, bei der Comara-Insel, vor Zanzibar und an der Ostküste von Afrika bis nach dem Rothen Meere hin. Ferner vor der Insel Scotia und an der Arabischen Küste hin, so wie bei den Laccadiven, ferner bei der Insel Ceylon. Die Schiffe kreuzen das ganze Jahr auf diesen Gründen so wie an der Süd- und Westküste von Neuholland. Die besten Plätze sind bei Kap Leeuwin und längs der Küste südwärts bis Termination-Insel, ferner vor Sharke-Bai westlich und um Van Diemens-Land. Von März bis Juli kreuzen die Schiffe mehrere Grade vor der Küste nach dem Westen von Australien, vom Oktober an nahe dem Lande. Hier sind grössere Fische.

III. Der Hump-back (Buckelwal).

Kleiner als der Spermwal, weniger speckergiebig, sehr wild, in allen Meeren in seichtem Wasser nahe der Küste. Hauptfangplätze der Buckelwale: bei der Insel Trinidad und dem Golf von Para (10 bis 11° N. Br. und 61 bis 63° W. L.); ferner bei den Capverdischen Inseln und an der Küste von Afrika (23° N. Br., 7° S. Br.) Kreuze an den Capverdischen Inseln in den Wintermonaten und an der Afrikanischen Küste von Juni bis Oktober. Der ausgewachsene männliche Buckelwal (an der Afrikanischen Küste) liefert etwa 40 Barrels und der weibliche 70 Barrels Thran.

Im *Pacific:* Im Golf von Guayaquil (3° S. Br.) und von hier der Küste entlang nach Norden; vor der Küste von Ecuador bis Esmeralda und 3° N. Br. Die Kreuze weiter nördlich von Februar bis Juni, südlich von Juni bis August; Durchschnitts-Ertrag an Thran: ein ausgewachsener männlicher Fisch 20 Barrels, ein ausgewachsener weiblicher Fisch 55 Barrels.

Ferner an der Westküste von Neuholland, besonders um Rosemary-Insel an der Nordwestküste. Kreuze: von Juni bis Oktober, in der Zeit, wo die Fische in den Baien jungen. Weiter südlich ist die Kreuze später. Durchschnitts-Ertrag eines Fisches 40 Barrels Thran.

Um Brampton Shoals im Pacific (19° S. Br. und 158° Ö. L.). Durchschnitts-Ertrag eines Fisches 30 Barrels. Kreuze: Juni bis November.

IV. Der Greyback (Kalifornischer Wal, Rupsack, Stinker, Teufelsfisch).

In den Golfen und Baien von Kalifornien in seichtem Wasser, besonders in Magdalena-Bai (25° N. Br.), Scammons Lagoon (30° N. Br.) und in dem Ochotsk-Meer. Beste Zeit der Kreuze von November bis Mai. Gewöhnlich werden diese Wale mit der Bombenlanze getödtet. Der Greyback liefert durchschnittlich 20 Barrels. Der Thran hat eine röthliche Farbe und ist ungefähr eben so viel werth als right-whale-Thran.

Erfrischungs- und resp. Abladehäfen Amerikaner Whaler.

Atlantischer Ocean: Barbadoes, Bermuda, Fayal (Azoren), Port Praya (Cape de Verde Islands).

Süd-Atlantischer Ocean: Pernambuco, Rio de Janeiro, St. Catharines, Montevideo an der Ostküste von Süd-Amerika. An der Afrikanischen Küste: St. Helena, Ambroyet und Kapstadt. Die wichtigsten Abladehäfen im Atlantischen Ocean sind: Barbadoes, Fayal und St. Helena.

Indischer Ocean: Insel Mauritius (Haupt-Ablade- und Reparaturhafen), Zanzibar, die Sechellen, Singapore und einige Punkte der Ostindischen Inseln (Kema). Im Westen von Neuholland: Sharke-Bai, Geographen-Bai und King Georges-Sund, Hobarttown auf Van Diemens-Land und Sydney.

Süd-Pacifischer Ocean: Monganui- und Insel-Bai im Osten von Neuseeland, die Viti- und Schiffer-Inseln, Papepa auf der Insel Otaheiti, Nukahiva (Marquesas-Inseln). Westküste von Süd-Amerika: San Carlos, Talcahuano, Valparaiso, Callao, Paita, Tombez. Abladehäfen sind hauptsächlich Talcahuano und die Inselbai. Die Galapagos-Inseln, welche einige gute Häfen haben, werden gelegentlich der Landschildkröten (Terapins) wegen besucht. Auf der Südseite der Chatham-Inseln kann gutes Trinkwasser von November bis Mai eingenommen werden.

Nord-Pacifischer Ocean: Jacannes in Ecuador, etwa 50 Miles nördlich vom Äquator und Panama, letzteres einer der wichtigsten Abladehäfen für Thran. Ausserdem sind noch San Francisco, Hilo, Honolulu und Lahaina wichtige Erfrischungs- und Verschiffungshäfen. Acapulco, Yokohama, Hakodade, Japan-Inseln, Guam, Ascension (King's Mill-Gruppe). Früher Hong-Kong und Manila. In verschiedenen kleineren Plätzen werden Mannschaften angenommen.

Druck der Engelhard-Reyher'schen Hofbuchdruckerei in Gotha.

NORDPOLARKARTE
zur Übersicht einiger geschichtlichen Momente & der jetzigen Hauptplätze der
GROSSFISCHEREIEN (WALFISCHFANG & ROBBENSCHLAG)
Von A. Petermann.

GROSSER OCEAN

Bering Meer

Ochotskisches Meer
I. Sachalin

S. Polarkreis

Jakutsk

NORD-AMERIKA

A S I E N

Tomsk

Hudsons Bay

Karisches Meer

Spitzbergen

Grönland

Neu Fundland

Island

S. Polarkreis

St Petersburg

ATLANTISCHER OCEAN

Archangelsk

EUROPA

London   Berlin
Gotha
Frankfurt

Sara Cecilia 1777
Wilhelmina 1777
Curs der alten Holländischen Fischer
Curs der heutigen Englischen Walfischfahrer
Schiffbrüche und See Unfälle

Vorkommen der Walfische
Gebiet des Robbenschlags bei
Jan Mayen und Robbenwanderungen
nach diesem Inseln

Maassstab 1 : 40 000 000